행복한 커플은 어떻게 싸우는가

세계적인 심리학자 존 & 줄리 가트맨 박사의 관계 심리학

행복한 커플은
어떻게 싸우는가

존 가트맨, 줄리 슈워츠 가트맨 지음

정미나 옮김 | 최성애 감수

FIGHT

RIGHT

해냄

모든 커플을 위한 갈등 관리 매뉴얼

얼마 전, MZ 세대의 결혼과 출산 기피 현상에 관한 좌담회에 초대
받은 적이 있습니다. 그곳에서 제가 받은 첫 질문은 "결혼해서 가장
좋은 점은 무엇인가요?"였습니다. 느닷없는 개인적 질문에 생각할 겨
를도 없이 바로 나온 답은 "제가 많이 성장한 것 같아요!"였습니다.

아마 저뿐 아니라 많은 부부들이 사랑을 위해 결혼했다고 생각할
지 모르지만, 돌이켜 보면 사랑이나 미움, 갈등이나 평화 모두가 큰
그림에서는 성장의 과정이 아닐지 모르겠습니다.

다시 부부치료 전문가로 돌아가 보겠습니다. 지금까지 저는 상담
실에서 수많은 부부들을 만나보았습니다. 특히 지난 10여 년 동안
서울가정법원 지정 상담소 소장으로서 제가 만난 부부들은 대부분

갈등을 수년 또는 수십 년 해오던 분들이 많습니다. 이제는 지쳐서 싸울 힘도 없고, 좋아질 가망도 없으며, 그저 하루 속히 이 지긋지긋한 결혼이라는 속박에서 벗어나고 싶다는 부부도 많았습니다.

그들은 별별 이유로 싸워봤고, 여러 곳에서 상담도 해봤으며, 종교에 매달려보거나 심지어는 점을 보고 굿도 해봤지만 소용이 없더라는 말을 종종 했습니다. 때로는 자녀나 부모를 위해, 아니면 사회적 체면이나 경제적 이유로 어쩔 수 없이 배우자와 같이 살고 있지만, 냉랭하기가 남남보다 못한 사이라고 말하는 부부도 많이 보았습니다. 그런 부부들은 제게 자주 묻습니다. "박사님은 안 싸우시죠?"

저의 답은 "아니요. 잘 싸웁니다"입니다. 여기서의 방점은 '잘'이라는 말의 뜻입니다. 잘 싸운다는 것은 자주 다툰다는 뜻도, 막 싸운다는 뜻도 아닙니다. 저의 전공인 가트맨 부부치료에서 배운 대로 효과적인 부부싸움의 방식대로 마치 축구 경기처럼, 규칙을 어기지 않으면서 힘껏, 열심히, 선의를 갖고 최선을 다한다는 뜻입니다.

결과는 누구의 승리일까요? 둘 다입니다. 만일 부부싸움의 결과로 승자와 패자가 갈린다면 둘 다 졌다는 뜻입니다. 자녀가 있다면, 가장 큰 피해자는 자녀일 수도 있지요.

잘 못 싸운 부부싸움의 결과로 얻게 되는 감정은 공허감, 분노, 단절감, 절망, 배신감, 원망, 불신, 외로움 등입니다. 반대로 잘 싸운 부부싸움은 서로가 더 깊이 이해할 수 있고, 감정의 이면에 있는 서로의 어릴 적 상처나 사연을 알게 되어 연민이 생기고, 더 깊이 연결되고, 믿음이 쌓이며, 고마움이 우러나고, 다시 태어나도 이 사람을 선택하고 싶다는 다짐과 희망을 재확인하게 되는 과정입니다.

잘 싸우려면 부부싸움의 원리와 기술을 배워야 하고, 또 연습하여야 합니다. 피아노, 수영, 외국어 등도 배워야 할 수 있고, 무수한 시행착오를 겪고 실수를 하면서 조금씩 연마되어 능숙해지지 않나요?

그런데 우리는 왜 결혼식만 올리면 당연히, 저절로 오래도록 행복하게 잘 살 것이라는 착각 속에 아무런 사전 학습도 없이 살고, 힘들어 하고, 고통을 견디지 못해 헤어지기까지 하나요?

관계의 미래는 다투는 방식에 달려 있다

가트맨 박사 부부는 '결혼을 과학의 경지에 올려놓았다' '관계학의 아인슈타인'이라는 찬사를 받아왔습니다. 지난 50여 년 동안 3천 쌍 이상의 커플들을 관찰하여, 행복하고 성공적인 결혼을 이어가는 부부와 불행하거나 파국을 맞이하는 부부의 공통점과 차이점을 발견했습니다. 그동안의 축적된 연구 결과, 이제는 부부싸움의 첫 3분만 보아도 이 부부가 이혼할지 아닐지를 97퍼센트 정확도로 예측할 수 있을 정도입니다.

특히 수학에 특별한 재능을 지녔던 존 가트맨 박사와 트라우마 기반 심리치료를 해오던 줄리 가트맨 박사는 과학적 연구와 풍부한 임상적 경험을 조화롭고 균형 있게 집대성하여 이 책에 담았습니다.

이 책에서 두 분이 강조하는 점은 부부싸움은 결코 나쁘거나 불필요한 것이 아니라, 반대로 서로 더 깊이 이해하고 연결될 수 있는 좋은 기회라는 점입니다. 서로 다른 유전자, 성격, 성장환경, 가치관, 생활 습성 등을 가진 사람 사이에 갈등은 불가피한 것이고, 갈등 중 무려 69퍼센트는 반복되며, 싸우든 안 싸우든, 헤어지든 아니든 영속적이라고 합니다.

따라서 핵심은 '무엇'에 대해 다투는가가 아니라 '어떻게' 다투는 가이고, 각 이슈에 대한 '해결책'이 아니라 '갈등 관리법'에 있다는 것입니다. 다투는 방식에 관계의 미래가 달렸다는 뜻이지요.

이 책에서 다루는 첫 주제는 커플이 갈등을 대하는 방식입니다. 갈등 대처 방식은 크게 세 가지 유형로 나뉘는데 회피형, 발끈형, 수긍형입니다. 회피형은 감정적 상황이 생기거나 서로 의견이 다르면 일단 미루거나 모른 척하거나 자리를 피하는 편을 선호합니다. 반면, 발끈형은 문제가 있다면 감정적으로 강렬하게 주장하거나 상대로부터 즉각의 반응이나 빠른 해결책을 요구하는 경향이 강합니다. 수긍형은 일단 상대의 의견이나 주장을 인정하지만, 자신과 상대의 감정과 욕구를 더 깊이 알아가는 대신 적당한 타협과 화해를 선호한다고 합니다.

가트맨 박사는 이런 갈등 대처 유형은 타고난 기질과 함께 어릴 적 성장환경과 경험 속에서 자신도 모르게 형성된 결과일 때가 많다고 설명합니다. 당연히 어떤 유형이 절대적으로 옳거나 좋은 것도 아니고, 틀렸거나 나쁜 것이 아니라고 합니다.

다만 이 갈등 대처 유형을 모른 채 습관적으로 다투다 보면 서로를 더 불신하고 적대시 하게 되어 결국 관계가 절망으로 치달을 수 있다는 것이지요. 어떤 갈등 선호 스타일이라도 불행과 파국을 충분히 막을 수도 있으며, 스타일이 같거나 달라도 갈등 관리 방식을 배우면 안정적으로 행복한 관계를 유지할 수 있습니다.

이 책에 많은 사례가 있지만 가장 흥미로웠던 부분은 가트맨 박사 부부 자신들의 부부싸움 사례들이었습니다. 가트맨 박사는 약간의 회피형이고 아내인 줄리 가트맨 박사는 주로 발끈형인데, 앞으로도 이 스타일은 크게 달라지지는 않을 듯하다고 합니다.

하지만 가트맨 박사 부부는 연구 대상이었던 수천 쌍의 커플들을 통해 배운 방식대로 전체 상호작용 속에 긍정성 대 부정성의 비율을 5:1 이상으로 유지함으로써 갈등을 잘 관리해 오고 있다고 합니다. 다른 부부들도 마찬가지입니다.

일반적으로 부부의 다툼이나 헤어짐의 원인을 '성격 차이'라고 하지만 실제로 성격 검사로 확인된 서로 잘 맞는 성격이나 상극인 성격은 없다고 합니다. 선호하는 갈등 대처 방식이 다르고 갈등 관리 방식을 잘 모르는 게 진짜 원인일 경우가 많다고 합니다.

또, 관계를 망치는 4가지 독과 각각의 해독제가 소개되었고, 후회할 만한 부부싸움 후에 감정정리를 하거나 화해 시도를 하는 '부부싸움 후 감정정리' 방법과 이혼을 87퍼센트 막아주는 강력한 '보수작업·화해 시도' 방식도 소개되었습니다. 대화의 방향이 엉뚱한 방향으로 흘러가 격앙되거나 궤도를 이탈하지 않도록 부드럽게 시작하는 방식과 홍수 상태를 진정하는 법도 배울 수 있습니다.

이 책은 커플들의 싸움에 대한 연구와 임상적 사례로 구성되었지만, 이 책의 핵심인 갈등의 원리와 해결 기술은 모든 갈등 관계에 적용될 수 있습니다.

거시적으로는 전 세계적으로 인종, 국가, 빈부, 이념, 세대 간의 차이 등으로 서로 미워하고 오해하고, 심지어 안 보거나 전쟁으로 치닫는 상황이 만연하고 있습니다. 이러한 현실에서 이 책에 소개된

'갈등 속의 꿈' 개입 방식으로 서로에 대해 호기심과 관심을 갖고 서로의 상처, 두려움, 고통을 이해하면서 간절한 바람을 듣고 존중한다면 평화가 공존하는 길을 찾는 데 도움이 될 것으로 기대합니다.

또 개인적 차원에서도 거의 모든 소중한 인간관계에 적용할 수 있을 만한 원리와 방식이 풍부한 사례와 함께 소개되어 있습니다. 특히 부부가 행복한 결혼을 영위해야 아이들도 행복하게 자랄 수 있다는 점에서 이 책의 내용이 크게 일조할 것을 믿습니다.

이 책은 부부관계상담사, 가족상담사, 전문 심리상담사들에게도 필독서로 추천해 드리고 싶고, 또한 이미 결혼을 했거나 결혼 전인 커플들에게도 추천합니다.

불행한 관계를 예방하고 치료하며, 행복한 관계 속에서 성장할 수 있는 구체적이고 효과가 검증된 방법을 요리책이나 위기관리 매뉴얼처럼 가까이 두고 활용하면, 결혼이 각자, 그리고 함께 성장하는 최고의 선물이 될 것입니다.

최성애
국제 공인 가트맨 부부치료사
HD가족클리닉 원장

지금 우리는 잘못 '싸우고' 있다

여러 면에서 찰떡 궁합인 커플이 있었습니다. 여자도 남자도 젊은 변호사였습니다(각각 토지이용법과 방송법 전문이었죠). 둘 다 미국의 중부 지역에 살다 서부 끝인 시애틀로 이사한 것까지 똑같았습니다. 바쁜 생활을 이어가며 의욕적으로 살았고, 여가 활동으로는 새로운 경험을 즐기러 떠나길 좋아하는 면에서도 죽이 잘 맞았어요.

처음 사귀던 무렵부터 주말마다 새로운 곳을 찾아가 모험을 즐겼습니다. 자동차로 캐나다 밴쿠버에 가서 노천 시장을 이리저리 돌아다녀보거나 심야 초밥집에 불쑥 들어가기도 하고, 산으로 1박 캠핑을 떠나기도 했습니다. 둘 다 오랜 시간 일에 매달리긴 했지만 쉴 때는 마음 가는 대로 즉흥성을 발휘하길 좋아했습니다. 다만 딱 한 가지 사소한 문제가 있었습니다. 여자가 강아지를 키우고 싶어 했는데, 남자는 싫어했습니다.

1년 후에는 실제로 강아지를 키우게 되었습니다. 녀석은 활발하고 장난스러운 큰 개로 자랐습니다. 하지만 그들의 결혼생활은 파국으로 치달아 끝내 이혼 서류에 사인을 하기에 이르렀습니다. 이제 두 사람은 결혼하기 전부터 같이 살던 집에서 나왔습니다. 그 집을 떠나며 함께 쓰던 가구, 책, 화분, 냄비 등등 모든 살림살이를 나누어 가져갔습니다. 물론 개는 여자가 데려갔습니다.

대체 어쩌다 강아지 한 마리 때문에 결혼생활이 파탄 나버렸을까요?

싸움의 발단은 단순했습니다. 의견 차이 때문이었어요. 남자가 생각하기에 개를 키우는 일은 책임과 희생이 매우 큰 데다, 너무 성가실 것 같았습니다. 개를 집에 혼자 두고 오래 나가 있을 수도 없었습니다. 하루라도 집을 비워놓을 수가 없었지요. 게다가 돈도 많이 들었습니다.

하지만 여자의 입장은 달랐습니다. 남자가 직업상 출장이 잦아 여자 혼자 집에 있을 때가 많았고, 집에서 일하는 시간도 많았습니다. 여자는 외로웠고, 밤새 남편 없이 혼자 있을 때면 무서웠어요. 예전에 약속했던 것만큼 여행을 다니지도 못했습니다. 이런 상황이니 벗 삼아 지낼 강아지를 입양해도 괜찮지 않을까 싶었습니다. 부부가 반려견과 셋이서 함께하는 모습을 상상하면 기분이 좋았습니다.

부부는 의견 차이를 좁히지 못했습니다. 똑같은 입씨름을 되풀이하며 아무런 해결을 보지 못했지요. 여자가 보기엔, 남자가 시간이니 돈이니 희생이니 하는 걱정을 하는데 너무 과한 것 같았습니다. 막상 키워보면 그렇게 성가시지 않다는 걸 알 게 틀림없었어요. 그래서 결심했습니다. 자신이 강아지를 입양해 남자에게 선물로 주자고요. 진짜로 살아 있는 귀여운 솜털 덩어리를 안고 있어보면 도저히 거부할 수 없을 거라고요. 결국엔 마음을 돌릴 거라고요.

남자는 마음을 돌리지 않았습니다.

오히려 갈등만 더 심해졌습니다. 남자는 여자가 자신을 무시하고 멋대로 일을 벌였다는 생각에 기분이 상했습니다. 여자는 그 일이 자신에게 얼마나 중요한 일인지 그렇게 말했는데도 남자가 여전히 자기 입장만 고수하는 점 때문에 속상했습니다. 남자 입장에서는 집에서 그 강아지를 볼 때마다 여자가 자신을 전혀 존중하지 않았다는 생각이 자꾸 나서 심란했고, 여자 입장에서는 남자가 그 개를 받아들여주지 않는 것이 자신이나 자신의 요구에 관심이 없는 것처럼 느껴져서 서운했습니다.

이렇다 보니 개와 관련된 일은 사소한 것까지 모두 다 싸움의 불씨가 되었습니다. 누가 산책을 시킬지를 놓고 다투기도 하고, 동물병원 진료비를 내거나 장보기 목록에 사료를 집어넣는 문제 등으로 티격태격하기도 했습니다. 설상가상으로 이제는 다른 문제를 놓고도 싸움을 벌이며, 예전보다 싸우는 일이 늘었습니다.

여자는 언젠가부터 남자가 집안일을 별로 안 하는 점이 거슬렸습니다. 물론 개를 챙기는 일이야 애초에 자신의 생각이었으니 그렇다치더라도, 다른 집안일들까지 자기에게 떠맡기는 건 너무하다 싶었어요. 신경을 안 쓰는 걸까, 아니면 그러길 은근히 바라는 걸까? 아기가 생겼더라도 이런 식이었을까?

남자도 남자대로 불만이 있었습니다. 여자가 문제점을 거론하는 방식이 신경을 건드렸어요. 도와달라고 부탁하면 될 걸 꼭 이렇게 말했습니다. "오늘 저녁에도 내가 설거지하겠네." 그런 말을 들으면 화가 좀 치밀어 올라 말이 퉁명스럽게 나왔습니다. "그래, 그러겠지." 그러고 나면 기분이 썩 좋지 않아져서 집안일을 더 하려고 나름대로 노력하며 빨래나 욕실 청소를 했지만, 여자는 알아봐주지도 않았습니다.

부부는 함께 있는 시간이 점점 줄었습니다. 그러던 어느 금요일 오후, 남자가 오랜 친구와 주말에 캠핑을 다녀오기로 했던 일을 다시 한 번 이야기했을 때 여자는 분노와 슬픔이 울컥 치밀었습니다. 금방이라도 눈물이 왈칵 터질 것 같아 이런 말이 튀어나왔습니다. "아, 그렇게 집을 나가시겠다 그거지. 그럼 나는 당신이 질색하는 이 개랑 집에 단둘이 있을 수 있겠네."

남자는 당혹스러워 하며 화를 냈습니다. "당신 대체 왜 그래?" 이어서 소리까지 질렀습니다. "이번 여행은 몇 달 전부터 계획했던 일이잖아! 그 멍청한 개랑 아무 상관이 없다고!"

이번 부부싸움을 부채질한 원인은 겉으로 보이는 표면 아래에 따로 있었습니다. 땅 밑에 묻혀 있던 기름에 불이 붙는 것처럼, 두 사람 모두 저마다의 숨겨진 문젯거리가 화근이었습니다.

남자의 숨겨진 문제는 자유와 모험의 필요성이었습니다.

여자의 숨겨진 문제는 가족의 필요성이었습니다.

하지만 두 사람은 이런 마음속 진실을 스스로도 인정하지 않았을 뿐더러, 하물며 상대에게는 더더욱 인정하지 않았습니다. 두 사람은 서로에게서 점점 더 멀리 도망쳐 각자의 은신처를 파고들어가 편잔과 꼬투리를 수류탄처럼 던지고 있었습니다.

어느 날, 여자가 감기에 심하게 걸려 도저히 개를 산책시킬 수가 없어서 남자가 데리고 나가야 할 상황이었습니다. 하지만 남자는 개에게 목줄을 채워 산책을 데려가야 할 때마다 집중해 있던 중요한 일을 중단해야 했기에 분통이 쌓일 만큼 쌓여 있던 터라 그 부탁을 들어주지 않았습니다! 이 강아지도 남자가 싫었는지 한번은 남자의 책상 바로 밑에 똥을 싸두었습니다.

남자는 그 똥을 치우지 않겠다고 버텼습니다.

여자도 그 똥을 치우지 않겠다고 버텼습니다.

그 작은 똥 무더기는 누구도 넘으면 안 될 선처럼 여겨졌습니다. 그 선을 넘으면 패배를 인정하는 꼴이 되어 상대방을 이기게 해주는 것이라는 식의 대결구도가 굳어졌습니다.

두 사람은 집을 팔 때 청소 서비스를 신청했습니다. 청소 회사 직원들은 방마다 다니며 이 부부가 함께 살았던 증거를 모조리 닦아냈습니다. 여기저기 남은 부부의 지문, 음식 부스러기, 먼지, 버리고 간 서류 등을 전부 치워, 부부 대신 그곳에 들어와 살 잠재 구매자들을 위해 얼룩 한 점도 남겨놓지 않았습니다.

개똥을 한참 동안 치우지 않고 놔두면 어떻게 되는지 아세요?

하얗게 굳습니다.

그러니까 이 결혼생활 파탄 이야기의 결정적인 대목은…… 미라처럼 굳은 개똥이라는 얘깁니다. 초반부터 이런 똥 이야기를 꺼내서 미안하네요! 하지만 저희가 이 부부의 사례를 꺼낸 이유는 이런 일이 워낙 흔하기 때문입니다. 부부마다 다들 작은 의견 차이가 사라지지 않고 눈덩이처럼 불어나 둘 사이를 꽉 막히게 하는 문제를 가지고 있습니다. 그것도 아주 사소해 보이는 문제로 이 지경까지 오는 것입니다! 이 사례를 보면 이런 생각이 들기 십상입니다. 강아지 때문이라고? 그런 이유로 좋았던 결혼생활이 깨지다니, 너무 터무니없는 일 아닌가?

그런데 사실을 따지고 보면 이 싸움에서의 문젯거리는 강아지가 아닙니다. 똥도 아니죠. 강아지는 각자의 중요한 인생철학을 대변한 것에 불과했습니다.

산책시키기, 동물병원 진료비, 개 사료 구입 등을 놓고 티격태격했을 때마다 싸움의 본질은 따로 있었습니다. 서로의 가치관, 꿈, 결혼생활과 삶에서 꿈꾸는 이상을 놓고 싸운 것이었습니다. 말하자면 정말로 근본적인 문제를 놓고 싸운 셈이었습니다. 이 문제를 파고들어 봤다면 두 사람에게 도움이 되었을 테고, 그렇게 했다면 결혼생활을 파탄에서 구할 수도 있었을 것입니다.

하지만 두 사람은 그렇게 하지 못했죠. 싸움의 진짜 문제가 뭔지도, 또 그 문제에 대해 서로에게 어떻게 이야기해야 할지도 헤아리지 못했습니다. 그러다 싸움이 관계에 금이 갈 지경으로 치달으며 끝내는 그 강하던 관계가 쪼개지고 말았습니다.

이 부부가 이 일을 겪었던 당시에는 존이 커플 문제를 본격적으로 연구하기 한참 전이었습니다. 존이 연구를 통해 관계의 과학에 대해 더 많이 배우면서 이런 다툼에 복잡하게 얽힌 문제를 충분히 이해한 때는 그 뒤로 오랜 시간이 지나서였습니다. 그런 탓에 존은 두 사람을 도와주지 못했고, 안타깝게도 두 사람은 헤어져 각자의 길을

갔지요. 하지만 이후에 저희는 타협점이 없는 것 같아 막막하고, 벽에 부딪힌 것처럼 답답하고, 서로 너무 맞지 않는 것 같아 절망스러워 하는 다른 수천 쌍의 커플에게 도움을 주었습니다.

이 책을 쓰면서 오래전의 그 부부 생각이 많이 났습니다. 저희가 50년에 걸친 연구를 통해 지금 알고 있는 것을 그때도 알았다면 얼마나 좋았을까요. 시간을 거슬러 갈 수 있다면 저희는 그 두 사람을 위해 바로 이런 책을 썼을 겁니다.

싸우는 방법이 잘못되었다고?

한 사람의 배우자가 되어 그런 헌신적인 관계에 수반되는 이런저런 우여곡절을 잘 헤쳐나가기란 결코 쉬운 일이 아닙니다. 저희가 수십 년간 수많은 커플들을 상담한 경험에 비춰보더라도 사람들은 언제나 늘 이런 부분에서 힘들어 하며 도움을 필요로 합니다. 더군다나 지난 몇 년은 저희가 상담했던 수많은 부부들에게 유난히 심한 고통을 안겨준 시기였습니다.

커플들은 최근에 극도의 스트레스와 긴장을 다뤄야 했습니다. 장기간 지속된 코로나19 팬데믹 기간 동안 많은 이들이 집 안에 틀어박혀 살거나, 그 정도까진 아니더라도 생활의 활력소이던 그 평범한 일상, 여가 활동, 사회적 만남과 단절된 채 지냈습니다. 침실이 일하는 공간이 되면서 직장과 집의 경계가 사라졌습니다.

저희는 오랫동안 부부들이 직장에서 집으로 스트레스를 가져오는 방식을 연구해 왔는데, 팬데믹의 여파로 이제는 스트레스를 가져오는 거리가 훨씬 더 짧아졌습니다. 한 공간에서 온갖 스트레스가 겹겹이 발생했습니다. 부부들은 생활비를 마련하랴, 자녀를 돌보랴, 업무 스케줄을 맞추랴 여간 힘든 게 아니었습니다.

팬데믹 기간에는 안전 권고 수칙 준수를 놓고 의견 충돌이 일어나기도 했습니다. 가족과 친구들은 거리두기에서 예외로 해야 하는 게 아닐까? 아니면, 위험을 감수하면서까지 그럴 필요는 없는 걸까? 한 배우자는 사람들과 함께 어울리지 못해 안달이 나 있는데 상대 배우자는 사람들과의 노출을 극도로 불안해 하는 경우, 대개가 극과 극으로 갈라져 다투다 사이가 나빠지고 말았습니다.

한때 안식처였을 집이 이제는 일종의 혹독한 시련의 장으로 변해, 별거 아닌 온갖 사소한 문제가 크게 부풀려지고 아주 작은 금이 고통스러운 균열로 번지는 경우가 허다했습니다.

팬데믹 기간 동안의 관련 데이터는 아직 취합 중이지만 예비 관찰 결과가 시사하는 바에 따르면, 팬데믹은 커플들을 극과 극의 양상으로 몰아갔습니다. 이전에 대체로 잘 지내던 커플들은 별 문제가 없었습니다.

반면, 솔직히 말해 우리 대다수에게 해당되는 이야기겠지만, 몇몇 문제가 있었던 커플의 경우엔[1] 사이가 훨씬 나빠졌습니다. 일상적 상황이었다면 비교적 쉽게 회복되었을 만한, 부부관계에서의 보이지 않는 균열들이 팬데믹 상황에서는 심각한 문제로 치달았습니다.

사람들이 얼마나 힘들어 하고 있는지를 완전히 파악하는 것 자체도 불가능한 일이었습니다. 이 분야의 연구자들은 대개 결혼생활 만족도를 평가하는 설문조사를 실시하지만, 이런 식의 설문조사는 조사 결과가 편향될 가능성이 있습니다. 정말로 문제가 있는 사람들은 설문조사자의 전화를 받으면 끊어버립니다. 자신의 문제에 대해 말하고 싶어 하지 않습니다. 그러다 보니 위기에 놓인 부부들과 관련된 정보가 누락될 수 있습니다.

우리 대다수에게 지난 몇 년은 혼란과 의문의 시기였습니다. 사람들은 자신의 우선순위를 재평가하며 시간과 자원의 배분 방식을 다시 조정했습니다. 그 과정에서 커플들은 이런 의문을 가질 만했습니다. 우리가 여전히 같은 목표를 공유하고 있긴 할까? 이런 마찰이 우리가 함께할 연분이 아니라는 암시는 아닐까? 우리가 정말로 잘 맞는 사이일까?

그런데 사실은 팬데믹이든 아니든, 커플 사이에서는 늘 이런 식으로 '스트레스를 주는 상황'을 겪기 마련입니다. 어떤 이유로든 상황이 유독 힘들어지는 때가 있습니다. 온갖 사소한 일로 싸우고, 싸우는 것이 지긋지긋해지고, 후회할 말을 하고, 되돌아가 다시 해볼 기회가 있으면 좋을 텐데 하는 마음이 드는 때가 있습니다.

따라서 당신과 배우자가 어떤 상태에 있든, 다시 말해 나쁜 시기이든 아주 좋은 시기이든, 두 사람의 사랑이 이제 막 시작되었든 수십 년에 이르렀든, 한 가지 확실한 점은 두 사람의 관계에서 그 어떤 '책상 밑의 똥'이라도 그대로 놔둬선 안 된다는 것입니다.

갈등이 없는 게 답은 아니다

저희가 알려드리려는 것은, 절대 싸우지 않을 방법이 아닙니다. 다툼이 없는 삶이라니, 말만 들어도 기분이 좋아질 만합니다. 천국이 따로 없을 것만 같죠! 하지만 그런 삶은 당신에게 별로 좋을 게 없을 수도 있습니다. 친밀함이란 불가피하게 갈등을 유발하니까요.

저희가 상담했던 또 다른 부부의 사례를 봅시다. 두 사람의 말을 듣자 하니, 이 부부는 싸움을 전혀 하지 않았습니다. 감정이 격해질 만한 문제는 피하려는 편이었습니다. 기분을 상하게 하거나, 심하게 싸울 일은 다루기를 꺼려했습니다. 어차피 해결될 수 없을 것 같은 문제는 회피해서 괜한 스트레스와 소란을 일으키지 않는 편이 낫다고 여겼습니다.

얼핏 타당한 생각 같습니다. 하지만 저희에게 상담을 받으러 와서 소파에 나란히 앉아 있던 무렵, 두 사람의 감정적 거리가 상당히 크게 벌어져 있다는 사실이 다 드러났습니다. 물론 두 사람은 서로를 공손히 대하며 집 안에서 언성을 높이는 법이 없었습니다. 문을 쾅 닫거나, 신경질이 나서 말을 톡 쏘아붙이거나, 책상 밑에 개똥이 딱딱하게 굳게 놔두는 일은 없었습니다. 하지만 두 사람 역시 어느 시점부터 서로를 잘 알지 못하게 되었습니다.

부부가 상담을 받으러 왔을 때, 저희는 커플들에게 자주 권하는 방식대로 각자가 상대 배우자에 대해 얼마나 알고 있는지 짚어보게 했습니다. '배우자의 절친은 누구인가요? 배우자가 지금 어떤 스트레스를 겪고 있나요? 배우자의 인생 꿈은 뭔가요?' 등등의 질문에 답해보게 했지요.

부부가 각자 그 질문 리스트에 답을 적어나가기 시작한 지 얼마 지나지도 않아 확실히 드러났듯 두 사람은 어떤 질문에 대해서도 제 대로 답하지 못했습니다. 그리고 대화를 끌어내보니 서서히 갈등과 원망이 입 밖으로 새어 나왔습니다.

대화 중 어느 시점에서는 남편이 몇 개월 전부터 속이 상했지만 아내에게 말하지 못했던 문제를 털어놓았습니다. 아내가 금요일 저 녁마다 퇴근 후 집에 바로 들어오지 않고 직장 동료와 술을 마시러 가기 일쑤라며, 정작 부부인 두 사람은 어떤 식으로든 밖에서 데이 트를 한 적이 없다는 점을 생각하면 속이 상한다고 했습니다. 마지 막으로 데이트를 한 게 언제인지도 기억이 안 난다고요.

아내는 깜짝 놀랐습니다. "그런데 내가 당신에게 그래도 괜찮으냐 고 물었을 때는 괜찮다고 했잖아! 왜 솔직히 말하지 않았어?"

"싸우고 싶지 않아서 그랬지." 남편이 대답했습니다.

갈등은 모든 인간관계에서 자연스러운 부분입니다. 그리고 모든 인간관계에서 필요한 부분이기도 합니다. 우리는 갈등의 정도가 낮 은 것이 곧 행복이라고 여기는 경향이 있지만 사실은 그렇지 않습니 다. 갈등의 부재는 끈끈한 관계를 암시하는 게 아닙니다. 오히려 그 정반대의 관계에 이르게 될 가능성이 있습니다.

이혼중재 조사 프로젝트(Divorce Mediation Research Project)가 진 행한 한 연구에서 밝혀진 바에 따르면, 이혼한 부부 대다수(80퍼센 트)가 점점 멀어지다 친밀감을 잃은 것을 결별의 주된 이유로 꼽았 습니다.[2] 그런데 저희가 직접 연구를 진행한 결과, 커플들은 어떤 유형의 '갈등 스타일'을 가지고 있든 누구나 행복하게 오래가는 관계를 맺을 수 있는 것으로 나타났습니다. 관계가 잘될지 깨질지를 가르는 것은 갈등의 유무가 아닙니다. 행복한 부부들도 싸웁니다. 중요한 점은 어떻게 싸우느냐입니다.[3]

갈등은 곧 연결입니다. 우리는 갈등을 통해 자신의 정체성, 자신의 바람, 배우자의 정체성, 배우자가 되려는 사람, 배우자의 바람을 헤아립니다. 갈등을 통해 서로의 차이에 다리를 놓고, 서로의 비슷한 점과 연결의 지점을 찾습니다.

다만, 우리가 그 방법을 제대로 배운 적이 없다는 게 문제입니다. 우리는 고등학교에서 '싸움의 기초'를 배우지도 않은 채 첫 관계를 시작합니다. 눈을 감은 채로 관계에 들어서는 셈입니다. 갈등을 대하는 신념과 접근법은 유년기, 양육 방식, 문화, 과거의 관계를 통해 형성되어 자신도 미처 의식하지 못할 수도 있는 식으로 우리의 싸우는 방식에 영향을 줍니다. 그동안 얼마나 많은 관계를 맺었든, 파트너가 된 지 몇 년이 되었든, 우리 대다수는 여전히 자기 식대로 느끼고 헤아리려 하면서, 다음과 같은 여러 가지 실수를 저지릅니다.

- 원망으로 한참 동안 속을 끓이다 뒤늦게야 문제를 입 밖으로 꺼내기
- 어느 순간부터 트집을 잡으며 가시 돋친 말 내뱉기
- 어떻게 해도 진정이 되질 않고, 감정을 주체하지 못해 홍수(flooding)에 빠지기
- 방어적으로 나오기
- 싸우는 진짜 이유를 알아보기 위해 일단 싸움을 멈추려고도 하지 않기

- 상황을 수습해 보려 애쓰는 배우자의 시도를 못 알아채거나 거부하기
- 타협하면 자신이 너무 많은 것을 포기해야 할 것 같다고 생각하기
- 그저 싸움을 끝내고 싶은 마음에 너무 성급히 사과해 버리기

여기에 더해 아주 큰 실수까지 저지릅니다. 그 이전의 싸움들, 즉 '후회되는 그 일들'을 외면해 버립니다. 그 일을 거론하지도, 그 일로 받은 상처를 치유하지도, 그 일을 통해 뭔가를 배우지도 않은 채 그냥 넘어가버립니다.

그러다 결국 서로에게 상처를 줍니다. 갈등으로 마음에 상처를 입어 파트너와 전보다 더 멀어지거나, 상처받을까 봐 겁이 나서 갈등을 아예 회피하는 사이에 틈이 훨씬 더 벌어지고 맙니다.

이렇듯 우리는 완전히 잘못된 방식으로 갈등하고 있습니다. 개입이 시급한 상태이지요.

'잘 싸우게' 해주는 과학에 눈뜬 순간

이제는 저희가 사랑의 과학을 연구한 지 어느새 50년이 되었습니다. 원래 수학자였던 존이 연구자로서, 줄리가 임상심리학자로서 벌여 온 이 일생의 연구에 힘입어, 저희는 서로를 사랑하고 있고 서로 잘 지내고 싶어 하지만 관계를 원만하게 이어가기 위해선 실질적 도구가 필요한 부부들을 위한 개입법을 개발했습니다. 문제의 근원이 관계 자체에 있는 게 아니라, 단지 필요한 도구를 갖추지 못한 탓인

경우가 많으니까요.

모든 관계는 애정과 끌림, 갈등과 유대, 성격과 과거가 서로 조화를 이루고 충돌하면서 저마다 둘도 없는 고유의 합을 이루어 일어나는 불가사의한 작용입니다. 저희 부부의 관계는 당신이나 다른 사람들의 관계와 똑같지 않습니다. 하지만 저희가 밝혀낸 바에 따르면 전반적으로 효과가 있는 보편적 개입법이 존재합니다. 그리고 저희의 가장 큰 바람은 이 개입법이 세계에 널리 알려지는 일입니다. 우리 모두에게 이런 개입법이 필요하기 때문입니다.

존이 연구 파트너인 로버트 레벤슨(Robert Levenson)과 함께 부부관계 연구에 첫발을 내딛으며, 처음으로 사랑에 과학적 방법을 적용한 이후로 어느새 50년이 흘렀습니다. 저희(존과 줄리)가 공동연구를 벌이던 중 서로 사랑에 빠졌던 워싱턴대학교 시애틀 캠퍼스에 '사랑실험실(Love Lab)'을 연 지도 30년이 되었습니다.

모든 부부가 그렇겠지만 저희 부부 역시 결혼하고 부모가 되는 사이에 저희 나름의 갈등 문화를 알아내야 했습니다. 뜬금없이 불쑥 터진 싸움, 똑같은 문제로 도돌이표를 그리는 것 같은 싸움 등등 시작부터 잘못된 싸움을 극복해야 했습니다. 그리고 결국 해결책을 찾아내 싸움을 아주 잘하게 되었어요! 다정함과 애정이 깃들어 있고, 평화롭게 마무리되도록 잘 싸울 수 있다는 걸 알았습니다. 하지만 이런 깨우침은 저희 부부가 유리한 조건을 갖추었기에 가능한 일이었습니다. 바로 '사랑실험실' 데이터 덕분이었습니다.

지금까지 3천 쌍 이상의 부부가 거쳐 간 사랑실험실을 통해 저희가 지향하는 목표는, 지속적인 애정과 행복으로 이어지는 특정 행동들을 가능한 한 낱낱이 알아내는 데 있습니다. 이런 목표에 따라 저희는 여러 부부에게 에어비앤비 같은 안락한 아파트를 제공하고 1주일간 지내며 부부 간의 교류를 녹화하게 했습니다. 이를 분석한 후에는 이 부부들을 길게는 수십 년에 이르기까지 장기간에 걸쳐 추적조사해 행복과 만족감뿐만 아니라 관계의 상태를 꾸준히 살펴왔습니다. 그리고 이때 관계의 건강성이 아주 중요한 문제라는 판단하에 갈등, 싸우기 전후와 싸우는 와중의 교류 방식에 초점을 맞추었습니다.

한 연구에서는, 부부들에게 아직 해결되지 않은 갈등의 쟁점 한 가지를 놓고 이야기를 나누게 하면서 그 교류를 녹화해 100분의 1초 단위까지 분석해서 모든 몸짓, 한숨, 미소, 뜸들임을 기호화하고 보디랭귀지와 어조도 기호화했습니다. 그 무엇도 사소하거나 시시한 것으로 무시해 넘기지 않았습니다. 실험 참가자들에게 바이오피드백 장치를 연결해서 심박동수와 호흡을 추적해 어떤 갈등이 벌어지는 방식과 원인에 대해 많은 것을 알려줄 수 있는 생리적 표식으로 활용하기도 했습니다.

이 연구에서는 이성애 커플, 동성애 커플, 자녀가 있는 커플과 없는 커플, 부유한 커플과 가난한 커플, 전 인종과 문화에 걸친 다양한 인구통계 그룹의 커플을 대상으로 삼았습니다. 이렇게 다양한 커플을 아울러 각 커플의 교류를 매 순간 속속들이 아주 철저히 이해한 후, 매년 이 커플들을 연구에 참여시켜 다시 교류를 가져보게 하면서 어떤 변화가 생겼는지, 여전히 같이 살고 있는지, 서로의 사이가 행복한지 등을 살펴보았습니다.

24

그런데 이렇게 연구를 이어가는 사이에 갈등과 관련해서 궁금한 점이 생겼습니다. 어떤 커플은 갈등 때문에 서로 갈라서고 말았는데, 또 어떤 커플은 평화로운 상태를 유지하는 이유가 뭘까? 그리고 어떻게 그런 평화로움에 이른 걸까?

여러 행동을 관찰하고 기호화함으로써 저희가 밝혀낸 바에 따르면, 어떤 커플이 삶의 기복을 겪으면서도 여전히 함께하며 부부관계에 전반적으로 만족감을 느낄지(저희는 이렇게 만족감을 느끼며 지내는 커플을 '사랑의 달인'이라고 부릅니다)[4], 또 어떤 커플이 이혼이나 별거를 하거나 불행한 채로 함께 살며 결국엔 '비극'이 될 안타까운 관계에 이를지를 90퍼센트 이상의 정확도로 예측할 수 있었습니다.

싸움을 시작하고 처음 3분간의 상황을 보면, 6년 후에는 관계가 어떤 상태일지를 예측할 수도 있었습니다.[5]

커플 간의 사랑이 오래 이어지기 위해서는 갈등 중의 긍정적 교류와 부정적 교류가 특정 비율을 이루어야 하며, 갈등이 아닌 상황에서는 이 비율이 훨씬 높아진다는 사실도 발견했습니다.[6]

갈등 중에 결정적 행동 4가지를 보인 커플은 결혼 후 평균 5년 뒤에 갈라설 가능성이 높은 것으로 나타나기도 했는데, 저희는 이 4가지 행동을 '묵시록의 4기사(결혼의 종말을 예고하는 비난, 경멸, 담쌓기, 방어—일명 '관계를 망치는 4가지 독')'로 이름 붙였습니다.[7]

하지만 그렇다고 해서 '갈등이 없는 상태'가 답인 것도 아니었습니다. 5년이 지나고 10년 정도 후에 이혼의 파도가 또 한 차례 일어나는 현상이 나타났습니다. 이런 파도에 휩쓸린 커플들에겐 관계를 망치는 4가지 독이 없었습니다. 전혀요. 따라서 당연히 큰 갈등도 없었지요. 하지만 유머도 없었습니다. 서로 뭘 물어보지도 않았습니다. 서로에게 관심이 없었거든요.

사랑의 달인들은 갈등을 피하지 않았습니다. 오히려 특정한 교류 기술로 갈등을 싸움이 아닌 협력의 차원에서 대할 줄 알았습니다. 게다가 (갈등 중에 누구에게나 쉽게 일어날 수 있는 일이듯) 누군가 상처를 받더라도 회복할 방법을 알았습니다.[8]

저희는 이 외에도 많은 사실을 알아냈습니다. 여러분을 위해 그 모든 사실을 이 책에서 알려드리려 합니다. 첫 이야기로 우리가 겪는 갈등의 맥락, 다시 말해 갈등의 '배경'을 짚어볼 예정입니다. 여기에서는 우리의 양육 방식, 출신 문화, 초감정(meta-emotion), 즉 감정에 대한 감정을 비롯해 의외의 방식으로 우리의 관계에 영향을 미치는, 싸움의 온갖 근원을 다룰 것입니다.

평상시에 파트너와 일상적으로 나누는 대화가 어떻게 갈등 속의 특정 소통방식에 판을 깔아주는지도 알아보려 합니다. 겉으로 보이는 면 뒤에 숨겨진 다툼의 진짜 원인을 알아내는 일은 경우에 따라 정말 알쏭달쏭할 수도 있습니다(알고 보면, 강아지 때문에 싸우는 게 아닐 수 있다는 말입니다!).

그다음에는 5가지 유형의 싸움을 소개하며 갈등을 겪는 중에 어디에서부터 엇나가게 되는지, 또 그렇게 엇나가지 않고 제대로 처신하려면 어떻게 해야 하는지를 확실히 알려드리겠습니다. 저희가 밝혀낸 바에 따르면 갈등 중에 활용할 만한, 과학에 기반한 실용적인 개입법을 갖추면 잘 싸우며 더 잘 사랑하고 더 깊은 유대를 쌓으면서 관계를 반전시킬 수도 있습니다.

저희 딸이 어렸을 때, 어느 날 저희의 사명을 명백하게 해주는 말을 한 적이 있습니다. 마침 저희가 커플과 관련된 연구를 벌이고 있는 이유와 방법에 대해 곰곰이 생각하고 있을 때였는데, 딸이 사랑실험실에서 하는 연구에 대해 물었습니다. 아마 저희가 출근하지 않고 자기를 데리고 나가 유람선을 태워주고 아이스크림도 사 주길 내심 바라다 저희가 사랑실험실에 나가는 일이 짜증나서 물어본 것이었을 테지만, 어쨌든 저희가 연구한다는 그 '사랑의 과학'이 정확히 뭐냐고 물었습니다.

저희는 커플들이 사랑을 이어가며 오래오래 행복하기 위해 활용할 수 있는 가장 효과적인 개입법을 알아내, 행복한 결혼생활을 바라는 커플들에게 알려주고 싶다고 설명했습니다. 특정 시점의 저희 부부를 비롯해 아주 많은 커플들이 서로 잘 지낼 수 없을 것 같은 시기를 겪는다고도 이야기했습니다.

"엄마랑 아빠가 맨날 싸우면 어떻게 될까?" 저희는 딸에게 물었습니다.

"음, 집에 무지개가 없을 것 같아요." 딸이 대답했습니다.

저희는 그 말을 듣고 나서 둘 다 아무 말도 못했습니다. 집에 무지개가 없다는 그 말로, 네 살배기 아이가 저희 연구의 사명을 정확히 짚어주었기 때문입니다. 커플이 만나 살다 보면 폭풍이 몰려오기 마련입니다. 하지만 폭풍이 지나간 후에 뭔가 멋진 일이 일어날 수도 있어요. 단, 그 무지개를 볼 수 있으려면 폭풍을 견뎌내야 합니다.

사랑은 갈등을 통해 더 단단해진다

저희는 지금까지 사랑을 주제로 여러 권의 책을 쓰며, 무엇이 사랑을 이루어지게 하고, 무엇이 사랑을 깨뜨리고, 무엇이 사랑을 꺼지지 않게 지켜주는지 등을 이야기했습니다. 하지만 최근에 가정생활에서 갈등를 다루는 법이 절박하다는 느낌이 들었습니다. 저희가 그렇게 여기는 중요한 이유 한 가지는 갈등이 상존한다는 점 때문입니다.

데이터에 따르면 어떤 문제로든 언제나 싸움이 일어날 가능성이 높습니다. 파트너 사이의 갈등은 순간에 그치거나, 상황에 따른 것이거나, 쉽게 바로잡을 수 있는 게 아닙니다. 영속적입니다.

커플 간의 싸움은 기본적으로 두 가지 유형으로 나뉩니다. 해결 가능한 싸움과 영속적인 싸움입니다. 해결 가능한 싸움은 어떤 식으로든 해결책이 있습니다. 바로잡을 수 있어요.

파트너가 저녁 식사를 준비하며 어질러놓고 나면 식기세척기에 그릇을 넣는 일이 언제나 당신 몫으로 돌아와 부당하게 느껴지는 상황을 가정해 봅시다. 이럴 경우 부글부글 끓는 감정이 폭발 지경에 이르면 당신은 파트너와 싸움을 벌이게 될 수 있습니다(이런 유형의 문제가 폭발 지경에 이르기 전에 그 문제를 어떻게 말하면 좋을지에 대해서도 앞으로 차차 알려드리겠습니다!).

하지만 어떤 식으로든 해결책을 찾을 수도 있습니다. 저녁 식사 준비와 정리의 역할을 서로 바꾸거나, 파트너가 그릇 정리까지 맡아 하는 동안 당신이 해야 할 다른 집안일을 하는 식으로 타협하면 됩니다. 이런 문제들은 일단 모든 당사자가 냉철하게 생각하면 해결할 수 있는, 논리적인 문제입니다.

영속적인 싸움은 다루기가 어렵습니다. 문제가 사라지지 않습니다. 성격, 우선순위, 가치관, 신념이 달라서 이런 깊은 차원에서의 차이가 도화선이 되기 때문에 되풀이해서 자꾸 싸웁니다. 파트너가 당신에게 아무리 완벽한 상대라 해도 이런 차이는 예외 없이 존재하기 마련입니다. 우리가 자신과 똑같은 사람과 사랑에 빠지지는 않으니까요. 오히려 특정한 면에서 자신과 아주 다른 사람에게 끌려 자신의 복제판이 아니라 자신을 보완해 주는 사람에게 마음이 가는 게 보통입니다.

결론적으로 말하자면 우리의 문제 대부분, 즉 정확한 비율로 말해 69퍼센트는 영속적이고 해결할 수 없는 문제입니다. 정말 높은 비율 아닙니까! 다시 말해, 그것이 뭐든 당신과 파트너가 싸우는 문제는 대체로 간단한 해결책이 있거나 쉽게 바로잡히지 않는 문제라는 얘깁니다. 게다가 이 영속적 싸움 중 16퍼센트가 교착상태에 있습니다. 파트너끼리 같은 문제를 놓고 제자리만 맴돌면서 한 발짝도 나아가지 못할 뿐만 아니라, 상처와 분노를 점점 키웁니다.

따라서 싸우는 방식을 고쳐야 할 필요성이 아주 절박합니다. 앞에서도 말했듯이, 어떻게 싸우느냐에 따라 소통과 유대의 방식이 달라집니다. 하지만 우리는 잘못 싸우고 있습니다(저희가 수년에 걸쳐 그 많은 커플들을 추적조사한 바를 근거로 보더라도 정말로 그렇다고 선뜻 말할 수 있습니다). 우리는 성급히 굴고 서로에게 상처를 주며 기회를 놓치고도 이런 사이클을 거듭 반복하면서 다음에도 그 지긋지긋한 문제로 또 싸웁니다.

인류 역사상 지금의 이 특정 시기에는 갈등에 대한 다른 접근법이 요구되기도 합니다. 코로나19 팬데믹 시대를 살아가는 커플들이 그 어느 때보다 많은 스트레스에 짓눌려 있습니다. 실제로도 가정폭력이 높은 비율을 나타내고 있습니다. 저희가 전 세계 4만 쌍 이상의 커플을 대상으로 실시한 연구에서 밝혀낸 바에 따르면, 심리치료를 받고 싶어 하는 커플 중 60퍼센트가 어느 정도의 가정폭력을 겪고 있는 것으로 나타났습니다.

걱정스러운 통계는 이뿐만이 아닙니다. 이런 커플 사이에서는 불안감(27퍼센트), 우울증(46퍼센트), 자살경향성(29퍼센트)도 높게 나타났습니다. 전체 커플 가운데 중독성 물질 남용을 둘러싼 문제로 싸우는 비율이 3분의 1에 가깝기도 했습니다. 게다가 35퍼센트가 외도의 여파를 겪고 있었습니다.[9]

우리의 세계는 갈수록 더 불확실해지고 있는 것 같고 그에 따른 스트레스와 불안을 자신과 가장 가까운 사람들에게 표출하는 경우가 많습니다. 파트너와 싸울 때 우리는 외부 세계와 담을 쌓은 상태에서 싸우는 게 아닙니다. 그 싸움에 세상사가 끼어듭니다. 파트너와 갈등을 겪게 될 때쯤엔 이미 너무 많은 짐을 짊어지고 있을 때가 많습니다. 대체로 감정적 여력이 낮고 인지처리력이 과부하 상태라 서로를 다정하게 대하기에 역부족입니다.

서로 교류를 나눌 그 무렵엔 하루 동안 겪은 걱정과 압박이 우리가 미처 의식하지 못할 수도 있는 방식으로 우리를 짓누르는 채 그날의 남은 여력으로 서로를 대하게 됩니다. 그런데다 가정의 벽 너머에도 갈등이 널려 있습니다. 가상 세계에서 갈등이 빠르게 확산되고 있고, 그 특유의 교류 방식으로 인해 진정한 이해가 극히 희박합니다. 지금껏 현시대만큼 이렇게 양극화가 심했던 때는 없었습니다.

우리는 인류 역사상 중대한 시점에 놓여 있습니다. 지금은 전반적인 모든 영역에서 마음을 열어 평화와 이해를 위해 힘쓰는 법을 배워야 할 때입니다. 그 출발점은 가정이라는 울타리 안입니다. 가정을 이루는 사랑의 동반자들은 더 큰 사회를 이루는 벽돌입니다. 우리의 아이들, 우정, 친척, 일터에서의 협력 등에까지 파급 효과를 일으킵니다. 세상에 기여하고 변화를 일으키는 능력에도 영향을 주며, 우리가 한 사회로서 단결하는 방식에도 영향을 미칩니다.

가정에서 더 잘 싸우는 법을 배우면 커뮤니티 내에서도, 정치적 대립 구도에서도, 사회에서도, 그리고 심지어 한 인종으로서도 더 잘 싸울 수 있습니다.

오직 인간만이 갈등을 겪습니다. 심지어 갈등을 겪는 것은 심지어 인간적인 일이기도 해서, 대개는 말 그대로 인간으로서 마땅히 겪어야 할 통과의례입니다. 하지만 갈등이 일어날 때는 자신이 가지고 있는 최상의 인간성을 끌어내야 합니다.

싸울 때는 더 나은 뭔가를 이끌어내려 노력해야 합니다. 그것이 갈등의 궁극적 목표입니다. 당신 자신을 위해, 커플로서의 당신과 파트너를 위해, 세상을 위해 더 나은 뭔가를 이끌어내야 합니다. 갈등이 있다고 해서 꼭 사이가 벌어져야 할 필요는 없습니다. 갈등과 평화는 상호 배타적인 관계가 아닙니다. 갈등을 통해 평화에 이를 수도 있습니다. 싸움에 다정함과 관대함을 엮어 넣을 수도 있습니다. 갈등 때문에 오히려 사이가 더 가까워질 수도 있습니다. 하지만 그러기 위해선 갈등의 핵심을 파악해야 합니다.

인간인 우리는 심원한 존재입니다. 우리 인간은 겉으로 보이는 모습만으로는 판단할 수 없습니다. 머리카락과 피부와 옷만 보고 우리를 다 알 수는 없지요. 겉으로 드러난 성격만으로 우리를 판단할 수도 없습니다. 우리에게는 보이지 않는 면들이 있습니다. 우리 안에는 강과 폭포와 암벽이 있습니다. 심지어 우리 자신도 제대로 탐험해본 적이 없을지 모를 깊은 계곡도 있습니다.

그런데 관계를 맺을 때는 대체로 자신의 이런 면들을 보여주길 두려워합니다. 상대의 마음을 얻으려면 '최고의 모습'을 보여줘야 한다는 생각으로, 이런 복잡한 내면세계에 문을 닫아놓습니다. 그러다 관계가 무르익으면서 그런 면들이 하나둘 겉으로 새어 나옵니다. 그것도 대체로 갈등을 통해 새어 나와 파트너뿐만 아니라 우리 자신까지도 놀랍니다. 오래 묻혀 있거나 억눌려 있던 자신의 욕구와 꿈과 감정이 격분한 순간에 확 불타오르는 것입니다. 그러다 그 가정을 완전히 불태워버릴 수도 있습니다.

하지만 꼭 그렇게 될 필요는 없습니다.

싸우다 보면 격하게 치달아 엉망진창으로 꼬일 위험이 있습니다. 오래된 고통과 트라우마가 떠올라 예전의 패턴에 빠져들면서 감정, 과거, 옛 상처에 사로잡히기 쉽습니다. 하지만 그 이면에 숨겨진 것을 깨달을 수 있다면 아주 큰 연민과 이해가 생깁니다.

부디 당신과 파트너가 같이 이 책을 읽으며 서로 간의 갈등을 아주 중요한 기회로 볼 수 있길 바랍니다. 두 사람의 갈등 문화와 그런 문화의 근원을 더 깊이 이해하길, 파트너와 싸우는 진짜 이유가 뭔지 깨닫는 방법을 배워서 싸움을 통해 문제의 핵심을 파악하고 서로를 더 잘 이해할 수 있길 바랍니다.

사랑하는 사람과 싸울 때 잘못 엇나가는 대표적 방법 5가지와 더불어, 격분한 순간에도 방향을 돌려 잘 싸우는 방법을 확실히 이해하게 되길 바랍니다. 또한 싸우는 중에도 유머와 유쾌함을 발휘할 수 있으면 좋겠습니다. 정말로 큰 도움이 되기 때문입니다.

갈등이 언제나 재미있는 건 아니지만, 이 책은 언제나 재미있길 바랍니다.

3장 도대체 무슨 일로 싸우는 걸까?

2부

커플들의 싸움 유형에 따른 갈등 관리법

4장 폭탄 던지기 갑자기 거칠게 시작하기

FIGHT RIGHT

1부

우리는 왜 싸우는 걸까?

FIGHT

1장
갈등 없는 커플이 더 위험하다

"요즘 어때? 우리 무슨 얘길 할까?" 남자와 여자가 동시에 묻습니다. 이어서 둘 다 웃음을 터뜨립니다.

이 커플은 편안한 침대 위 뽀송뽀송한 흰색 베개에 기대어 카메라를 마주 보고 있습니다. 서로를 향해 몸을 기울인 채로 둘 다 정감 있고 느긋해 보입니다. 카메라가 있어서 조금 긴장한 듯도 합니다. 이 두 사람은 저희의 부탁에 따라 노트북의 카메라로 녹화하면서 그날 하루를 어떻게 보냈는지 이야기를 나눠보려는 중입니다. 그렇게 대화만 나누는 것입니다.

이때 저희의 AI 시스템은 두 사람을 관찰합니다. 이 시스템은 가트맨식 프로그램을 수련받는 상담사들이나, 가정에서 서로의 관계를 평가하고 싶어 하는 커플들이 일상적 교류와 갈등 시에 파트너끼리 어떤 식으로 반응하는지 명확히 이해시켜 줄 데이터를 수집하는 데 도움을 주기 위한 용도로 설계되었습니다. 다른 장치 없이 동영상 데이터로 커플의 심박동수를 읽어낼 수 있고, 머신러닝(machine learning, 컴퓨터가 경험을 통해 학습할 수 있도록 가르치는 AI 기법—옮긴이)을 활용해 감정을 기호화하여 일어날 법한 다양한 감정 유형에 따라 각 파트너를 초 단위로 정확히 분석합니다. 각 파트너의 신뢰도를 0~100퍼센트 단위로 평가하기도 합니다.

저희의 영민한 두 동료, 라파엘 리시차와 블라디미르 브레이먼 박사가 설계한 이 AI 시스템이 데이터를 전부 수집하고 있는 동안, 이 커플은 그 주에 얼마나 쉴 틈 없이 일했는지를 이야기하다가 주말이 되어 느긋하게 쉴 틈을 갖길 기대하는 마음을 짧게 내비칩니다. 이때까지 AI가 분석한 기호화에 따르면, 두 사람의 교류는 '무덤덤한' 상태에서 '관심이 있는' 상태로 진전된 상태입니다. 둘 다 긴장이 풀려 심박동수가 80회 정도를 유지합니다. 신뢰도는 꽤 높은 편입니다.

곧이어 여자가 말합니다. "아 참, 엄마 아빠한테 이번 주말에 우리 집에 오면 방에서 주무시라고 말씀드렸어. 우리는 소파에서 자자."

잠시 침묵이 흐릅니다.

"벌써 그렇게 말씀을 드렸다고?" 남자가 묻습니다.

"응, 그랬어." 여자가 약간 대수롭지 않다는 투로 대꾸합니다. "부모님이니까 당연히 나는—."

"내가 소파에서는 잠을 잘 못 자는 거 알잖아."

"제발 좀…… 주말에 잠깐만 참으면 될 걸 가지고 뭘 그렇게 유난이야?"

"그래, 나도 장인 장모님을 최대한 잘 모시고 싶어. 이렇게 투덜대고 싶지 않다고. 왜냐하면—."

"누가 들으면 당신이 우리 엄마 아빠를 극진히 모셔왔는 줄 알겠네……."

"허, 그래." 남자의 목소리에서 상처받은 마음과 빈정거림이 묻어납니다.

"표정이 왜 그래? 내 말이 틀린 것도 아니잖아!"

"이봐, 나도 나름대로 당신 부모님께 잘하려고 노력하고 있다고. 그런데—."

"아, 그러셔? 3년 동안 뭐 하다 이제 와서 그러신대. 그럼 이번 주말에 그 노력이란 걸 하는 게 어때?"

"3년? 그러니까 당신 말은 내가 3년 동안 노력을 안 했다는 거야?"

이때부터 교류의 분위기가 급격히 격해집니다. 서로 상대의 말을 자르며 자기 할 말을 해댑니다. 여자는 얼마 전 전화 통화 중에 남자가 장인을 섭섭하게 한 일을 따져대고 남자는 자신을 변호하려 합니다.

"치사하게 통화 중에 그렇게 끼어들어서 그런 빈정거리는 말을 꼭 해야 했냐고. 그것도 내가 아빠한테 '생일을 축하드린다'는 말을 하려고 할 때 말야."

"그냥 재미있으라고 한 소리를 갖고 뭘 그래!" 남자가 꽥 고함을 지릅니다.

AI의 측정 수치상 두 사람 모두 심박동수가 점점 높아지는 중이고, 특히 남자는 분당 107회까지 크게 치솟습니다. 신뢰도는 급격히 추락해 남자의 경우엔 채 30퍼센트도 되지 않을 만큼 확 떨어집니다. 정서 평가 수치 역시 둘 다 곤두박질치고 교류가 부정적인 쪽으로 급격히 기울어집니다. 여자는 공격하고 남자는 방어하며 서로 경멸 투의 말을 주고받습니다. 그러다 30초도 채 지나지 않아 커플은 지치고 분한 마음에 서로를 외면하며 아예 아무 말도 하지 않습니다. AI에 포착된 영상이 끊기는 순간, 커플은 각자 정반대 방향을 쳐다보고 있는 모습입니다.

갈등의 암호를 해독하는 법

최근 몇 년은 코로나19 팬데믹까지 덮치면서 숙련된 상담치료사들도 기존 시스템으로는 감당하기 버거운 상황이 되었습니다. 그런데다 하루 종일 일을 하고 경우에 따라 자녀나 다른 가족까지 돌보며 바쁘게 살아가는 커플들에게는 상담을 받으러 다니는 일이 사치일 수 있습니다. 전문가의 지도가 정말로 절실한 수많은 커플이 이런저런 이유로 이러한 도움을 받지 못한 채 지내고 있습니다.

저희는 이렇게 힘들어 하는 커플들이 당장 고통을 덜어낼 수 있게 해줄 방법을 알아내고 싶었습니다. 힘들어서 쩔쩔매는 커플을 저희 눈으로 직접 본 경우도 한두 번이 아니었습니다. 그래서 전화나 노트북, 태블릿을 통해 이용할 수 있는 플랫폼의 개발에 착수해, 커플들이 지침과 도구를 찾기에 유용한 의지처를 마련하기 위한 노력에 나섰습니다.

그러자면 높은 수준의 AI가 필요했습니다. 커플의 교류를 관찰하며 아주 숙련되고 노련한 전문가처럼 오가는 대화 속에서 위험한 지경으로 치닫는 신호와 암시를 감별해 내는 수준이 되어야 했습니다. 상담치료사들은 이런 신호를 찾으며 보디랭귀지와 생리적 반응, 어조, 말의 선택 등등에서 미묘한 단서를 포착하도록 훈련받는데, 과연 컴퓨터가 이 정도의 섬세함을 발휘하도록 프로그래밍될 수 있을지 의문이었습니다.

결론부터 말하자면, 그런 수준은 가능했습니다. 갈등의 기호화에 관한 한, 이 AI는 인간 상담치료사에 필적했을 뿐만 아니라 사실상 인간을 능가하기도 했습니다.

갈등 중인 커플들과 관련해서 이 책에서 소개하는 데이터와 관찰 대부분은 수십 년에 걸친 사랑실험실의 연구나, 저희 자신과 다른 연구자들의 중요하고 획기적인 관찰연구에서 가져온 것들입니다. 하지만 이제는 존 가트맨의 감정 기호화 시스템인 '특정 정서 기호화 시스템(Specific Affect Coding System, SPAFF)'을 훈련받은 이 AI 프로그램을 통해 훨씬 더 정교하고 세세한 정보를 얻고 있기도 합니다.[1]

존이 커플에 대한 연구를 시작했을 때만 해도 심리학 분야에서는 한 개인의 성격과 행동에서 일관적인 패턴을 찾아내는 일도 힘들어하던 실정이라, 두 사람 사이에서 찾는다는 것은 훨씬 더 버거운 일로 여겨졌습니다. 커플 연구는 신뢰성이 너무 떨어져 과학적 유용성이 없다는 견해가 이 분야의 전반적 판단이었습니다. 한 사람을 연구하는 일조차 신뢰성이 크게 떨어지는 마당이니 두 사람에 대한 연구의 신뢰성은 두 배로 떨어질 테고, 그만큼 유용성이 훨씬 더 없다고 봤습니다. 한때 수학자였던 존은 그것이 잘못된 생각이라는 점을 증명하기 위해 나섰습니다.

먼저 개개인과 커플의 행동 패턴을 조사하며, 특히 커플의 전반적 행복과 커플 관계의 성패 여부를 가늠할 만한 징후로서 이어지는 일련의 상호작용의 순차적 흐름에 주목했습니다.[2] 동료들과 함께 관찰 조사 연구를 이어가며 두 파트너가 교류를 나누는 동안 얼굴 표정, 어조, 말과 언어 표현, 신체적 암시 등을 통해 나타낼 법한 온갖 미묘한 차이를 측정할 기호화(코딩) 시스템을 고안했습니다.

존과 연구 파트너인 로버트 레벤슨은 이 연구에 참가하는 커플들이 갈등적 대화를 나누며 겪은 경험에 대해 실질적으로 평가해 주면서, 사람들이 갈등을 겪는 방법, 자신의 의도와 그 영향의 일치 여부 등에 대해 훨씬 더 중요한 데이터를 얻게 해줄 방법을 개발했습니다. 두 사람은 오랜 시간에 걸쳐 연구에 참가한 커플들을 추적조사해 그 커플들이 서로 갈라서고 말았는지, 여전히 함께 살고 있는지, 여전히 함께 살고 있다면 행복한지 불행한지 등을 확인하면서 커플 사이의 이러한 교류가 커플들의 결말과 어떤 식으로 연계되는지 짚어볼 수도 있었습니다.

존이 이혼한 커플들, 여전히 함께 살며 행복한 커플들, 여전히 함께 살며 불행한 커플들을 두루 조사하며 이 세 그룹의 커플들로부터 데이터를 취합해 본 결과, 그 데이터의 신뢰성은 결코 떨어지지 않았습니다.

커플 사이 일련의 교류는 오랜 시간이 지나면서 아주 높은 신뢰성을 갖추어 해당 커플의 미래에 대한 높은 예측성을 나타내게 되었습니다. 덕분에 존은 SPAFF를 통해 커플의 교류를 기호화함으로써 90퍼센트의 정확도로 커플의 미래를 예측할 수 있었습니다.[3] 이런 정확한 예측에서 큰 비중을 차지하는 요소는 커플들이 갈등 중에 어떻게 행동하느냐였습니다.

존의 관계 연구에서 한 가지 핵심적인 부분은, 커플에게 지속적인 갈등거리 하나를 골라 서로 의견을 나눠 달라고 부탁하는 '갈등 과제(conflict task)'였습니다. 커플 간의 싸움이 녹화된 후에는 연구 팀이 그 녹화분을 자세히 살펴보며 100분의 1초 단위까지 모든 표정과 교류를 기호화하는 작업을 했습니다. 워낙 까다로운 작업이라 저희 연구자들이 정확한 수행을 위해 고도의 훈련을 받아야만 하는 만만찮은 일이었습니다.

SPAFF가 개발되기 전까지 행동과 교류를 살펴보기 위해 활용한 다른 기호화 시스템들은 단서 기반이었습니다. 다시 말해, 시각적으로 알아볼 수 있는 몸짓과 표정, 인간 행동 요소들을 주시하는 식이었습니다. 이런 단서 기반 방식에는 본질적 맥락이 심각한 수준으로 배제된다는 단점이 있습니다.

어조의 배제가 그런 문제점 중 하나였습니다. 밝은 어조는 긍정적 감정을, 침울한 어조는 부정적 감정을 암시한다는 점에서 어조도 무시해선 안 될 요소입니다. 말할 때 다른 단어보다 특정 단어를 강조하는 측면은 어떨까요? 이런 측면은 이른바 준언어적 단서에 속하는 중요한 요소입니다. 같은 문장이라도 어떤 단어를 강조해 읽느냐에 따라 좌절감을 전달할 수도 있고, 나긋나긋함을 전달할 수도 있기에 무시해서는 안 됩니다.

언어적 표현 방식 및 신체적 표현 방식에서 나타나는 문화적 차이도 중요하지 않을까요? 저희의 기호화 시스템은 감정이 이 모든 의사소통 수단을 아우르며 상호작용하여 전해진다는 점을 수용하는 체계입니다.

인간으로서 우리는 아주 복잡한 존재이므로 그런 우리의 행동을 기호화하기 위한 시스템 역시 똑같이 복잡해야 합니다. 싸움 중의 감정을 기호화하기 위해서는 아주 세밀히 신경을 써야 합니다. 단어의 의미를 알고, 맥락에 따라 단어를 이해하고, 속해 있는 문화를 이해해야 합니다. 말에 담긴 음악을 들으며 어조, 소리의 강도, 가락,

템포, 강조 대목을 가려내야 합니다. 정말 만만치 않은 일입니다!

그런데 놀랍게도 존의 기호화 시스템을 훈련받은 AI가 문화적 정보에 훤한 관찰연구자들과 맞먹을 만큼의 기호화 처리 능력을 보여주고 있습니다. 개발된 초기부터 처리 능력이 인간에 필적하더니 시간이 지나면서 머신러닝을 통해 점점 더 발전해 최고 실력의 인간과 막상막하의 수준에까지 이른 상태입니다.

한마디로 말해 저희의 AI가 이 일을 매우 잘한다는 이야기입니다. 가령 앞에서 소개한 젊은 커플이 노트북을 펴서 카메라를 켜놓고 이야기를 나누던 중 접이식 소파에서 잠을 자는 문제로 싸우면, 그동안 이 AI가 대체 불가의 중요한 데이터를 수집해 최고로 노련한 전문가들을 뺨칠 정도로 기막히게 일을 해냅니다. 심지어 감정 기호화와 각 파트너의 생리 반응 분석을 동시에 진행하기도 합니다.

앞에서 소개한 젊은 커플의 싸움에 대한 AI의 분석은 아주 정확했습니다. 게다가 이 커플의 싸움은 우리가 갈등 중에 보이는 경향이 거의 다 요약되어 있다는 점에서 특히 중요하게 살펴볼 만한 사례입니다.

전형적인 싸움 과정

이 커플의 싸움을 이 책의 초반부에서 살펴볼 사례로 선택한 이유는 단순합니다. 전형적인 싸움이기 때문입니다. 커플 사이에서 전형적으로 나타나는 갈등의 주된 특징들을 모두 보여줍니다.

- **별것 아닌 일로 싸우기** 주중의 일에 대해 기분 좋게 대화를 잘 나누다가 다음 순간 대판 싸움을 벌이는 식입니다.
- **순식간에 고통스러운 갈등 상태로 치닫기(갈등의 격화)** 이 사례에서 AI는 1분도 안 되는 사이에 갈등의 격화로 등급을 높였습니다.
- **상대의 말을 들어주지 않기** 이해의 여지는 없이 공격과 방어만 오가는 대화. 이런 대화는 대화를 나눈다기보다 검을 들고 결투를 벌이는 것에 더 가깝습니다.
- **'이혼을 예측하는 4가지 독' 총출동** 시간이 지나면서 서서히 관계의 파국을 예고하는 다음과 같은 4가지 부정적 의사소통 패턴이 나타납니다.
  - **비난**(3년 동안 뭐 하다 왜 이제 와서 우리 부모님한테 잘하는 척하는데?)
  - **경멸**(치사하게 통화 중에 그렇게 끼어들어서 그런 빈정거리는 말을 꼭 해야 했냐고.)
  - **방어**(그냥 재미있으라고 한 소리를 갖고 뭘 그래!)
  - **담쌓기**(싸움의 막판에 남자 파트너는 마음의 문을 닫고 소통을 단절한 채 더 이상 아무 반응을 하지 않습니다.)
- **'홍수'에 빠지기** 갈등 중에 감정이 신경계를 압도하여, 이 사례처럼 주체를 못 하고 담쌓기를 하는 경우입니다. AI는 갈등이 격화될 때 이 남자 파트너에게서 특히 급격한 신체 반응이 나타난 것으로 기록했습니다. 갈등이 격화되면 남자들은 평균적으로 심박동수가 분당 80회가량에서 107회로(심지어 훨씬 더 높은 수치로도) 치솟는 경향을 보이는데, 이와 같은 급격한 신체 반응은 홍수에 빠진 상태를 암시하는 주된 신호입니다.

- **부정적 교류가 긍정적 교류를 빠르게 앞지르기** 커플이 오래도록 잘 살기 위해서는 갈등 중에 오가는 긍정적 교류와 부정적 교류가 특정 비율을 유지해야 합니다. 5:1의 비율에 맞춰, 부정적 교류 1개당 긍정적 교류 5개가 있어야 합니다. 이번 사례의 싸움에서는 순식간에 교류가 100퍼센트 부정적인 상황으로 급변하고 말았습니다.
- **설령 있더라도 극히 드문 화해 시도** 사랑의 달인들이 갈등을 순조롭게 풀어가는 주된 비결 한 가지는 싸우고 난 이후만이 아니라 싸움 중에도 화해를 시도하는 일입니다. 싸움에 불이 붙어 감정이 격해지면 이 두 사람처럼 대다수가 화해를 시도할 의지도 능력도 잃으면서 서로 상처만 입히고 맙니다.
- **그리고 결국엔……** 법적 다툼으로! 굳이 말 안 해도 누구나 다 알 만한 그 단계입니다.

이 커플의 이미지를 그려볼 수 있도록 귀띔하자면, 두 사람은 20대 후반입니다. 이제 결혼한 지 3년 정도 되어서 비교적 얼마 안 된 사이입니다. 여자는 금발 머리를 길게 길렀고 가느다란 금 코걸이를 하고 있습니다. 남자는 흑갈색 머리를 어깨까지 기르고 있는데, 침대에 기대앉아 서로 대화를 시작하던 초반엔 머리를 느긋이 쓸어 넘기더니 흥분하면서부터는 점점 더 빠르게 휙휙 넘깁니다.

여자는 화가 치밀자 남자 쪽으로 몸을 기울입니다. 보디랭귀지에서 공격성이 드러납니다. 남자의 얼굴을 뚫어져라 쏘아보며 비난의 말을 내뱉고 나서 남자가 대답할 틈도 안 주고 또 다른 문제를 따집니다. 예전에 표출할 길이 없어 억눌러놓은 응어리를 쏟으며 불만을 퍼부어 댑니다. 남자는 방어 자세로 돌입해 빈정거림을 기본값으로 취합니다. 곤경에 처해 있는 사람의 표정입니다. 거의 사면초가에 빠졌다고 여기는 듯한 기색입니다.

싸움이 막판에 치닫도록 커플은 아무런 진전도 보지 못합니다. 둘 다 좌절감으로 고개를 내저으며 입을 다물어버립니다.

하지만 두 사람이 이 앱에 들어온 점으로 미루어 볼 때, 완전히 좌절한 것은 아닙니다. 두 사람은 문제가 있다는 걸 알고 그 문제를 바로잡으려고 노력하는 중입니다. 서로를 포기하고 싶지도, 함께하는 삶을 접고 싶은 마음도 없습니다. 더 잘 지내기를 바라고 있습니다. 하지만 수많은 커플이 저희에게 찾아와 묻는 질문으로 속을 태우고 있습니다. 우리는 왜 이럴까요?

우리는 왜 그렇게 싸울까요? 그 이유라면 100가지라도 댈 수 있지만, 중요한 이유들을 위주로 살펴보도록 합시다.

부부가 싸울 수밖에 없는 숙명적 이유

정반대되는 사람들은 서로 끌린다는 말을 많이 하는데, 이 말이 과학적으로도 맞는 것으로 밝혀졌습니다.

스위스의 한 동물학자가 후각, 끌림, 유전적 차이를 주제로 벌인 연구를 통해 증명했듯이 우리에게는 정말로 '화학적 이끌림(chemistry)'이 있습니다.[4] 클라우시 베데킨트(Klaus WedeKind)는 실험에 참가할 이성애 지원자 100명을 모집했습니다. 여성과 남성 비율을 반반으로 맞추고 유전적 다양성을 갖추도록 지원자를 특별히 선정했습니다.

실험에서는 먼저 남성 참가자들에게는 깨끗한 티셔츠를 나눠 주고 집으로 보내며 그 티셔츠를 이틀 동안 입고 잔 후 빨지 않은 채로 연구소에 반납해 달라고 했습니다. 그 후 각각의 여성 참가자들에게 7벌의 티셔츠를 건네며 냄새를 맡아 달라고 했습니다. 요청에 따라 여성들은 티셔츠마다 돌아가며 한 번씩 냄새를 맡으면서 각각의 셔츠를 '강도, 호감, 성적 매력'의 측면에서 평가한 후 전반적으로 어떤 티셔츠의 냄새가 가장 끌리는지도 밝혔습니다.

실험 결과는 흥미로웠습니다. 여성들은 특정 유전자 서열이 자신과 크게 다른 남자들이 입었던 티셔츠의 냄새를 압도적인 비율로 더 좋아했습니다. 이 실험에서 베데킨트가 관심을 가졌던 특정 유전자는 MHC 유전자, 다시 말해 '주요 유전적 적합성 집합 위치(major histocompatibility complex locus)'였습니다. 이 유전자가 중요한 이유는 면역 체계에서 중요한 역할을 하기 때문입니다.

부모가 서로 크게 다른 MHC 유전자를 가지고 있으면 그 자손은 바이러스나 질병과의 싸움에서 유리합니다. 자손에게 더 많은 보호막을 씌워주는 셈이지요. 다시 말해 당신과 유전적으로 다른 사람과 짝을 이루는 것은 생물학적으로 깊이 뿌리 박힌 인간의 생존 메커니즘이라는 말입니다.

따라서 파트너와 자주 갈등을 겪는 이유는 우리가 자신과 아주 다른 사람을 골랐기 때문일 수 있습니다. 우리는 그런 사람을 고르도록 프로그래밍되어 있으니까요! 사실 성격 차이가 대다수 커플의 갈등 원인이기도 하잖아요. 앞에서도 이야기했듯 우리의 갈등 중 상당수(69퍼센트)는 영속적인 문제라 해결할 수가 없어서 관계를 이어가는 내내 다루어야 할 문제입니다.[5]

파트너 사이의 영속적인 문제는 대체로 성격과 라이프스타일 성향의 차이에서 비롯됩니다. 커플이 서로의 차이를 더 많이 받아들일 수 있으면 더 좋겠지만, 오히려 파트너를 자신처럼 바꾸려고 하다가 잘 안 되면 파트너를 비난하면서 관계가 어긋나는 경우가 많습니다. 한때는 그토록 매력적이었던 이런 성향 차이가 나중엔 마찰거리가 되는 것입니다.

"그이의 즉흥성에 마음이 끌렸어요"라고 말하고 다니다가 이제는 이렇게 말합니다. "당신은 왜 계획을 세워놓고 그 계획대로 밀고 나가질 못해?"

"활달한 성격과 뛰어난 유머 감각에 끌려 그녀에게 푹 빠졌어요"라던 사람이 이제는 이렇게 불만스러워 합니다. "당신은 파티에 가면 그렇게 꼭 사람마다 다 붙잡고 얘기를 나눠야겠어? 그 자식한테는 아주 꼬리까지 치던데?"

당신이 '반대인 사람에게 끌리는' 전형적인 경우가 아니라 해도 이런 유형의 갈등에 면역이 되어 있는 건 아닙니다. 저희는 저희 식대로 말해 '반대 성향을 발견하는' 사례도 아주 많이 봤습니다. 말하자면 두 파트너가 서로 아주 비슷해 보이지만 시간이 좀 지나서야 그런 차이점에 마주치는 경우입니다. 하지만 그런 점은 그동안 몰랐을 뿐 원래부터 있었던 차이입니다.

저희에게 상담을 받은 아티스트 커플의 사례를 볼까요? 남자는 화가이고 여자는 가수입니다. 둘 다 예술 활동과 창의적인 일에 대한 부분에서 마음이 잘 맞습니다. 그런데 여자는 외향적이라 다른 사람들과 어울릴 때 에너지가 넘치고 창의성이 번뜩였지만, 남자는 내향적이라 자주 고독과 휴식기를 필요로 했습니다. 공통된 관심사, 배경, 라이프스타일 때문에 서로에게 끌렸지만 나중에 알고 보니 반대되는 성격과 욕구를 가지고 있었던 이런 커플의 사례는 정말 흔합니다.

저희가 알아낸 갈등의 또 다른 예측 요소로는 삶의 큰 변화도 있습니다. 예를 들어 부모가 되는 일도 그런 변화에 해당합니다. 아기가 생기는 건 원래 즐거운 일이어야 하지만, 저희가 신혼부부들을 대상으로 조사해 본 결과 아기가 태어나고 3년이 지났을 무렵 무려 67퍼센트의 부부 사이에서 전반적인 행복도가 곤두박질치고 부부 간의 적대감이 크게 늘어난 것으로 나타났습니다.[6]

다시 말해 더 많이 싸웠습니다. 아기는 중요한 존재이지만 어떤 식으로든 삶의 변화는 파트너와의 갈등에 도화선이 될 수 있습니다. 그 변화가 당신의 욕구, 꿈, 신념, 가치관에 어긋나서 압박을 느낄 경우일수록 특히 더합니다. 연로하신 부모님을 집으로 모시고 오거나, 힘든 일자리로 이직하거나, 이사를 하거나, 금전적 상황에 큰 변화가 일어나는 등의 경우가 여기에 해당됩니다. 이 모두가 살다 보면 겪는 인생사라는 점에서 볼 때, 갈등을 잘 다룰 줄 아는 일이 훨씬 더 중요하게 다가옵니다.

한편 우리는 외부 문제와 단절된 채로 싸우는 게 아닙니다. 생활 속 스트레스가 싸움의 빈도와 방식에 영향을 미치는 큰 변수로 작용합니다. 사무실에 출근하든, 침실 책상에서 줌(Zoom)으로 화상 회의를 하든, 하루 종일 아이들을 돌보든, 우리는 하루 동안 받은 스트레스와 걱정을 파트너와의 교류에까지 끌고 옵니다.

2004년에 저희의 동료인 로버트 레벤슨이 '하루의 일과가 남기는 흔적'이라는 연구를 벌여 그날 하루의 '잔재'가 어떻게 부부 간의 교류 속으로 스며드는지를 살펴본 바 있습니다.[7] 이 연구는 '경찰 커플 (경찰관과 그 배우자)'들을 대상으로 진행되었습니다. 스트레스가 높은 직업인 경찰 일은 업무에서 받는 스트레스와 피로가 부부 간 교류의 생리적·주관적 요소에 미치는 영향을 명확히 이해하기에 특히 유용한 관찰 분야였습니다. 다시 말해 그런 스트레스와 피로 상태에서 갈등을 대할 때 몸이 어떤 반응을 보이는지 측정하고 참가자들이 그때 겪은 갈등을 나중에 어떻게 평가하는지 알아보기에 좋았습니다.

레벤슨은 실험에 참가한 커플들에게 한 달 동안 매일 '스트레스 일기'를 써 달라고 했습니다. 커플들은 1주일에 한 번씩 연구소에 와서 서로 각자의 하루 일에 대해 대화를 나누는 등 통상적인 교류를 나누기도 했는데, 이때 레벤슨과 연구진이 그 모습을 관찰했습니다.

이렇게 이어진 연구 결과, 스트레스가 유난히 높은 날에는 파트너 간의 교류에서 불화가 더 심하게 감돌았습니다. 파트너 모두 생리적으로 더 각성된 상태에 있었습니다(즉 심박동수, 혈압, 스트레스 호르몬 수치가 오르고 신경계 과열 징후가 늘어나는 '신체적·인지적·감정적 홍수' 상태였습니다). 자가진단 평가에서는 부정적 감정이 늘고 긍정적 감정이 줄어 있었습니다. 남자들은 특히 신체적 피로에 영향을 받아, 다른 때보다 더 녹초가 되어 있을 때 이러한 홍수를 훨씬 더 많이 겪었습니다.

이 모든 결과가 확실하게 시사해 주고 있듯, 우리가 세상에 나가서 (아니면 원격 근무하는 사무실인 침실 안에서) 겪는 일상의 일들은 확실히 우리의 관계에까지 흘러넘쳐 들어옵니다. 직장에서 (혹은 육아를 맡아 하면서) 스트레스를 받으면 파트너와의 갈등을 겪을 가능성이 더 높을 뿐만 아니라 그런 갈등 중에 생리적으로 범람되어 주체하지 못하게 되면서 감정의 통제가 잘 안 될 가능성도 높아집니다.

이 모든 이유와 그 외의 더 많은 이유로 인해 우리는 갈등을 겪기 마련입니다. 하지만 갈등이 악화되는 주된 이유는 갈등의 원인이나 갈등거리가 뭐든 간에 부정적 감정, 특히 파트너의 부정적 감정을 잘 다루지 못하는 탓입니다. 공격받는 느낌이 들어 방어적으로 나가기도 하고, 부정적 감정을 꾹꾹 억누르다가 결국 폭발하기도 합니다. 갈등은 삶의 일부분이며, 잘 싸우려면 파트너와 우리 자신의 부정적 감정 모두를 잘 다루고 말로 잘 풀 줄 아는 요령이 중요합니다.

분노와 갈등을 두려워하지 말아야 한다

1980년대 중반, 신혼 커플들을 대상으로 사랑실험실 연구를 시작했을 당시에 존은 데이터가 무엇을 보여줄지 확신이 없었습니다. 다만 커플 사이에서의 행동 및 교류 패턴이 발견되어, 어떤 커플은 어떻게 해서 쭉 함께하며 여전히 행복하게 살고, 또 어떤 커플은 왜 그러지 못하는지를 분명히 밝혀줄 것이라고 짐작했을 뿐입니다. 그런데 그 짐작이 정말 들어맞았습니다.

사실 무엇이 밝혀질지에 대해 나름의 추측을 실험해 보는 것도 과학적 연구의 매력입니다. 절반 이상의 경우 추측은 완전히 빗나갑니다. 존도 사랑실험실 연구 중 대략 60퍼센트는 추측이 틀렸습니다! 하지만 잘못 짚은 경우에도 제대로 맞힌 경우에 못지않게 귀중한 정보를 얻을 수 있다는 점이 과학의 놀라운 선물이기도 합니다.

다음은 존이 알아낼 것으로 추측했으나 결국엔 실험 데이터로 뒷받침되지 않았던 두 가지입니다.

① 분노는 위험한 감정이다.
② 관계 초반부터 자주 싸우는 일은 안 좋은 징조이다.

먼저, 빗나갔던 두 번째 추측부터 살펴봅시다. 관계 초반의 갈등은 그 커플이 안 좋게 끝날 것 같은 불길한 징조로 비칠 수 있지만 그렇지 않습니다. 오히려 정반대입니다.

저희가 수년에 걸쳐 커플들을 추적조사해 본 결과, 결혼 후 처음 몇 년간 비교적 다툼이 잦아 보였던 신혼 커플들 가운데 상당수가 다툼이 적은 신혼 커플들에 비해 시간이 지나면서 더 강하고 더 행복한 관계를 이루었습니다. 이유가 뭘까요?

다툼이 잦아 보였던 커플들을 살펴봤더니, 아내가 남편에게 문제점을 꺼내놓을 만큼 안정감을 갖고 있었다는 점에서, 말을 꺼내기 꺼려 했던 다른 일부 커플의 여성들과 대조되었습니다(참가자 전원은 이성애자). 문제점 꺼내기는 한 방향으로만 이루어져 아내가 남편에게 말을 꺼내는 식이었습니다. 이처럼 여성 파트너가 먼저 말을 꺼내 갈등의 해소를 주도한 경우에는 관계가 더 탄탄하고 순탄해졌습니다. 연구진은 이런 식의 갈등 해소를 '아내의 부정성 효과(wife negative effect)'라고 이름 붙였습니다. 듣기엔 좋지 않지만 관계의 문제에 관한 한 이후에 좋은 결과로 이어진다는 의미가 담겨 있습니다.[8]

다툼이 없는 신혼 커플들은 처음엔 좋아 보였을지 모르지만, 이후에 저희가 이 커플들을 인터뷰해 본 결과 상당수의 여성이 자신의 필요성을 드러내지 않고 억누르면서 겉으로만 갈등이 낮아 보였을 뿐 그 밑에 더 깊은 문제점이 숨겨져 있었던 것으로 밝혀졌습니다. 심한 말다툼이 벌어질까 겁나거나 버려질까 두려워 말을 꺼내지 않았던 것입니다. 사실상 다툼이 적은 관계가 더 위태로운 관계였습니다. 처음엔 긍정적인 징조로 보였지만 실제로는 부정적인 징조였습니다.

저희는 이런 연구 결과에 따라 기호화 시스템의 한 측면에 관심을 기울였고, 분노에 대한 흥미로운 사실을 깨달았습니다.

SPAFF에서는 저희 연구자들이(또는 이제 저희 AI가) 관찰하는 모든 면을 긍정적이거나 부정적인 것으로 기호화합니다. 갈등 중의 긍정적 교류와 부정적 교류의 비율 5:1을 발견한 것도 이런 기호화를 통해서였습니다. 그런데 여러 연구에서 얻은 데이터를 분석하는 동안 저희는 부정성에 대해 점점 더 세밀한 정보를 수집했습니다. 알고 보니 그 순간에 부정적인 것으로 기호화되었던 면들이 장기적인 관점에서 보면 전부 다 부정적인 것만은 아니었음이 확실해졌습니다. 예를 들어 분노가 그런 경우였습니다. 분노는 부정적인 면이 아니었습니다!

저희는 연구소에 앉아 커플들을 관찰하면서 분노를 살펴보던 중에 이런 생각이 들었습니다. '분노가 나쁜 게 아니잖아.' 나쁜 것은 '4가지 독'이었습니다. 커플들이 경멸, 비난, 방어, 담쌓기로 분노를 드러낼 때 그것이 독이 되었습니다. 그 4가지가 관계를 망치는 독이었습니다. 하지만 분노 자체는 나쁜 것도, 부정적 결말을 예고하는 징조도 아니었습니다.[9]

사실 현대 신경과학의 렌즈로 보면 분노는 기쁨과 설렘 같은 긍정적 감정과 더 결부되어 있을 만합니다. 분노는 신경과학자 리처드 데이비드슨(Richard Davidson)이 말하는 '접근 감정(approach emotion)'에 해당되기 때문입니다. 데이비드슨은 좌뇌와 우뇌 간의 뇌 처리 과정과 감정의 연구에 관심이 끌려, 실험 참가자들을 모집했습니다. 그 뒤에 피험자마다 전극이 달린 우스꽝스런 모자를 씌우고 그 전극이 두피에 닿게 하여, 연구자가 뇌의 활동 그림인 뇌파도(腦波圖)을 파악할 수 있게 한 상태에서, 피험자에게 최근의 통상적인 하루에 대해 생각해 달라고 했습니다.

데이비드슨은 뇌의 활동을 추적하며 어느 쪽의 뇌가 밝아지는지 살펴본 다음, 머릿속으로 하루를 그리고 있었을 때 어떤 감정을 느꼈는지를 피험자에게 밝혀 달라고 했습니다. 우뇌 감정을 느꼈는지 좌뇌 감정을 느꼈는지 알아보기 위해서였습니다. 우리는 보통 우뇌는 창의적이고 예술적인 면의 처리와 관련이 있고, 좌뇌는 단계적이고 논리적인 영역이라고 생각합니다. 하지만 데이비드슨이 밝혀낸 결과에서는 그렇지 않은 것으로 나타났습니다. 피험자들이 세상에 마음을 닫게 되는 감정(슬픔, 두려움, 혐오)을 느끼고 있었을 때는 오른쪽 전두엽의 비대칭성(오른쪽 영역이 더 활성화된 상태)을 띠었고 흥미,

호기심, 기쁨, 분노 같은 감정을 느끼거나 처리 중이었을 때는 왼쪽 전두엽의 비대칭성을 띠었습니다.[10]

뇌의 왼쪽이 더 활성화되었다는 점은 뭘 느끼고 있든 그 대상에 마음을 닫기보다 관여하고 싶어 한다는 것을 의미했습니다. 이때 피험자들이 느꼈던 감정은 설렘이나 호기심이나 분노였는데, 저희는 바로 여기에 근거해 분노를 접근 감정으로 분류했습니다. 분노는 '긍정성' 대 '부정성'의 구도로 딱히 분류되지 않으며 사랑의 과학에 관한 한 저희에게는 흥미로운 감정입니다. 분노는 (대개 유쾌한 경험은 아니지만) 파트너에게 다가가게 해주는 감정입니다. 유대를 잇고 관여하며 드러내야 할 뭔가를 표출하게 해주는 감정이기 때문입니다.

오늘날의 미국 문화권이 특히 더하지만, 많은 문화권에서 사람들은 자신이 느끼는 감정에 어느 정도의 선택권을 가지고 있다고 여깁니다. 그래서 좋지 않은 감정(분노, 슬픔)을 느낄 때 그런 감정을 잘 받아들이지 못합니다. 자신이 그런 감정을 느끼는 것도 파트너가 그런 감정을 드러내는 것도 못 견뎌 합니다. 도대체 왜 분노나 혐오, 슬픔을 느끼기로 선택했는지, 자신을 이해하지 못합니다. 화가 나는 것을 부끄러워하고, 분노를 나쁜 것이라고 생각합니다. 갈등을 나쁜 것으로 여기죠. 분노나 갈등을 드러내고 싶지 않아 합니다.

분노는 사실상 유용한 감정이므로 존중받아야 마땅합니다. 자연스러운 감정이고 목표가 좌절됨으로써 비롯되는 것인 만큼 그 안에는 아주 생산적인 정보가 담겨 있지만, 그런 분노를 표출할 때는 경멸이나 비난 없이 표출해야 합니다.

저희의 SPAFF를 통해서도 확실히 밝혀졌듯, 분노는 부정성이나 관계의 안 좋은 결말을 예측하는 징조가 아닙니다. 관계를 망치는 4가지 독을 불러들이지만 않으면 분노는 긍정적인 면이 될 수도 있습니다. 분노는 당신이 가진 불만을 부각시켜 줍니다. 경우에 따라 당신과 파트너가 꼭 필요한 대화를 갖도록 유도해 주기도 합니다. 저희가 각자 수행한 여러 커플 상담을 통해 느껴온 바이지만, 분노는 사람들이 가장 수치스러워 하는 감정입니다. 사람들은 신체적·인지적·감정적 홍수에 빠지는 경향을 부끄러워하지요. 하지만 분노를 느끼는 것은 부끄러운 일이 아닙니다.

분노, 특히 그중에서도 예로부터 더 억눌려 온 여성의 분노는 외면당해서는 안 됩니다. 분노는 더 많이 이해하기 위한 길이 되어주기도 합니다. 안타깝게도 사람들은 분노를 두려워합니다. 하지만 우리가 분노를 두려워할수록 우리는 더 양극화됩니다. 대체로 우리 문화에서는 남자들의 경우, 분노 감정은 허용되지만 취약한 감정들은 허용되지 않습니다. 여자들의 경우엔 비교적 수동적인 감정들(슬픔, 두려움, 걱정)은 허용되지만 분노 같은 주도적 감정은 허용되지 않습니다.

그런 점에서 분노 표출을 불편해 하지 않는 성격인 줄리와 결혼한 존은 운이 좋은 사람입니다! 존은 분노를 결혼생활의 한 과정으로 받아들일 수밖에 없었습니다. 줄리의 불같은 성질을 농담거리로 삼아 놀리기도 하지만, 진심으로 말하자면 모든 감정을 다 펼쳐 보이는 결혼생활은 정말 근사합니다. 뭐든 숨기지 않아도 되니까요. 단, 당연한 말이지만 여기에서는 분노를 말하는 요령과 잘 들어주는 요령이 중요합니다.

갈등이란 이해에 이르는 왕도

이 책에서 우리 모두가 목표로 삼아야 할 두 가지를 당부드리고 싶습니다. 첫 번째 목표는 '분노를 접근 감정으로 인정하고 나쁜 것으로 생각하지 않기'입니다. 분노는 나쁜 것이 아니며, 싸움 역시 나쁜 게 아닙니다.

하지만 두 번째 목표에도 유의해야 합니다. '경멸, 비난, 방어를 드러내는 식의 분노로 파트너에게 다가가지 않기'입니다. 이제부터는 그런 태도를 뒤집어보세요. 서로에게 호기심으로 다가가세요.

갈등에는 목적이 있습니다. 바로 상호 이해입니다. 갈등이나 싸움이 없다면, 우리는 서로를 온전히 이해하거나 온전히 사랑할 수 없을 거예요. 그래서 저희끼리는 갈등을 '이해에 이르는 왕도'라고 부릅니다. 고대에 왕도(Royal Road)는 기원전 5세기에 페르시아의 다리우스 대왕이 자신의 거대한 왕국 전역에 더 신속한 소통망을 조성하기 위해 세운 고속도로를 가리켰습니다.

우리의 싸움도 그런 왕도와 똑같은 역할을 해줄 수 있습니다. 갈등은 사랑하는 능력을 연마시켜 줍니다. 사랑의 날을 갈아주는 숫돌 같은 존재입니다. 감정은 곧 정보이니 당신의 감정에 귀를 기울이세요. 감정은 당신을 이끌어주기 위해 있는 것입니다. 우리의 모든 감정은 우리에게 유용한 통찰을 주며, 분노도 예외가 아닙니다.

그러니 '더 잘 싸우기' 위한 이 여정에 나서는 우리의 첫 번째 목표로써, 분노가 일어나도 괜찮다는 점을 이해합시다. 갈등이 생겨도 괜찮습니다. 분노도 갈등도 부끄러운 일이 아닙니다. 정상적이고 자연스러운 일이자, 관계를 엮어나가기 위해 꼭 필요한 실입니다. 그리고 둘 다 선한 영향력을 발휘해 줄 수 있습니다.

이번 장에서는 먼저 기본적인 (하지만 아주 중요하기도 한) 질문에 답해보는 시간을 가져봅시다. 우리는 왜 싸울까요? 답은 간단합니다. 관계에는 하나가 아닌 두 개의 뇌가 관여하기 때문입니다. 우리는 파트너 관계를 이어가는 과정에서 그 관계가 아무리 오래되었더라도(대다수의 경우, 성인기의 삶 대부분에 걸쳐 이어져왔겠지만) 개인과 집단 사이, 즉 나와 우리 사이의 긴장을 헤쳐나가기 마련입니다. 로맨스로 맺어진 평생의 파트너와의 관계가 특히 더 그럴 테지만, 가깝고 협력적인 모든 관계에도 해당됩니다.

인간으로서 우리는 누구나 주도성과 자율성을 원합니다. 이런 바람은 마음 깊이 뿌리 내린 끈질긴 욕구입니다. 인간의 진화 과정 내내 우리는 언제나 생존을 위해 스스로 결정을 내려야 했습니다. 한 종으로서 우리는 지금까지 생존을 위해 전쟁, 질병, 기근 등의 숱한 도전에 직면해야 했습니다.

우리는 개개인마다 모두 경쟁 본능을 가지고 있습니다. 우리 모두는 한편으로는 자신이 가장 잘 알고 있다고 생각하고 또 한편으로는 남들이 자신보다 더 잘 알지도 모른다는 경쟁의식을 가지고 있습니다. 그래서 우리는 모든 사람이 저마다 도움이 되는 특별한 재능이나 능력을 가지고 있고, 사람마다 어려움과 약점을 가지고 있다는 생각에 따라 위계적인 체계를 세웁니다. 당신이 한 부족원으로서 황야에서 생존하려 애쓰는 중이라면 당신에게는 힘이 센 사람, 협동 사냥을 잘하는 사람, 경계 능력이 뛰어난 사람 등이 필요합니다.

문제는 최상의 생존 가능성을 끌어낼 합이 잘 맞는 무리를 이루기 위해 각자의 어려움, 각자의 장점, 실력과 지식 등의 차이를 조화시킬 방법입니다. 여기에 더해 무리의 머릿수가 점점 늘어나면 문제는 더 복잡해집니다.

어떤 점에서 보면, 과거에는 생존이 아주 간단한 문제였습니다. 먹고살기 위해선 창, 사냥 도구, 조리 도구 정도만 있으면 되었으니까요. 하지만 최근에 이르러 인간의 역사가 숨이 멎을 만큼 빠른 속도로 전개되면서, 이제는 사람들이 매일같이 삶의 별별 문제를 놓고 내려야 하는 결정이 수천 가지나 됩니다.

몇 시에 일어날까? 누가 먼저 샤워를 하지? 누가 먼저 세수하는 게 좋을까? 누가 애들을 깨우지? 누가 애들 옷을 입히지? 아침을 먹고 나서 누가 치워야 할까? 아기가 아플 때 누가 나가지 않고 집에 있어야 하지? 공과금 납부와 이런저런 할 일을 누가 처리하지? 전통적인 성역할에 순응하는 게 좋을까, 저항하는 게 좋을까? 누구의 커리어를 우선순위에 둬야 할까?

이 외에도 결정 거리가 줄줄이 이어집니다. 당신이 하루 동안 내리는 결정이 몇 개인지 세어본 후에 (각각의 선택마다 골라야 하는 하위 옵션이 악몽같이 계속 늘어나는 드롭다운 메뉴처럼 많다는 점을 염두에 두고) 그 수에 12를 곱해보세요. 이런 상황에서 어떻게 갈등이 생기지 않을 수 있겠습니까?

관계는 개인 대 집단 간의 끊임없는 협상입니다. 사람은 각자 저마다의 인식과 의식, 성향과 관심, 감정과 지능이 있으며, 심지어 정신적 경향도 다릅니다. 이 모든 요소가 그 사람의 정체성을 이루는 토대입니다. 그리고 개인의 이 모든 면들이 표출을 필요로 합니다. 인간에게는 자신의 정체성을 표출하고 구현하고 싶어 하는 개인적 욕구가 있습니다.

하지만 커플이든 부족이든 도시든 국가든, 집단은 개인과는 아주 다른 것을 필요로 합니다. 협력, 협동, 결속, 타협, 친절, 연민 등 서로의 개인적 성향과 욕구를 헤아리는 배려심이죠. 이러니 언제나 대립이 빚어지게 마련입니다. 자신이 지닌 본연의 정체성에 충실하려는 마음과 집단에 충실하려는 마음이 대립할 수밖에 없습니다. 사랑을 하며 오래오래 동반자로 지내기 위해서는 오랜 세월에 걸쳐 이런 대립을 다뤄야 합니다.

따라서 충돌을 다루기 위해서는 당신이 어떤 사람인지에 대한 본질적인 측면부터 다뤄야 합니다. 당신과 파트너가 다툼 중에 서로를 이해하는 방식과 각자의 행동을 해석하는 방식에 큰 영향을 미치는 두 사람의 '갈등 문화'부터 살펴봐야 합니다.

여기에서 말하는 갈등 문화란 각자가 따르는 싸움의 '규칙'입니다. 대체로 잘 깨닫지 못하거나 의식하지 못하지만 마음 깊은 곳에 품고 있는 규칙입니다. 이런 무언의 규칙은 경우에 따라 파트너 사이에서 달라도 아주 크게 다를 수 있습니다.

2장

왜 우리는 비슷한 패턴으로 싸울까?

당신은 왜 매번 비슷비슷한 싸움을 되풀이할까요? 갈등에 대한 당신의 신념은 어디에서 비롯된 것일까요? 당신의 싸움 스타일은 어떻고, 그 스타일이 파트너의 싸움 스타일과 어떤 부분에서 잘 맞을까요?

원만한 관계를 위해 도움을 받으러 저희를 찾는 수많은 커플은 그동안 이런 질문을 받아본 적도, 스스로 물어본 적도 없이 옵니다. 부모나 자라온 문화로부터 물려받은 갈등관을 찬찬히 살펴본 적이 없습니다. 과거에 맺은 관계들이 미치는 영향에 대해서나, 그런 관계들이 자신이 갈등에 접근하고 반응하는 방식을 어떻게 좌우하는지에 대해 짚어본 적이 없습니다.

지금부터 타일러와 노아의 사례를 들려드리겠습니다. 30대 중반이고 도시에서 전문직종에 종사하는 이 커플은 예술, 영화, 음식에서 서로 겹치는 관심사가 많습니다. 두 사람은 직장 밖에서도 자주 시간을 함께 보내며 박물관과 미술관에 가기도 하고 새로운 식당을 찾아다니기도 합니다. 얼마 전부터는 커플 요리 강좌를 듣는 재미에 푹 빠져 있습니다. 그렇게 밖에서 돌아다니며 함께 뭔가를 할 때는 화기애애한 분위기가 흐릅니다.

그런데 어떤 문제가 있어 그것에 대해 이야기를 해보려 할 때마다

타일러는 대화 중에 좌절을 느끼거나 어떤 점을 강조하고 싶은 순간에 이르면 이내 언성을 높이기 일쑤입니다. 그러면 노아는 입을 다물고 더는 아무 말도 하지 않거나 아예 대화를 그만두고 맙니다. 노아가 그런 식의 교류를 감당하기 버거워 하며 이야기를 하다 말고 그 자리를 피해 나가버리면, 타일러는 어이없어 하며 깊은 상처를 받습니다. 노아가 자신의 욕구나 감정에 그다지 신경을 써주지 않는 것 같아 속상해 합니다. 그런 차갑고 이기적인 모습을 보며 뺨을 맞은 듯한 기분을 느낍니다.

한편 노아는 타일러와 소통이 불가능하다고 체념합니다. 대꾸해봐야 더 소리를 지를 텐데 계속 말하는 게 무슨 소용이 있을까 싶습니다. 싸울 때마다, 나갈 수 없는 방에 있는 듯한 기분에 빠집니다.

이 커플의 경우엔 어떤 특별한 문제가 있어서 불화가 생기는 것이 아닙니다. 최근에는 어디에서 저녁을 먹을지, 대리모를 통해 아이를 갖기 위한 여윳돈을 마련해 놓을지 (혹은 언젠가 마련할 계획을 세울지) 말지 등을 놓고 다툼을 벌였습니다. 하지만 정작 이 커플의 문제는 싸움의 화두가 아닙니다.

서로를 정말 사랑하고 함께하고 싶어 하는 타일러와 노아 사이의 틈을 벌여놓고 있는 주범은 갈등에 대한 관점이 근본적으로 다르다는 점입니다. 두 사람이 당연하게 여기면서 거의 의식하지도 않고 있는, 갈등에 대한 생각이 문제입니다. 말하자면 갈등 스타일이 서로 달라서 문제라는 얘깁니다.

커플의 유형에 따른 갈등 스타일 3가지

건강한 파트너 관계 사이에 있을 법한 '갈등 스타일'에는 회피형, 수긍형, 발끈형이 있습니다.[1] 세 유형 모두 절대적인 것이기보다 스펙트럼상의 한 지점과 같습니다. 우리는 이 세 유형 중 하나에 100퍼센트 전적으로 속해 있는 것이 아니라 그 사이 어디쯤에 있으면서 이쪽저쪽으로 쏠립니다.

각 유형의 특징과 경향을 읽어나가며 이 스펙트럼에 당신을 대입해 보세요. 자신이 어떤 갈등 스타일에 가장 가까운지 알면 갈등 중에 자신이 어떤 행동 경향을 보이는지, 왜 그런 경향을 갖게 되었는지를 확실히 파악하는 데 도움이 됩니다.

각 유형을 간략히 설명하자면, 갈등 회피형 커플은 갈등적인 대화를 아예 안 하려는 경향이 있습니다. '서로의 의견 차이를 인정해' 속이 상할 만한 대화의 수렁에 빠지기보다 평화를 지키는 편을 더 좋아합니다.

수긍형은 싸우기는 하지만 정중히 싸웁니다. 함께 문제점을 의논하며 타협점을 찾으려고 합니다(단, 타협점을 찾을 수 있느냐 아니냐는 별개의 문제이며, 이 부분에 대해서는 뒤에서 따로 이야기하겠습니다). 마지막으로 발끈형은 상대적으로 갈등의 분출이 더 잦고 더 뜨겁게 달아오르며, 대체로 더 격하고 극단적입니다.

이 짧은 설명만으로도 당신과 파트너의 스타일을 바로 파악할 수는 있겠지만, 각 유형별 경향과 행동을 더 자세히 알아보도록 합시다.

회피형 커플

회피형은 갈등을 벌이지 않으려 합니다. 그냥 문제점을 안 보려고 하죠. 서로의 관계가 순탄하게 이어지는 쪽에 초점을 맞춰서 안정과 평정에 위협이 될 만한 쟁점을 끄집어내지 않으려 합니다. 저희가 사랑실험실에서의 연구를 통해 지켜본 바에 따르면, 대체로 갈등 회피형 커플은 갈등 대화를 시작해 보라고 유도하는 일조차 힘들었습니다. 금세 서로 의견이 일치되는 부분을 강조하는 방향으로 돌아서서 두 사람의 관계에서 좋은 점들을 늘어놓았습니다.

회피형 커플은 흔히 이런 식으로 말합니다. "우리는 같이 있으면 좋아요. 대체로 잘 지내요. 그런데 지금까지와 다르게 한다면? 글쎄요, 잘 가고 있는 배를 굳이 흔들어 평지풍파를 일으킬 필요가 있을까요?"

하지만 갈등 회피형 커플들도 두 유형으로 나뉩니다. 첫 번째 유형은 의견이 다른 문제에 대해 좀처럼 말하지 않는 성향입니다. '그래, 이 문제에 대해 서로 의견이 다르니 괜한 말로 시간 낭비하지 말자'고 생각하며 곧바로 그만둡니다. 이런 커플들은 사랑실험실의 '갈등 과제'를 가장 어려워합니다.

이 과제에서 제시하는 지침은 아주 간단합니다. 커플이 들어오면 생리 반응(심박수 등)을 추적할 수 있게 모니터에 접속한 다음, 그들의 일거수일투족을 저희가 나중에 기호화할 수 있도록 녹화 장치를 켜고 이런 지침을 줍니다.

"두 사람 사이에서 최근에 불거진 갈등이나 되풀이되는 갈등을 하나 골라 이야기를 나눠보세요. 지금부터 15분 드리겠습니다."

발끈형 커플은 이 과제를 전혀 어려워하지 않습니다. 수긍형도 대체로 어려워하지 않고요. 하지만 회피형 커플은 얘깃거리를 꺼내지 못해 쩔쩔맵니다.

어떤 화두에 다다르도록 유도하기 위해 저희가 '스트레스 받는 문제'를 말해 보라고 다그쳐줘야 합니다. 어렵사리 어떤 화두에 이르더라도 15분을 다 채우지 못해 애를 먹습니다. 저희가 끼어들어 슬쩍 부추기고 독려해 줘야 더 구체적으로 말합니다. 그렇게 독려를 받으면 이내 거북해 하다 신체적·인지적·감정적 홍수에 빠집니다(생리 반응을 주체하지 못합니다). 싸우는 것에 익숙하지 않다 보니 그런 상태에 빠지는 것을 아주 부자연스러워 합니다.

보통 이런 유형의 커플은 삶에 좀 더 많은 경계선을 가지고 있어서 집 안의 특정 방이나 구역이 한쪽 파트너나 다른 쪽 파트너의 '영역'이 되며, 가정 내 역할 구분에서도 더 명확한 경향이 있기도 해서(항상 그런 건 아니지만) 많은 경우가 전통적인 성 고정관념에 따릅니다. 결정은 남자가 내리고 여자는 순종한다거나, 남자는 돈을 벌고 여자는 아이를 키워야 한다는 식의 생각을 갖고 있죠.

줄리의 부모님은 이런 커플 유형의 전형적인 사례였습니다. 아버지는 심장 전문의로 일하며 하루 종일 밖에 나가서 사람들의 생명을 살렸고, 어머니는 잠깐씩 파트타임 일을 하긴 했지만 대부분은 전업주부로 지내며 3명의 자녀를 돌봤습니다. 배우자별로 서로의 영역이 따로 구분되어 있었습니다. 아버지는 집에 오면 신문을 읽었고, 어머니는 그동안 저녁을 준비했습니다.

가족이 식탁에 둘러앉으면 정치를 주제로 열띤 토론을 벌이고 뉴스를 시청하곤 했습니다. 식탁에서의 대화 주제는 주로 베트남 전쟁 같이 세계에서 벌어지는 사건들이었습니다. 줄리는 부모님이 싸우는 모습을 한 번도 본 적이 없다고 합니다. 두 분은 서로 사랑했지만 교류를 나누지는 않았고, 긴장 상태는 암묵적으로 묻혀 다루어지지 않은 채 연기처럼 공기 중에 떠돌았습니다.

이런 유형의 회피형 커플은 자칫 외로움에 젖어 서로 고립될 가능성이 있지만, 아주 안정적으로 생활을 이어갈 수도 있습니다. 위험감수를 덜 하려 하고 현재 가지고 있는 것에 만족하는 경향이 있습니다.

회피형 커플의 두 번째 유형은 이와는 좀 차이가 있어서, 서로에게 관심이 아주 많습니다. 함께 시간을 보내고 감정에 대해 털어놓고 이야기합니다. 하지만…… 딱 거기까지입니다. 어떤 상황에 대해 파트너끼리 느끼는 감정이 서로 크게 다르면 둘 다 그 감정을 드러내긴 하지만, 그것으로 끝입니다. 더 이상의 진전이 없습니다.

저희가 사랑실험실에서 지켜본 결과, 사실상 이런 유형의 회피형 커플은 모든 유형을 통틀어 가장 행복한 커플인 편에 듭니다. 성역할에 대해 다른 유형만큼 고정관념에 묶여 있지 않아 가정 내 역할의 측면에서 상대적으로 더 조화를 이룹니다. 하지만 서로의 영향력을 받아들일 방법을 몰라 서로 큰 차이가 있어도 그냥 견디고 삽니다.

전반적으로 회피형 커플은 잘 가고 있는 배를 흔들어 평지풍파를 일으키지 않으면 정말로 문젯거리 없이 잔잔한 물을 따라 잘 순항할 수 있습니다.

수긍형 커플

수긍형은 회피형의 두 번째 유형과 비슷해 보일 수 있지만 서로 의견이 다르면 그 의견 차이를 다루길 꺼려 하지 않는다는 점에서 차이가 있습니다. 서로 논쟁를 벌이지요. 서로의 영향력을 받아들입니다. 타협점을 찾으려 노력하고요. 서로에게 자신의 관점을 납득시키려 애씁니다(회피형 커플은 이런 쪽으로는 전혀 관심이 없습니다). 문제를 해결해 더 좋아질 새로운 방법을 생각해 내려 노력합니다. 갈등을 겪을 때 더 차분해지는 경향이 있지만 '서로의 의견 차이를 인정'하는 것만으로 만족하지 않습니다. 뭔가 진전을 보고 싶어 합니다.

저희와 가까운 친구들 중에는 전형적인 수긍형 커플이 있는데, 그 커플끼리 싸우는 모습을 보고 있으면 흥미롭습니다. 싸울 때 감정을 어느 정도 드러내지만 아주 이성적입니다. 싸우는 중에 두 사람 다 각자의 생각을 내놓으며 관점을 두루 감안한 논리적인 타협안이나 해결책을 제시합니다. 어떤 때는 의견의 일치에 이르고, 또 어떤 때는 서로 돌아가며 양보합니다. 목소리를 높이는 법이 없습니다. 분위기가 긴장될 때도 있지만 금세 더 협력적인 태도로 돌아옵니다. 전반적으로 라이벌이 아닌 팀 동료 같은 모습을 보입니다.

얼핏 듣기엔 마냥 화기애애할 것 같지만 수긍형들도 충돌하는 문제점에 부딪히면 순간 싸움이 격해지기도 합니다. 그러면 대체로 잠깐 멈추는 식으로 싸움의 격화를 다룹니다. 욱해서 격분하려고 하지 않습니다. 본능적으로 더 긍정적인 태도나 상대를 인정하는 태도로 돌아서서, 차분하게 대화를 나누려 합니다. 다음과 같은 식으로 상대방의 의견을 간략히 되짚어줍니다. "그러니까 당신 말은 우리 부모님을 집으로 모실 때는 막판에 가서 말할 게 아니라 미리 의논해주길 바란다는 거구나……."

수긍형의 전형적인 특징은 크게 격해진 감정에서 벗어나기 위해 기꺼이 자신의 입장을 포기한다는 점입니다. 싸움이 심해질 위험을 무릅쓰느니 자신이 포기하려고 합니다. 이런 사람들은 욱하는 부모나 보호자 밑에서 자라, 자신은 어떻게 해서든 그런 식의 소통을 피하고 싶어 해서 그렇게 하는 경우가 많습니다.

저희는 수긍형 커플에게 자주 이렇게 물어봅니다. 평화를 지키기 위해 너무 많은 걸 포기하고 있지는 않은가요? 싸움을 통해 감정을 드러내고 파헤쳐볼 수도 있지 않을까요?

발끈형 커플

발끈형 커플에게는 감정의 표출에 관한 한 아무런 문제가 없습니다. 오히려 감정의 표출이 지극히 자연스러운 일입니다. 감정이 격해지고 목소리가 높아지면서 싸움은 금세 뜨거운 입씨름으로 번지지만 대개는 유머와 긍정성도 많이 곁들여집니다. 회피형 커플과 정반대여서, 가정 내에서나 관계 내에서 서로의 역할과 책임이 상당히 중복되는 편이며, 그런 문제를 놓고 따지다 자주 입씨름을 벌입니다. 다툼을 즐기는 것처럼 보일 수도 있지만, 어느 정도는 그것이 발끈형들의 유대 방식입니다.

사랑실험실에서 최초로 장기적 연구를 벌이며 만난 커플 중에는 저희가 '윈저 공작 부부'라고 별명을 붙인 커플이 있습니다. 남달리 카리스마가 넘치고 아주 불같이 욱하는 커플이었죠. 이 공작 부부는 싸움을 즐기는 것처럼 보였습니다. 갈등 과제를 전혀 어려워하지 않았고 문젯거리를 골라 뜨거운 대립으로 바로 들어서는 부문에서 매우 우수했습니다. 대립적 문제를 정면으로 다루는 데 힘들어 하지 않았습니다. 함께한 지난 30년간의 결혼생활이 좋았는지 아닌지의 문제를 놓고 싸울 때는 특히 더 거리낌 없이 문제를 다루며 공작이 아내에게 이렇게 묻기도 했습니다. "애들이 없었다면 결혼생활이 더 좋았을까?"

"그걸 말이라고 해? 당연히 더 좋았겠지! 내가 그 녀석들 때문에 얼마나 힘들었는데!" 아내가 목청을 높이며 말했습니다.

남편은 웃음을 터뜨렸고 아내도 같이 웃었습니다. 그러다 결혼생활의 이런저런 기복을 놓고 다시 다투더니 열을 올리며 티격태격 입씨름을 벌였습니다. 갈등 회피형이 그 자리에 있었다면 두 사람이 그렇게 싸우는 모습을 보는 것만으로도 심장이 마구 뛰었을 겁니다.

공작 부부는 전반적으로 행복한 커플이었고, 싸움이 격하게 치닫기도 했지만 서로 잘 사는 발끈형 커플 대다수가 그렇듯 갈등에 특유의 유머를 곁들이며 상황을 아주 긍정적으로 끌어갔습니다. 화해 시도를 하면서 유대를 지키는 방법을 잘 알아 오랫동안 잘 살았고, 추적조사에서도 높은 수준의 만족도를 나타냈습니다.

발끈형 커플은 서로 잘 지낼 수 있지만, 자칫하면 저희가 갈등 중의 '리처드슨 군비 경쟁'이라고 이름 붙인 상황에 빠질 위험이 있습니다. 루이스 프라이 리처드슨(Lewis Fry Richardson)은 제1차 세계

대전에 앞서 군비 증강의 모델을 제시한 수학자입니다.[2]

이 모델을 짧게 요약하면, 두 나라가 싸울 때 상대국이 전쟁 준비를 늘리고 있다는 판단으로 전쟁 준비를 늘리면 결국엔 공격력이 급격히 증가한다는 이론입니다.

발끈형 커플의 경우 유머와 긍정성을 잃고 부정성과 공격성이 높아지면, 결국엔 '군비 경쟁'의 역학에 빠져 악쓰고 고함을 지르며 한쪽이나 양쪽 모두가 신체적·인지적·감정적 홍수를 일으키는 지경에 이릅니다. 나중엔 싸움이 '통제 불능'으로 치달을 가능성도 있습니다. 두 파트너의 관계에 대해 말할 때는 이 '무기'가 실제 무기가 아니라 비유적 의미이지만, 그러한 무기라도 점점 불어나다 맞붙으면 실질적인 피해를 일으킬 수도 있습니다.

관계의 성패는 '비율'에 있다

갈등의 이런 면들을 살펴보다 보면 수긍형 갈등 스타일이 가장 건전하고 발끈형이나 회피형의 경향을 가진 커플들은 관계를 원만하게 잘 이어갈 가능성이 더 낮을 것이라고 결론짓기 쉽습니다. 실제로 커플 상담치료 분야에서도 오래전부터 그것을 기정사실로 여겨왔습니다.

정말 그럴까요?

1960년대에 매사추세츠 대학교 애머스트 캠퍼스에서 교편을 잡고 있던 생물학자 해럴드 라우시(Harold Raush)가 인류 역사상 최초로, 부모가 되는 전환기에 대한 연구에 착수했습니다.[3] 96쌍의 커플을 모집한 후 이들이 임신을 하고 첫 아기를 얻는 기간 동안 관찰 연구 방식을 통해 추적조사를 벌였습니다. 다만 이 커플들에게 자신들의 갈등에 대해 이야기해 달라고 청하기는 마음이 불편했습니다. 그런 이야기가 너무 내밀한 부분일 것 같았고, 이런 유형의 연구가 그전까지 없었던 까닭에 조심스러웠습니다.

그래서 그 대신 어떤 모의 갈등 상황에 대해 이야기하게 했습니다. 우선 커플 각자에게 갈등 중인 어떤 커플에 대해 짤막하게 묘사한 글을 건네주었습니다. 이때 남편은 가상의 남편에게 유리하게 제시된 갈등 상황을 받았고, 아내는 가상의 아내에게 유리하게 제시된 갈등 상황을 받았습니다(참가자 모두 이성애 커플이었습니다).

각자가 받은 글을 읽어본 다음 누구의 잘못이 더 큰지 서로 말해보게 했습니다. 말하자면 라우시는 이 커플들이 자신과 같은 성의 가상인물에게 편향되도록 의도적으로 갈등 상황을 설정해 놓은 것이었습니다. 그는 이 연구에 '부부 갈등에 대한 인물조사 기록'이라고 이름 붙였습니다.

라우시는 이 조사를 통해 얻은 갈등적 대화를 분석하면서 그전까지 유례없던 일을 했습니다. 이어지는 일련의 대화를 분석하는 일이었습니다. 사람들이 하나의 특정한 말을 하는 빈도만이 아니라 두 단계로 잇달아 이어지는 패턴의 말을 하는 빈도도 살펴봤습니다. 존이 연구를 시작하기 전이었던 당시에, 커플의 행동 분석에서 이렇게 세밀한 분석이 이루어진 사례는 없었습니다.

라우시가 이렇게 96쌍의 커플을 분석한 데이터를 토대로 결론을 도출해 책으로 써낸 바에 따르면, 관계 모델 중 수긍형이 정말로 잘될 만한 유일한 모델이었습니다. 수긍형은 오래오래 함께하는 동시에 서로의 관계에 만족감을 느낄 가망이 있었습니다. 회피형은 어떤 문제에 대해서는 말을 하지 않아서 관계가 엉망이 되었고, 발끈형은 너무 감정적이라 엉망이 되었습니다. 이에 따라 라우시는 수긍형이 '딱 좋은' 관계라고 결론 내렸습니다.

존은 같은 부문의 연구를 시작하며 라우시의 이런 결론이 맞을 것이라고 생각했습니다. 그리고 라우시와 똑같이 회피형, 수긍형, 발끈형으로 커플의 3가지 측면을 분간해 낸 후 추적조사를 벌였습니다.

하지만 라우시의 획기적인 2단계 패턴 분석 방식보다 더 정교한 SPAFF를 활용해 데이터를 분석해 보자, 수긍형만이 유일하게 잘될 만한 커플이 아니라는 결과가 나왔습니다. 존의 데이터에 따르면 갈등 중의 긍정적 교류 대 부정적 교류의 비율이 5:1을 이룰 경우 세 스타일 모두 '사랑의 달인'이 될 가망이 똑같았습니다. 관계의 성패가 갈등 스타일보다 이 5:1의 비율과 더 관련성을 가진 것으로 나타났습니다.

이런 결과를 본 존이 어떻게 했는지 아세요? 라우시에게 전화를 걸었습니다. 라우시는 흥미를 느끼며 언제나 마음이 열려 있는 과학자답게 선뜻 자신의 최초 연구에서 분석한 녹음테이프를 전부 보내 주었습니다.

존이 라우시의 이 원본 데이터를 새로운 기호화 시스템으로 재분석했더니 그 5:1 비율의 관련성이 라우시의 연구 커플들에게도 유효했습니다. 이전 연구에서 썼던 기호화 시스템이 데이터에 감춰진 결정적 진실을 가려낼 만큼 세밀하지 못했던 것일 뿐, 재분석 결과에서도 관계의 성패는 어떤 갈등 스타일인지와는 무관했습니다.[4]

중요한 것은 비율이었습니다.

긍정성 대 부정성

유명한 과학박물관인 익스플로러토리엄은 샌프란시스코만이 내려다보이는 부두에 자리해 있습니다. 그 안으로 들어서면 창고 같은 널찍한 공간의 창의적 조명 아래에서 별개로 나뉜 순환 전시가 펼쳐집니다. 존의 연구 파트너 로버트 레벤슨이 벌인 연구에 바탕을 둔 일종의 '싸움 전시관'도 이곳에서 인기리에 전시된 적이 있습니다.[5]

쌍방향 방식으로 이루어졌던 이 전시에서는 방문객들에게 결혼한 커플의 3분짜리 녹화 영상 6개를 보여주었습니다. 영상 속에는 각 커플의 싸움 장면, 아니 더 정확히 말해 싸움의 초반부 장면이 담겨 있었습니다. 방문객은 각 영상을 시청한 후에 해당 커플이 이혼할지 계속 함께 살지, 해당 커플의 전반적인 결혼 만족도가 어느 정도일지에 대해 평가해야 했습니다.

기본적으로 방문객이 어림짐작으로 맞힐 확률은 50 대 50이었습니다. 이 익스플로러토리엄 전시 영상 속의 커플 중 딱 절반은 서로 갈라섰고 나머지 절반은 여전히 함께 살며 결혼생활에 만족하고 있었기 때문입니다.

어떤가요? 당신이라면 맞힐 수 있을 것 같나요?

아마도 맞히지 못할 겁니다. 당신이 아주 최근에 결혼했거나 최근에 이혼한 경우가 아니라면요.

레벤슨이 이 연구를 진행했을 무렵은 저희가 이미 SPAFF를 완성시킨 때였습니다. 그래서 이 기호화 시스템을 통해 90퍼센트 이상의 정확도로 이런 관계의 미래를 예측할 수 있다는 점을 알고 있었습니다. SPAFF를 활용하면 누가 이혼하고 누가 이혼하지 않을지를 쉽게 분간할 수 있었습니다. 그렇다면 SPAFF와 비교해서, 상담치료사와 연구자, 그리고 커플 당사자 들은 어땠을까요? 이 사람들도 SPAFF만큼 어떤 관계의 미래를 직감으로 잘 알아맞힐 수 있었을까요?

그 근처에도 못 따라갔습니다! 레벤슨은 커플 상담치료사들을 초빙해 예측을 부탁했는데 무작위식 예측에서 동전을 던져서 맞히기보다 나을 게 없는 결과를 보였습니다. 그다음엔 이 분야의 연구자들을 초빙해 봤는데 이들 역시 더 나을 게 없었습니다. 이어서 커플들을 초빙했을 때도 마찬가지였습니다.

하지만 만족도 예측에서 한 그룹이 다른 그룹들보다 눈에 띄게 잘 맞혔습니다. 신혼 커플과 최근에 이혼한 커플 들이었습니다. 이런 결과가 나온 이유를 설명할 만한 한 가지 이론은, 최근에 이혼한 사람들이 부정적 교류에 더 민감했다는 점입니다. 다른 사람들은 다 놓친 아주 미묘한 교류들조차 감지해 냈습니다. 여기에서 다시 비율의 문제로 돌아옵니다. 갈라선 지 얼마 안 된 사람들은 5:1 비율의 수맥 탐사봉이나 다름없어서, 부정성으로 기울어진 상태에 고도로 민감해 그런 쪽으로는 바로 알아봤습니다.[6]

앞에서도 이 '마법의 비율'에 대해 짧게 설명했다시피 우리는 싸우다 보면 안 좋은 방향으로 트는 경우가 너무 많으며 그렇게 되는 이유는 대체로 이 단순한 수학 등식에서 끝내 벗어나기 때문입니다. 지금부터 이 마법의 비율을 더 자세히 살펴보며 여기에 담긴 의미를 정확히 짚어보도록 합시다.

모든 갈등 스타일에 통하는 마법의 비율

데이터를 통해 거듭해서 증명되고 있듯 '올바른' 갈등 스타일 같은 건 없습니다. 여기에서 설명한 커플 유형 모두 잘될 가망이 있습니다. 올바른 갈등의 '수학 공식'을 지키기만 하면 됩니다. 긍정적 교류와 부정적 교류가 5:1의 비율을 이루면 어떤 커플 유형이든 누구나 다 좋은 관계를 이룰 것입니다. 다시 말하면, 당신과 파트너가 싸움 중에 부정적 교류(톡 쏘아붙이는 말, 눈알 굴리기, 언성 높이기, 비하적인 어조나 제스처, 조롱이나 비웃음 등)를 한 번 할 때마다 다섯 번의 긍정적 교류로 그 부정성을 상쇄시켜야 한다는 얘깁니다. 그리고 이 비율은 갈등 상황으로만 한정됩니다!

갈등 상황이 아닐 때는 비율이 20:1로 불어납니다. 부정적 교류나 말을 한 번 할 때마다 시간을 갖고 서서히 20개의 긍정적 교류(인정, 유대, 돌아보기, 칭찬 등)를 나누면서 그 부정성을 상쇄시켜야 합니다. 물론 한창 갈등을 겪는 중에는 긍정성을 지키기가 더 힘듭니다. 그래서 싸웁니다! 하지만 사랑실험실을 통해 얻은 데이터가 확실히 보여주는 바에 따르면, 어려워도 해내야 합니다. 꾸준히 이 5:1 비율을 맞추지 못하는 커플은 장기적으로 성공하지 못합니다.[7]

싸움에 긍정성 더하기

다음과 같은 긍정적 교류를 나누세요.

- 사과하기
- 미소짓기
- 고개 끄덕이기
- 공감하기
- 마음을 안심시켜 주는 신체적 접촉
- 파트너의 말 존중하기
- 당신과 파트너의 공통점을 부각시키기
- 어떤 문제에서의 당신의 역할에 책임을 인정하기
- '좋은 지적'이라거나 '정말 타당한' 말이라고 맞장구치기
- 두 사람 모두가 맞다는 점을 말하기
- 예전에 갈등을 잘 해소했던 때를 상기시키기
- 농담을 나누며 웃기

이쯤에서 명백한 진실을 밝히자면, 갈등 중에는 부정성이 긍정성보다 훨씬 더 큰 영향력을 발휘한다는 사실입니다. 비율이 1:1이 아닌 5:1인 이유가 이 때문입니다. 긍정적 교류와 부정적 교류의 영향이 똑같지 않아 부정성이 쉽게 상쇄되지 않습니다.

부정성은 강편치를 날리는 것과 같습니다. 그리고 굳이 연구실에 앉아 싸움을 기호화하지 않아도 당신과 파트너가 이 비율에서 벗어났는지를 알 수 있습니다. 두 사람의 싸움이 (수많은 커플 사이에서 흔히 그렇듯) 긍정성보다 부정성이 더 높은 지경으로 전환되는 게 느

껴지면, 그 느낌이 맞을 것입니다. 두 사람이 갈등의 수학 공식에서 이탈한 것입니다.

따라서 앞으로 여러 가지 성공적인 갈등해소 전략을 다룰 때마다 싸움에 긍정적인 교류를 더 많이 불어넣는 부분도 함께 살펴볼 것입니다. 이는 실험으로 검증된 이 책의 여러 중재법 전반에 걸쳐 관통하는 부분인 만큼, 여기에서 다루는 모든 갈등 전략들에는, 심지어 싸움 중에도 긍정성을 점점 높이고 부정성을 줄여가도록 돕기 위해 설계된 측면이 어느 정도씩 있습니다. 마법의 비율을 맞추는 일은 전반적으로 건강한 관계를 위해서나 잘 싸우기 위해서나 중요한 요소이며, 이 비율을 지키면 문제의 발단이 무엇이든 거의 예외 없이 상황을 반전시켜 잘될 수 있습니다.

이쯤에서 미리 당부해 두고 싶은 점이 있습니다. 싸우다 말고 후다닥 노트와 펜을 가져와 부정적 교류와 긍정적 교류의 수를 기록하려고는 하지 마세요! 당신은 파트너와 갈등적인 대화를 나누는 중이지 수천 시간 분의 녹화 테이프를 '잠깐 멈춤' 버튼을 눌러가며 연구하려는 게 아닙니다. 그렇게 대놓고 수를 세려다 보면 정신이 팔려 대화에 제대로 집중하지 못합니다.

여기에서의 목적은 당신과 파트너가 갈등적인 대화 때마다 정확히 어떤 비율을 갖는지 체크하려는 것이 아닙니다. 저희가 수많은 커플들을 살펴본 경험에 비춰 말하자면, 당신이 어느 정도의 비율에 있는지는 느낌으로 알 수 있습니다. 직접 확인해 보세요. 해당 문제 때문에 정말 화가 나지만 그래도 파트너가 당신의 말을 들어주고 있다고 느껴지지 않나요? 마음이 놓이거나 이해받고 있다고 느껴지는 순간은 없었나요? 대화 중에 웃음이 터지거나 분위기가 가벼워진 순간은요?

상황이 부정적으로 기울 때, 당신은 알 것입니다. 갈등은 잘 풀릴 때도 그다지 기분이 좋지 않은 일입니다. 스트레스를 일으키기도 하고 파트너와 의견 차이가 있다는 데 속이 상할 수도 있습니다. 비율이 딱 좋은 경우에도 마찬가지입니다. 하지만 비율이 벗어나면 슬슬 기분이 정말로 안 좋아집니다. 격앙되어 급기야 4가지 독이 출동하기라도 하면 궁지에 갇힌 것처럼 절망감이 들기 십상이고, 감정이 걷잡을 수 없이 부글부글 끓어오를 수도 있습니다.

그런데 이렇게 부정성이 급격히 높아지는 느낌이 들 때 할 수 있는 일이 있습니다. 마음을 느긋이 가지려 애쓰면서 대화 중에 공감과 존중의 말을 해보거나 앞에서 '싸움에 긍정성 더하기'에 실려 있는 그 외의 아이디어 중에서 뭐든 시도해 보세요. 큰 소리로 대놓고 이렇게 말하는 것도 좋습니다. "대화가 잘못된 방향으로 가고 있는 것 같아. 방향을 다시 돌리면 안 될까?"(이 대목과 관련해서는 뒤에서 더 자세히 알려드리겠습니다.)

그런데 실제로 해보면, 갈등 스타일에 따라 마법의 비율이 조금씩 다르게 보이고 느껴지게 마련입니다. 당신과 파트너가 갈등 회피형에 더 가까운 편이라면, 처음엔 관계가 순탄해 보일지 모릅니다. 통계상의 비율이 무려 10:1, 심지어 15:1인 것처럼 보일 수도 있습니다. 모두 긍정적이고 부정적인 것은 전혀 없는 것처럼요!

이것이 더할 나위 없이 좋은 상태일까요? 글쎄요, 그렇진 않습니다. 이렇게 보기 좋은 비율을 보이는 이유는 단지 불만이나 문제점을 입 밖으로 끄집어내지 않기 때문입니다. 이런 식으로 갈등의 핵심을 회피하다 보면 나중에 그 문제가 발목을 잡을 수 있습니다. 회피형 커플은 위기가 닥칠 때까지 한시적으로만 순탄한 관계를 이어갈 수 있을 뿐입니다.

랜드 콩거(Rand Conger) 교수와 글렌 엘더(Glen Elder) 교수가 이끈 연구 팀이 1980년대 미국 중서부 농촌 지역의 급격한 경기 하락에 따라 농경 위기를 맞은 농가의 가족관계 역학을 사회학적으로 깊이 있게 조사한 바 있습니다. 당시 수천 명에 이르는 농장주가 농장과 본업을 잃었고 호황을 누리던 마을에서는 사람이 빠져나가면서 빈껍데기로 전락했습니다.

콩거와 엘더는 이 극심한 압박과 스트레스가 개개인과 가족관계에 미친 영향을 살펴봤습니다. 이곳의 커플들 중 대다수는 중서부 농촌 출신으로 지역 특유의 문화에서 자라면서 전형적인 회피형 갈등 스타일을 띠고 있었습니다. 그런데 콩거와 엘더가 주목해서 살펴본 결과, 이 커플들은 은행에서 대출금 납입을 독촉하고 있어 어떻게 할지를 의논해야 하는 상황에 놓여, 어쩔 수 없이 한 번도 해본 적 없었을 법한 고강도의 갈등적 대화를 나눌 때 두 갈래 유형으로 나뉘었습니다.

어떻게 해야 할지를 의논하며 5:1 비율을 지킬 수 있었던 커플들은 이처럼 심각한 금전적 위기의 와중에도 실제로 더 행복해졌습니다. 가족이 함께 힘을 모아 삶에서 모든 긍정적인 요소를 재확인했고, 대체로 갈등 회피형을 유지했지만 그래도 이 위기를 잘 극복해 냈습니다.

그에 반해 이 비율을 지키지 못한 커플들은 정말로 힘들어 하다가 급격히 거리가 멀어지고 단절되어 갔습니다. 연구진의 관찰 결과 이런 커플들 사이에서는 남편이 저녁마다 식탁에서 아내와 점점 더 멀리 떨어져 앉는 일이 빈번했습니다. 서로 마음이 멀어지니 몸도 따라 멀어졌던 것입니다.[8]

저희가 코로나19 팬데믹 때 임상 상담치료를 통해 지켜본 모습도 이와 흡사합니다. 우정과 애정으로 기반이 탄탄히 다져진 상태에서 팬데믹에 들어선 커플들은 갈등 스타일을 막론하고 잘 지냈습니다. 아니, 평소보다 관계가 훨씬 더 좋아진 듯했습니다. 한편 숨겨진 문제점이 있던 커플들은 정말로 고통스러워 했습니다. 두 유형의 커플들 간에는 서로 뚜렷한 차이가 나타나, 탄탄한 관계의 커플들은 더 끈끈하게 단결한 반면, 숨겨진 문제로 힘들어 했던 커플들은 갑자기 사이가 끔찍할 만큼 나빠졌던 것입니다. 금이 생긴 돌바닥에 압력이 좀 더 가해지면 어떨까요? 약해진 상태로 그럭저럭 버티다 깨져버리게 마련입니다.

회피형 커플의 위험성은 티가 잘 나지 않는다는 점에 있습니다. 다른 유형의 커플들처럼 폭발적인 싸움(발끈형)이나 긴장된 싸움(수긍형)을 벌이지 않다 보니 정서적 멀어짐이 조용히 일어나 위기가 쌓여가는 것을 아무도 알아채지 못할 수 있습니다. 이런 회피형 커플은 갑자기 5:1의 비율에서 벗어나는 상황이 되면 서로 단절된 채 어떻게 해야 할지 몰라 쩔쩔맵니다. 식당에 들어와 식사 내내 말 한마디 안 하는 그런 커플처럼 됩니다. 다시 유대를 형성하고 싶어도 어떻게 해야 할지 방법을 알 수 없게 되지요.

당신과 파트너가 회피형의 경향을 띠고 있다면 이걸 알아두세요. 저희가 수집한 데이터가 증명해 주고 있는 바에 따르면, 두 사람에겐 아주 잘 지낼 가능성이 있습니다. 게다가 두 사람에겐 이 마법의 비율에 이르는 일이 상대적으로 쉬울지도 모릅니다. 부정성을 잘 표출하지 않는 편인 만큼 긍정성을 의도적으로 약간만 드러내도 그 효과가 오래 지속될 테니까요.

하지만 갈등을 좀 더 편하게 생각할 줄 알게 되면 정말 도움이 될 거예요. 서로를 더 많이 알게 되어 더 가까워질 수 있을 겁니다. 그런 사이가 되면 아주 즐거울 뿐만 아니라 회피형 커플에게 특히 더 위협 요소로 작용할 만한 멀어짐과 단절을 막을 수도 있습니다. 갈등에 더 노련해지면 그만큼 관계에 회복탄력성이 붙어, 살다 보면 필연적으로 닥쳐올 더 거친 파도 속에서도 가라앉지 않고 더 잘 떠있을 겁니다.

한편 수긍형은 수긍, 애정, 다정함을 표현하는 특유의 자세를 유지하며 싸움 중에 자연스레 일어나게 마련인 긴장과 부정성을 계속 앞지르기 위해 신경 써야 합니다. 사실을 직시합시다. 갈등은 나름의 목적이 있고 아주 좋은 결과로 이끌어줄 수도 있지만, 그곳에 이르는 길이 무지개와 장미만으로 뒤덮여 있지만은 않습니다.

수긍형은 갈등 중에 이성적이고 차분한 자세를 취할 수 있지만, 다른 한편으론 세부 사항에 집중하다 긍정적 요소를 놓칠 위험도 있습니다. 타협에 이르는 일에 집착하느라 정작 타협에 이르는 방법이 가장 중요하다는 사실을 잊지 마세요. 잊지 말고 꼭 '싸움에 긍정성 더하기'의 제안들을 활용해 타협에 이르는 과정 내내 긍정성을 높게 유지하세요. 수긍형에게 이런 일은 많은 노력이 필요한 일이라기보다는, 의도성이 필요한 일입니다.

반면에 발끈형은 저울이 올바른 방향으로 기울어져 있도록 많은 긍정성을 발휘해야 합니다. 저희는 이런 발끈형의 성공적 모델을 '윈저 공작 부부'를 통해 확인했습니다. 두 사람은 툭하면 대놓고 말싸움을 벌여 여러 면에서는 펜싱 선수를 연상시켰지만, 한편으론 유머와 공감을 자주 내보였습니다. 싸움이 의견 차이에 대한 격한 논쟁으로 폭발하거나 심지어 고함을 지르는 지경으로 치닫기도 했지만, "그거 참 좋은 지적인데!" 같은 말에 이어 진심 어린 웃음을 터뜨리기도 했습니다.

하지만 발끈형은 유머를 구사할 때 주의를 기울여야 합니다. 이 유형의 커플들은 기분이 안 좋아지기 시작하면 유머가 자칫 냉소적으로 바뀔 수 있기 때문입니다. 유머가 옹졸한 방향으로 바뀌어 빈정거리는 어조를 띠면, 두 사람의 교류에서 더는 긍정적인 요인이 되지 않습니다. 4가지 독 중 하나인 경멸은 갈등 상황 중인 당신에게 아무 도움이 되지 않으며, 발끈형에게는 유머로 가장해서 다가오기도 합니다.

> **주의해야 할 점들**
>
> 회피형 : 정서적으로 멀어져 거리감이 생기는 일, 긍정성에 과도하게 집중하다 문제점이 다뤄지지 않는 상황에 이르는 일
>
> 수긍형 : 부정성의 증가, 해결책에 집착하다 긍정성·유머·유대를 잊는 일
>
> 발끈형 : 유머가 냉소적이거나 빈정대거나 비판적인 경향을 띠는 일

잘될 가능성이 없는 갈등 스타일

이번엔 저희가 커플들을 연구하면서 확인한 나머지 두 유형의 갈등 스타일을 살펴보겠습니다. 저희가 이 두 스타일을 잘될 가능성이 있는 건강한 갈등 스타일에 포함시키지 않았던 이유는, 잘될 가망이 전혀 없기 때문입니다. 그 두 스타일은 바로 적대형과 적대적 무심형입니다.

적대형 커플은 발끈형보다 수긍형에 더 가까워 보여 감정을 드러내기보다 자제하는 편입니다. 하지만 협력적 태도가 아니라 아주 방어적인 태도를 취합니다. 파트너끼리 서로 자신의 관점을 되풀이해 말하지만 호기심을 보이거나 귀 기울여 들어주거나 문제해결에 나서지는 않습니다. '당신은 맨날'이나 '당신은 한 번도'라는 말이 붙는 비난을 입에 달고 살다시피 합니다. 걸핏하면 서로를 업신여깁니다.

저희의 상담을 받은 어느 커플은 저희를 찾아왔을 무렵 서로 멀어지다가 원수지간처럼 되어 있었습니다. 결혼한 지 15년이 넘은 부부였는데, 남편 빌은 수동적이고 과묵한 타입이었고 아내 바비는 더 불같은 성격이었습니다. 알고 보니 예전에 더 건강한 소통방식을 가졌을 때 아내가 남편에게 유대감과 관심을 얻기 위해 어느 정도 애를 썼다고 해요. 심지어 어떤 문제를 놓고 언쟁을 해보려고 가벼운 입씨름을 일으키려 장난스럽게 남편을 놀리기까지 했다고 합니다. 그런데 이제는 소통방식이 옹졸하고 공격적으로 바뀌어 있었습니다.

바비는 사소한 일까지 사사건건 비꼬며 빌을 자극하기 일쑤였고, 그러다 빌이 머리끝까지 화가 치밀어 벌컥 화를 터뜨리며 평정심을 잃으면 자신의 핸드폰으로 남편의 모습을 녹화했습니다. 완전히 이성을 잃은 빌의 모습을 녹화해서 모두 저장해 놓고 있었습니다. 상담치료를 받으러 오면 동영상을 무기로 삼으며 빌이 얼마나 형편없는 사람인지 보여주는 증거라고 말했습니다. 어느 날, 부부가 최고조의 위기에 치달은 상태로 상담을 받으러 왔습니다. 자초지종은 이랬습니다. 빌이 바비에게 생일 선물을 주었다고 합니다. 최상품 땅콩으로 유명한 지구 반대편 회사에서 구한 아주 특별한 고급 땅콩을, 그것도 큼지막한 캔 제품으로 선물했다고 해요. 다만 바비에게 땅콩 알레르기가 있다는 게 문제였습니다.

두 사람은 이 시기에 각방을 쓰고 있었습니다. 바비는 빌의 방으로 들어가 침대의 이불을 걷고 매트리스 위에 땅콩을 쫙 뿌려놓은 다음 다시 이불을 깔아놓았습니다. 빌은 자려고 침대에 들어갔다가 우두둑 소리를 듣고 자신이 아내에게 선물한 고급 땅콩을 깔고 누운 것을 알고는 아내의 방문을 벌컥 열고 들어가 소리를 질렀습니다. 아내는 이 순간 어떤 행동을 했을까요?

핸드폰을 꺼내 녹화를 했답니다.

상담 중에 빌은 나름대로 변호하며, 바비에게 알레르기가 있는 줄 몰랐다고 했습니다. 저 멀리 떨어진 나라에서 재배되는 제품인 데다 포장도 고급스러운 명품 견과류를 구하느라 무진 애를 썼다고도 했지요. 바비는 잔뜩 화가 나 있었는데, 알고 보니 이 부부의 주된 싸움 거리는 아내가 남편에게 느끼는 서운함이었습니다. 아내가 생각하기에 남편은 회사에서 놀라운 기억력과 주의력으로 세세한 부분까지 챙기며 칭찬을 받으면서, 정작 자신이 하는 말은 잘 기억해 주지도 않는 것 같았습니다. 빌은 바비에게 알레르기가 있다는 점을 알면서도 일부러 땅콩을 샀던 것일까요, 아니면 정말로 바비에게 관심이 없었던 걸까요? 바비의 입장에서는 둘 다 기분이 상하는 일이었습니다.

이 부부의 갈등에는 4가지 독인 비난, 경멸, 방어, 담쌓기(남편이 자신을 주체하지 못할 때 내보이는 행동)가 모두 출동했고, 긍정성은 제로인 상태였습니다. 적대형 커플은 발끈해서 싸우기 쉽지만, 긍정성이 거의 없거나 아예 없다는 점에서 발끈형 커플과는 다릅니다. 적대형 커플은 비율이 완전히 깨져 있습니다. 긍정성 대 부정성이 5:1이 안 되고 심지어 반반의 비율에도 못 미칩니다. 거의 전적으로 부정적입니다.

적대형 커플이 싸우는 모습을 보면 발끈형으로 보일 수도 있습니다. 하지만 사실은 발끈형 커플이 서로 잘 지내게 해주는 특징들인 애정, 유머, 유대, 상대의 바람과 욕구에 대한 진심 어린 관심 등이 하나도 없습니다.

그런데 문제점이 침대 시트의 땅콩만큼 아주 노골적으로 드러나기만 하는 것은 아닙니다. 저희에게 상담을 받았던 또 다른 부부의 사례에서는, 오랫동안 섹스 문제로 갈등의 악순환에 갇혀 있다가 소통방식이 아주 적대적으로 바뀐 경우도 있었습니다. 외과의사인 남편은 병원에서 장시간 일을 하느라 집에 잘 들어오지 못했지만 관능적이고 에로틱한 관계를 더 갖고 싶어 했고, 아내와 더 친밀감을 느끼기 위해서도 그런 관계를 가져야만 했습니다.

한편 여러 자녀를 키우고 있던 아내는 관능적인 관계를 가지려면 남편에게 친밀감을 느껴야 했습니다. 이런 일은 남녀 사이에서 드문 문제가 아니지만 서로를 자주 돌아보며 일상적으로 유대를 갖는다면 잘 헤쳐나갈 수 있습니다. 하지만 이 부부는 이 문제에서나, 그 외의 또 다른 문제에서나 유대를 갖는 능력을 잃어버린 상태였습니다.

두 사람 모두 오랫동안 상대로부터 자신의 욕구를 충족받지 못하자, 둘 다 거절을 두려워하며 안정감을 느끼지 못했고, 결국 서로를 비방하려 드는 식으로 그런 감정에 대응했습니다. 두 사람의 싸움은 확실히 발끈형 스타일이었지만 아주 적대적이기도 했습니다. 긍정적 교류가 없었고, 경멸하고 비난하고 방어하는 어투가 역력했습니다.

남편 : 당신은 정말 얼음처럼 차가워. 이제는 성욕도 안 느끼고. 난 당신이 여자가 맞나 싶기까지 해!

아내 : 어떻게 그런 말을 해! 내가 애들을 키우는 내내 옆에 있어준 적도 없는 사람이. 당신은 의식을 잃은 환자들이나 좋아하겠지, 안 그래? 내가 의식을 잃으면 정말 좋아하겠네. 나한테 마음대로 그 짓을 할 수 있을 테니까!

이 부부 역시 비율에서 차이를 보이고 있습니다. 발끈형 커플도, 아니 심지어는 수긍형 커플도 이들처럼 싸움이 점점 악화될 수 있지만 이 부부의 싸움에는 건강한 발끈형 커플과는 달리 긍정성(존중이나 유머, 공감의 순간들)이 없습니다.

그렇다면 적대형 소통방식과 건강한 발끈형 소통방식은 각각 어떤 느낌일까요?

발끈형 커플과 수긍형 커플에게도, 갈등 중 부정적 교류가 주도하는 악순환에 빠져들 위험이 상존합니다. 어쨌든 우리는 인간이니까요! 자신을 주체하지 못해 화가 나면 폭언을 퍼붓게 됩니다.

다만 건강한 갈등 스타일에서는 결정적 차이가 있습니다. 화해 시도가 여전히 잘 작동한다는 점입니다. 한쪽이나 양쪽이 상황을 가라앉힙니다. 분명하게 사과하거나, "그래, 무슨 말인지 알겠어"라며 수긍하거나, 두 사람끼리만 아는 가벼운 농담으로 긴장을 깨뜨리는 등으로 의도적으로 긍정성을 불어넣으며 쌓이는 적대감을 진정시킵니다. 커플이 적대적 소통방식에 빠지면 이렇게 하기보다는 부정성의 소용돌이를 즐기는 것처럼 되어버립니다. 화해의 시도를 하지 않습니다. 잘되든 못되든 아예 시도를 하지 않습니다.

건강한 발끈형 커플들은 감정(분노, 슬픔, 좌절)을 잘 드러냅니다. 때때로 크게 화를 내기도 하고 울기도 합니다. 목청을 높이기도 합니다. 이 모두가 발끈형에게서도 나타나는 특징이긴 하지만, 적대형 커플의 경우엔 거의 언제나 4가지 독을 동원합니다. 주로 경멸을 내보이고 나서 비난과 방어로 이어지죠. 적대형의 갈등은 권투 시합 같습니다. 누가 KO 펀치를 날리느냐를 놓고 경쟁하듯 싸웁니다.

한편, 적대적 무심형 커플은 훨씬 더 거리가 멀어진 사이입니다. 굳이 말다툼을 하려고도 안 합니다. 갈등이 벌어지면 서로 비난을 하긴 하지만 대체로 더는 신경 안 쓰는 지경에 와 있습니다.

결혼생활을 지키려는 마지막 시도로 저희를 찾아온 50대 중반의 부부가 있었습니다. 두 사람은 구제할 만한 구석이 남아 있긴 한지도 막막했지만 관계를 끝내기 전에 가능한 모든 시도를 해보고 싶어 했습니다. 함께 해온 오랜 세월을 생각하면 그대로 끝낼 수가 없었습니다. 부부는 둘 다 상근직으로 일했고(남편은 엔지니어였고 아내는 회계사였습니다) 이제는 자식들이 다 커서 대학에 들어가며 독립해 나간 집에서 갈수록 남처럼 따로따로 생활하게 되었다고 했습니다. 저희 상담실에서 이 문제를 놓고 말할 때는 가시 돋친 신랄한 말이 오가긴 했지만, 실제로 싸움을 벌일 만큼 악화되진 않았습니다. 싸울 만한 열의도 없었습니다.

"당신 그거 알아? 우리가 함께 산 지가 그렇게 오래되었는데도 당신은 나를 잘 모르는 것 같아." 아내가 말했습니다.

남편은 말이 별로 없고 내향적인 사람이었고, 입술을 만지작거리며 되받아칠 말을 생각하는 버릇이 있었습니다. "그런 문제라면 당신이나 나나 서로 마찬가지지." 남편이 마침내 대꾸했습니다.

"그게 날 얼마나 외롭게 하는지 알긴 해?"

"나는 뭐 외롭지 않은 줄 알아? 그냥 견딜 줄 알게 된 것뿐이지."

"당신은 무정한 사람이야." 아내가 메마른 어조로 말했습니다. "늘 그랬어. 내가 매정한 엔지니어와 결혼한 것 같아. 당신은 당신 생각만 해. 결혼을 하지 말고 혼자 살았어야 할 사람 같아. 결혼해서 20년을 살며 두 아이를 낳아 기른 우리 사이에 모든 게 허물어지고 있는데 당신은 신경도 안 써."

"맞아, 난 정말 그런 것 같아." 남편이 무덤덤하게 대꾸했습니다.

부부의 대화는 내내 이런 식이었습니다. 서로 자신의 상처에 몰두하며 서로에게 그다지 공감해 주지 않았고 제대로 싸움을 벌일 정도로 신경을 쓰지도 않았습니다. '당신은 신경도 안 써'라는 말로 아내가 남편을 자극했을 때도 남편은 분개하기는커녕 그냥 순순히 인정했죠.

적대적 무심형 커플은 유대를 이어주는 다리로서 갈등의 역할조차 없습니다. 두 사람 모두 시간이 지나면서 지쳐가다 소모전을 벌이는 관계가 되어버립니다. 어느새 두 사람 사이에는 중간지대가 너무 넓게 벌어집니다. 이따금씩 이 경계선 너머로 서로에게 총질을 해대지만, 이런 식의 갈등에는 이롭거나 도움이 될 만한 것이 하나도 없습니다.

이런 커플들도 위기에서 벗어날 수 있을까요? 경우에 따라 가능합니다. '적대적' 소통방식에 있는 커플들의 두 사례 중 첫 번째 커플은 구제 불가능이었지만, 두 번째 커플은 상담치료로 도움을 받으며 큰 진전을 보았습니다. 한편, 바로 앞에서 본 '적대적 무심형' 커플은 각자의 길을 가기로 결정했습니다. 하지만 두 소통방식 모두 더 의미 있는 개입법이 필요합니다.

지속적 적대감은 '결혼생활 제1막'을 거의 파괴할 수 있습니다. 이런 상황에서 앞으로 나아갈 유일한 방법은 이제 그 관계는 '끝났다'고 여기며 새로운 관계를 만들기 위해 노력하는 것뿐입니다. 신뢰, 헌신, 우정을 바탕으로 한 건강한 관계를 처음부터 새롭게 다시 세우기 위해서는 전문가의 도움이 필요합니다. 노련한 상담치료사의 도움을 받으면 다시 시작해 더 탄탄한 기반 위에 '결혼생활 제2막'을 열 수 있습니다 [상담치료사를 찾는 데 도움이 필요하다면 www.gottmanreferralnetwork.com의 가트맨 리퍼럴 네트워크에 올려진 무료 데이터베이스를 활용하세요!].

약간 복합적인 유형(발끈형의 경향이 있는 수긍형이거나 그 반대의 경우)에 드는 사람들도 있지만, 건강한 갈등 스타일 스펙트럼의 어디에 해당하든 우리는 누구나 갈등을 놓고 따질 때도 가능한 순간마다 다정함과 긍정성을 끼워 넣을 줄 아는 습관을 들여야 합니다. 결과적으로 말하자면, 대표적 갈등 스타일 3가지 모두 그 마법의 비율을 건강하게 지켜간다면 행복하고 성공적인 관계를 이어갈 수 있습니다.

다만 상황이 좀 더 까다로워질 만한 경우도 있습니다. 커플 간의 갈등 스타일이 서로 다를 때입니다. 이런 상태를 더 과학적인 용어로 표현하면, 커플 간 초감정의 부조화라고 말합니다.

초감정의 차이가 오해를 부른다

당신은 감정을 어떻게 드러내나요? 자신의 감정을 어떻게 다루나요? 다른 사람들은 감정을 어떻게 다뤄야 한다고 생각하나요?

초감정은 간단히 말해 감정에 대해 느끼는 감정입니다. 커플 간에 갈등 스타일이 일치하지 않으면 이른바 '초감정 부조화'의 상태가 되기 쉽습니다. 감정을 어떻게 드러내고 다뤄야 할지에 대해 서로 생각이 다르기 때문입니다. 이번 장의 앞부분에서 만나본 커플, 타일러와 노아가 여기에 꼭 들어맞는 사례입니다.

한 사람(말다툼이 가열되면 타일러에게 마음을 닫고 담을 쌓는 노아)은 부정적 감정을 회피해야 한다는 생각을 갖고 있습니다. 또 다른 한 사람(불거진 문제점에 대해 함께 관심을 가져주지 않는 파트너에게 무시당하고 거절당한 느낌을 받는 타일러)은 부정적 감정을 드러내놓고 살펴봐야 한다고 생각합니다. 생각의 부조화가 생깁니다.

이 커플의 경우는 회피형과 발끈형의 전형적인 사례에 해당됩니다. 발끈형에게는 회피형이 무심하고 무정한 사람처럼 보입니다. 회피형의 행동을 '그 일을 관심 가질 만큼 중요하지 않은 문제'로 여기고 있는 것으로 해석합니다. 타일러 같은 발끈형은 열의를 보여주길 기대합니다. 파트너가 취약성을 감수하길, 바로 당장 그래주길 바랍니다. 그런데 이런 일은 회피형이 회피하려는 바로 그런 일입니다. 회피형은 문제점을 말하지 않으면서 갈등과 거리를 두는 편을 선호합니다.

저희가 세계적으로 4만 쌍의 커플을 대상으로 조사해 본 결과, 이런 차이가 커플들 사이에서 큰 비율을 차지하는 문제로 나타났습니다. 이성애 커플 가운데 무려 83퍼센트가 초감정 부조화에 따른 문제를 겪고 있었고, 이는 근소한 차이로 비율이 좀 낮았을 뿐 게이 커플(77퍼센트)과 레즈비언 커플(73퍼센트) 역시 마찬가지였습니다.[9]

저희에게 도움을 얻기 위해 찾아오는 커플의 대다수도 이런 문제로 힘들어 했습니다. 하지만 흥미롭게도 존이 사랑실험실에서 벌인 연구에서는 부조화가 그렇게 높은 비율을 보이지 않았습니다. 연구 참여군(자신의 선택에 따라 상담치료를 받으러 온 것이 아니라 단순히 일반 대중 가운데 선발된 사람들) 내에서는 갈등 스타일이 일치하는 커플이 많은 것으로 나타났습니다. 어쩌면 같은 정서 '언어'를 가진 점이 애초에 사랑에 빠진 이유 중 하나일지도 모르겠습니다.

한편 줄리는 상담치료를 받으려고 찾아온 커플들에게 임상적 도움을 주면서 끊임없이 부조화를 보았습니다. 어째서 이런 차이가 나타난 것일까요? 초감정 부조화를 가진 커플들이 자발적으로 상담을 받기로 마음먹는 이유 자체가 서로를 이해시키기가 정말로 힘든 지경에 이르렀기 때문이 아닐까 싶습니다. 간단히 말해 초감정 부조화가 있으면 두 사람이 갈등 중에 소통하기가 더 힘들 수도 있다는 얘기입니다.

하지만 부조화를 일으키는 원인이 모두 똑같은 것은 아닙니다. 지금부터 그 원인을 각각의 경우별로 살펴보도록 합시다.

회피형-수긍형

회피형 파트너와 수긍형 파트너 간에는 부조화로 인해 심각한 문제에 부딪힐 가능성이 낮습니다. 이 두 스타일이 '감정에 대한 감정'의 측면에서 꽤 잘 맞는 편이기 때문입니다.

회피형인 한스와 수긍형인 베스가 회피형-수긍형 사례입니다. 독일에서 나고 자란 한스는 부모님이 그가 보는 앞에서 싸운 적이 없었다고 합니다. 가족 중에 발끈형이 한 명 있었는데, 친할아버지였습니다. 술고래였던 친할아버지는 손자들이 뭐라도 잘못하면 호통치며 소리를 질렀습니다.

한스는 언젠가부터 요령이 붙어 친할아버지를 피했고, 그러다 갈등까지도 피하게 되었습니다. 성인이 되어 결혼하고 아버지가 되었을 때도 마찰거리는 피하는 게 좋다고 생각했습니다. 지극히 가벼운 문제라도 갈등은 이내 통제 불능이 되어 폭발하는 상황으로 번질 수 있다는 두려움 때문에 그런 문제에 아예 관여하지 않는 편이 낫다고 여겼습니다.

베스는 갈등을 인정하며 문제해결을 지향하는 스타일이었습니다. 갈등을 체계적으로 잘 관리하는 편이던 가정환경에서 자라 '모두가 행복해질 방법을 최대한 생각해 보자'는 주의에 익숙했습니다. 논점이 있으면 차분히 헤쳐나갔지만, 당연하게도 때로는 이야기 중에 약간의 감정이 스며들기도 했습니다.

그런데 시간이 지나면서 보니, 휴가지를 정하는 문제로 세부 사항을 논의하다가 자신이 아주 조금이라도 좌절하거나 목소리를 높이면 한스가 불안해 하는 게 느껴졌습니다. 그럴 때면 한스는 바로 딴청을 부리며 나중에 이야기하자고 미루기 일쑤였습니다. 베스는 자신이 감정을 통제하면 남편이 의논에 더 잘 동참해 줄 것이라고 여기며 기복 없이 차분하게 이야기를 이어가려 애썼습니다.

문제가 생겨도 대체로 꽤 순조롭게 넘어갔습니다. 적어도 한 아이가 학교에서 말썽을 일으키기 전까지는 그랬습니다. 아들이 수업 중에 산만하게 굴며 장난친 것이 문제였습니다. 베스는 그런 아들에 대한 교사의 지도가 너무 가혹했다고 느꼈습니다. 창피하게 하고 벌을 주어서 아이의 반항심을 더 부추기는 바람에 말을 더 안 듣게 해놓았다고요.

하지만 뭘 해야 할지, 이 일을 어떻게 다루면 좋을지 막막했습니다. 그녀는 대립을 좋아하지 않았고, 남편처럼 차분히 갈등을 논의하고 싶었습니다. 교사와의 대화가 원만히 이루어지지 않아 자신을 주체하지 못하게 될까 봐 걱정스러웠습니다. 한편으론 이 일을 그대로 방치할 수도 없었습니다. 아들을 지지해 줄 필요가 있었습니다.

한스는 개입하는 것에 전적으로 반대하며 이렇게 말했습니다. "아이가 알아서 하게 내버려둬. 자기 일은 자기가 해결해야지." 하지만 이런 겉모습 이면에는 대립과 갈등에 대한 뿌리 깊은 두려움이 숨겨져 있었습니다.

베스는 좌절감을 느꼈습니다. 교사를 만나기도 겁이 나는 상황에서 공동양육자인 남편의 지지가 필요했는데, 한스는 전혀 관여하지 않으려 했습니다.

부부가 이 문제로 상담을 받으러 찾아왔을 때 저희는 먼저 문제의 근원을 알기 위해 두 사람의 성장배경부터 살펴봤습니다. 남편이 감정의 격분에 치를 떠는 이유를, 즉 어린 시절에 겪은 가정환경이 어떻게 현재의 갈등 회피라는 결과로 이어졌는지를 짚어봤습니다. 그런 후 베스에게 이런 내력에 대해 가장 먼저 말해 주었고, 베스는 자신이 조금만 목소리를 높여도 남편이 왜 그렇게 심한 반응을 보이는지를 이해했습니다.

이어서 베스는 자신의 두려움에 대해서도 털어놓았습니다. 자신이 교사의 지도 방식에 대해 관여하려고 했을 때 교사가 화를 내면 더는 아무 말도 못하거나 주눅이 들어 물러설 것 같다고요. 수긍형인 베스는 격한 감정이나 격분에 쉽게 위압감을 느꼈습니다.

"내가 바라는 건 그냥 당신이 내 옆에 있어주는 거야. 선생님이 우리를 한 팀으로 여길 수 있게 말이야. 난 하려면 할 수는 있는데 혼자서는 못 하겠어. 둘이 하나보다 낫잖아."

한스는 아내의 말에 마음이 흔들려 지원군으로 따라가주기로 했습니다. 베스가 총대를 메고 말을 꺼내면 옆에서 거들어주기로요. 한스로선 그런 역할이라면 좀 덜 부담스럽긴 했지만 그래도 여전히 긴장이 되었습니다. 나중에 들어보니 교사 면담은 두 사람이 연합전선을 펼치면서 순조롭게 이루어졌다고 합니다. 베스는 상대의 기분이 상하지 않게 요령 있게 잘 말했고, 교사 역시 아주 잘 받아들여주면서 좋은 결과를 맺었답니다. 갈등이 폭발하면 어쩌나 조마조마했었는데 막상 부딪혀보니 괜한 걱정이었습니다.

이 부부는 서로 스타일이 다르긴 했지만 저희의 가벼운 권유에 힘입어 서로에게 더 다가갈 수 있었습니다. 회피형과 수긍형은 갈등을 대하는 태도가 크게 겹칩니다. 갈등에 얽힌 각자의 스타일과 내력을 어느 정도 의식하면 아주 잘 지낼 수 있습니다.

수긍형-발끈형

수긍형-발끈형 사이의 부조화에서는 수긍형이 격한 감정을 표출하는 발끈형의 스타일에 위압감을 느껴 홍수에 빠질 여지가 있습니다. 한편 발끈형은 말이 잘 통하지 않으면 좌절을 느껴 더 열을 올리며 목소리를 높이고 그러다 때때로 옹졸해지기도 합니다.

다음은 아홉 살짜리 아들을 둔 데렉과 타마라 부부의 사례입니다. 부부는 얼마 전에 애틀랜타에서 테네시의 시골 마을로 이사했습니다. 이사 간 집의 뒷마당에는 장작더미가 쌓여 있었는데, 아들은 그곳에서 성 쌓기 놀이를 하며 좋아했습니다. 그러던 어느 날, 아들이 비명을 지르며 타마라가 있는 집 안으로 들어왔습니다. 뱀에 물린 것이었습니다.

발끈형 경향을 가진 타마라는 너무 화가 나서 피가 거꾸로 솟았습니다. 의사가 상처를 소독해 주며 독이 없는 뱀이었다고 확인해 주었는데도 마음이 안 놓여 가슴을 졸였습니다. 다음번에는 독 있는 뱀에게 물릴 수도 있다는 생각 때문이었습니다.

"저 바깥 사방에 뱀이 있을 수도 있는데 어쩌면 좋아!" 타마라는 남편이 집 안으로 들어오기가 무섭게 소리를 질렀습니다. "이제 어쩔 거야? 진즉에 그 장작더미를 다른 데로 옮겨놨어야 하는 거 아니야? 그런 걸 집에 그렇게 가까이 놔두면 안 되잖아."

데렉은 이성적인 태도로, 회피하지 않고 논리적으로 다가갔습니다. "자기야, 그런 일이 또 일어날 가능성은 희박해." 이렇게 지적해 주며 말을 이어갔습니다. "당신이 그렇게 흥분하는 건 이해하지만 별일 없을 거야. 장작더미는 내가 이번 주말에 옮길게. 같이 이성적인 해결책도 생각해 보자. 내가 장작을 옮길 때까지 애가 밖에 나가서 놀지 못하게 하는 건 어떨까?"

"내가 어떻게 이성적일 수가 있어!" 타마라는 격분해서 대꾸했습니다. "우리 아들의 목숨이 걸린 문제잖아! 우리 아들이 죽게 놔두겠다는 거야?"

"타마라, 우리 너무 그렇게 극단적으로 몰아가지는 말—."

"허, 지금 이게 극단적이라고? 우리 자식을 지켜야 하는 마당에 당신은 너무 바빠 장작을 옮길 10분의 시간도 못 내시겠다는데도? 대체 언제 옮길 거야?"

"주말에 옮길게. 그러니까 타마라, 제발."

"여기로 이사 오는 게 아니었어!"

이쯤 되자 데렉은 더는 주체할 수 없어지고 대답할 말도 생각 나지 않아 슬슬 대화할 의욕을 잃었습니다.

수긍형-발끈형의 조합에서는 시간이 지나면서 서서히 이런 식의 소통이 점점 악화될 가능성이 있습니다. 발끈형은 갈등의 상황이 벌어질 때마다, 바라는 대답을 얻어내려 하는 게 아니라 점점 더 적대감을 구사하며 갈수록 부정적으로 치우치는 식으로 상황을 돌파하려고 합니다. 그러면 수긍형은 이에 대한 반응으로 점점 더 무심해집니다. 이 지경에 이르면 두 사람 모두 서로에게 다가가지 않고, 이런 상황이 계속되면 경멸과 담쌓기의 수위가 높아져 적이나 다름없어집니다.

하지만 이 부부는 전반적으로 우애가 탄탄했습니다. 다만 최근에 함께하는 시간이 충분치 못한 탓에 좀 힘든 상태였습니다. 데렉이 새로운 직장에 적응하느라 평소보다 집 밖에서 보내는 시간이 많다 보니, 두 사람 모두 함께하는 시간이 줄어든 것에 상실감을 느꼈습니다. 서로를 돌아봐줄 기회는 줄고 갈등과 오해가 일어날 기회만 오히려 좀 더 늘었습니다. 그런데다 발끈형인 타마라로서는 문제점에 대해 바로바로 적극적으로 관여해 주길 바라는 자신의 기대와 달리, 데렉이 상황을 진정시키려는 태도를 보이면 더 격분했습니다.

이 부부의 상황을 순조로운 궤도에 올려놓기 위해 저희는 데렉이 진심으로 타마라의 입장이 되어보게 해야 했습니다. 아이의 어머니이자 가정에서 주된 양육자로 산다는 일이 어떤 의미인지, 이렇게 막대한 취약성과 불안을 느끼는 상황이 어떤 기분인지 공감해 보라고요. 수긍형 스타일의 충동에 따라 싸움을 진정시키려는 노력을 주된 목표로 삼는 데렉은 아내의 관점을 이해하기보다 아내를 진정시키고 안정시키는 일에 초점을 맞췄습니다. 그래서 차분함을 지키며 아내를 안심시키려 했지만, 아내에게 필요한 것은 같이 걱정을 해주며 외로움을 느끼지 않게 해줄 사람이었습니다.

데렉이 갈등 중에 전략을 더 수긍적으로 바꾸자 정말로 좋은 효과가 있었습니다(아이러니한 이야기지만 이런 수긍형은 진정으로 수긍해 줄 방법을 배워야 합니다!). 타마라는 여전히 발끈형 기질이 높아 데렉보다 더 격한 감정을 드러내는 편이었지만, 데렉이 자신이 꺼내놓은 걱정에 호응해 주자 격한 말을 훨씬 덜 하게 되어 데렉이 쉽게 질리지 않을 만한 상태가 되었습니다.

수긍형-발끈형의 조합은 어려움이 많지만, 이 커플은 이렇게 해서 서로 잘 지낼 수 있었습니다.

발끈형-회피형

툭 터놓고 말해 발끈형-회피형 사이의 부조화가 가장 힘듭니다. 대개 회피형 파트너는 처음엔 발끈형의 넘치는 에너지에 끌리지만('정반대되는 사람에게 끌리는' 또 하나의 사례지요!) 함께 살다 보면 이런 조합의 어두운 면이 드러납니다. 다시 말해 서로 자신의 언어만 쓰지요. 보통 얼마 못 가서 헤어지기 때문에, 이 조합의 이혼율은 상당히 높은 편입니다.[10] 이런 커플은 계속 함께 살면 서로 원수같이 지낼 위험도 높습니다.

여기에 그런 사례의 커플이 있습니다. 데이브는 발끈형이라 갈등에 적극적으로 달려듭니다. 갈등 상황을 거북해 하지 않습니다. 심지어 갈등의 기회를 노리기까지 합니다. 갈등을 그 자체로 타당한 소통 양식으로 여깁니다. 갈등에서 살짝 재미와 흥분을 느낄 뿐만 아니라 성욕을 자극받기도 합니다.

한편 아내인 라일라는 회피형에 더 가깝습니다. 갈등을 아주 불편해 해서 남편이 자신을 갈등 상황에 끌어들이려 하면서 장난스레 전투적으로 나오면 얼어붙거나 공격받는 느낌을 받는 편입니다. 데이브는 아내가 자신의 기대대로 반응하지 않으면 슬슬 약을 올립니다. 그런 상황을 놀이처럼 여기는 것이죠! 상대가 똑같은 발끈형이라면 이와 비슷한 상황에서 같이 맞받아치며 놀리겠지만 라일라에게는 이런 방식이 전혀 통하지 않습니다. 오히려 모욕감을 느끼며 궁지에 몰리고 공격받는 기분이 들 뿐입니다.

어느 날 저녁, 라일라가 주차비를 필요 이상으로 많이 주었더니, 집에 오는 길에 데이브가 라일라를 짓궂게 놀려댔습니다.

"당신은 사람들에게 잘 휘둘린단 말이야. 다음번엔 좀 세게 나가! 지금은 여성해방의 시대 아니야? 당신은 페미니스트라며? 그럼 겁먹은 고양이처럼 굴면 안 되지!"

라일라가 나지막이 대꾸했습니다. "그런 식으로 말하지 마."

데이브는 아랑곳없이 계속 놀렸습니다. "정말이지 당신은 작고 귀여운 쥐 같아! 겁먹고 침대로 들어간 고양이 같기도 하고 말야."

라일라는 등을 돌리며 차창 밖을 내다봤습니다. 라일라에게 남편의 놀림은 일종의 공격이었고, 남편에 대한 침묵은 차가운 거절이었습니다. 발끈형으로서 데이브가 원했던 것은 아내의 반격이었습니다. '당신은 너무 훅 치고 들어와서 하나도 재미가 없어!' 같은 말로 되받아치길 원했습니다. 그런 말을 들으면 살짝 상처를 받겠지만 싸움의 불꽃이 튀면 흥이 돋아 이럴 것 같았습니다. '그래, 이제야 말이 좀 통하네!'

사실 이런 부조화는 아주 힘들었습니다. 서로에게 좋은 파트너가 될 수 없었습니다. 라일라는 남편의 소통 방식을 냉혹하게 느꼈고 데이브는 아내가 차갑게 담을 쌓는 것처럼 느꼈습니다.

짧게 말하면, 초감정 부조화는 경우에 따라 유난히 더 어렵기도 하므로 당신과 파트너가 갈등 스타일 스펙트럼에서 어디에 해당하는지 생각해 보면 도움이 됩니다. 감정을 언제, 어떻게 표출할지, 하지 말지에 대해 두 사람이 갖는 생각의 거리가 멀수록 갈등 중 어려움에 처할 가능성이 더 높습니다. 서로 바라는 소통 방식이 극히 다르고 갈등에 대해 근본적으로 극과 극의 생각을 갖고 있기 때문입니다.

한 사람에게는 갈등이 홍수를 일으켜 스스로를 주체할 수 없게 해서 무슨 수를 써서라도 피해야 할 일인 데 반해, 다른 한 사람에게는 갈등이 문제점을 따지면서 더 가까워지기 위해 꼭 필요한 일입니다. 이것은 문화적 충돌의 문제입니다. 서로가 다른 언어로 말하고 있는 것이나 다름없습니다.

데이터로도 증명되듯, 보통 (서로를 적대시하는 상황이 되어버리지 않는 한) 우리는 갈등 중에 서로에게 상처를 주려고 애쓰지 않습니다. 사랑실험실 연구에서는 의도와 영향 사이의 상관관계를 평가하는 실험에도 착수해 다음의 의문에 대한 답을 알아본 적이 있습니다. 사람들이 비난적이거나 경멸적으로 굴 때나, 파트너에게 상처를 주며 홍수를 느끼게 할 때, 정말 그럴 의도를 가지고 하는 것일까?

일부러 서로 상처를 주려고 그러는 걸까?

'그렇지 않다'는 답이 압도적이었습니다.

저희는 갈등적 대화를 녹화한 후, 실험 참가 커플이 제어판 앞에 앉아 자신들이 싸우는 모습이 녹화된 테이프를 보며 그 싸움의 일격을 다이얼을 돌리며 검토하면서 의도와 영향이라는 두 범주에서 스스로 평가해 보게 했습니다. 커플 중 한 명이 상대의 말이나 행동이 자신에게 얼마나 긍정적이거나 부정적인 영향을 미쳤는가에 대해 평가하는 한편, 그 상대는 그 순간의 자기 의도를 평가하는 식이었습니다. 그 결과, 의도와 영향이 서로 일치하지 않는다는 것을 발견했습니다.[11] 갈등 중인 사람들에겐 악의적인 의도가 거의 없었습니다. 단지 이해받으려고 애썼을 뿐이었습니다.

감정에 대한 감정의 차이는 애정 있는 동반자 관계에서 경험할 수 있는 가장 핵심적이고 근본적인 '문화적 충돌'에 해당됩니다. 이런 차이는 싸움을 비롯한 모든 일에 지대한 영향을 미칩니다. 그리고 모든 갈등 스타일은 특별하고도 아주 영향력이 큰 방식, 즉 싸움의 3단계 중 하나인 설득에 접근하는 방식이 서로 다릅니다.

싸움의 3단계

모든 싸움은 기본적으로 구조가 동일하며, 다음과 같은 단계를 따릅니다.

- 첫 번째 단계: 문젯거리 꺼내기. 파트너의 한쪽이나 양쪽이 자신의 걱정거리를 표출하기.
- 두 번째 단계: 서로를 설득해 상대방을 자신의 편으로 넘어오게 하려고 애쓰기.
- 세 번째 단계: 타협에 이르기 위한 시도.

문젯거리 꺼내기, 설득, 타협의 시도는 싸움의 3단계이며, 우리의 싸움 스타일은 설득 방식에 따라 달라집니다.

싸움 스타일이 회피형인 사람은 설득을 아예 건너뛰고 싶어 합니다. 설득이 별 소용이 없다고 여기며 이런 식으로 생각합니다. '밑 빠진 독에 물 붓는 격이야. 해봐야 설득이 안 될 테니 그냥 넘어가는 게 나아.' 한편, 발끈형인 사람은 설득하려는 마음이 앞서 파트너의 관점은 건성으로 듣습니다.

수긍형인 사람은 싸움의 단계를 더 차근차근 밟아가지만 너무 빨리 설득에 들어가는 경우가 많고, 상황을 좋게 이어가는 쪽에 너무 신경을 쓰다가 문제를 충분히 깊이 파고들지 못할 수도 있습니다. 발끈형 커플보다는 설득에 들어가는 단계를 좀 더 오래 미룰 수 있지만 문제점을 실질적으로 살펴볼 만큼 충분히 길게 미루지 못합니다.

그러면 싸움의 전형적인 시나리오 중 하나인, 돈 문제로 일어나는 싸움을 살펴볼까요?

남편이 쓰는 돈의 액수가 아내가 마음 편히 받아들여줄 만한 수준보다 더 많아서 아내에게 스트레스가 쌓이는 상황입니다. 이 부부가 수긍형이라면 다음과 같이 흘러갈 것입니다.

싸움의 해부

아내: 어젯밤에 예금계좌를 살펴봤더니 별도 지출이 너무 많더라. 이번 달에 또 빠듯하겠어. 이 캠핑 장비를 꼭 사야겠어?	문젯거리 꺼내기
남편: 사야지. 주말에 데이비스에 놀러가기로 했잖아, 잊었어? 애들이 쓸 침낭이 있어야 한다고.	
아내: 나도 아는데 항상 이렇게 저렇게 돈 쓸 거리가 생기는 것 같아서 그래. 맨날 돈 좀 모으자고 말하면서 그러질 못하잖아.	
남편: 적당히 좀 해. 우리가 돈을 그렇게 펑펑 쓰는 것도 아니잖아? 돈을 좀 모아둬야 한다는 건 나도 알지만 좀 즐기면서 살기도 해야 하는 거 아냐?	
아내: 내가 바라는 건 조금이라도 돈을 모으는 건데, 자기야, 우리는 모아둔 돈이 전혀 없다고.	
남편: 내가 전에 브로디 삼촌 얘길 했던가? 다들 나중에야 알았지만 삼촌은 백만장자셨어. 그저 돈을 모으고 또 모을 줄만 아셨던 거야. 가족에게도 무심하셨어. 모으기만 하면서 조용히 지내며 있는 듯 없는 듯 사셨어. 그러다 50세에 은퇴하셨는데 갑자기 심장마비로 돌아가셨어! 알고 보니 그동안 500만 달러나 모아두셨는데 자신을 위해 한 푼도 쓰지 않았더라고. 원룸 아파트에 살	설득

면서 여행 한 번 간 적이 없으셨어. 그 좋은 마이크로소프트사에 다니셔서 주식도 많으셨더라. 그런데도 그 재산을 즐기지 않으셨다고!

아내: 그래, 그럼 우리 엄마 아빠 얘기는 어때? 두 분은 시시한 것들을 사느라 돈을 허투루 쓰다가 자동차 엔진이 녹아 붙어 수리해야 하는 경우같이 정말로 돈이 필요했을 때는 여윳돈이 없어서 쩔쩔매셨어. 우리 집은 늘 쪼들리며 살았어. 그 스트레스가 엄청났다고. 난 그런 식으로는 못 살아. 그렇다고 브로디 삼촌처럼 살고 싶은 마음은 없어. 여행과 모험을 즐기기 위한 돈을 모으고 싶어.

남편: 지금 당신 말은 앞뒤가 맞지 않아. 미래를 위해 돈을 모으자는 거야, 여행과 모험을 위해 돈을 모으자는 거야? 하루 종일 돈 걱정을 하면서 동전 한 푼까지 아껴 쓰는 건 생각도 하기 싫어. 그런 식으로는 살고 싶지 않다고.

아내: 그래그래, 알겠는데, 쓰고 싶을 때마다 다 쓰면서 살 수는 없잖아. 당장 이번 달에 당신이 쓴 카드값도 못 갚게 생겼다고. 카드 연체료가 얼마나 높은지 몰라? 당신이 아침마다 마시는 라테 값을 죽을 때까지 갚아야 할걸. 우리 형편으로 감당할 수 있는 지출 계획을 세워야 해. | **타협의 시도**

> **남편**: 나도 노력은 하겠지만 '이번 주 지출 목표 0달러'는 못 하겠어. 그건 무리라고.
>
> **아내**: 그럼 매주 초에 목표 지출액을 정하고 현금을 뽑아서 쓰는 건 어때? 찾은 돈을 다 쓰면 더는 쓰지 않는 거야. 할 수 있겠어?

잘 보면 이 수긍형 커플은 서로 간에 어느 정도 긴장이 흐르긴 하지만 침착함을 꽤 잘 이어갑니다. 그리고 각자가 자신의 걱정을 꺼내놓긴 하지만 이어진 설득의 단계에서 돈이나 안정 같은 삶의 문제들에 대한 각자의 더 깊숙한 감정을 시간을 갖고 찬찬히 살펴보지는 않습니다. 오히려 해결책을 내는 것에 관심을 둡니다.

하지만 이면에 숨은 문제에 대한 이야기를 나누지 않는 탓에 꽤 평화롭게 이른 이런 해결책이 충실히 지켜지지 않을 수도 있습니다. 그다음 달에도 예금계좌 잔액이 또 부족해져서 이와 똑같은 대화를 하게 될지 모릅니다.

그렇다면 다른 갈등 스타일에 속하는 커플들은 이런 상황을 어떻게 다룰까요?

- **회피형 커플** 문젯거리 꺼내기 단계 이후로 싸움이 그냥 끝나버리게 마련입니다. 설득의 단계로 나아가질 않습니다. 오히려 자신들의 삶에서 긍정적인 면들에 집중하며 걱정할 필요가 없다고 서로를 안심시킵니다.

남편 : 지금은 모아둔 돈이 별로 없지만, 생각해 봐, 우리 둘 다 직장에 잘 다니고 있고 곧 승진도 할 거야. 그러면 내년부터는 돈을 모을 수 있지 않겠어?

아내 : 그래, 맞아. 별 문제 없을 거야. 우리에겐 집도 있잖아. 아직 담보대출이 남아 있지만 대출금을 갚아나가는 만큼 돈을 모으는 셈이잖아.

남편 : 애들이 그 캠핑 여행을 기대하고 있으니 그 정도는 써도 될 것 같아.

• **발끈형 커플** 문제점을 거론할 틈도 없이 다짜고짜 설득부터 시작합니다.

아내 : 당신, 내가 이번 달엔 생활비가 빠듯하다고 말했는데도 캠핑 용품을 산 거야? 대체 돈은 언제 모으려고 그래? 매달 얼마씩 모으기로 해놓고선! 지금 돈을 안 모아두면 가난하게 쪼들려 살다 죽을 거라고.

남편 : 그러지 말고 브로디 삼촌 얘기를 들어봐! (그 삼촌의 이야기를 늘어놓음.)

아내 : 당신 삼촌 정말 미련한 사람이었네! 그런데 그 삼촌이 수백만 달러를 모아놓고 바보같이 살았다는 이유만으로 우리가 돈을 모으면 안 된다는 얘기야? 그건 말도 안 돼.

발끈형은 대뜸 논쟁하려 듭니다. 발끈형에게는 싸움에서 설득만

이 유일하게 중요한 문제입니다.

이쯤에서 짚고 넘어갈 관건이 2가지 있습니다.

하나는 갈등 스타일을 막론하고 대다수 사람이 성급히 설득으로 넘어가려는 경향을 보인다는 점입니다(물론 설득을 건너뛰는 회피형은 여기에서 제외됩니다). 곧바로 설득으로 건너뛰거나(발끈형) 쟁점의 제시 후에 서둘러 설득을 시도하려 들기(수긍형) 쉽습니다.

하지만 화두를 세우고 서로를 설득하는 단계로 넘어가기 전에 서로의 내면세계를 더 자세히 파고들어봐야 합니다. 보통 우리 대다수는 한창 갈등을 겪는 중에는 잘 그러지 못합니다.

또 다른 관건은, 설득을 대하는 차이점으로 오해와 불화가 생기기 쉽다는 점입니다. 회피형에 가까운 파트너는 설득의 시도를 공격으로 여길 테지만, 발끈형에 가까운 파트너는 설득에 반응하지 않는 것을 거절이나 의도적이고 차가운 외면으로 해석할 수 있습니다.

3가지 갈등 스타일과 설득

- 회피형 : 설득의 시도를 전혀 안 하며 '서로의 의견 차이를 인정함'.
- 수긍형 : 쟁점부터 먼저 꺼내놓지만(화두를 세우지만) 너무 성급히 설득으로 넘어감.
- 발끈형 : 설득하려는 마음이 앞서 다짜고짜 논쟁함.

불일치는 관계의 걸림돌이 아니다

혹시 지금의 이야기가 암울하게 들릴까 봐 여기에서 잠깐 안심이 될 만한 이야기를 하고 싶습니다. 당신과 파트너 사이에 초감정의 부조화가 있는 것 같더라도 잘되긴 틀린 관계라고 체념하지 마세요. 우리가 인간이라는 사실을 항상 잊지 마세요. 당신은 하나의 뚜렷하고 확실한 갈등 스타일을 가졌을 수도 있고 아니면 2가지 스타일이 섞인 상태에서 한쪽으로 기울어져 있을 수도 있습니다. 그것은 당신의 파트너도 마찬가지입니다.

이런 보편적 특징을 알려주는 목적은 초감정의 부조화가 곧 끝장을 의미한다는 암시를 주려는 게 아닙니다. 그보다는 당신이 정보에 근거해 대처하길 바라는 의도에서입니다. 당신의 감정에 대한 신념과, 갈등에 대한 태도를 성찰해서 어떻게 해야 그런 신념과 태도가 파트너와 의미 있는 유대를 갖게 해줄지나, 어떻게 하면 그런 유대를 갖지 못하게 될지를 생각해 봤으면 하는 마음에서입니다.

갈등 문화의 큰 격차를 깨닫고 나서 이를 넘어 서로에게 닿을 수 있었던 타일러와 노아 커플이 좋은 사례입니다. 이런 갈등 문화의 격차에 대해서는, 두 사람이 같이 앉아 보드게임을 하는데 서로 완전히 다른 규칙을 제시받은 셈이라고 상상해 보면 쉽게 와닿을 겁니다.

그렇다면 감정에 대한 이런 신념은 어디에서 비롯되는 것일까요?

타일러와 노아의 경우, 두 사람의 과거를 살짝 들여다보면 이렇습니다. 이 커플의 발끈형 파트너인 타일러는 갈등 중에 쉽게 격분하지만 바로 회복하는 편인 가정에서 자랐습니다. 부모님과 형제들이

다 같이 살던 그 집에서는 하루 종일 승강이와 감정 폭발이 빈발했지만, 그럴 때마다 이내 작은 소동으로 그치며 지나갔습니다. 타일러의 가족 문화에서는 갈등이 정상적인 일이었고 심지어 하나의 소통 방식으로써 갈등을 부추기기도 했습니다.

노아의 가정은 문제점을 끄집어내길 회피하는 편이었습니다. 감정이 팽팽해지거나 예측할 수 없는 상황으로 전개될지도 모를 대화를 굳이 끄집어내느니 그냥 현재 상태 그대로 받아들이는 쪽을 선호했습니다. 노아의 부모님은 웬만해선 싸우지 않았지만, 일단 싸우면 지독하게 싸웠습니다. 금세 싸움이 악화되어 정말로 상처가 될 말들을 주고받았죠. 뱉으면 주워 담기 힘든 말들을요. 거의 언제나 한 사람이 집을 박차고 나가는 지경이 되어야 싸움이 끝났습니다.

한번은 어머니가 어디에 간다거나 언제 돌아오겠다는 말 한마디 없이 집을 나가 며칠이 지나도록 들어오지 않기도 했다고요. 노아는 이런 가정환경에서 자라며 아주 확실한 교훈을 배웠습니다. 의견 차이로 치러야 하는 뒤탈이 너무 크니 무슨 일이 있어도 갈등은 피해야 한다고요.

그런데 우리가 각자 싸움의 스타일에서 발끈형이나 수긍형, 회피형이 되는 정확한 이유에는 명확한 공식이 없습니다. 우리는 저마다 신경계와 인생경험이 독자적 조합을 이루고 있어 우리에게 영향을 주는 요인에 각자 다르게 반응합니다. 예를 들어 어떤 사람이 싸울 때 소리소리 지르는 부모님 밑에서 자랐다면, 보고 자란 대로 자신도 발끈형이 되거나 그와 반대되는 회피형이 될 수 있습니다.

이 모든 점을 생각하면 다음과 같은 의문이 들 것입니다.

갈등 스타일을 바꿀 수 있을까?

가능합니다! 많은 노력이 필요하지만 갈등 스타일의 부조화로 인해 당신과 파트너 사이에 많은 문제가 생기고 있다면 갈등 스타일을 바꿀 수 있습니다. 파트너의 스타일에 맞추기 위해 다른 스타일로 확장시키는 요령을 배우면 됩니다.

하지만 반드시 갈등 스타일을 바꿔야 하는 건 아닙니다. 지금 당장 중요한 문제는 당신과 파트너 각자의 현재 갈등 스타일을 이해하는 일입니다. 두 사람의 스타일이 다를 경우라면 이런 이해가 특히 중요합니다. 파트너의 스타일을 이해하기 위해 애쓰면서 파트너의 언어를 배우는 중이라고 생각하세요. 그리고 당신의 스타일을 이해하기 위해 다음을 명심하세요.

우리 각자가 자란 양육 환경은 덜 마른 시멘트에 찍힌 바퀴 자국같이 우리의 뇌에 깊은 궤적을 남깁니다. 이후 적절한 환경에 놓이면 우리의 바퀴는 다시 그 옛 바퀴 자국을 따라가지요. 자신의 갈등 스타일을 바꾸려면 새로운 길, 즉 타협을 위한 대체로를 만들어야 합니다.

당신이 심한 발끈형이지만 수긍형에 더 가까워지고 싶다고 가정해 봅시다. 그러려면 말을 하기 전에 잠깐 멈춰 숨을 들이쉰 다음 자신이 하고 싶은 말과 그 말이 파트너에게 미칠 영향을 생각한 후 더 다정하게 말하려면 어떻게 말해야 할지를 판단할 줄 알아야 합니다. 마음챙김과 명상은 마음을 느긋이 가라앉히는 요령을 터득하는 데 유용합니다. 일단 반응을 1단의 저속 기어로 낮추면 부적절한 말을 내뱉기 전에 신중히 생각할 시간을 가질 수 있습니다. 연습이 필요하겠지만 해보면 할 수 있는 일입니다.

한편, 온갖 외부 요인들도 감안해야 합니다. 시간이 지나면서 서서히 우리의 갈등 스타일에 영향을 미치는 문화적·사회적·가족내력적 요인들 말입니다. 가만 보면 처음엔 한 방식(회피형이나 수긍형이나 발끈형의 방식)을 강하게 보이다가 자신을 확장시켜 상대 스타일의 특징을 어느 정도 포용할 줄 아는 커플들이 많습니다. 이런 커플들은 자신의 갈등 스타일에 약간의 '변동 가능한 폭'을 더할 줄 압니다.

여기에는 문화적 맥락도 얽혀 있습니다. 예를 들어 페미니즘의 진전에 따라 여성들은 자기주장을 더 내세우기 시작했고 전통적으로 남성의 전유물이던 분노를 표출할 수 있는 여지도 생기고 있습니다. 과거에는 여성들이 발끈형 스타일을 키우지 못하도록 사회화되었다면, 이제는 그런 경향을 한껏 더 드러낼 수 있습니다.

결론적으로 사람들이 상담치료를 받으러 오는 이유는, 이런저런 갈등 스타일 때문이 아닙니다. 자신들이 행복한 회피형이나 수긍형, 발끈형이 아니기 때문입니다. 갈등이 잘 풀리지 않아서 벽에 부딪힌 기분이고 싸우고 나면 후회되지만, 해결 방법을 몰라서 찾아옵니다. 커플은 저마다 다 달라 두 사람만의 특정 소통 방식을 가지고 있지만 본질적으로 파고들면 보통은 하나의 명백한 문제를 가지고 있습니다. 서로의 말을 잘 들어주지 않는다는 점입니다.

반면에 커플들이 적어도 5:1이나 그 이상의 비율을 지킬 때는 궁금해 하고 마음을 열면서 흥미를 가져주는 경향이 있습니다. 그러다 긍정성이 낮아지면 그 모든 호기심의 문이 닫히고 맙니다. 그때는 공격하거나 방어하면서 서로 자기 말만 합니다. 서로 독백을 하는 것이나 다름없어지죠. 양쪽 모두 말이 통하지 않는다는 기분이 팽배해져서 무전기에 대고 말을 해도 아무런 응답을 얻지 못하는 것 같은 심정이 됩니다. 인정도 이해도 그 무엇도 얻지 못하는 듯해 답답합니다.

이렇게 되면 기분이 정말로 안 좋습니다. 그러니 앞으로 2부에서 5가지 유형의 싸움을 살펴보며 우리 스타일의 기본값이 무엇이든 서로 말이 통하도록 그 철의 장막을 거두어봅시다.

저희 부부를 예로 들자면, 저희는 처음엔 발끈형이었고 지금도 여전히 발끈형의 기질이 다분합니다. 그런데 시간이 지나면서 수긍형에 더 가까워지는 요령을 배웠던 것 같고 이제는 둘 다 갈등 중에 수긍형의 전략을 쓰면서 그 전략이 도움이 된다는 점을 느끼고 있습니다. 하지만 그 오랜 세월이 흐른 뒤에도 저희의 기본값은 발끈형의 경향을 띱니다. 여전히 발끈형이 저희의 바퀴가 빠지는 궤적입니다.

왜 그런지 들여다보면, 그 안에는 여러 요인들이 한데 소용돌이치고 있습니다. 저희 둘 다 유대인인데, 흔히 하는 말로 "유대인은 논쟁을 좋아한다!"는 말이 있습니다. 이는 우리 유대인이 『성경』에 담긴 의미를 이해하기 위한 한 방법으로 논쟁을 중시했던 문화적 근원에서 비롯된 성향입니다. 유대교에는 어떻게 생각해야 할지를 알려주는 교리가 없습니다. 언제나 『성경』 구절의 핵심 골자와 해석을 놓고 주장을 펼치며 논쟁을 벌입니다. 그것이 유산으로 남겨져, 우리에게는 4천 년에 걸친 논쟁가 기질의 역사가 있는 셈입니다.

저희 부부는 발끈형 스타일인 탓에 결혼 초 몇 년간 이상적이지 못한 결과에 종종 이르렀습니다. 싸움을 벌이다 소리를 지르면 줄리는 신체적·인지적·감정적 홍수에 빠져 문을 쾅 닫고 집 밖으로 나갔고(어릴 때부터의 습관이 나온 것이었습니다) 존은 좌절감에 빠져 집 안을 왔다 갔다 했습니다.

둘 다 감정이 격해지면서 급히 설득으로 넘어가 논쟁에서 이기려는 경향이 강했습니다. 존은 열띤 논쟁이 벌어져도 기본적으로 다정한 분위기였던 가정에서 자랐지만, 줄리가 자랐던 가정은 그런 분위기가 덜했습니다. 저녁 식탁에서의 논쟁은 남자들의 의견이 우선시되었고 여자들은 입 다물라는 타박을 들었습니다. 갈등을 비롯해 일상적인 소통에서도 줄리는 곧잘 경멸적이고 비판적이었던 어머니로부터 큰 영향을 받으며 자랐고, 그런 모습이 소통의 모델이 되었습니다.

신혼 때이던 어느 주말, 줄리는 주말에 어머니를 뵈러 포틀랜드에 갔습니다. 그때는 저희 딸 모리아가 태어나기 전이었고 줄리는 얼마 전에 유산을 한 상태였습니다. 그런데 이 유산 소식을 털어놓는 실수를 했습니다. 어머니가 그 얘기를 듣자마자 유산이 줄리의 잘못이라는 투로 딸을 비난했으니까요. 차를 몰고 시애틀로 돌아오는 길에 줄리는 속이 부글부글 끓어올라 어머니를 뵈러 간 자신이 바보였다고 후회했습니다. 의무감에 어쩔 수 없이 가긴 하지만 매번 어머니를 보고 돌아올 때마다 이렇게 속에서 열불이 났습니다.

주말 동안 오래 떨어져 지냈던 저희는 밖에서 만나 워싱턴호가 바라다보이는 근사한 해산물 전문 레스토랑에 가서 저녁을 먹기로 했습니다. 그런데 워낙 인기 있는 명소라 그랬는지 그날 저녁에는 빈 테이블이 하나도 없었습니다. 저희는 합석을 하며 다른 손님들과 팔꿈치가 닿을 정도로 바짝 붙어 앉아야 했습니다.

자리에 앉기가 무섭게 줄리는 어머니와 영혼의 교신이라도 한 듯

존에게 테이블 매너가 형편없다느니, 손가락으로 음식을 집어 먹는다느니 지적질하며 이런저런 트집을 잡았습니다. 존은 방어적으로 나왔고 식당 한복판에서 치졸한 싸움이 벌어질 판이었습니다.

"당신은 매너가 형편없어." 줄리가 이런 경멸의 말로 아슬아슬한 선에 근접하는가 싶더니 그 주말에 어머니한테서 받은 안 좋은 모든 감정이 흘러나와 기어이 이 말까지 했습니다. "창피해서 사람들 앞에서 같이 못 있겠네."

존은 태도를 정해야 할 이 결정적 순간에 오래전 자신이 대학생 때 자주 들락거리던 전자 오락실의 어떤 게임이 퍼뜩 생각났습니다. 동전을 넣고 가짜 권총을 뽑아서 전설적인 총잡이 와이어트 어프와 대결하는 게임이었지요. 와이어트보다 빨리 총을 뽑으면 와이어트가 로봇 같은 금속성의 음성으로 내뱉던 대사가 머릿속으로 날아와 박혔습니다. 그 순간 존은 북적이는 레스토랑 한복판에서 벌떡 일어나 가슴팍을 움켜쥐고는 과장된 어조로 말했습니다. "사격 솜씨가 좋군, 파트너! 내가 졌다!" 그러곤 바닥에 쓰러졌습니다.

레스토랑에 있던 사람들이 모두 놀라며 잠시 정적이 흘렀습니다. 웨이터 중 한 명은 존에게 심장마비 증세라도 생긴 줄 알고 급히 달려오기까지 했습니다. 한편 줄리는 눈물이 날 정도로 배꼽을 잡고 웃었습니다.

이로써 그 싸움은 막을 내렸습니다. 시작도 하기 전에요.

저희는 늘 유머를 활용해 싸움을 수습하려고 했지만, 심각한 싸움은 시작하자마자 (존보다 더 빠른) 줄리가 문을 쾅 닫으며 달려 나가는 것으로 끝이 나기 일쑤였습니다. 그럴 땐 저희 둘 다 아주 비난적이고 경멸적인 상태에 있었습니다. 그것이 관계에 얼마나 큰 금이 가게 하는지도, 수습하는 데 얼마나 많은 노력이 필요한지도 미처 깨닫지 못하는 채로요.

그러니 생각해 보면 정말 다행입니다! 존의 연구가 저희에게도 정말 도움이 되어, 저희가 이 책의 2부에서 '여러 유형의 싸움'을 통해 하나하나 가르쳐줄 그 모든 개입법을 개인적으로도 활용하고 있으니까요. 저희는 지금도 여전히 발끈형 커플이지만 오랜 시간을 거치며 더 낫고 더 다정한 발끈형이 되었습니다.

결국 목표는 갈등 스타일을 바꾸는 것이 아닙니다(정말로 바꾸고 싶지 않은 한에서는요). 더 잘 처신하는 것이 목표입니다. 그날 저녁 존이 줄리가 어디에 다녀오는 길이고, 그 일이 자신에 대한 반응에 어떤 영향을 미치고 있는지 이해하면서 줄리에게 해줄 수 있었던 것처럼, 상대방을 집요하게 따라다니는 취약성에 서로가 더 연민을 가져주어야 합니다.

아무튼 간단히 정리해 말하자면 다음과 같습니다. 당신의 스타일은 틀림없이 오랜 시간에 걸쳐 서서히 발전했을 것입니다. 요령을 익히면 자신의 스타일을 확장해 파트너에게 닿을 수 있지만, 우리 모두에게는 깊숙이 새겨져 있어 언제나, 특히 압박을 받을 때 더더욱 기본값으로 시작되는 스타일이 있다는 점도 인식해야 합니다. 그러니 당신이 같은 스타일을 가진 사람과 짝을 이루고 있든, 파트너와 어울리지 않는 조합이라고 여겨지든 이야기를 나누세요!

이쯤에서 잠깐 시간을 내어서 파트너와 다음을 화두로 의견을 나눠보세요.

- 나의 갈등 문화를 형성한 요인은 뭐였을까? 내가 자라면서 우리 집의 갈등을 보며 배운 교훈은 뭘까? 나는 그때의 경험을 통해 갈등에 대해 어떤 생각을 갖게 된 걸까?
- 3가지 스타일 중 나의 개인적 갈등 스타일은 뭘까? 내 초감정 모드는 뭘까? 나는 감정에 대해 어떻게 느끼고 있는 걸까? 나는 어떤 감정을 유독 더 쉽게 드러내고 있을까?
- 우리의 갈등 스타일이 어떤 식으로 상호작용하고 있을까? 우리는 서로 스타일이 같을까, 다를까? 이 부분이 우리의 갈등적 대화에 어떤 영향을 줄까?

우리의 싸우는 방식에 영향을 미치는 이런 결정적 요인들에 대한 의식을 키우면, 모든 갈등을 더 잘 헤쳐나갈 수 있습니다. 당신과 파트너의 스타일을 이해하면 공감과 연민이 커지고, 또 그렇게 되면 싸우는 중에도 안전거리를 유지해 둘이 같이 문제점을 제대로 짚어나갈 수 있습니다. 마음 깊숙이 내재된 싸움의 진짜 이유를 알아내는 등 아주 중대한 일을 이룰 만큼 충분한 간격을 지킬 수 있습니다.

FIGHT

3장
도대체 무슨 일로 싸우는 걸까?

최근에 한 의뢰인이 찾아와 이혼했던 전력을 털어놓으며 상담을 부탁했습니다. 그녀는 첫 번째 결혼이 파탄 난 후 두 번째 결혼생활 중이었습니다. 두 번째 결혼생활만큼은 오래오래 순조롭게 이어질 거라고 자신만만했건만 또다시 예전과 똑같은 고통스러운 여정을 답습하는 기분에 빠졌습니다. 이번엔 다른 결과에 이르고 싶었습니다. 남편을 사랑했고 여전히 함께하고 싶었습니다. 하지만 아무리 노력해도 관계가 점점 더 나빠지는 것 같았지요. 왜 이런 패턴이 되풀이되는지 알 수 없어 답답할 따름이었습니다.

그녀의 이야기를 직접 들어보도록 하죠. "처음엔 사이가 아주 좋았어요. 몇 달이 가고, 심지어 몇 년이 지나도록 원만하게 술술 잘 흘러가는 것 같았어요. 그러다 그 사이클이 시작되면서 사사건건 충돌했어요. 이제는 우리에게 어떤 부정적인 초능력이 있는 것 같다니까요. 온갖 일로 다 싸울 수 있는 그런 능력 말이에요. 장보기 목록을 놓고도 싸우고 이미 합의한 문제를 가지고도 싸워대요!"

며칠 전에는 남편과 욕까지 내뱉으며 험하게 싸우던 중에 싸움을 뚝 멈추며 그 갈등에 불을 붙인 일이 뭐였는지를 자각했다고 합니다. 식기세척기에 포크를 앞쪽으로 해서 넣을지 뒤쪽으로 뒤집어 넣을지를 놓고 다투다 그 지경에 이르렀다는 것을요.

순간 두 사람은 경악스러워 하며 서로를 빤히 쳐다봤습니다. 아무래도 도움이 필요할 것 같았습니다.

그녀는 부부의 상황을 이렇게 요약했습니다. "관계가 처음엔 아주 좋았다가 둘 다 싸움을 거는 게 아니면 한마디도 하지 않는 지경이 된 것 같아요. ……황홀함에서 살얼음판으로 내려선 것 같아요."

'커플들이 가장 많이 싸우는 일은 뭔가요?' 저희가 가장 흔히 받는 질문입니다. 이런 질문을 내담자들과 조사 참가자들에게도 받고, TV 프로그램 진행자들에게도 받습니다. 라디오에 출연해도, 친구들이나 새로 만난 사람들도 그 답을 궁금해 합니다. 저희가 하는 일에 대해 들으면 사람들은 으레 이 질문부터 던집니다.

대다수 커플을 불타오르게 만드는 이 뜨거운 쟁점을 피할 수 있다면 자신들의 관계를 더 잘 지켜나갈 수 있다고 생각하는 모양입니다. 사실 저희도 그 답을 알려주고 싶지만 그럴 수가 없습니다. 커플들이 가장 많이 싸우는 일은 없기 때문입니다.

황홀함이 순식간에 살얼음판으로

상황 ＿ 30대 후반의 커플인 맷과 소피가 지저분하게 어질러진 주방을 분주히 오갑니다. 맷이 늦은 시간에 열리는 회의에 갈 채비를 하는 동안 소피는 배고파서 징징대는 아이 셋을 돌보느라 정신이 없습니다. 저녁은 피자입니다. 소피가 배달된 피자를 식지 않게 하려고 상자째 오븐에 넣어둔 다음 접시, 포크, 냅킨을 꺼내어 놓습니다. 아이들이 그 식탁 아래에서 어지럽게 왔다 갔다 합니다. 고개를 들어 보니 맷이 조리대에 기대서서 이미 피자 한 조각을 먹고 있습니다. 소피는 생각합니다. 그래, 당장이라도 문밖으로 튀어나가야 하니 지금밖에는 먹을 틈이 없겠지. 하지만 맷이 기대선 조리대 뒤쪽으로 그녀가 식지 않게 하느라 넣어두었던 피자 상자가 보입니다. 남편은 늘 이런 식입니다. 자기 입부터 챙기고는 음식을 식도록 내버려둡니다.

"피자 상자가 조리대에 왜 나와 있을까?" 소피가 묻습니다.

맷은 아내의 빈정대는 어조를 감지하고 자기도 질세라 빈정댑니다.

"나도 모르지. 어쩌다 보니 내가 먹어서 그런가 보지."

"저기요, 다른 사람들은 아직 먹을 준비가 안 됐는데요."

"그래서 이 피자 상자가 어느 구석에 있으면 좋겠는데요? 제발 좀 알려주시죠?"

"음, 그거 참 어려운 질문이네요. 오븐이 어떨까요? 분명히 예열이 되어 있었을 텐데요."

이제 아이들조차 빈정거림을 눈치챌 정도입니다. 말끝마다 빈정거림이 뚝뚝 떨어지고 있으니까요. 주방에서 급속도로 식고 있는 것은 피자만이 아닙니다. 부부간의 소통에도 냉랭함이 확연히 흘러 입 밖으로 나오는 모든 말이 고드름만큼이나 날카롭습니다.

이게 피자 때문에 싸우는 것일까요?

상황 _ 이제 막 결혼한 니나와 로한은 얼마 전에 처음으로 자기 집을 마련해 블루베리 관목을 심을 장소를 정하는 중입니다. 니나는 더 쉽게 옮길 수 있도록 화분에, 로한은 마당에 심고 싶어 합니다.

"화분에서는 잘 자라지 않을 거야." 로한이 벌써 땅을 파기 시작하며 말합니다. "블루베리는 물을 많이 줘야 하고 배수도 중요해."

"그걸 어떻게 알아?" 니나가 묻다가 신경질을 팍 냅니다. "갑자기 농부라도 된 거야? 그만 파! 여기에 심는 거에 내가 동의하지 않았잖아!"

"워워, 진정해. 고작 식물 하나 가지고 뭘 그래."

"고작 식물 하나라고? 우리가 모아둔 돈을 몽땅 털고 갚지 못할지도 모를 거금을 대출받아서 산 여기도 고작 집 한 채겠지. 당신한테는 모든 게 별일이 아닌가 봐! 걱정할 일이 없지? 모든 게 그냥 마법처럼 절로 좋아질 거라고 여기지?"

니나는 왈칵 눈물을 쏟으며 집 안으로 뛰어 들어가고 로한은 삽을 들고 당황한 채로 서 있습니다.

이게 식물 때문에 싸우는 걸까요?

상황 __ 브랜든과 토드는 사귄 지 6개월 되었고 진지한 사이로 진전되는 중입니다. 이제는 서로의 가족을 만나기에 적절한 때가 된 것 같습니다. 몇 주 전에 두 사람은 토드의 부모님, 누이들과 같이 저녁을 먹었습니다. 만나보니 다정하고 왁자지껄한 가족이고 브랜든을 바로 받아주었습니다. 그런데 브랜든은 자신의 부모님 집에서 저녁을 먹을 때도 그렇게 순조로울지 확신이 없습니다. 부모님이 예전의 남자친구들에게 무뚝뚝하고 딱딱하게 대했던 기억 때문입니다.

저녁을 먹으러 가는 길에 두 사람은 꽃과 와인을 사기 위해 잡화점에 들릅니다. 토드가 와인 한 병을 집어 듭니다.

"우리 엄마는 샤르도네 안 좋아하시는데." 브랜든이 말하며 토드의 손에서 그 와인 병을 홱 빼앗아 갑니다.

"그렇구나." 토드가 순순히 응하며 이어서 묻습니다. "그럼 로제는 어때?"

브랜든이 라벨을 훑어보다 말합니다. "가격이 싸 보이는데."

"괜찮은 와인이야. 전에 마셔봤어."

"자기 마음에 드는 게 중요한 게 아니야. 나는 엄마 마음에 들 만한 걸 고르고 싶다고!"

브랜든은 상처받은 것이 역력한 얼굴을 한 채 가라앉아 있습니다.

"그래, 성의 있게 보이도록 큰돈을 좀 쓰는 건 어때?"

"내 말을 제대로 듣긴 하는 거야?"

"물론 듣고 있지. 그런데 제대로 말이나 했어? 네가 사고 싶은 거 아무거나 집어. 돈은 내가 낼 테니까."

브랜든은 들고 있던 와인 병을 선반에 쾅 되돌려 놓고는 거칠게 와인 코너에서 나가다 고개만 돌려 외칩니다. "됐어. 그냥 가지 말자."

이게 와인 때문에 싸우는 걸까요?

사람들이 가장 많이 싸우는 일이 없다는 말은, 그럴 만한 상황이라면 파트너 간에 어떤 일이든 거의 다 갈등을 일으킬 수 있다는 의미입니다. 피자, 식물, 와인, 이 모두는 앞 예시에서 싸움에 불을 붙인 일이 절대 아니었습니다. 모든 예시에는 확실히 더 깊은 차원에서 작용하는 문제가 있습니다.

두 파트너가 사소해 보이는 일로 불꽃 튀는 싸움에 휘말릴 경우, 대개 그 싸움은 전혀 사소한 문제 때문이 아닙니다. 우리의 갈등에는 그 갈등을 불붙게 하는 숨은 화근이 있습니다. 가사 분담이나 지출 거리, 이번 주말에 할 일 등을 놓고 싸움을 벌이게 하는, 표면 아래의 문제가 있다는 얘깁니다. 더 깊이 파고들면 우리의 싸움은 주로 다음의 문제와 얽혀 있습니다.

- **가치관** 사랑이 뭘까? 가정은 뭘까? 가족이 된다는 건 어떤 의미일까?
- **알아차리지 못한 욕구** 이런 욕구는 수두룩하지만 그중 중요한 몇 가지로는 놀이, 유대, 로맨스에 대한 욕구가 있습니다. 부부치료를 시작하는 커플의 80퍼센트가 더는 '로맨스가 없다'고 토로합니다.
- **숨겨진 꿈** 현재와 미래의 내 희망과 꿈은 뭘까? 내 인생 목표는 무엇이고, 내가 이 세상에 존재하는 이유는 뭘까?

오래오래 만족스러운 사랑을 이어가려면 우리가 실제로 싸우는 문제가 식은 피자가 아니라 나름의 노력을 인정받기 바라는 마음 때문이고, 식물이 아니라 새로운 책임에 부담이 느껴지는 와중에 그런 부담감을 이야기할 만한 여지가 없기 때문이며, 와인의 가격이 아니라 부모님에게 인정받지 못할까 봐 조마조마한 마음속 두려움 때문임을 깨닫는 능력을 키우는 게 아주 중요합니다.

하지만 사실대로 말하면, 이렇게 되기는 쉽지 않습니다. 같이 앉아서 차분히 말하지 않기 때문입니다. "자기야, 지금 무슨 문제 때문에 싸우고 싶은 거야?" 우리는 이렇게 말하기는커녕 앞의 예시 같은 순간들에 싸움이 불붙고 맙니다. 수많은 커플의 말처럼 이런저런 일로 바쁘게 지내다가, 좋은 시간을 가지려고 계획했던 순간에, 압박을 받아서, 뜬금없이 불쑥 싸웁니다.

이렇게 싸우는 주된 이유는 연결 시도가 제대로 이루어지지 않은 탓입니다.

뿌리 깊은 갈등을 푸는 실마리

'연결 시도'란 간단히 말해 당신이나 파트너가 상대에게 관심과 유대감을 얻기 위해 하는 모든 일입니다. 말이 될 수도 있고 제스처가 될 수도 있습니다. 미묘할 수도 있고 노골적일 수도 있지요. 긍정적일 수도, 부정적일 수도 있고요. 파트너에게 "이 재미있는 밈 좀 봐봐!"라며 핸드폰을 내밀어 보이면 그것은 분명한 연결 시도입니다. 울적한 한숨을 내쉬는 것은 비교적 미묘한 시도일 수 있습니다.

하지만 저희가 말하려는 연결 시도는 거창하고 깊이 있는 이야기나 "우리 같이 이야기 좀 하자"식의 엄숙한 정상회담식 대화가 아닙니다. 하루 중에 일어나는 소소한 찰나의 순간들입니다. 바쁘거나 스트레스가 심하면 놓치기 쉬운, 사소한 혼잣말과 교류입니다. 저희가 사랑실험실에서 3천 쌍의 커플을 지켜본 바에 따르면, 이런 사소한 혼잣말과 교류는 아주 중요합니다. 저희가 커플들을 관찰해 본 결과, 파트너들이 서로의 연결 시도에 반응할 때 보이는 보편적인 방식은 다음의 3가지가 있었습니다.

① **다가가기** 파트너의 시도에 긍정적으로 반응하는 것입니다. 당신이 "이 재미있는 밈 좀 봐봐!"라고 했을 때 파트너가 그 밈을 보고 웃

으면서 "이거 재밌다. 정말 딱 맞는 밈이네" 하거나, 파트너가 울적
하게 한숨을 쉴 때 당신이 이렇게 말할 수도 있습니다. "자기야, 무
슨 일 있어?"

② **멀어지기** 파트너의 시도를 무시하는 것입니다. 당신이 핸드폰을 내
밀어 보였지만 파트너가 너무 바빠 볼 겨를이 없어 "잠깐만"이라고
웅얼거리며 계속 이메일을 타이핑하는 식입니다. 아니면 파트너가
한숨을 쉬지만 당신이 전혀 반응하지 않는 경우도 해당됩니다. 파
트너가 걸핏하면 어떤 일로 속상해 하는데, 당신이 지금은 그 벌집
을 건드리고 싶지 않은 기분이라 그 한숨 소리를 못 들은 척하는
식이죠.

③ **원수 되기** 파트너의 시도에 부정적이거나 까칠하게 반응하는 것입
니다. 당신이 핸드폰을 내밀어 보였는데 파트너가 이렇게 쏘아붙이
는 식입니다. "내가 방해하지 말아 달라고 했잖아? 이 업무 이메일
을 마치느라 정신없는 거 안 보여!" 아니면 파트너가 한숨을 쉬자
당신이 노트북을 쾅 닫으며 짜증을 내는 경우도 해당됩니다. "이번
엔 또 뭔데?"

심각한 갈등 중인 커플이 상담을 받으러 오면 저희는 다음에 대
한 답을 알아내려 합니다. 다가가는 식의 패턴이 있는가? 아니면 두
사람이 함께하는 생활에서 멀어지거나, 심지어 원수 되는 식의 반응
이 두드러지는가? 지속적인 갈등이나 심한 갈등으로 힘들어하는 커
플의 경우엔 여기에 대한 답이 그 커플을 이해하는 데 큰 도움이 될
수 있습니다.

저희가 사랑실험실을 통해 7건의 종단적 조사를 벌이며 길면 20년까지도 커플들을 추적조사한 결과, 연결 시도가 그 관계의 향후 건강도를 가늠할 수 있는 가장 중요한 예측지표에 해당되는 것으로 나타났습니다. 행복한 커플은 파트너에게 자주 다가가지만, 불행한 커플은 그러지 않는 편이었습니다.

6년 후에 아파트형 실험실에서 24시간을 지냈던 커플들을 추적조사해 데이터를 분석했더니 현격한 차이가 발견되었습니다. 사랑의 달인들(여전히 함께 살며 여전히 행복하고 안정적인 커플들)은 서로의 연결 시도에 다가가는 반응의 빈도가 86퍼센트였던 반면, 어려움을 겪고 있는 커플들은 33퍼센트에 그쳤습니다.[1]

이런 빈도가 왜 이토록 중요한 연관성을 보였을까요? 연결을 시도했을 때 반응을 얻으면 관계의 통장에 예금으로 쌓이기 때문입니다. 저희는 언젠가부터 파트너끼리의 반응에 '정서통장'이라는 별칭을 붙여 부르고 있습니다. 파트너가 그런 시도를 할 때, 그것이 아무리 미묘하거나 부정적이더라도 알아보고 다가갈 때마다 돼지 저금통에 동전을 넣는 일과 같기 때문입니다.

자주 다가가주는 커플은 호의, 유대, 애정으로 가득한 깊은 우물을 가지고 있는 것과 같아서 두 사람이 저녁 식사, 나무 심기, 저렴한 와인에서부터 배려와 공평함, 가정과 영속성, 수용과 존중에 이르는 그 어떤 일로든 마찰이 빚어지는 순간에 뽑아 쓸 자원이 탄탄합니다. 한편 멀어지거나 원수 되는 식의 패턴을 보이는 커플은 이미 적자 상태에 있게 마련입니다. 다시 말해 갈등의 순간이 일어나도, 갈등이 심해지지 않도록 막기 위해 뽑아 쓸 호의와 애정이 거의 없거나 아예 없다는 얘깁니다.

연결 시도를 알아채지 못하거나 무시하는 일이 일상화되어 파트너가 서로 단절되어 있으면 어떤 싸움이라도 험악하게 번질 수 있습니다. 서로 오해를 해서 아주 나쁘게 해석하는 경향이 더 높아집니다. 서로 선의로 해석해 줄 수 있는 능력을 얻는 게 아니라 파트너나 파트너의 행동을 부정적으로 바라보는 렌즈를 갖기 쉽습니다. 정서통장의 잔고가 마르면 우리는 4가지 독(비난, 경멸, 방어, 담쌓기)에 더 잘 기대게 됩니다.

최근 당신과 파트너가 심해지거나 악화된 갈등 때문에 문제라면, 다음 질문에 답해 보세요.

- 최근에 파트너에게 보낸 연결 시도들이 반응을 얻고 있나요?
- 파트너의 연결 시도에 어떻게 반응하고 있나요?
- 최근에 외면하거나, 심지어 등을 돌리는 식의 패턴이 반복되고 있지 않나요?
- 지금 정서통장이 얼마나 채워져 있나요?
  이번엔 잔고가 얼마나 되는지 알아보기 위해 다음 글들에 얼마나 공감이 되는지 자문해 보세요.
  - 오늘 파트너와 함께 보낼 시간이 기대된다.
  - 우리는 서로 유머 코드가 잘 통한다. 같이 있으면 재미있다.
  - 이번 주에 파트너가 어떻게 지내고 있는지 감을 잡고 있다. 어떤 일로 스트레스를 받고 있는지 뿌듯함을 느끼고 있는지를 알고 있다.
  - 파트너를 바라보면 파트너의 존재에 대해서나, 파트너가 우리의 관계와 우리 가정에 기여하는 역할에 대해 고마움을 느낀다.

- 나는 아침에 '우리'라는 의식을 느끼며 일어난다. 파트너와 내가 하루를 바쁘게 보낼 때도 '파트너에게 지지받고 있다, 파트너가 내 편이다'라는 느낌이 든다. 외롭다는 느낌으로 잠에서 깨는 일이 없다.
- 위의 항목 중 하나라도 '별로 그렇지 않다'고 답했다면 당신의 정서통장은 다소 낮은 편일 수 있습니다. 모든 글에 그렇지 않다는 느낌이 든다면 심각한 적자 상태일 수도 있습니다. 그렇다면 이 리스트를 훑어보게 된 근원으로 돌아가야 합니다. 바로 연결 시도로요. 지금은 서로를 더 자주 돌아봐주기 위해 의도적으로 노력을 기울여서 날마다 소소한 방식으로 이 정서통장의 잔고를 다시 쌓아가야 할 때일지 모릅니다.

자가 진단에서 연결 시도 점수가 A+가 못 되더라도 당신만 그런 게 아니니 너무 자책하지 마세요. 당신이 확률적으로 불리하다는 것을 알아야 합니다. 당신과 파트너가 둘 다 동시에 감정적으로 연결될 수 있는 가능성이 얼마나 될 것 같나요? 다시 말해 당신과 파트너 중 한 사람이 연결을 시도하고 그 상대방이 마음을 열어 그 시도를 받아줄 수 있는 가능성이 얼마나 될까요?

스포일러를 흘리자면, 그 수학적 답은 우리에게 유리하지 않습니다. 당신이 파트너와 감정적으로 연결될 수 있는 시간의 빈도가 대략 50퍼센트이고, 파트너가 당신과 연결될 수 있는 빈도가 그와 비슷한 수준이라 해도 두 사람의 가능성이 겹칠 수 있는 확률은 0.5×0.5, 즉 0.25입니다. 두 사람의 가능성이 겹칠 확률이 25퍼센트에 불과하다는 말입니다.[2]

다시 말해 나머지 75퍼센트의 시간에는 당신과 파트너 간의 연결 가능성이 어긋난 상태에 있는 셈이죠. 따라서 의도적으로 서로에게 다가가지 않는다면 동시에 마음을 열고 연결할 수 있는 순간에 마법처럼 신통하게 서로 같이 있을 가능성은 아주 희박합니다.

따라서 2부에서 구체적인 갈등 전략으로 들어가기 전에 먼저 수행해야 할 임무는 다가가는 대화입니다. 살다 보면 그러기가 쉽지만은 않습니다. 우리에겐 수많은 부담이 지워져 있으니까요. 업무상의 요구, 아이들, 일가친척, 급히 처리해야 할 일을 비롯해 챙겨야 할 일들이 한두 가지가 아닙니다.

UCLA의 슬로안 센터에서 진행한 획기적인 관찰연구로도 밝혀졌다시피 자녀를 둔 맞벌이 커플들이 두 사람끼리만 대화를 나누는 시간은 1주일 평균 35분에 불과합니다.[3] 너무 짧지 않나요! 의도적인 노력이 필요합니다. 핸드폰을 내려놓고, 이메일 창을 닫고, 읽던 책이나 긴급 브리핑 자료를 한쪽으로 치워놓고, 설거지나 빨래를 잠깐 멈춰야 합니다. 그 순간에는 이런 일들이, 파트너가 방금 창밖으로 봤다는 새 이야기로 잡담을 나누거나 하던 일을 잠깐 멈추고 파트너에게 왜 그렇게 스트레스 받은 얼굴인지 물어봐주는 일보다 훨씬 더 다급해 보이겠지만, 장기적 관점에서 보면 그렇지 않습니다.

실제로 수십 년간의 데이터가 이를 뒷받침해 주고 있습니다. 하루 중에 간간이 찾아오는 이런 순간적인 연결의 기회들은 앞으로 우리의 관계가 어떻게 전개될지에 어마어마한 영향력을 발휘합니다.[4] 우리의 연결을 지켜줄 뿐만 아니라 신뢰를 쌓아주기도 합니다. 말이 나와서 말이지만, 우리는 갈등 중에 항상 이런 의문을 갖습니다. 내가 당신을 믿어도 될까?

- 당신이 진심으로 내가 잘되길 바라고 있다고 믿어도 될까?
- 당신이 지금 나를 다정하게 대해줄 거라고 믿어도 될까?
- 당신이 이 대화를 나누는 동안 나를 존중해 줄 거라고 믿어도 될까?
- 의견이 맞지 않더라도 당신이 나를 한 팀으로 여겨줄 거라고 믿어도 될까?

갈등이 해결 가능하든 영속적이든 이런 의문에 대한 답은 정말 중요합니다.

해결 가능한 싸움과 영속적인 싸움

앞에서도 언급했듯 우리의 싸움은 2가지 유형으로 나뉘어, 해결 가능한 싸움이 있고 영속적인 싸움이 있습니다. 해결 가능한 싸움은 해결책이 있습니다. 해소할 수 있어요. 뒤에서 더 자세히 말할 테지만, 그렇다고 해서 싸움의 해소가 늘 쉬운 것만은 아닙니다. 그래도 어쨌든 기본적으로 해결책이 있는 문제이기에 일단 바로잡고 나면 또 다시 불거질 가능성이 낮습니다.

한편 영속적인 문제들은 사라지지 않습니다. 결코 해결이 되진 않겠지만 파트너 관계를 지속하는 동안 감수하고 잘 다루어야 할 갈등거리입니다. 영속적인 갈등거리의 구체적인 내용은 커플마다 다를 테지만, 어느 커플이든 영속적인 갈등을 가지고 있습니다. 그 영속적인 갈등이 어느 커플에게나 예외 없이 갈등의 대부분을 차지합니다.

저희가 커플들을 사랑실험실에 들어오게 해서 서로의 교류와 갈등 논의를 관찰한 후 최장 20년에 이르기까지 몇 년마다 추적조사하며 본 바이듯, 커플들은 해가 지나서 또 다시 사랑실험실에 와도 거듭해서 똑같은 문제로 싸웠습니다.[5]

사랑실험실에서 봤던 커플 중에는 사회생활 문제로 다투며 친구들을 너무 많이 만난다는 견해와, 너무 집에만 있으려 한다는 견해로 서로 대립하는 경우도 있었습니다. 한쪽 파트너는 친구들과 어울리길 좋아하고 사람들과의 관계에서 행복감과 활기를 느끼는데, 다른 파트너는 상대 파트너와 조용히 보내는 시간이 부족한 것에 서운해 하고 파티에 가도 소외감과 뻘쭘함을 느꼈습니다. 저희가 이 커플을 다시 실험에 참가시켰을 때도 그 문제가 여전히 다툼거리였습니다. 6년 후에도 여전히 금요일 밤에 파티에 가느냐 마느냐를 놓고 싸웠습니다.

이 문제가 이 커플에게 영속적 문제가 되는 이유가 뭘까요? 단순한 파티 초대를 놓고 수락하느냐 거절하느냐로 다투는 문제 이면에, 이 커플의 성격 차이(외향형과 내향형)와 관련된 온갖 문제가 소용돌이치고 있기 때문입니다. 관계 내에서 바라는 욕구가 다르고 함께 시간을 보내고 싶은 방식에서의 우선순위가 다르기 때문입니다.

이 정도의 갈등이라면 두 사람은 결국 헤어질 수밖에 없는 운명일까요? 절대 아닙니다. 하지만 두 사람 사이에 큰 차이가 있는 문제인 만큼 사는 내내 몇 번이고 거듭해서 좋은 방법을 생각해 내야 합니다. 갈등을 다루고, 자신의 욕구를 표현하고, 타협에 이르기 위한 방법뿐만 아니라 어느 정도 서로의 차이를 받아들일 방법까지도요.

우리의 갈등 중 69퍼센트는 '영속적'인 유형에 든다는 사실을 잊지 마세요. 69퍼센트면 아주 높은 비중입니다! 하지만 영속적인 갈등은 어떤 관계에서든 피할 수 없습니다. 어떤 사람을 사랑하기로 선택하고 더불어 평생 함께하기로 선택한다면, 그것은 일련의 영원한 갈등을 선택하는 일입니다. 이따금씩 갈등이 일어났다 하면 어김없이 격해지고, 때로는 작은 불이 붙을 수도 있는 그런 마찰거리들을요.

갈등이 없는 꿈만 같은 관계는 없습니다. 그런 관계는 존재하지 않습니다. 그렇다면 목표는 이런 갈등거리들과 잘 살아가는 것이어야 합니다. 갈등거리가 있다는 사실을 받아들이고 방어와 비난보다는 연민과 호기심으로 다가가야 합니다.

그렇다면 어떤 갈등이 해결 가능하고 어떤 갈등이 영속적일까요?

경우에 따라 다릅니다. 특정 문제(돈에서부터 가사, 양육, 식기세척기에 설거지거리 넣는 방식 등에 이르기까지)가 어떤 커플에게는 해결 가능할 수도 있고 어떤 커플에게는 영속적일 수도 있습니다. 둘 중 어느 쪽에 속할지는 이번 한 번의 갈등으로 그치는 문제냐, 더 깊은 갈등과 이어진 문제, 즉 다른 싸움들에서도 되풀이되는 갈등거리이자 성격, 가치관, 우선순위, 행동방식에 대한 신념으로 두 사람 간의 근원적이고 핵심적인 차이점과 관계된 문제냐에 달려 있습니다.

식기세척기에 포크를 넣는 방식을 놓고 싸우는 일이 그저 포크 때문에 싸우는 경우일 때가 있습니다. 둘 다 짜증이 나 있는 상태인데다 최근에 그다지 연결감을 갖지 못해 벌어진 괜한 싸움입니다. 어쩌다 싸우게 되는 것이죠. 하지만 컵, 접시, 식탁용 집기 등을 놔두는 선반장 때문에 서로 악을 쓰게 된다면("당신은 언제 한 번이라도 내 말을 들어줬어? 항상 자기 방식대로만 하려고 하잖아!") 관계에서의 주도권과 통제권을 놓고 대화를 가져야 할 수도 있습니다.

새 차를 살 때 어떤 모델을 살지의 문제로 싸우고 있다면 그것은 쉽게 결정할 만한 해결 가능한 문제일 수도 있고…… 아니면 제3차 세계대전급의 싸움이 벌어질 수도 있습니다. 출신 배경의 차이에 따라, 자신을 세상에 드러내고픈 방법(예를 들어 사람들에게 보이고 싶은 자신의 차종)을 놓고 충돌이 일어날 수 있기 때문입니다.

자, 그러면 가장 최근에 당신과 파트너가 서로 부딪쳤던 한 번의 (아니면 두 번이나 세 번의) 싸움을 떠올려보세요.

그 다툼이 어떤 유형에 해당하나요?

영속적 갈등이었다면 잘 생각해 보세요. 그 근원적인 문제는 뭘까요? 혹시 다른 때의 다툼에서도 이런 식으로 표출되었던 문제는 아닌가요?

어쩌면 그 이면에 충족되지 못하는 당신의 욕구나 좌절된 목표가 숨겨져 있을지도 모릅니다. 당신과 파트너가 생각하는 삶의 접근방식이 조화롭지 않은 것일 수도 있어요(지금 당장 파트너와 이 문제를 이야기해야 하나 하는 걱정은 하지 마세요. 문제를 차분히 상의하는 데 유용한 도구들을 전수받기 전에는 괜히 싸움이 붙을지 모르니 참으세요).

그런데 그 다툼이 해결 가능한 유형이었다면, 싸웠을 때의 기분이 어땠나요? 해결 가능한 싸움도 기분이 아주 안 좋을 수 있습니다. 특히 다툴 때 흔히 벌이는 실수를 할 경우에 더 그렇습니다. 당신과 파트너가 어떤 해결책이나 타협에 이를 수 있었나요? 아니면 턱 막혀버렸나요? 그랬더라도 괜찮습니다. 흔한 일이니까요.

하지만 궁극적으로 보면 당신의 싸움이 해결 가능하든 영속적이든 그 갈등이 관계에 타격을 줄지 말지를 가르는 공통 요소가 한 가지 있습니다.

싸움을 어긋나게 하는 요소

잘못 어긋난 싸움에는 대체로 한 가지 공통점이 있습니다. 바로 파트너의 부정적 감정을 무시하는 일입니다.

자신을 향한 강한 감정을 대할 때 우리는 그 감정을 경시하고 인정하지 않으며 무시하는 반사적 반응을 보입니다. 하지만 방어적으로 나가지 않으면서 파트너의 감정에 귀 기울여줄 줄 모르면, 그 문제가

> **어쩌다 갈등이 격해지는 걸까?**
> - 부정적 감정의 표출("당신이 내 생일을 까먹어서 정말 속상해.")
> - 경시나 무시로 반응하는 파트너("지난주에 같이 축하했잖아. 뭘 그런 걸 가지고 그래?")
> - 감정의 격화
> - 신체적·인지적·감정적 홍수에 빠질 만한 위태로운 분위기
> - 4가지 독(방어, 비난, 경멸, 담쌓기)의 등장
> - 갈등의 격화
> - 상처

해결 가능하든 영속적이든 싸움은 악화되고 맙니다. 부정적 감정을 제대로 들어주지 않으면, 그만큼 파트너의 관심을 얻지 못하기 때문에 그 부정적 감정이 한층 더 심해집니다. 그러면 격해져서 신체적·인지적·감정적 홍수를 일으키게 됩니다. 4가지 독이 나옵니다. 결국엔 갈등이 회복과 치유가 힘든 지경에까지 이릅니다.

그런데 잘 싸우는 방법에 관한 한, 지금의 싸움이 해결 가능한 문제에 들든 영속적 문제에 들든 그것은 그다지 중요하지 않습니다. 영속적 문제는 존재와 관련된 면이 있어서 특히 더 심각하게 느껴질 수 있지만, 해결 가능한 문제 역시 잘 해결하려면 갈등 관리를 최대한 잘할 줄 알아야 합니다. 싸우면서도 다정함을 갖추고 양쪽의 말이 두루 경청되도록 확실히 살피는 식으로, 두 유형 모두 똑같은 전략을 써야 합니다.

하지만 싸움이 어떤 유형에 드는지 구별할 수 있으면 목표를 확실히 하는 데 도움이 됩니다. 개별적인 문제에 대한 해결책을 끌어내야 할지, 서로를 더 잘 이해해 두 사람 간의 장기적인 갈등거리를 잘 관리하기 위해 노력해야 할지 정하는 것이 좋습니다.

커플 사이의 갈등에 관한 가장 큰 오해는 갈등은 무조건 해결되어야 한다는 생각입니다. 해결되지 않는 갈등을 가진 관계에는 문제가 있다고 보는 이런 식의 믿음이 끈질기게 만연되어 있는데, 이는 그야말로 잘못된 통념입니다. 당신의 갈등 대부분은 완전히 해결이 되지 않는 문제이며, 그래도 괜찮습니다. 갈등은 오히려 유용할 뿐만 아니라, 정상적이고 건전한 일입니다.

하지만 근원적 원인을 다루지 않을 경우, 영속적인 문제는 커플 사이에 불화를 일으키는 화근이 될 가능성이 있습니다. 영속적 문제에 얽힌 싸움이 빈발하고 너무 소모적으로 치달아 더는 서로가 마음을 열 수 없거나 해결이나 타협을 볼 만한 진전이 이루어지지 않는 지경이 되면, 결국엔 즐거울 것이 없는 교착상태에 빠지고 맙니다.

갈등 아래에 있는 깊은 상처

똑같은 싸움을 하고 또 하면서 이제는 지긋지긋한 기분이 들 지경이며 애정, 따뜻함, 유머라고는 전혀 없는 채로 4가지 독이 점점 더 많이 등장한다면, 교착상태에 빠진 것입니다.

이 상태가 되면 각자 자신의 입장에 깊이 고착되어 있습니다. 타협이나 해결을 보기 위한 진전도 없어 보입니다. 당신이 하나를 내주면 파트너가 열을 달라고 할 것 같아 도저히 타협을 못 하겠다는 기분이 듭니다(아마 파트너도 당신과 똑같이 느끼고 있을 테고요).

결국 파트너와 이런 문제로 따질 때마다 상처받고 좌절감에 빠집니다. 파트너가 이런 문제로 점점 더 많이 싸움을 걸고 당신이 자신의 입장을 점점 더 적극적으로 방어해야 한다고 느낄수록 더 양극화됩니다(당신이 싸움을 걸고 파트너가 방어하는 경우 역시 마찬가지입니다). 손가락을 점점 조여오는 핑거트랩 장난감처럼 두 사람이 더 애를 쓸수록 더 꽉 막힙니다. 파트너에게 거부당하는 것처럼 느껴집니다. 갈수록 서로 단절되어 갑니다.

교착상태에서는 서로에게 완전히 문을 닫아버립니다. 말을 해도 듣지 않고, 서로 마음을 열지 않으며, 협력과 이해도 없습니다. 되풀이되는 다툼에 너무 지쳐서 감정을 잘 드러내지도 않습니다. 똑같은 싸움이 10번을 넘어 100번이 되고 또 (느낌상) 100만 번이나 되풀이되면 모든 감정이, 그것도 온정과 열정뿐만 아니라 분노마저도 소진됩니다. 머릿속으로 서로를 욕합니다. 교착상태에 빠진 갈등거리로 서로 따지다 보면 끝내 한 파트너가 절망적으로 이렇게 말합니다. "이 얘기는 이제 그만하자." 이런 다툼이 수차례나 계속되면 포기하고 싶어집니다.

저희가 여기에서 말하는 교착상태는, 대체로 하나의 특정 문제 영역과 관련되어 일어나는 상태입니다. 따라서 '적대적인' 갈등 스타일과는 다릅니다. 적대적인 소통방식에서는 적대감이 커플의 갈등적 교류 전반을 장악하고 있어 마찰이나 의견 차이가 있을 때마다 적대감이 드러납니다. 하지만 어떤 갈등 스타일이든 특정 문제를 둘러싸고 교착상태에 빠질 수 있습니다. 그렇다면 우리가 교착상태에 잘 빠지는 뜨거운 쟁점은 뭘까요?

말 그대로, 뭐든 다 그런 쟁점이 될 수 있습니다.

우리는 제삼자의 눈에는 사소해 보일 만한 문제로 교착상태에 빠지기도 합니다. 교착상태에 빠진 말다툼을 벌이는 두 사람을 보고 있으면 이런 생각이 들지 모릅니다. 나라면 저 문제에 대여섯 개 정도의 해결책을 생각할 수 있겠는데 왜 저 두 사람은 함께 머리를 맞대고 시도해 볼 만한 일을 생각하지 못하는 걸까?

하지만 교착상태에 빠져 있으면 아무리 생각해도 해결책이 없을 것처럼 느껴집니다. 왜일까요? 모든 영속적 문제와 마찬가지로 교착상태에 빠진 갈등 역시 직접적 빌미보다 훨씬 더 깊숙한 어떤 문제가 얽혀 있기 때문입니다.

저희가 밝혀낸 바에 따르면, 교착상태에 놓인 갈등은 거의 '실현되지 못한 꿈'과 연관되어 있습니다.

우리는 누구에게나 삶이 이렇게 저렇게 펼쳐졌으면 하는 희망과 꿈이 있습니다. 때로는 그런 꿈을 파트너에게 분명히 밝히기도 하지만 대체로는 그러지 않습니다. 심지어 자기 자신에게도 분명히 밝힌 적이 없을 수도 있습니다. 그런 꿈은 표면으로 드러나지 않은 채 어떤 충동이나 아픔, 열망, 또는 중요한 뭔가를 놓치고 사는 듯한 상실감 속에 숨어 있을지도 모릅니다.

샌프란시스코 인근에 사는 아시아계 미국인 부부, 에이미와 매슈의 사례를 볼까요. 부부에게는 어린아이가 둘 있는데 결혼한 뒤로 쭉 세들어 살고 있는 방 두 칸짜리 작은 목조 단층집은 아이들을 키우기에는 좁았습니다. 오래전부터 아이들이 뛰어놀 만한 더 널찍한 집을 사고 싶은 마음이 굴뚝같았지만, 그 지역의 집값이 비싸다 보니 그럴 만한 여유가 없었습니다.

부부는 각자의 커리어에서 어떤 도약을 이루고 싶은지에 대해 자주 대화를 나누었습니다. 에이미는 현재 그 지역의 한 비영리 단체에서 파트타임직으로 보조금 유치 일을 하고 있고, 매슈는 대형 소셜 미디어 기업에서 UX 디자이너로 일하는 중입니다. 에이미는 아이를 낳으면서 파트타임직으로 이직한 터라 정규직의 일자리에 관심을 두고 있고, 매슈는 프로젝트 매니저로 승진하려 노력하고 있습니다.

두 사람 다 돈이 걱정거리입니다. 학자금 대출을 갚고, 집을 살 돈과 아이들의 대학 학비로 쓸 여윳돈을 마련하는 문제로 걱정스럽습니다. 그러던 차에 매슈에게 연봉 30퍼센트 인상과, 그가 바라는 바로 그 직위를 제시하는 솔깃한 이직 제안이 들어옵니다. 이런 제안이라면 고민할 일도 아닌 것 같은데, 딱 한 가지가 걸립니다. 그 일자리가 시애틀의 테크 기업이라 가족이 이사를, 그것도 빠른 시일 내에 가야 합니다. 매슈는 2주 안에 결정을 내려야 합니다.

두 사람은 이직 제안을 받아들일지 말지를 논의하고, 처음엔 대화가 순조롭게 잘 나가다 얼마 안 가서 어긋납니다. 스프레드시트에 숫자를 입력하면서 생활비, 이사 비용, 연봉 인상에 따른 장단기적 효과를 계산하며 대화를 이어가다 보니 금전적 전망에 확신이 들지 않습니다. 이사하는 데 큰 비용이 들고, 시애틀에서의 생활비가 이곳에서보다 더 여유롭지도 않습니다. 그곳에서도 여전히 집을 구입할 만큼 금전적 여력이 안 됩니다.

"그래도 내가 그 자리를 수락하면 언젠가는 집을 살 수 있을 거야." 매슈가 자신의 의견을 밀어붙입니다. "물론 첫해엔 연봉 인상분이 이사 비용을 메우는 데 다 들어가겠지. 하지만 그 이후로는 점점 좋아질 거야."

"하지만 그럴 만한 가치가 있을까? 굳이 이사를 가고 애들을 멀리 전학시키는 감수를 해야 할까? 여기에서처럼 돈 문제로 쩔쩔매며 살려고 말야?"

"장기적으로 보면 그럴 만한 가치가 있을 거야. 정말이야."

"글쎄, 그렇지 않으면? 이사하고 집을 얻느라 카드 빚이 1만 달러가 더 늘었다가 그 돈을 못 갚으면? 우리가 갚게 될 거라고 말했던 다른 빚처럼 또 그렇게 되면? 계속 이런 식으로는 살 수 없어."

"에이미, 빚에서 벗어나는 방법은 돈을 더 버는 거야." 매슈는 갈수록 완강해집니다. "그건 고차원 대수학을 몰라도 알 만한 문제라고."

"그거 알아? 당신이 수학을 더 잘 알았다면 우리가 지금 이런 상황에 있지도 않았을 거라고!"

결국 에이미는 눈물이 터지고 맙니다.

이 대화에서의 문제는, 두 사람이 이것이 돈 문제인 것처럼 말하고 있다는 점입니다. 돈 문제를 크게 넘어서는 문제가 얽혀 있는데도 에이미와 매슈 둘 다 그 사실을 인정하지 않거나, 심지어 깨닫지도 못합니다.

이사 비용이 많이 들 거라는 에이미의 반발 저변에는 지금 사는 동네에서 일군 공동체(친구, 학교, 지지 인맥)를 잃는 것에 대한 두려움이 있습니다. 에이미의 입장에선, 막내가 곧 세 살이 되어 엄마 손이 덜 필요해지면 좀 더 자유를 얻어 밖에서 친구들을 만나 다시 친하게 어울리며 자신의 삶을 되찾기 직전입니다. 그런데 매슈가 그 모든 걸 포기하고 완전히 새로운 인맥을 다지길 바라고 있는 것 같습니다. 이곳에서 그녀가 그리는 삶의 이상이 있는데 그 일자리가 그런 삶을 포기할 만한 가치가 있을지 의문스럽습니다.

한편 매슈는 지난 2년간 승진에서 누락이 되는 아픔을 겪었습니다. 그래서 지금의 직장에서는 아무도 자신의 가치를 알아주지 않는 것 같다는 생각이 듭니다. 얼마 전에는 상사가 공석이 생긴 프로젝트 매니저 자리에 지원하지 못하게 단념시키기도 했습니다. 이 회사에서는 가망이 없겠다는 생각이 들었습니다. 그런 생각을 하면 열이 받고 회사가 자신을 막다른 곳으로 내모는 기분이 들었습니다.

새로 제안받은 자리에 면접을 보러 갔을 때 그 팀에서는 자신이 임원으로 오는 것에 들떠 했습니다. 그 사람들은 그의 실력과 경험을 알아봐주었습니다. 높이 평가받으며 잠재력을 인정받는 그 기분이란 정말 짜릿했습니다. 매슈에게는 진전과 발전을 이루면서 일에서 즐거움을 느낄 수 있는 직장 생활이 이상이었습니다. 이 흔치 않은 기회를 잡지 않은 채 물가 비싼 도시에 그대로 눌러앉아 계속 생활고와 싸우며 살 만한 가치가 있을까 싶었습니다.

하지만 깊이 내재된 이런 문제점들은 겉으로 드러나지 않습니다. 한편 돈 문제를 둘러싼 두 사람의 싸움은 하루가 멀다 하고 되풀이되어 매슈의 결정 시한이 점점 다가오면서 갈수록 험악한 말들을 주고받습니다.

이 부부가 이런 교착상태에서 벗어날 수 있을까요? 네, 벗어날 수 있습니다. 아무리 고착화된 교착상태도 극복이 가능합니다. 다만 그러자면 그 교착상태에 빠진 싸움의 표면 아래에서 전개되고 있는 더 깊숙한 문제점을 살펴볼 수 있어야 합니다. 아주 개인적이고 아주 중요한 인생 꿈을 서로에게 털어놓을 수 있어야 합니다. 그런 이후에야 비로소 두 사람 모두의 꿈을 존중하면서 앞으로 나아갈 방법을 찾을 수 있습니다.

이 부부의 경우엔, 제안받은 자리로 이직하기 위해 이사를 갈 수도 있고, 이사를 안 가고 그대로 살면서 매슈가 그 지역에서 가슴 설렐 만한 또 다른 기회를 찾아볼 수도 있습니다. 하지만 두 사람에게 적절한 답을 끌어내기 위해서는 각자가 원하는 삶에 대한 이상과 그 이상이 이 갈등에서 어떤 의미를 띠는지부터 먼저 이야기해 봐야 합니다.

저희는 교착상태에 빠진 부부들을 상담할 때 가능한 한 빠르게 꿈에 대한 부분부터 들여다보기 위해 이런 질문을 합니다. 무엇보다 중요하지만 충족되지 않고 있는 욕구가 있나요? 상대 파트너가 알아주지 않는 꿈은요? 그 꿈이 당신의 자아감에서 왜 그렇게 중요한가요?

'우리는 무엇 때문에 싸우는 걸까요?' 이런 질문에 대해 모든 영속적인 싸움의 원인을 한마디로 요약해 답한다면, 그것은 바로 '꿈'입니다. 그런 이유로 앞으로 저희가 제시할 갈등 해결의 청사진은 모두 우선 '갈등 속의 꿈'으로 이끈 후에 어떤 식으로든 해결이나 타협을 이루기 위한 단계로 넘어가는 방식으로 구성되어 있습니다.

관계의 끝을 의미할 때

저희의 워크숍에 오는 커플 대다수는, 심지어 극심한 괴로움에 빠져 있는 커플조차 이 책이 제시해 주는 갈등 해결의 청사진을 활용해 큰 돌파구를 찾을 수 있습니다. 하지만 더러는 한쪽 파트너의 꿈이 상대에게는 악몽이 되기도 합니다. 한 파트너는 아이를 원하는데 상대는 원하지 않는 경우가 그런 예입니다. 이런 상황에서는 관계의 끝을 맞을 수도 있습니다. 하지만 이런 고통스러운 상황에서도 갈등을 거치는 과정은 두 파트너 모두가 명확성과 치유를 얻는 계기가 될 수 있습니다. 적어도 두 사람이 헤어지는 이유를 이해하면서 원망이 남지 않게 끝낼 테니까요.

존은 줄리를 만나기 오래전, 한 번 결혼을 했습니다. 이전의 결혼 생활에서 존의 꿈은 아버지가 되는 것이었습니다. 아내 역시 꿈이 있었습니다. 절대 어머니가 되고 싶지 않다는 꿈이었죠. 하지만 본인 조차도 자신에게 이런 꿈이 있다는 걸 제대로 깨닫지 못하고 있었습니다. 두 사람은 아기를 가지려고 노력했고 꽤 오랫동안 불임 문제를 겪었습니다. 그러다 안 되겠다 싶어 불임 치료 전문가를 찾아갔더니 자궁내막증이 문제이고 대체로 치료가 가능하다며 이렇게 말했습니다. "제가 6개월 내에 임신할 수 있게 해드릴게요!"

존은 마음이 들뜬 채로 그곳을 나왔습니다.

아내는 굉장히 우울해 하며 나왔지요.

두 사람은 치료를 받을지 말지, 또 언제부터 어떻게 치료받을지를 놓고 격한 말싸움을 몇 번 벌이다 각자가 바라는 삶의 이상을 말하기에 이르렀고, 그로써 확실히 알았습니다. 존은 부모가 되고 싶은 마음이 간절하고 아내는 부모가 되고 싶지 않은 마음이 간절하다는 것을요. 아내로선 삶의 다른 목표들과 미래에 대한 여러 가지 이상이 있었고, 아기가 생기면 그 모든 걸 포기해야 할 것 같아 두려웠습니다. 존은 아내의 꿈을 받아주려 노력하며 이렇게 생각하려 애썼습니다. 우리가 행복하게 사는 데 아이가 꼭 있어야 하는 건 아닐 거야. 하지만 사실은 그렇게 생각하지 않았습니다. 이 갈등의 경우엔 해결이나 타협이 불가능했고, 그것은 누구의 잘못도 아니었습니다.

당신의 꿈과 파트너의 꿈이 서로 대립될지 모른다는 느낌이 든다면 다음을 알아야 합니다. 지금 당장은 두 사람의 꿈 모두를 수용하는 일이 불가능할 것 같아도 대체로는 가능합니다. 당신이 갈등 여정의 초반에 있다면 앞으로 이어지는 여러 장을 읽어 나가며 가능성에 마음을 여세요. 새로운 길이 당신과 파트너에게 활짝 열릴 수 있다고요. 그 길이 현재의 위치에서 당장은 보이지 않을지라도요. 그리고 저희의 갈등 해결 청사진을 거쳐 나아가다 좀 전에 본 존과 같은 상황에 이른다면 부디 이 로드맵을 통해 그 관계를 상처와 독설이 아닌 연민과 이해로 끝낼 수 있길 바랍니다.

저희가 아주 오랜 기간 동안 커플들을 상담하면서 발견한 바로는, 커플 관계에서 커플들이 극복할 수 없는 (또 극복해서도 안 될) '관계의 폭탄'은 다음의 3가지뿐입니다.

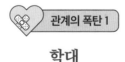

관계의 폭탄 1

학대

한 파트너가 상대 파트너에게 가하는 학대는 관계의 폭탄입니다. 다만 부부치료를 받으려고 하는 커플 중 최대 50퍼센트가 갈등 중에 어느 정도의 폭력을 겪는데, 이 모든 경우가 관계의 폭탄에 해당되는 것은 아닙니다. 그러면 지금부터 그 차이점을 살펴보도록 하죠.

저희의 연구나 다른 사람들의 연구 모두에서 똑같이 확인된 바에 따르면, 가정폭력에는 2가지 유형이 있습니다. 상황적 폭력과 인격적 폭력입니다. 상황적 폭력은 싸움이 걷잡을 수 없이 치달을 때 일어납니다. 싸움이 격화되다 4가지 독까지 출동하고 급기야 뺨을 때리거나 몸을 떠미는 등의 가벼운 폭력이 벌어지는 식입니다. 파트너 둘 다 폭력을 행사하고 이후에 참담한 기분을 느끼며 더 이상 폭력을 쓰고 싶어 하지 않습니다.

미국에서는 가정폭력의 대부분(80퍼센트)[6]이 상황적 폭력으로, 한쪽 파트너가 상대 파트너를 지배하거나 통제하려는 패턴에 해당되기보다는 걷잡을 수 없이 치닫는 특정 경우에만 한정적으로 일어납니다. 상황적 폭력은 훈련과 지원을 통해 극복이 가능합니다.

저희가 가벼운 수준의 가정폭력 커플들을 대상으로 20주간 연구한 바에 따르면,[7] 갈등 관리 기술, 바이오피드백(혈압, 뇌파 등의 생리적 신호를 시청각적 신호로 바꾸어 알려줌으로써 의식적으로 신체 기능을 조절하게 하는 방법—옮긴이) 도구의 보조를 통해 신체적·인지적·감정적 홍수에 빠진 자신을 스스로 진정시키기, 우애와 친밀감 키우기 전략 등을 가르친 결과 상황적 폭력이 근절되었습니다. 심지어 18개월간의 추적조사에서도 연구에 참가했던 커플들은 여전히 갈등에 보다 차분히 대처하면서 가정폭력이 재발하는 일이 없었습니다.

인격적 폭력은 상황적 폭력과는 차원이 다릅니다. 이런 유형의 가정폭력에서는 한 파트너가 가해자고 상대 파트너가 피해자입니다. 이런 가정폭력의 85퍼센트는 피해자가 여성입니다. 저희의 연구 결과 인격적 폭력의 가해자는 두 유형으로 나뉩니다. '맹견형(pitbulls)'과 '독사형(cobras)'입니다.

맹견형은 질투심이 많고 소유욕이 강하며, 버려질 것을 두려워하고, 파트너를 친구들과 가족으로부터 단절시키는 경향이 있는 유형입니다. 한편 독사형은 예측할 수 없고 돌출적이며 욱하는 성질이 있어서 갑자기 때립니다. 두 유형의 가해자 모두 자신의 폭력에 대해 진심으로 책임을 느끼지 않으며, 오히려 피해자가 잘못 행동해서 폭력이 일어난 것이라며 피해자를 탓합니다.[8]

인격적 폭력에는 효과적인 치료법이 없습니다. 이런 가정폭력을 겪고 있다면 그 관계에서 벗어나세요. 가정폭력 상담 전화나 가까운 상담기관을 통해 도움을 받기를 바랍니다.

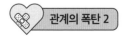

중독치료를 위한 도움을 받으려 하지 않기

미국 보건복지부에 따르면, 미국에서는 대략 4천만 명에 이르는 사람들이 물질(술이나 마약 등) 남용 장애 문제를 혼자 끌어안고 쩔쩔맨다고 합니다.[9] 이런 문제는 장애이지 도덕적 실패가 아닙니다. 회복이 절대적으로 가능하며, 저희의 네트워크에도 이런 커플들의 회복을 도와줄 훈련받은 상담치료사들이 많이 포진해 있습니다.

회복에 이르기까지는 긴 여정이 될 수 있습니다. 중독을 이겨내기 위해 노력하는 사람들의 파트너들에게도 자신을 돌보고, 트라우마와 중독의 여파에 따른 배신감을 치유하고, 다시 연결을 시도해 신뢰를 쌓기 위한 지원이 필요합니다. 저희는 중독 문제를 극복하기 위해 노력 중인 커플들에게는 대개 새로운 연결 의식을 만드는 데 초점을 맞추고 있습니다. 이전의 연결 의식들(여행이나 외식 등)은 재발을 일으킬 가능성이 있기 때문입니다.

안타깝게도 많은 사람이 치료를 받기 위한 노력을 하지 않습니다. 한 조사에 따르면,[10] 자신에게 필요한 특정 치료법을 찾기 힘들거나, 형편상 치료비가 부담스럽거나, 타인(가족, 이웃, 동료)이 어떻게 생각할지 걱정된다는 게 이유였는데, 가장 큰 이유는 따로 있었습니다. 치료가 필요하다고 생각하지 않기 때문이었죠. 중독으로 인해 당신이 관계 문제에 있어서도 고통을 겪는 지경이고, 파트너가 그 문제를 알아차릴 수 없거나 알아차리더라도 도움을 구할 마음이 없다면, 상황은 진전되기 힘듭니다.

중독은 관계의 폭탄이 아니며, 많은 사람들이 이런저런 시점에 중독으로 어려움을 겪습니다. 하지만 중독 문제를 다루지 않으려는 것은 충분히 관계의 폭탄이 될 수 있습니다.

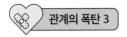

관계의 폭탄 3

자녀를 갖는 문제의 입장 차이

아이를 가질지 말지에 대한 결정은 커플의 삶에 여러 면으로 영향을 줍니다. 한 사람의 꿈은 아이 없는 삶이고, 다른 한 사람의 꿈은 부모가 되는 것일 때의 최선책은 헤어지는 것일지도 모릅니다. 서로 너무나 사랑하더라도 달라지지 않습니다. 커플 사이에서는 처음엔 서로 대립되는 것처럼 보이는 꿈들이 있더라도 그런 꿈을 받아들여주기 위해 여러 가지 창의적인 타협안을 끌어낼 수 있습니다(이 부분에 대해서는 뒤에서 더 자세히 이야기해 보도록 해요). 하지만 부모가 되고픈(또는 부모가 되고 싶지 않은) 꿈은 경우에 따라 도저히 포기할 수 없는 꿈일 수 있습니다.

당신의 관계에서 이런 문제가 마찰거리라면 부디 2부에서 살펴볼 '갈등 속의 꿈'에 대해 이야기해 보면서 진전을 이룰 방법이 있을지, 당신이 충족감을 느끼기 위해 필요한 삶의 방식이 당신의 파트너에게 필요한 삶의 방식과 다른지를 더 확실히 파악할 수 있기를 바랍니다.

대다수 커플의 경우엔 '갈등 속의 꿈'에 대한 대화가 관계의 끝을 불러오는 게 아니라는 사실을 알아두세요. 저희가 실제로 지켜본 바로는 교착상태가 아주 고착화된 커플들까지를 막론한 87퍼센트의 경우가 2부의 갈등 해결 청사진을 활용해 돌파구를 찾을 수 있었습니다. 그럴 수 있었던 이유는 이런 대화가 파트너 모두의 핵심 욕구와 꿈을 드러내주고 그 욕구와 꿈이 실현될 여지를 마련할 수 있게 해주기 때문입니다.[11] 장담컨대 당신이 어떤 상태에 있다가 이 책을 읽게 되었든 이 대화가 길의 끝이 아니라 새로운 길로 들어서는 계기가 될 것입니다.

갈등에 대해 잘못 알고 있는 10가지

지금까지 이 책의 1부를 통해 '갈등이란 무엇인가'를 다루었습니다. 이제부터는 심층 학습으로 넘어가 잘 싸우는 법을 배워봅시다.

당신과 파트너가 저희에게 상담을 받으러 와 있다고 가정한다면, 저희는 대체로 그렇게 하듯 먼저 사랑과 갈등에 대한 가장 흔한 오해부터 떨쳐내주려고 할 것입니다. 아주 탄탄한 관계의 커플들조차 잘 낚이는 이 오해들 중에는 이미 앞에서 살펴본 중요한 개념의 요점에 해당하는 것도 있고, 새로운 사항도 있습니다.

오해 1 지금 벌이고 있는 이 심한 싸움의 해결책을 찾고 나면 모든 게 해결되어 더는 싸우지 않을 거야!

현실 대다수의 갈등은 영속적입니다. 하나의 특정 싸움을 해결할 방법이 아니라, 근본적인 차원에서 다르게 접근하는 법을 배워야 합니다.

오해 2 우리 사이에 갈등이 있다면 우리는 함께해서는 안 돼.

우리는 그 뒤로 오래오래 행복하게 살았다느니 하는 동화 같은 로맨스의 폭격을 받으며 살고 있습니다. 아동도서에서부터 로맨틱코미디에 이르기까지 우리 문화에 만연된 이야기 중 두 사람은 남은 평생을 월요일마다 누가 쓰레기를 버릴 차례인지를 놓고 싸우며 그 뒤로 오래오래 행복하게 살았다로 끝나는 이야기가 없습니다. 그렇게 끝이 나면 우리 모두가 더 행복할 텐데 말이죠!

현실 갈등은 피할 수 없습니다. 누구보다 행복한 커플조차 예외가 아닙니다.

오해 3 갈등은 해결되어야 할 문제야.

우리는 문제를 해결하려는 충동이 아주 강합니다. 물론 우리가 겪는 갈등의 3분의 1은 대체로 해결책이 있습니다. 하지만 대부분의 갈등은 해결책이 없습니다.

현실 대다수의 갈등은 끊임없는 대화를 통해 잘 관리하는 것이지 해결하는 것이 아닙니다.

오해 4 우리 중 한 사람이 맞고 한 사람은 틀린 거야.

현실 두 파트너의 경험과 관점 모두 타당합니다. 두 사람 모두의 현실은 사실입니다. 중요한 초점은 각자의 관점과 느낌과 욕구가 어떤지 살피며, 서로의 이야기를 들어주고 존중할 수 있느냐에 있습니다. 어떤 경우든 이런 초점이 누가 '맞느냐'보다 더 중요한 문제입니다.

오해 5 남자가 여자보다 이성적이고, 여자가 남자보다 감정적이야.

오늘날까지도 끈질기게 고정관념으로 자리 잡고 있는 이 오류는 해롭고 속박적인 데다 절대 사실이 아닙니다. 세계적 규모로 진행된 한 연구에서 전형적인 하루 중에 사람들이 감정적인 상태가 되는 요인을 검토해 봤더니, 성별에 따른 차이가 전혀 나타나지 않았습니다. 사람들은 같은 문제에 대해 같은 빈도로 감정적인 상태에 빠졌습니다.[12]

현실 논리와 감정에는 성별이 없습니다. 남자들에게도 감정이 있고 그 감정을 표현해야 하며, 여자들이 자신이 처한 현실에 대해 이야기할 때도 그 말을 잘 들어주고 인정해 주어야 합니다.

오해 6 갈등의 관리에서는 논리적이고 이성적이며 감정에 좌우되지 않는 것이 가장 좋은 방법이다.

갈등 회피형 커플 사이에서 비교적 더 흔하지만 전반적으로 퍼져 있는 오해입니다. 이런 오해가 있으면 종종 초감정 불일치의 문제가 일어나 한 파트너는 갈등 관리의 목표를 논리라고 생각하고 다른 파트너는 연결이나 표현이라고 생각합니다.

현실 신경심리학 연구에서 증명된 바에 따르면, 문제해결에 관한 한 감정과 논리적 생각은 서로 결부되어 있습니다. 감정을 통해 끌어 낸 정보 없이는 문제를 잘 해결할 수 없습니다.[13] 따라서 서로의 느 낌과 생각에 귀를 기울이며 서로를 더 잘 이해하게 해주는 방법이 가장 좋은 갈등 관리법입니다.

오해 7 부정적 감정은 나쁜 것이니 피해야 해.

우리는 부정적 감정을 '마음만 먹으면 빠져나올' 수 있는 감정이라 고 여겨서 자신의 부정적 감정만이 아니라 파트너의 부정적 감정까지 도 잘 못 견딥니다. 분노는 나쁜 감정이니 피해야 한다고 생각합니다.

현실 화가 나는 것은 잘못이 아닙니다. 정작 중요한 문제는 화를 표 출하는 방법입니다. 파트너에게 경멸이나 비난의 화살을 쏘아 보내 는 식으로 화를 표출해서는 안 됩니다.

오해 8 자신이 허락하지 않는 한 누구도 나에게 상처를 줄 수 없어.

많은 사람이 믿고 있는 이 생각은 뉴에이지 철학에서 비롯된 것이 며, 당신의 감정을 당신 자신이 100퍼센트 통제한다는(또는 통제해야 한다는) 개념입니다. 상대의 말에 상처를 받을지 말지도 당신의 '선 택'이고, 상대의 행동에 배신감을 느낄지 말지도 당신의 '선택'이라는 말입니다. 당신의 감정, 특히 부정적인 감정은 통제하고 변화시킬 수 있으므로 상처를 느끼지 않기로 선택하면 그 누구도 당신에게 상처를 줄 수 없다는 겁니다.

한편 이 개념을 뒤집어 생각하면, 파트너에 대한 당신의 책임을 덜게 되기도 합니다. 당신이 한 말에 파트너가 상처를 받았다고 말한다면 그것은 당신의 문제가 아니라 파트너의 문제가 되는 것이니까요. 하지만 우리 인간의 감정은 이런 식으로 작동하지 않습니다.

한참이 지나도록 아무것도 먹지 않으면 배고픔을 느끼거나, 잠을 잘 못 자면 피곤함을 느끼는 것처럼, 우리 인간에게 감정은 본능적이고 원초적인 존재입니다. 감정은 우리의 뇌에 내장되어 있어 적절한 조건이 주어지면 그에 따라 다양한 감정이 드러납니다.

누군가가 우리에게 경멸의 말을 하면 우리는 마음에 상처를 받으며 화가 나기 십상입니다. 당신이 기념일을 중요하게 여기는데 파트너가 기념일을 깜빡하면 상처받을 수 있습니다. 하지만 그러려고 마음먹으면 그 상처를 치유할 수도 있습니다.

현실 우리는 서로 상처를 줄 수 있고 실제로 상처를 줍니다. 모든 커플이 다 그러며 제아무리 훌륭한 관계를 갖고 있더라도 예외가 없습니다. '달인' 커플과 '관계의 폭탄' 커플의 차이점은 달인 커플들은 벌어진 일을 수습하면서 화해 시도를 한다는 점입니다. 그 구체적 방법은 뒤에서 알려드리도록 하겠습니다.

오해 9 다른 누군가를 사랑할 수 있으려면 먼저 자신을 사랑해야 해.

언제나 모든 면에서 자신을 사랑하는 사람은 없습니다. 우리는 누구나 자기회의를 가지고 있고 자기비판에 빠져 자신을 사랑하지 않는 순간들도 있습니다. 먼저 자신을 사랑할 줄 아는 능력부터 완벽히 갖추어져야 관계를 맺는 식이라면 우리 대다수가 어떤 관계도 맺지 못할 것입니다!

이런 믿음을 갖고 있을 경우, 관계 맺기에 실패하면 어떤 일이 있었건 모든 것은 자신을 충분히 사랑하지 않았던 당신 잘못이 되고 만다는 악영향이 뒤따릅니다. 당신의 잘못이 아닙니다! 대다수의 경우 우리의 관계는 "손바닥도 마주쳐야 소리가 나는 법"이라는 격언대로이며, 그것은 우리의 싸움도 마찬가지입니다. 어쩌면 문제는 차분하고 다정하게 싸우도록 도와줄 수 있는 올바른 도구가 아니라 잘못된 도구로 싸우려 드는 점일지 모릅니다.

현실 누구나 촉발제(과거의 트라우마 경험을 떠올리게 하여 재경험하도록 만드는 자극—옮긴이), 트라우마, 완전히 치료될 수 없는 상처 등 지속적인 취약성이 있습니다. 그럼에도 여전히 평생의 관계를 맺을 수 있습니다. 인생 파트너로서 우리가 할 일은 심지어 갈등 중에도 서로에게 마음을 써주며 파트너를 사랑하는 일입니다. 파트너가 자기 자신을 사랑할 수 없는 순간에도요.

오해 10 욕구가 용납되려면 그 욕망에 대해 정당화하거나 확실한 이유를 대야 해.

역기능적 갈등 중 상당수는 욕구를 품으면 안 된다고 여기는 뿌리 깊이 배인 믿음과 연관되어 있습니다. 많은 사람들이 '욕구'가 저속한 말로 여겨지는 문화에서 자랐습니다. 자립심을 갖고 자신의 두 발로 서서 파트너를 비롯해 그 누구에게든 뭔가를 바라지 않아야 한다고 배우며 컸습니다. 우리가 어떤 욕구를 갖는다면 그 욕구를 정당화할 수 있는 유일한 방법은 그동안 파트너가 자신에게 얼마나 나빴는지를 증명해 그 욕구를 품을 여지를 여는 것뿐입니다. 자신에게 욕구가 생긴 것이 파트너의 잘못이라는 논리인 셈이죠.

현실 인간은 무리를 지어 사는 동물입니다. 인간은 억겁에 걸쳐 서로 보살피며 위험을 피하기 위해 함께 무리를 지어 소통하며 생존해 왔습니다. 다시 말해 우리의 욕구가 서로를 결속시켜 함께 잘 살 수 있게 해줌에 따라 우리는 태생적으로 욕구를 가질 수밖에 없습니다.

당신은 욕구를 가져도 되고, 가져야 합니다. 정당화는 필요 없습니다! 다만 여기에는 그 욕구를 전달해야 한다는 책임이 따릅니다. 갈등이 악화되는 이유는 스스로가 자신의 욕구를 알아차리지 못하기 때문입니다. 우리는 오히려 파트너가 자신의 마음을 읽어주어 마법처럼 자신의 욕구가 충족되길 기대합니다. 지금껏 세상에 독심술사가 나온 적이 없으며, 그런 사람이 나오기 전까지는 우리 모두가 자신의 욕구를 소리 내서 분명히 밝혀야 합니다.

큰 실수에 이르는 지름길

우리가 갈등 중에 실수를 많이 저지르는 이유는 앞에서 본 여러 가지 끈질긴 오해들 때문이고, 서로 다른 갈등 문화 때문이며, 잘 싸우는 것에 대한 이야기를 그다지 하지 않거나 그 방법을 가르치지 않기 때문입니다. 하지만 갈등이 꼭 고통과 괴로움을 의미하는 건 아닙니다. 결코 재미 있는 일은 아니겠지만 섬세하고 다채롭게 짜인 우리 삶의 수많은 가닥 중 하나가 될 수도 있습니다.

갈등을 누군가와 오래도록 사랑하며 살기 위해 피할 수 없는 한 부분으로 받아들여 좋게 잘 쓸 방법을 알아야 합니다. 다만 이런 마찰거리를 서로를 더 잘 알기 위한 일환으로 활용하기 위해서는 반복하는 똑같은 실수를 이제는 그만하고 기본적이지만 효과적인 중심축에 따라 방향을 전환해야 합니다.

2부에서는 싸움에 대해 철저히 해부해 하나하나 알려드리려고 합니다. 싸움에 확 불이 붙는 순간에서부터 그 불이 한창 번져 앞이 캄캄한 싸움의 고조 단계에 이어 그 싸움의 여파까지 차근차근 살펴보도록 합시다. 우리가 으레 잘못 벗어나는 길의 모든 갈림길을 짚어주며 더 나은 길로 돌아설 방법도 알려드리겠습니다. 2부에서 여러 유형의 싸움을 살펴보다 보면 다음번 싸움의 전개 방식에 영향을 미쳐서 관계를 더 진전시키는 경로로 방향을 바꿀 힘을 얻게 되는 핵심을 알 수 있을 것입니다.

대다수 커플이 궁금해 하는 다음의 질문에 대한 답도 알려드리겠습니다.

- 제3차 세계대전을 시작하지 않고도 문제점에 대한 이야기를 꺼내려면 어떻게 해야 할까요?
- 대화가 잘못된 방향을 향해 갈 때 제 방향으로 되돌아오려면 어떻게 해

야 하나요?

- 어떻게 해야 갈등 중에 긴장과 감정이 고조될 때도 서로 협력적인 자세를 지킬 수 있을까요?
- 어떻게 해야 방어와 공격을 제쳐둔 상태에서 더 깊은 문제점을 살펴볼 수 있을까요?
- 둘 중 누구도 자신이 너무 많이 포기하는 기분이 들지 않는 타협에 이르려면 어떻게 해야 하나요?
- 갈등이 심각하게 치달을 때 상황을 수습해 회복한 후 다시는 같은 패턴이 반복되지 않게 확실히 해두려면 어떻게 해야 할까요?

앞으로 살펴볼 각각의 싸움에서 제시되는 데이터는 사랑실험실과 저희의 최근 조사를 통해 얻은 것이며, 그중에는 저희에게 마음을 열고 자신들의 갈등에 대해 털어놓아준 4만 쌍의 커플을 대상으로 진행된 세계적 규모의 연구 데이터도 있습니다. 각 장에서는 일종의 싸움 '엑스레이'를 통해, 심지어 싸움을 벌이는 당사자들에게도 바로 보이지 않고 이면에 숨겨져 있는 갈등의 근원적 원인들이 속속 파헤쳐집니다.

당신이 파트너와 함께 바로 수행해 볼 수 있는 여러 가지 핵심적 개입법도 제시됩니다. 게다가 각 장마다 실제 사례들도 실려 있어서 저희에게 상담을 받은 커플들이나 너그러이 자신의 사연을 털어놓아준 커플들이 파괴적인 싸움을 생산적인 싸움으로 뒤집을 수 있었던 이야기들이 나옵니다.

2부에서 소개되는 싸움의 사례 중에는 저희 부부의 사례를 포함해 아주 격한 싸움도 있습니다. 이런 생생한 사례 속의 커플들은 실수를 저지르기도 하고, 다른 사람들 누구나 그렇듯 상처 주는 말을 하기도 합니다. 다만 스포일러를 흘리자면, 이 모두가 성공 사례입니다. 자, 그러면 본격적으로 뛰어들어 싸움이 시작되는 순간부터 들여다봅시다.

2부

커플들의 싸움 유형에 따른

갈등 관리법

F I G H T

4장

폭탄 던지기

갑자기 거칠게 시작하기

R I G H T

크리스틴과 스티브는 벼랑 끝에 서 있습니다.

은유적인 표현이 아니라 말 그대로 그런 상황이지요. 애리조나주 세도나에 있거든요. 수직으로 가파르게 뚝 떨어지며 높이 치솟은 이 암석 절벽의 깎아지른 면에 나 있는 가는 줄무늬는 이 사막의 아침 노을 빛이 암석 속으로 타들어간 듯한 인상을 풍깁니다.

크리스틴은 이 모든 풍경을 환희에 들떠 감상합니다. 마침내 스티브와 함께 자연으로 나와 이렇게 있으니 감동스럽습니다. 두 사람이 아주 오랜만에 처음으로 온 '어른끼리만'의 휴가입니다.

길이 갈수록 가팔라지지만 크리스틴은 체력을 몰아붙이는 기분이 아주 좋습니다. 평상시 같으면 아이들의 속도에 맞춰 살아야 하는데 지금은 아닙니다. 남편이 잘 따라오고 있는지 뒤를 돌아봅니다. 남편은 자신보다 열다섯 살 많긴 해도 늘 활동적으로 지내고 건강한 편입니다. 크리스틴이 심장 전문의인 남편을 만나서 처음으로 매력을 느꼈던 점이 바로 그런 면이었습니다.

한편 스티브는 불안합니다. 불안하다 못해 안절부절못하는 지경입니다. 아까 갈랫길의 왼쪽으로 들어선 이후로 다른 사람을 아무도 못 봤기 때문입니다. 길이 좁아서 누군가와 마주치기라도 하면 지나가기가 힘들더라도 다행스러울 듯하지만, 이 길에 아무도 다니지 않는다는 사실은 자신들이 제정신이 아니라는 의미일 수도 있습니다. 실제로 한 발이라도 잘못 디디면 저 높디높은 벼랑 아래로 떨어질지도 모를 판입니다.

그러던 어느 순간, 크리스틴이 힘들게 기어가듯 올라가면서 그 뒤로 돌들이 후두두 떨어져 내려 스티브가 뚝 멈춰 섭니다. 온몸이 얼어붙고 맙니다. 이러다 큰일 나겠다 싶습니다. 이 길을 계속 오르는 일은 미친 짓 같습니다.

"여보." 스티브가 아내를 부릅니다.

아내가 남편을 돌아보더니 이내 얼굴빛이 어두워집니다. 남편이 무슨 말을 하려는지 딱 봐도 알 것 같기 때문이죠.

"이건 좋은 생각 같지 않은데."

"스티브, 제발." 크리스틴은 잔뜩 긴장해 차가운 어조로 말합니다. "거의 다 왔잖아. 바보 같은 소리 하지 마." 그러곤 고개를 돌려 다시 계속 오릅니다.

바보 같은 소리 하지 말라니. 스티브는 신경이 곤두섭니다. "난 더 이상 안 갈 거야." 이렇게 말한 후 어조를 침착하고 차분하게, 이성적으로 유지하려고 애쓰며 말을 잇습니다. "당신도 그만 갔으면 좋겠어. 이 등산로 너무 위험해. 잘못하다간 큰일 나겠어. 도로 내려가자."

크리스틴이 남편을 봅니다. 손에는 등산 스틱을 쥐고 챙 넓은 모자를 쓴 채 물병과 간식으로 가득 채운 작은 배낭을 매고 그 자리에 서 있는 그의 모습을 보자 분노와 좌절로 가슴이 점점 짓눌리며 금방이라도 폭발할 것 같습니다.

"그래, 당신은 가지 마." 기어이 화가 끓어올라 말합니다. "같이 하이킹을 오기엔 당신이 너무 겁쟁이라는 걸 알았어야 했는데. 당신은 늘 이런 식이지. 이래서 못하고 저래서 못한다고 하잖아. 사람을 은근히 깔보기도 해! 날 애처럼 대한다고. 좋아, 난 정상까지 갈 거야. 당신은 같이 올라가든지 아니면 늘 하던 대로 겁쟁이처럼 굴든지 알아서 해."

스티브는 충격과 분노로 아무 대꾸도 못 한 채 아내를 노려봅니다.

"좀 남자답게 굴어볼 거야, 아니면 그냥 한심하게 그렇게 서 있을 거야?"

스티브는 아내의 눈을 빤히 마주 봅니다. 이글이글 불타는 시선으로 그렇게 한참을 있다가 돌아서더니 미끄러운 길을 성큼성큼 걸어 내려갑니다. 내가 절벽에서 떨어져야 저 여자가 그때 가서 후회하려나 하는 마음으로요.

크리스틴은 남편이 가는 모습을 지켜봅니다. 남편은 구부러진 길을 돌아선 후 더는 보이지 않았고 이제는 그 높은 절벽에 그녀 혼자 남았습니다. 남편이 등을 보이며 돌아서서 자신을 여기에 버리고 갔다는 사실을 믿을 수 없습니다.

그녀는 생각합니다. 내가 이 절벽에서 떨어져야 저 남자가 그때 가서 후회하려나.

스티브는 거칠게 그 자리를 떠나면서 잠깐 진정이 되긴 했으나, 아무튼 스티브나 크리스틴이나 둘 다 마음을 진정시킬 수 없습니다. 둘 다 상처 입었고 자존심이 상했으며 분통이 터집니다.

크리스틴은 남편을 뒤따라 내려옵니다. 망쳐버린 이 휴가에 대해 남편에게 할 말이 많습니다. 하루하루를 매일같이 스티브와 아이들을 위해 온갖 일을 하고 자신을 위한 일은 포기한 채 살며 그토록 오래 기다려온 휴가였는데, 남편은 자신을 위해 이렇게 작은 일 하나도 못 해준다는 말인가? 그 소중한 안전지대 밖으로 스스로를 조금만 밀어붙이면 되는데 그것도 못 해주나? 정말 한심하다는 생각이 들면서, 남편에게 그 말을 해야겠다고 작정합니다.

스티브는 뒤따라오는 아내의 발소리가 들리자 휙 돌아섭니다. 아내의 무모함, 이기심, 악담에 대해 할 말이 많습니다. 세상에 어떤 아내가 남편을 그런 식으로 대하나? 어떤 어머니가 아이들 앞에서 그런 식으로 행동하나? 이렇게 자신에게 막말을 하는 것이 처음이 아니지 않나? 저렇게 어리고 철없는 사람과 결혼하는 게 아니었다는 생각이 들면서, 아내에게 그 말을 해야겠다고 작정합니다.

크리스틴과 스티브가 300미터 높이의 절벽 끝에 위치한 이 등산로에서 주고받은 대화는 순조롭게 풀리지 않습니다. 싸움이 점점 뜨거워져 진정될 기미가 보이지 않습니다. 조금도요.

두 사람은 서로에게 악을 써댑니다.

급기야 이혼을 들먹이기까지 합니다.

크리스틴은 울음을 터뜨리고 맙니다.

둘 다 신체적·인지적·감정적 홍수가 너무 커져 주체가 안 돼서 더는 싸울 수 없는 지경에 이르러서야 끝이 납니다.

아래까지 다 내려온 후 렌터카에 올라타 호텔로 돌아오는 내내 둘 사이에는 얼음같이 차가운 침묵만이 흐릅니다.

짧지만 결정적인 기회의 순간

180초. 잘 시작하기 위해 우리에게 주어진 시간입니다. 이 3분이 지나면 싸움의 어조와 궤적이 단단히 자리 잡히고 맙니다. 크리스 틴이 그랬듯 싸움을 걸고 난 후에는, 그러니까 저희의 표현대로라면 '거칠게 시작하고 난' 후에는 상황을 반전시킬 수 있는 가능성이 아주 희박합니다.

저희가 이 사실을 알게 된 과정은 이렇습니다. 저희는 커플들에게 사랑실험실에 들어와서 '갈등 과제'를 수행해 달라고 했습니다. 자꾸 의견 차이가 빚어지는 문젯거리를 골라 이야기해 보라고 한 후 이야 기를 시작할 때의 두 사람의 말, 제스처, 감정 기복을 1000분의 1초 단위로 기호화했습니다. 그러다 15분이 지나면 이야기를 멈추게 했습니다.

이를 통해 발견한 바에 따르면, 부정적으로 시작된 갈등적 대화는 부정적으로 끝나는 경향을 보였으며 이런 경향은 갈등 스타일과 무 관하게 나타났습니다(잊지 마세요. 문제는 욱해서 발끈하는 것이 아니 라 긍정적 교류와 부정적 교류의 비율입니다). 그런데 이런 경향보다 훨 씬 더 흥미로운 부분이 있었습니다. 데이터에서 발견된 미묘한 차이 였습니다.

저희는 이 싸움들을 정밀하게 표시해 '누적 합계 그래프'를 만들어 봤습니다. 말하자면 다우존스 차트 같은 그래프로, 주식시장의 지표 가 아니라 커플의 갈등 지표를 보여주는 것이었죠.[1] 커플 사이의 대 화를 시각적으로 요약한 이 그래프를 통해 상승선과 하강선으로 싸움이 벌어지는 동안의 긍정성과 부정성의 수준 변화를 나타냈습니다.

저희는 나름대로 예측하면서, 정말로 부정적으로 흐르다 심각하게 끝난 싸움의 경우, 갈등 과제 내내 (4가지 독과 같은) 부정성이 상당히 높은 패턴을 보일 것으로 내다봤습니다. 하지만 꼭 그렇지만은 않았습니다. 거칠게 시작된 싸움들, 즉 초반부에 그래프에서 큰 하강선을 그리며 부정성을 보이던 싸움들조차 이런저런 화해 시도를 벌이면서 그 갈등의 논의에 긍정성을 끼워 넣으려는 시도를 행하는 경우가 많았습니다. 이런 커플들은 싸움을 전반적으로 더 잘하며 비교적 긍정적으로 끝냈습니다.

하지만 그래프상으로 살펴보니 이런 커플의 싸움도 제대로 회복되진 못했습니다. 싸움을 벌이던 중간중간의 긍정적 순간들도 '거칠게 시작하기'를 만회해 줄 수는 없었습니다. 대화 전반에 걸친 누적 합계를 표시해서 살펴본 결과 96퍼센트의 경우에서 첫 3분 동안 싸움의 양상이 그 싸움의 궤적뿐만 아니라 그 커플 관계의 이후 6년간의 전개 양상까지 좌우한 것으로 나타났습니다.[2]

이 데이터가 확실히 보여주고 있듯 부정적으로 시작하면 상황을 반전시키기가 정말 어렵습니다. 공이 걸려버린 핀볼 게임기를 상상해 보세요. 이때 버튼을 너무 세게 쾅쾅 누르면 막대가 고장나 움직이지 않습니다. 그러면 어떤 공도 통과시키지 못합니다. 두 사람 다 그 어떤 소통도 할 수 없다는 말입니다. 계속 노력해 봐야 이번 판은 이미 망한 셈입니다.

더군다나 거칠게 시작하기의 파급 효과는 이 싸움이 끝나는 순간으로만 끝나지 않고 이후로 한참이 지나도록 지속됩니다.

저희는 갈등 과제 수행 중의 대화를 관찰하고 기호화했던 커플들이 사랑실험실에 처음 들어온 이후로 수년간 추적조사해서 얼마나 잘 지내는지 확인했습니다. 그랬더니 앞에서 말했던 그런 결과가 나타났습니다. 부정적인 말, 제스처, 감정으로 험악하게 싸움을 시작한 커플들은 6년 후 이혼 확률이 훨씬 더 높게 나왔습니다.

SPAFF를 활용해 연구 참여 커플들이 계속 같이 살지 이혼할지를 예측해 본 결과에서는 첫 3분만으로도 그 여부를 90퍼센트의 정확도로 예측할 수 있는 것으로 나타나기도 했습니다. 다시 말해 당신이 사랑실험실에 들어와 파트너와 싸움을 벌인다면, 싸움이 시작되고 3분 후에 우리가 그 자리에서 바로 싸움을 멈추게 한 후 두 사람이 6년 후에 행복하게 같이 살지 갈라설지에 대해 말해 줄 수 있다는 말입니다. 그리고 그 예측은 십중팔구 적중할 테고요.

여기에서 말하려는 중요한 요점은 따로 있습니다. 저희가 데이터를 바탕으로 내렸던 이런 예측은 '예언'이 아니었습니다. 저희가 커플의 행동 패턴을 살펴보며 부정적 결과를 예측하더라도 그 커플은 그것으로 끝장인 게 아닙니다! 행동은 바뀔 수 있으니까요. 갈등적 대화에서의 첫 3분이 그 대화의 결과에 (그리고 궁극적으로는 그 관계 자체의 결과에까지도) 아주 결정적인 역할을 한다는 사실은 실질적으로 반가운 소식입니다. 효과적인 개입 시점을 알려주는 셈이기 때문입니다.

그러면 지금부터 대다수 커플이 갈등 중에 가장 많이 저지르는 실수와 그 실수를 뒤집을 수 있는 방법을 알아보도록 합시다.

갈등 중에 가장 많이 하는 실수

저희가 크리스틴, 스티브와 세도나의 등산로에 같이 있었던 건 아닙니다. 사랑실험실에서의 커플처럼, 두 사람을 관찰하며 기호화했지요. 두 사람은 300미터 높이의 아득한 벼랑과는 먼, 편안한 상담실에서 소파에 안전하게 앉아 자세히 이야기를 들려주었습니다.

하지만 두 사람은 여전히 어느 정도는 벼랑 끝에 있는 것이나 다름없었습니다. 적어도 결혼생활은 그랬습니다. 몇 달이 지난 후 그 싸움에 대해 털어놓던 그때까지도 감정적으로는 곧장 그때로 뛰어들고 있다는 것이 느껴졌습니다. 여전히 그 절벽에 서 있는 것처럼 서로에게 말 폭탄을 던지며 그때처럼 싸움을 벌였습니다. 크리스틴은 오래전부터 괴로워했던 문제점을 스티브에게 꺼냈습니다. 하지만 문제점을 꺼내는 것으로 끝나지 않고 폭탄까지 던졌습니다.

이쯤에서 전형적인 '폭탄 투하'의 사례 몇 가지를 더 이야기해 볼 테니, 이중에 남의 이야기 같지 않게 느껴지는 일이 있는지 살펴보세요.

- 아이들을 재운 후 이제야 좀 쉬겠구나 하는 마음으로 아래층에 내려와 보니 파트너가 소파에 편하게 기대 앉아 핸드폰으로 뭔가를 읽고 있고 싱크대에는 저녁 설거지거리가 그대로 쌓여 있습니다. 순간 열받아 혈압이 확 오릅니다. "저기요, 내가 아까 부탁한 대로 주방을 치워놨어야 하는 거 아닌가요? 설마 저 그릇들이 저절로 설거지가 되어 있을 거라고 생각한 건 아니죠? 집 안의 다른 일들처럼 주방 일이 다 그렇게 '마법처럼' 되는 줄 아냐고요?"

- 친구들과 한잔하고 집에 늦게 들어오는 길이고 핸드폰은 1시간 전부터 꺼진 상태입니다. 사과할 마음을 먹고 문을 열고 들어가니 파트너가 기다리고 있다가 한소리 합니다. "대체 어디 있다 이제 온 거야? 내가 걱정할 거라고는 생각도 안 했겠지. 자기 말고는 아무도 생각 안 하는 사람이시니."

- 업무 회의에 참석해 달라는 통보를 받고 좋아서 흥분해 있는데 파트너가 중요한 일의 마감일이 코앞이고 할 일도 많아서 아이들을 챙길 수 없다며 대신해 달라고 부탁합니다. 그 말에 당신은 이렇게 대꾸합니다. "당신은 항상 당신 일이 내 일보다 훨씬 중요하다고 생각하더라. 내가 하는 일을 취미생활로 보는 거야, 뭐야? 나에게도 커리어가 있다고. 애들은 당신이 알아서 해."

- 파트너가 방에서 나오며 화를 냅니다. "또 수도세 깜빡하고 안 냈던데. 당신은 대체 왜 그 모양이야? 당신이 그렇게 건성건성 대충하는 바람에 나가는 비용이 얼마나 되는지 알아?"

거칠게 시작하기는 아주 흔한 문제입니다. 저희가 최근에 4만 쌍을 대상으로 벌인 세계적 조사에서도 성정체성을 막론하고 상담치료를 시작하는 전체 커플의 90퍼센트가 거칠게 시작하기와 그 말이 파문이 되어 일어난 뒤탈로 문제를 겪고 있었습니다. 이런 문제로 힘든 적이 없었던 커플은 드물었습니다.[3]

거칠게 시작하기는 대체로 주된 공통점이 있습니다.

① 비난으로 시작한다.

② 자신이 아닌 상대에 대해 말한다.

③ 그동안 꾹꾹 눌러둔 다른 응어리들까지 무더기로 끄집어낸다. 이른바 설거지감 몰아넣기(kitchen sinking : 부정적인 이야기를 한꺼번에 쏟아내는 것—옮긴이)가 일어난다("당신은 맨날 양말을 아무 데나 벗어놓고, 드라이 맡긴 옷 찾아오는 것도 깜빡하고, 내가 하루를 어떻게 지냈는지 물어보는 법이 없어. 그게 단 줄 알아? 잠자리에서도 꽝이야!").

이번엔 거칠게 시작하기의 이 3가지 기본적 특징을 살펴보며, 이런 면들이 싸움에 좋지 않게 작용하는 이유를 알아봅시다.

거칠게 시작하기의 문제점 1 비난하기

비난에는 생산적인 점이라고는 눈꼽만큼도 없습니다. 비난이 생산적 불평과 다른 점은, 파트너의 핵심 기질이나 성격에 대해 공격을 가하는 식이라는 점입니다. 해당 상황의 문제점에 대해 지적하는 게 아니라 한 사람으로서의 정체성에 대한 문제점을 지적합니다.

비난과 불평의 차이는 다음과 같습니다.

비난	"당신은 사람이 왜 그렇게 지저분해? 한 번이라도, 뭘 하고 나서 뒷정리를 제대로 하면 안 돼?"
불평	"바닥에 빨 옷들이 지저분하게 쌓여 있네. 자러 들어가기 전에 좀 주워줄래요?"

앞에서도 말했지만 강조의 의미에서 다시 한 번 말하자면, 건설적인 비난 같은 건 없습니다. 비난은 어떤 경우든 파괴적입니다.

거칠게 시작하기의 문제점 2 자신이 아니라 파트너에 대해 말하기

화가 난 상태에서 특히 더 그렇지만, 우리는 상대에 대해 말하면서 상대의 온갖 잘못을 들먹이는 식으로 싸움을 걸 때가 많습니다. '내가 하는 일은 전부 타당하고 당신이 하는 일은 전부 다 잘못된 거야!' 식의 기본 가정에 따라 괴로운 문제점으로 말을 시작하려는 경향이 있습니다.

이때는 전형적으로 '당신은 항상'과 '당신은 한 번도'로 비난을 시작합니다. 이 말 자체에 파트너의 성격에 결함이 있다는 암시가 담겨 있기 때문입니다.

파트너에 대해 말하기	"당신은 항상 옷을 방 여기저기에 아무렇게나 벗어두더라. 빨래 바구니에 가져다 넣으면 어디가 덧나? 10초도 안 걸리는 일인데."
자신에 대해 말하기	"나는 방이 어질러져 있으면 정말 스트레스 받아. 벗은 옷은 그냥 방에 벗어두지 말고 빨래 바구니에 갖다 넣는 걸 기억해 줄래요?"

거칠게 시작하기의 문제점 3 문제점 몰아넣기

이런 문제점에 '설거지감 몰아넣기'라는 이름이 붙은 이유는 한 가지 문제만 처리하지 않으려는 경향, 즉 신경 쓰이는 다른 문제를 한 무더기로 쌓아서 처리하려는 경향 때문입니다. '잠깐, 이왕 싸우는 김에 따질 거리가 두어 가지 더 있어!' 식의 생각입니다.

우리가 자주 이런 경향을 보이는 이유는 자신의 분노가 '정당하다'고 느끼고 싶은데 지금의 싸움을 일으킨 문젯거리가 '너무 작게' 느껴지기 때문입니다. 작은 문제들을 들춰내지 않으면서 폭발하고 싶은 마음이 생길 때까지 계속 쌓아두는 게 습관이 될 수도 있습니다.

하지만 설거지감 몰아넣기는 갈등 해결에 아무 효과가 없습니다. 문제점이든 설거지거리든 그때그때 하나씩 해결하지 않고 무더기로 쌓아두면 어디서부터 시작할지도 문제입니다. 그 자체로도 버거운 일이 됩니다.

설거지감 몰아넣기	"옷을 또 아무 데나 막 벗어놨네. 방 꼴이 저게 뭐야. 차 안에 쓰레기도 안 버리고 그대로 놔두고, 지난 주말에는 자기 입으로 하겠다고 말해 놓고도 차고 청소를 안 했지. 발렌타인데이도 까먹고! 당신은 한 번도 내 생각을 안 해!"
하나의 설거지 거리만 처리하기	(나머지는 나중을 위해 남겨두기)

여기에서 전하고 싶은 교훈은 불평과 응어리를 쌓아두지 말라는 것입니다. 문제가 될 때 그때그때 처리하세요. 미뤄두면 결국 거친 말부터 나오는 화근이 될 뿐입니다.

거칠게 시작하기가 흔한 이유

"파트너에게 문제점을 꺼낼 가장 좋은 방법은 뭘까요?" 여기에 바로 답해 보라고 하면 이렇게 대답할 사람은 별로 없을 겁니다. "벌컥 방 안으로 들어가 따지면 되죠!" 다만 우리가 바로 이런 식으로 행동하고 있다는 게 탈입니다.

한마디로 말해 심기가 뒤틀리고 화가 나서 출발부터 그렇게 불길하게 나가고 말죠. 하지만 우선은 이 거칠게 시작하기를 부채질하는 주된 요인 몇 가지부터 살펴봅시다.

스트레스

우리는 인간입니다. 모두들 많은 짐을 지고 있고, 스트레스가 높아지면 특히 더 거칠게 시작하기와 그 말의 파문 효과가 일어납니다. 팬데믹이 여기에 딱 들어맞는 사례입니다. 코로나19 초반에는 모든 사람이 극심한 불확실성 속에서 격해지기 쉬운 상황을 겪으면서 거칠게 시작하기가 훨씬 더 빈발했습니다. 격리 기간 중에는 집이 증기배출 밸브 없는 압력솥처럼 바뀌면서 싸움이 일어날 만한 일촉즉

발의 분위기가 더 고조되기도 했습니다.

많은 커플이 불안감과 두려움을 느끼며 어쩔 줄 몰라 하다 의도치 않게 자신의 불안, 두려움, 좌절, 서로에 대해서나 가족에 대한 삶의 통제력 상실을 화풀이로 드러냈습니다. 스트레스가 높아져 있으면 몸속에서 코르티솔과 아드레날린의 분출이 늘어나고, 걱정으로 인지적 과부하가 걸리면 정신적 여유를 급속도로 빼앗겨 인지적으로 고갈되면서 감정을 잘 통제하는 능력이 떨어집니다.

결국 '마지막 인내의 한 가닥'이 끊기는 순간 어떤 일로든 버럭 화를 냅니다. "이번 주에 내가 매일 저녁 설거지 했으니까 오늘은 당신이 좀 해줄래요?"라고 말할 수도 있었는데, 갑자기 "당신은 어떻게 밥 먹고 나서 치우는 법이 없어? 정말 게을러터졌어!"라는 말이 터져 나옵니다.

원망

잇따른 일들로 마음속에 원망을 쌓아두다 참다못해 그 원망을 터뜨리면 너무 화가 나고 답답한 심정에 막말이나 빈정거림이 터져 나옵니다. 우리는 자신에게 필요한 어떤 일을 해달라고 요구하지 않은 채, 파트너가 이미 다 알면서도 의도적으로 그 욕구를 채워주지 않으려 한다고 생각합니다. 그런 생각으로 원망을 키우고 또 키우다 갑자기 터뜨립니다.

크리스틴의 경우에도, 그때의 하이킹 중에 스티브에게 심한 말을 퍼붓던 무렵까지 원망이 엄청나게 쌓여 있었습니다. 그동안 아이들이나 남편에게 필요한 일들을 우선적으로 챙겨주기 위해 끊임없이 자신의 갈망을 뒷전으로 미뤄왔다가 하이킹을 떠난 그날 댐이 터지며 그 모든 원망이 쏟아져 나온 것입니다. 크리스틴은 자신에게 무엇이 필요한지를 스티브에게 한 번도 말하지 않은 채로 그 욕구가 너무 오래 억눌리자 점점 분하고 언짢은 마음이 쌓여 원망하게 되었습니다.

외면

때때로 자신에게 필요한 것을 요구했는데도 파트너가 반응해 주지 않고 외면하거나 심지어 등을 돌리기까지 하는 경우도 있습니다. 이런 경우에 우리는 거칠게 시작할 수도 있습니다. 그동안 몇 번이나 비교적 온화하게 손을 내밀었는데도 계속 반응이 없으니 이제는 파트너의 관심을 얻으려고 나름의 나무망치를 꺼내 든 셈입니다.

반응을 얻으려면 머리에 쾅 충격이라도 줘야 할 것 같은 기분이 들어 그런 거친 말을 내뱉는 것이니 이 시점에서는 어떤 반응이라도 보이는 것이 좋습니다. 심지어 화를 내더라도 무시하거나 거부하는 일보다 낫습니다.

더 좋은 방법을 몰라서

마지막 요인은, 갈등거리를 따지려면 어떤 말로 시작해야 할지 다른 방법을 배운 적이 없는 경우입니다. 이런 사람들에겐 거칠게 시작하기가 자신이 아는 유일한 방법입니다. 문제점을 들춰내려면 그래야 하는 줄 알고, 그 습관을 어떻게 깨야 하는지도 모릅니다. 더러는 바꿔야 하는 습관인 줄도 모릅니다.

줄리는 자신의 어머니를 거친 말, 비난, 경멸, 탓하기 말고는 문제점을 들추는 방법을 배운 적이 없는 사람의 사례로 여깁니다. 그것이 어머니가 배운 타인들과의 소통 방법이었고 워낙 습관으로 깊이 배어 있어 도저히 바뀌지 않았습니다. 존을 처음 인사시키는 날 줄리는 어머니를 저희 집으로 초대해 저녁을 먹기로 했습니다.

맞추기 어려운 어머니의 기준에 부합하려 전전긍긍하던 줄리는, 존이 잠깐 쉬고 있는 동안에도 이리저리 왔다 갔다 하며 청소 마무리에 여념이 없었습니다. 어머니가 집에 다 왔을 무렵엔 현관의 차양을 닦고 있었는데, 어머니는 그 모습을 보자 냅다 주방으로 들어와 아직 소개받지도 않은 사이인 존에게 이렇게 말했습니다.

"게으른 녀석 같으니. 내 딸이 청소하는데, 나가서 도와주지 않고 뭐 하나?"

거칠게 시작하기의 전형적인 예였습니다. 그런데 명색이 관계의 과학을 연구하는 존조차 이내 방어의 자세에 돌입해, 준비 중인 저녁을 가리키면서 맞받아쳤습니다.

"어머님 드릴 저녁을 만들고 있잖아요. 어머님 눈엔 저건 안 보이세요?"

이 일화에서 말하고 싶은 요점은, 거칠게 시작하기에는 방어적인 방법 말고는 다른 식으로 반응하기가 힘들다는 것입니다. 첫마디로 거친 말부터 내뱉으면 파트너로선 달리 어떻게 할 여지가 거의 없습니다.

대화의 문을 여는 방법

하나의 반응(방어하기)만으로 파트너가 선택할 범위를 좁혀놓을 게 아니라, 우리가 들춰내는 문제점에 대해 파트너가 함께 관심을 가질 만큼 여지를 줘야 합니다. 공격 대 방어의 국면에서는 소통이 없습니다. 연결도 이해도, 진전의 움직임도 없습니다. 그리고 보통은 긍정성마저 없습니다. 이제는 말 안 해도 알겠지만 이 긍정성은 갈등에서 정말로 필요한 중요 요소입니다.

그런데도 우리는 화날 때나 인내의 한계에 이를 때, 상대가 약속을 깨거나 다짐을 잊을 때, 이용당하거나 등한시되는 느낌이 들거나 질리거나 울화통이 치밀 때, 어떻게 하고 있죠? 거친 말로 시작된 싸움은 웬만해선 회복되지 않으며, 대개 시간이 지나는 사이에 이 거칠게 시작하기가 건강하지 못한 관계에 이르는 계기가 되기도 합니다.

연구를 통해 이런 사실을 깨달은 저희는 거칠게 시작하기를 '부드럽게 시작하기'로 바꾸기 위한 실질적인 개입법을 만들어야겠다고 느꼈습니다. 싸움의 첫 몇 분간 지켜야 할 확실한 지침을 마련해, 커플들이 갈등과 더불어 함께할 미래를 위해 긍정적 결과를 끌어내는 데 가능한 한 최선의 시도를 할 수 있게 해주고 싶었습니다.

저희는 수학에서 박사학위를 받은 후 사회심리학에서 또 하나의 박사학위를 취득한 러시아계 미국인 학자 아나톨 라포포트(Anatol Rapoport)의 연구로 관심을 돌렸습니다. 라포포트는 수학과 인간 행동이 만나는 렌즈를 통해, 시급하면서도 시대를 막론해 시의적절하게 다가오는 의문에 연구의 초점을 맞추었습니다. '어떻게 해야 국

가들 간에 평화로운 관계가 이루어질까?'

이 의문은 우리에게도 시급한 문제였습니다. 어떻게 해야 커플들이 서로 평화롭게 지낼 수 있을지를 알아내야 했으니까요. 여기에서 평화는 세계 무대에서의 평화가 아니라 가정에서의 평화이지만, 알고 보면 국가들이나 커플들 사이에는 유사점이 많습니다. 이는 서로 최선의 소통을 나눌 수 있는 방법에서도 마찬가지입니다.

라포포트는 국제적인 외교관들을 연구하며, 독보적 성공을 거두는 외교관들이 어떤 식으로 활동하는지를 특히 유심히 살폈습니다. 이 외교관들은 다른 국가들과의 소통과 협력을 어떻게 다룰까? 특히 해당 국가가 문화적 관습이 다르거나, 목표와 관점이 상반되거나, 심지어 그 국가에 대해 적대감이 있는 경우엔 어떻게 할까?

라포포트는 외교의 달인들을 관찰하며 분석했고, 훗날 존도 바로 이 방식대로 사랑실험실에서 사랑의 달인들을 살펴보았습니다. 라포포트가 이렇게 분석해 본 결과, 독보적 성공을 거두는 협상가들은 문제점이나 불만 사항을 제기할 때 아주 특별한 방법을 활용하는 것으로 나타났습니다.

- 탓하지 않기
- 비난하지 않기
- 경멸하지 않기

이런 방법으로 상대방의 방어적 자세를 불식시켰습니다. 상대방은 메시지를 더 잘 받아들였고 그에 따라 그 교류에서 긍정적 결과

를 얻어낼 성공률이 크게 높아졌습니다.[4]

저희가 사랑실험실로 다시 관심을 돌려 봤더니 남달리 성공적인 커플들도 성공률 높은 외교관들과 똑같았습니다. 할 말이 있으면 탓하기나 비난, 경멸의 표현 없이 이야기를 꺼냈습니다.

어떻게 그러냐고요? (화난 상태에서 나오기 쉬운 기본값대로) 파트너와 파트너의 온갖 잘못에 대해 이야기하는 식으로 갈등거리의 첫마디를 여는 게 아니라 반대로 뒤집어서 말했습니다. 파트너의 잘못된 행동과 성격적 결함이 아니라 자기 자신과 자신의 기분에 대해 이야기하는 식으로 문제점을 꺼냈다는 말입니다. 그런 다음엔 문제점이나 상황을 사실에 입각해서 감정을 자제하며 이야기해 나갔습니다. 그리고 마지막으로 상황이 더 나아지기 위해 필요한 점을 긍정적 관점에서 밝혔습니다. 바로 이것이 싸움을 잘 시작하기 위한 기본 공식입니다.

- 내 기분이 x해.
- 문제점은 y야.
- 나에겐 z가 필요해.

아주 간단하지만 매우 효과적입니다. 국제적 정상회담 자리에서도 가정의 식탁에서도 두루 잘 통하는 방법입니다. 태양빛이 작렬하는 애리조나주의 하이킹 등산로에서도요.

잘 시작한다는 것

크리스틴과 스티브에게는 세도나의 절벽에 올랐던 그날이 깨달음의 순간이었습니다. 아무래도 도움을 받아야 할 것 같았습니다. 부부가 상담치료를 받으러 왔을 때 저희는 먼저 과거 이야기부터 들었습니다. 부부 사이가 어떤 상황이고 각자가 어떻게 살아왔는지를 더 온전히 이해하기 위해서였어요.

크리스틴과 스티브가 만났을 때는 두 사람 모두 기혼 상태였습니다. 둘 다 결혼생활이 위태위태했지만 어떻게 해야 할지 몰라 막막해 하고 있었습니다. 두 사람 모두 배우자와의 사이에서 외로움과 단절감을 느끼던 차였고, 새로운 사람을 찾고 있었던 것이 아니었는데도 서로에게서 짜릿한 교감과 매력을 느꼈다고 합니다.

스티브는 심장 전문의였고 크리스틴은 그의 환자였습니다. 처음으로 전화번호를 주고받았을 때는 의사와 환자 사이의 의례적 차원이었죠. 스티브는 급히 물어볼 일이 있을 때 연락할 수 있게 환자들에게 전화번호를 알려줄 때가 많았다고 해요. 외과의사로서 헌신적으로 일하며 환자들이 보살핌을 받고 있다는 느낌을 받게 해주고 싶어 하는 사람이었습니다.

두 사람이 처음 문자를 주고받을 때는 크리스틴의 건강에 대해서만 이야기했습니다. 그러다 서서히 달라지며 뭔가가 더 생겼습니다. 슬쩍 유혹하는 듯한 분위기가 더해졌죠.

스티브는 심장을 잘 관리하고 있는지 묻는 문자를 크리스틴에게 자주 보냈습니다. 그러면 크리스틴은 조만간 검사를 받기 위해 예약을 잡아야 할 것 같다고 답문을 보냈지요. 이후의 긴 이야기를 짧게 줄여 말하면, 결국 두 사람은 사랑에 빠졌고 각자의 배우자와 이혼한 후 결혼했습니다.

남편보다 열다섯 살 어린 크리스틴은 세 명의 어린 자녀를 데려와 같이 키웠습니다. 이후 몇 년 동안 두 사람 사이에 두 명의 아이가 생겼습니다. 사는 게 정신 없이 바쁘게 돌아가다 보니 부득이하게 각자의 역할이 따로따로 분리되는 분위기가 되어 크리스틴은 집에서 살림을 맡고 스티브는 밖에 나가 의사로서 늦게까지 열심히 일하는 생활이 이어졌습니다.

사실 세도나로 휴가를 가기 한참 전부터 부부싸움이 터졌고 매번 (적어도 스티브의 관점에서 볼 때는) 크리스틴이 갑자기 스티브에게 울분을 터뜨리면서 험하게 시작되는 것 같았습니다. 그러면 스티브는 매복 공격을 받은 기분이 들면서 신체적·인지적·감정적 홍수가 일어나 대화의 문을 닫았습니다. 그 방법 외에는 크리스틴을 상대할 방법이 없을 것 같았다고 합니다.

한편 크리스틴의 관점에서 보면, 싸울 때 그런 식이 아니면 어떻게 자신을 표출해야 하는지를 정말 몰랐습니다. 딸을 업신여기며 꼬치꼬치 잔소리를 하던 싱글맘 밑에서 외동딸로 자랐던 터라 친한 사람을 그런 식으로 대하는 게 어느 정도는 정상처럼 여겨졌습니다.

크리스틴의 말을 들어보니 어머니가 감정적으로 아주 과장된 사람이기도 했습니다. 무슨 일이든 큰일이 난 것처럼 호들갑이었고, 매사에 도가 지나칠 만큼 과장된 반응을 보였습니다. 심지어 딸이 반응을 보이며 자신에게 관심을 갖게 만들려고 갖은 애를 다 쓰며 툭하면 이런 말도 했다고 합니다. "내가 죽어야 그때 가서 네가 후회하겠지!"

한번은 크리스틴이 학교에 갔다 집에 왔더니 어머니가 바닥에 누워 있고 집 안 여기저기에 핏자국이 묻어 있었습니다. 그래서 어머니가 죽은 줄 알고 철렁했는데, 알고 보니 피가 아니라 케첩이었습니다. 그때 어머니는 주방 바닥에서 몸을 일으키며 이렇게 말했습니다. "이제는 내가 너에게 얼마나 중요한 사람인지 알겠지!"

세도나에 갈 무렵, 크리스틴은 과장된 행동이나 과잉 반응의 기미가 있으면 뭐든지 아주 민감하게 반응했습니다. 하이킹을 간 날에도 남편의 말을 민감한 필터로 걸러서 들어, 남편이 과장된 행동을 하면서 별일도 아닌 일로 문제를 만들고 있다고 여겼습니다. 그리고 (자신의 관점에서 볼 때 아무 이유도 없이) 남편이 정상까지 같이 가지는 않겠다고 하자 마음 깊이 묻혀 있던 버림받은 느낌과 좌절된 꿈이 건드려졌습니다. 자신과 모험에 나서줄 사람이자 함께 세상을 탐험할 동반자로 여겨왔던 남편이, 자신의 손을 잡고 가기를 거부하자 참담하게 거절당한 느낌이었습니다.

스티브는 등산로에서는 결코 과장이 아니라, 정말로 잘못될까 봐 무서웠다고 말했습니다. 자신이 심장 전문의가 된 이유 중에는 타인의 목숨을 구하고 싶다는 생각도 있었다며 10대 시절에 겪은 일을 이야기해 주었습니다. 배에서 떨어지는 아이를 직접 보았다고요. 사람들이 구하려고 나섰지만 아무도 아이를 구하지 못했다고요. 이후 의료계에 발을 들이게 되었을 때는 회복할 가망이 없는 치명적 심장 마비를 급작스럽게 겪는 환자들을 본 적도 많았답니다.

이런 경험이 그의 내면에 서서히 스며들어 생명이 얼마나 연약하고 쉽게 꺼질 수 있는지를 의식하게 되었습니다. 자신이나 자신이 사랑하는 사람들의 운명과 취약성을 마음 깊이 의식하면서 위험해 보이지 않는 순간도 자칫 비극으로 바뀔 수 있다는 걱정을 잘 놓지 못했습니다.

그러다 보니 매사에 조심하고 신중을 기하며 위험과 보상을 진지하게 비교했습니다. 아내와 아이들에 대해 책임감을 많이 느끼기도 했습니다. 자신에게 무슨 일이 생기면 금전적으로나 가정적으로 의지할 사람 없이 외로운 신세가 될 것이라는 생각을 늘 달고 살았지요.

알고 보면 이렇게 여러 가지 문제들이 얽혀 있습니다! 이런 문제들이 3분 내에 해결될까요? 당연히 아닙니다! 하지만 아주 다행스럽게도, 그럴 필요도 없습니다.

잊지 마세요. 우리의 목적은 영속적인 문제들을 해결하려는 게 아닙니다. 이 커플의 경우 바로 이 문제가 영속적인 문제입니다. 크리스틴은 위험을 감수해야 하는 모험 욕구를 수시로 느낄 테고, 스티브는 위험을 질색하는 경향이 더 강해 언제나 신중을 기할 겁니다. 저희의 목적은 두 사람의 차이점을 해결하는 것이 아니라, 크리스틴과 스티브가 마음을 열고 서로의 희망과 두려움을 털어놓으며 잠재된 과거 경험으로부터의 촉발제를 공유하게 해주는 것입니다.

서로를 더 잘 이해하고 나면 탐험과 모험의 동반자가 될 방법을 찾을 수 있습니다. 300미터 높이의 가파른 길을 오르지 않고도 모험을 즐길 만한, 창의적인 방법들은 얼마든지 있습니다. 하지만 이 모든 것은 두 사람이 논의를 시작하는 방식에 달려 있습니다.

저희는 크리스틴과 스티브에게 가장 먼저 다음과 같은 질문부터 던졌습니다. "실망스럽고 비참해서 아주 부정적인 기분이 들 때는 어떻게 말하세요?"

저희는 그 등산로에서 스티브가 느꼈던 기분을 되짚어봤습니다. 크리스틴이 느꼈던 기분도요. 서로서로 말을 잘 들어주는 일이 얼마나 중요한지도 이야기해 주었습니다. 자신의 욕구를 비난과 경멸의 말로 표출하면 상대가 그 이야기를 잘 들어주지 못하게 막는 셈입니다.

크리스틴은 따질 게 있을 때는 비난의 말부터 던지는 습관이 깊이 배어 있었습니다. 비난이 그녀의 언어나 다름없었습니다. 저희가 그 학습된 언어를 새로운 언어로 바꿔줘야 했습니다. 두 사람에게는 절벽에서의 싸움을 재현하며 그때의 생각과 느낌을 똑같이 떠올려 달라고 했습니다. 스티브의 두려움, 크리스틴의 원망과 격분을 그대로 떠올리되 이번에는 세차게 소용돌이치는 감정들에도 불구하고 자신의 감정과 욕구에 초점을 맞추면서 경멸이나 비난의 말 없이 문제점을 *끄집어내보라고요.*

크리스틴은 한번 심호흡을 한 후 남편에게 말했습니다.

"나와 함께 이 등산로를 올라가고 싶지 않다는 게 너무 실망스럽네. 다음 모퉁이를 돌면 보게 될 전망을 기대하며 잔뜩 설레었단 말야. 당신이랑 같이 보고 싶었는데. 둘이 함께 모험을 즐겨봤으면 하는 게 내 소원이야! 나에겐 이런 순간이 정말 소중하다고……."

말이 술술 이어진 건 아니었지만 그렇게 부드러운 첫마디로 말문을 열자 감탄이 나올 만큼 큰 변화가 일어났습니다. 스티브가 아내에게 방어가 아닌 호기심으로 반응할 수 있는 선택안이 주어진 덕분이었습니다.

상대방의 말을 잘 들어주기

라포포트가 이 연구에서 발견한 바에 따르면, 한쪽이 문제점을 꺼내놓고 난 후 상대방에게도 결정적인 역할이 있습니다. 자신의 관점을 꺼내지 않으면서 잘 들어주는 일입니다. 그런데 사랑실험실에서 사랑의 달인들도 바로 그렇게 했습니다.

앞에서도 이야기했듯이 갈등 스타일을 막론하고 대다수 사람들은 성급히 싸움의 설득 단계로 넘어가는 함정에 빠집니다. 하지만 독보적인 성공을 거두는 외교관들이나 남달리 성공적인 커플들은 설득을 미뤄놓고 그 대신에 상대방의 불만이나 문제를 이해하는 데 집중합니다. 이 부분이야말로 라포포트의 외교관 연구에서 밝혀진 가장 중요한 대목이었습니다.

부드럽게 문제점을 꺼낸 한쪽 당사자만이 아니라 듣는 쪽 역시 뭔가를 주장하거나 논쟁하거나 따지려는 시도를 미룬 채 먼저 말하는 사람의 입장을 이해하고 있다는 점부터 상대방에게 보여줘야 했습니다. 귀담아 말을 들어주고, 혹시 이해가 잘 안 되는 점이 있으면 질문도 한 후에, 말하는 사람의 관점을 요약 정리해 자신이 그 문제를 제대로 이해했는지 확인하기까지 했습니다.

글쎄, 그야 당연한 거 아닌가? 이 사람들은 외교관이잖아. 그게 외교관이 하는 일이지! 이런 생각이 들지도 모릅니다. 하지만 저희는 사랑실험실의 커플들 중 오랫동안 만족스러운 관계를 이어온 커플들에게서도 똑같은 행동 패턴을 발견했습니다. 갈등 과제 중에 한 파트너가 문제점을 꺼내고 나면 그 말을 듣는 상대 파트너는 다음과 같은 행동을 보였습니다.

① 자신의 관점을 꺼내지 않으면서 열심히 들어주고, 때때로 파트너가 하는 이야기의 어떤 부분을 다시 따라서 말한다("알겠어, 그러니까 내가 파티장에 당신을 만나러 가지 않고 늦게까지 일해야 한다는 문자를 보내서 정말 실망했다는 거구나……").

② 문제를 더 잘 이해하기 위해 분명히 확인하려는 질문이나 열린 질문을 한다("당신이 유독 오늘 밤에 슬픔을 느꼈던 이유가 뭘까? 다른 때는 그렇게 마음 쓰이지 않았던 것 같았는데").

③ 파트너가 만족할 만큼 문제점을 요약 정리한다. 즉, 그 요약이 맞지 않았다면 분명히 확인하기 위해 질문을 다시 한다("들어보니까 내가 일이 너무 바빠서 당신을 뒷전으로 미루어두고 있는 것처럼 느껴진다는 얘기구나, 맞아?").

④ 마지막으로, 파트너의 입장이 되어 존중의 말을 건네고 파트너의 관점을 이해하고 공감한다는 마음도 전한다. 해당 문제에 대한 파트너의 입장에 동의하지 않더라도 그렇게 해준다. 존중은 동의와는 달라서 대체로 이런 식으로 말하는 것이다("그래, 당신이 그렇게 느꼈을 게 이해되네. 내가 요즘 이런저런 약속을 취소했으니까. 그렇게 느낄 만하지").

앞 사례의 경우 이 커플은 가족과 일 사이의 균형뿐만 아니라 금전적 책임, 함께 보낼 시간, 직업적 목표 등의 사이에서도 균형을 맞출 방법을 이어서 의논할 수 있습니다. 관건은 이제 생산적인 대화를 나눌 준비가 갖추어져 어느 쪽으로든 진전을 이룰 수 있게 되었다는 데 있습니다.

따라서 문제점을 꺼낸 사람이 누구든 두 사람 모두에게 역할이 있습니다. 파트너 1의 역할은 문제점을 부드럽게 들추는 것이고 파트너 2의 역할은 제대로 잘 들어주는 것입니다. 파트너 2가 파트너 1의 관점을 이해했다는 점을 확인시켜 주고 나면 두 사람이 역할을 바꿀 수 있습니다. 이번엔 파트너 2가 자신의 관점을 말하고 파트너 1이 잘 들어주면서 자신이 파트너 2의 입장을 잘 이해했다고 확인시켜 주면 됩니다.

잊지 마세요. 어떤 갈등 스타일이더라도 우리는 문제를 제대로 이해하기도 전에 성급히 설득으로 넘어가려는 경향이 있습니다. 이런 실수를 저지르지 마세요. 서로의 관점을 먼저 이해하는 일이 최상책이라는 사실도 잊지 마세요. 지금의 단계에서는 이해하는 일만이 유일한 목표입니다. 설득은 나중 일이에요.

설득을 미루면 나타나는 효과

크리스틴과 스티브의 경우, 저희는 이런 역할을 마라톤 집중 커플 상담 과정을 통해 해보게 했습니다. 하루에 5~6시간씩 3일간 이어지는 이 상담치료에서, 크리스틴에게 주어진 목표는 문제점을 거론할 때 부드러운 첫마디로 시작하는 일이었습니다. 스티브는 아내가 문제점을 끄집어낼 때 해오던 패턴대로 방어적인 반응을 보이지 않기였어요. 방어적 반응 대신 철로 위의 기관차처럼 꼬리를 물고 이어져 있는 크리스틴의 생각을 따라가려 노력하며 받아칠 반박의 말을 생각할 게 아니라, 아내가 하는 말을 열심히 따라가야 했습니다.

크리스틴은 말이 빨랐고 생각도 빨라서 종종 무심결에 비난의 말을 내뱉어서, 줄리가 몇 번이나 말을 끊고 첫마디를 부드럽게 꺼내야 한다고 상기시켜 줘야 했어요. 이 일은 정말로 두 사람 모두에게 새로운 언어를 배우는 것과 같았습니다.

부드러운 첫마디로 시작하기가 얼핏 생각하기엔 간단해 보여도 막상 해보면 힘든 이유가 여기에 있습니다. 새로운 언어를 배우는 일은 언제나 어렵기 마련이니까요! 연습이 필요합니다. 반복과 강화훈련 없이는 할 수 없는 일입니다. 그 새로운 언어를 사용하면 바로 효과가 나타나 파트너가 방어적으로 반응하지 않습니다.

저희가 크리스틴과 스티브에게 그다음으로 하게 한 일은 호감과 존중을 쌓는 데 집중하기였습니다. 이때는 긍정적인 형용사 체크리스트를 활용해 두 사람에게 그 리스트 중 파트너의 특징을 잘 설명해 준다고 여겨지는 형용사 3개를 골라 달라고 했습니다.

크리스틴은 다음과 같은 리스트를 쭉 훑어보았습니다.

자애로운 / 세심한 / 용감한 / 똑똑한 / 사려 깊은 / 너그러운 / 충실한 / 성실한 / 강한 / 씩씩한 / 섹시한 / 과감한 / 창의적인 / 상상력이 풍부한 / 재미있는 / 매력적인 / 흥미로운 / 듬직한 / 웃기는 / 배려심 많은 / 정다운 / 체계적인 / 임기응변의 / 운동신경이 좋은 / 밝은 / 협응력이 좋은 / 품위 있는 / 쾌활한 / 자상한 / 좋은 친구 / 사람을 신나게 하는 / 검소한 / 수줍음을 타는 /

헌신적인 / 잘 동참해 주는 / 표정이 풍부한 / 적극적인 / 조심성 있는 / 내성적인 / 모험을 좋아하는 / 감수성이 풍부한 / 의지할 수 있는 / 책임감 있는 / 신뢰할 수 있는 / 사람을 잘 챙겨주는 / 따뜻한 / 남자다운 / 다정한 / 친절한 / 현실적인 / 활기찬 / 재치 있는 / 느긋한 / 아름다운 / 잘생긴 / 차분한 / 발랄한 / 좋은 파트너 / 좋은 부모 / 당찬 / 다른 사람을 보호할 줄 아는 / 기분 좋은 / 인정 있는 / 강인한 / 유순한 / 이해심 있는 / 정말로 장난스러운 / 취약성이 있는 / (이 외에도 더 생각이 나면 직접 채워보세요!)

크리스틴은 이중에서 스티브의 존경스러운 면 3가지를 남편에게 소리 내어 읽어주었습니다. '충실한, 듬직한, 성실한'이었습니다.

스티브도 크리스틴을 보며 높이 평가하는 면 3가지를 지목했습니다. '생기 넘치는, 씩씩한, 재치 있는'이었습니다.

물론 서로에게서 좋게 보는 이런 면들은 두 사람이 가진 차이점이나, 현재 겪고 있는 삶의 방식에 대한 갈등과 깊이 얽혀 있었습니다. 하지만 갈등 중에는 그저 다음의 말을 기억하고 있는 것만으로도 아주 도움이 될 수 있습니다. "우리가 충돌하는 이유는 서로의 차이 때문이지만 이런 차이는 내가 당신을 사랑하는 이유이기도 하다."

크리스틴은 이 과정을 힘들어하며 쩔쩔맸습니다. 어릴 때부터 칭찬을 듣는 일에 익숙하지 않았기 때문이었죠. 낯선 이국 땅에 와 있는 듯 안절부절못했어요. 그래서 스티브가 자신이 생각하는 아내의 긍정적인 면을 읽었을 때 그런 초조함에 대한 반사적 반응으로, 사실상 스티브를 밀어내고 말았습니다. 스티브에게 거짓말쟁이라고 말했습니다.

줄리가 끼어들어 크리스틴에게 상기시켜 주었습니다. "그런 말은 비난처럼 들려요, 크리스틴. 옛 언어를 쓰는 거예요. 이럴 땐 그렇게 말하지 말고 부드러운 첫마디로 시작해 보는 게 어떨까요?"

크리스틴은 스티브에 대해서가 아니라 자신에 대해 말하기 위해 자신의 마음을 좀 더 깊이 파고들어야 했습니다. "나에겐 그런 말을 듣는 것도, 당신의 그 말을 믿는 것도 너무 힘든 일이야. 어머니는 나를 조종하고 싶을 때 말고는 나에 대해 좋은 말을 해준 적이 없거든. 그래서 당신의 칭찬을 진짜라고 믿기가 정말 힘들어."

스티브는 처음엔 크리스틴의 말에 맞받아치며 거친 반응을 보였습니다. 일종의 방어였습니다. "허, 나는 뭐, 당신을 믿는 줄 알아?" 하고 쏘아붙이며 빈정거렸습니다. "나를 '듬직한' 사람이라고 생각한다면 그렇게 막 대할 리가 있겠어?"

저희는 스티브에게 지금 방어적인 기분에 빠져 있으니 방어적으로 나가기보다 "내가 방어적인 기분이 들어서 그러는데 다른 식으로 말해 주면 안 될까?"라는 말을 해보라고 지적해 주었습니다. 이런 식으로 화해 시도를 하며 크리스틴에게 또 한 번의 기회를 주는 편이 '공격 대 방어'를 주고받는 싸움으로 치닫는 것보다 더 좋다고요.

크리스틴에게도 불쑥 거친 말을 내뱉은 걸 깨달으면 그 실수를 인정하고 다시 노력해 보라고 말해 주었습니다. 이렇게 말하면서 화해를 시도하면 됩니다.

"어머, 내가 잘못 말했네. 다시 말해 봐도 될까?"

우리는 인간이기에 실수하게 마련입니다. 잘 싸우고 있을 때조차 엉망이 되어 감정적으로 변할 수 있습니다. 관건은 완벽해지는 것이 아니라 이런 불가피한 실수를 인정하고 빠르게 수습해 곧바로 바른 궤도로 돌아가는 일입니다. 이런 연구를 한 저희 두 사람도 여전히 싸움을 하다 이런 실수를 저지릅니다! 그럴 땐 서로에게 호의를 보이며 다시 해볼 기회를 주려고 최대한 노력합니다.

부드럽게 시작하기를 위한 시나리오

지금부터는 부드럽게 시작하기에 대해 더 자세히 들여다봅시다. 커플들이 부드러운 첫마디로 불만거리를 꺼내는 연습을 하면 정말 큰 변화가 생깁니다. 잊지 마세요. 96퍼센트의 경우는, 싸움을 시작하는 방법을 보면 그 싸움이 어떻게 끝날지뿐만 아니라 앞으로 몇 년간 그 관계가 어떻게 될지까지 예측됩니다.[5] 긍정적으로 시작하기를 하면 시간이 지나면서 관계가 더 순탄하고 안정적으로 다져지는 데 도움이 됩니다.

다음은 부드럽게 시작하기의 활용을 위한 기본적인 시나리오입니다. 당신의 상황에 맞춰 활용하되 이 기본 공식에서 벗어나면 안 됩니다.

"[어떤 상황/문제]에 대해 나는 [이런] 감정이 들어서 [이렇게] 해주길 원해(긍정적 욕구)."

그러면 이 공식을 활용한 몇 가지 예를 살펴보도록 하죠.

거칠게 시작하기 "당신 또 돈을 왜 이렇게 많이 썼어! 애써 번 돈을 무책임하게 펑펑 쓰는 그 버릇은 대체 언제 고칠 거야?"

부드럽게 시작하기 "이번 달 우리 집 생활비 문제로 내가 정말 스트레스 받아(감정). 이번에도 또 부족하게 생겼어(상황). 우리 같이 앉아서 지출을 좀 줄일 방법을 생각해 보면 안 될까(욕구)?"

거칠게 시작하기 "당신 또 나가게? 대단하셔. 나는 또 집에 혼자 있겠네."(빈정거리는 어조로) "나 혼자 참 재미있겠다!"

부드럽게 시작하기 "저기, 내 말 좀 들어봐. 할 얘기가 있어. 지난주 일이 계속 마음에 걸려서 그래. 당신이 집으로 바로 퇴근하지 않고, 밖에서 친구들을 만났던 그 일 말이야. 그래, 그날 내가 그래도 된다고 말은 했지만 왠지 계속 내 마음이 안 좋아. 어쩐지 거부당한 느낌이 들고 외로워(감정). 요즘에 우리 둘만의 시간을 별로 갖지 않아서 그런 것 같기도 해(상황). 오늘 저녁에는 일 끝나고 바로 집으로 올 수 있을까? 당신과 같이 있고 싶어(욕구)."

거칠게 시작하기 "크리스마스를 또 당신 엄마 집에서 보내기로 했다니 정말 믿을 수가 없네. 당신은 어머님이 그러라면 뭐든 다 '네네' 해버리지. 크리스마스 연휴를 우리 부모님 집에 가서 보내는 일은 평생 없을 것 같네. 당신한테는 당신 가족만 중요하니 말야."

부드럽게 시작하기 "자기야, 미안하지만 나는 아직도 너무 답답해(감정). 어머님이 우리한테 이번에도 크리스마스 때 집에 와서 같이 보내자고 채근하셨잖아(상황). 그런데 나는 여태 우리 가족과는 크리스마스 연휴를 같이 보내지 못한 게 서운해(또 하나의 감정). 올해는 우리 부모님 집에 갈 수 있게 다시 어머님한테 가서 못 간다고 잘 말씀드려 줄 수 있을까? 그러면 당신이 정말 내 편처럼 느껴질 것 같아(욕구)."

지금까지의 예들을 잘 보면 저마다 내용, 스타일, 표현 방식은 다르더라도 부드러운 첫마디의 기본 규칙은 여전히 다음과 같이 똑같습니다.

① 파트너를 비난하거나 탓하지 않으면서 문제점을 이야기한다. 파트너에 대해서가 아니라 상황에 대해 말한다.
② 당신 자신과 당신의 감정에 대해 이야기한다.
③ 당신의 긍정적인 욕구를 밝히며 파트너가 이 상황이 더 좋아지도록 돕기 위해 해줄 수 있는 일을 알려준다. 단, 이때는 부정적인 욕구에 매달리거나 파트너가 못 해줄 만한 일을 나열하지 말고, 파트너가 당신을 위해 제대로 능력을 발휘해 줄 수 있는 방법을 구체적으로 말해 준다.

이 3가지만 지키면 부드러운 첫마디를 잘할 수 있습니다. 그리고 마지막으로, 다음도 잊지 마세요. 쌓아두었다 한 번에 터뜨리지 말 것. 설거지감 몰아넣기는 금물!

이는 파트너에게 앉아보라고 말하고는 그동안 쌓였던 문젯거리를 떠안기지 말라는 말입니다. 그것이 반복되는 패턴으로 일어나는 문제점이더라도 지금의 상황에만 집중하세요.

'당신은 항상'이나 '당신은 한 번도'라는 말은 쓰지 마세요. 이런 말도 비난처럼 들리는 표현입니다. 그런 말로는 갈등의 해결에서 한 발짝도 나아가지 못합니다.

파트너의 말을 잘 들어주기 위해서 지켜야 할 것들

- 당신의 관점을 밝히는 건 나중으로 미뤄두고 그냥 들어준다.
- 듣다가 이해가 안 되는 부분이 있으면 물어보되, 더 잘 이해하는 데 도움이 되는 질문만 한다.
- 파트너의 감정, 문제, 욕구를 파트너가 만족할 만큼 정리해 되짚어 준다.
- 진심이 담긴 존중의 말을 해준다.

부드럽게 시작하기를 쓰는 커플들은 성공적인 관계를 이룰 가능성이 훨씬 더 높습니다. 여기에서 말하는 '성공'은 계속 같이 사는 것만이 아니라 아주 높은 수준의 행복과 만족을 누리기도 한다는 의미입니다.

하지만 이것도 알아두세요. 어떤 사람이 사랑의 달인이 될지 역시 같은 비율로 예측됩니다. 바로 부드럽게 시작하기가 어떤 커플이 장기적으로 성공적인 관계를 이어갈지를 가늠하는 강력한 척도입니다.

보편적으로 사랑의 달인들은 화가 나 있을 때조차 다정한 말로 말문을 엽니다.

갈등 스타일에 따라 참아야 하는 말

부드럽게 시작하기도 갈등 스타일에 따라 서로 달라지는 게 아니냐고요? 물론 그렇겠지만 기본 원칙은 여전히 똑같습니다. '나는 y한 상황에 대해 x한 기분이고 z가 이 상황에서 나에게 필요한 거야'라는 공식은 어떤 스타일이든 마찬가지입니다.

단지 파트너가 어떤 갈등 스타일을 편안해 하느냐에 따라 말하는 강도가 다르긴 합니다. 발끈형인 사람이라면 비교적 더 강하고 더 격한 어조로 말할 테고, 회피형 파트너는 말을 삼가려 하면서 더 조심스럽게 말하겠지요. 또 수긍형은 문제해결 모드로 더 빠르게 넘어갈 테고요. 그러니 다음도 참고해 두세요.

발끈형이 참아야 할 말 "뭐? 아직도 이 고지서를 납부하지 않았다고? 내가 어쩌다 지구에서 가장 무책임한 사람과 결혼을 했을까!"
발끈형에게 권할 만한 부드러운 첫마디 "난 우리 집의 돈 나가는 상황을 생각하면 정말 답답해. 또 청구서를 연체했잖아. 제발 우리가 그러기로 한 대로 당신이 공과금을 제때 내주었으면 해! 어떻게 하면 좋을까?"

회피형이 참아야 할 말 "음, 또 청구서가 여기에 그대로 있네." 아니면 아무 말도 안 한 채 스트레스를 받으며 걱정함.
회피형에게 권할 만한 부드러운 첫마디 "청구서가 아직 그대로 있는 걸 보니 초조해지네. 괜찮다면, 당신이 이 청구서를 납부해 주면 좋겠어. …… 그래 줄 수 있겠어?"

수긍형이 참아야 할 말 "이번에도 청구서를 납부하지 않았네. 당신이 우리 신용도를 완전히 망치고 있다는 거 알지?"

수긍형에게 권할 만한 부드러운 첫마디 "이번에도 청구서가 제때 납부되지 않은 걸 보니 답답해져. 이러면 우리 신용도에 안 좋을 수 있어. 지난번에 이 문제로 얘기했을 때 당신은 청구서를 잘 챙겨서 내고 나는 병원 예약을 맡기로 했던 거 기억나? 오늘 밤에는 내가 아이들을 재울 테니 그 사이에 이 청구서를 처리하는 게 어때, 괜찮아?"

갈등 스타일이 서로 다른 경우에는 신호를 놓칠 가능성이 더 높습니다. 회피형 파트너는 부드러운 말이라도 발끈형의 첫마디를 거친 말로 여길 수 있습니다. 그 말이 부드러운 첫마디 규칙을 아주 철저히 따랐더라도 격한 감정이 담겨 있기 때문이죠.

따라서 당신과 파트너가 어떤 갈등 스타일에 속하든 이런 스타일의 부조화가 있을 경우엔 자신이 방어적인 기분이나 공격받는 느낌을 느끼고 있는지 유심히 짚어보며 이렇게 물어봐야 합니다. 저 말에 정말로 경멸이나 탓하기나 비난이 담겨 있는 걸까? 당신이나 파트너가 유독 감정적인 말을 자주 하는 편이라고 해도 비난과 탓하기를 삼가려 조심한다면 부드러운 첫마디의 효과는 여전히 통할 수 있습니다.

파트너에게 거칠게 시작하기로 말을 꺼내는 게 아주 몸에 밴 사람들은 가끔 그런 식으로 말하는 것을 '그냥 솔직해서' 그렇다거나 '진솔해서' 그러는 거라며 정당화합니다. 그런 사람들에게 저희는 이렇게 말해 주고 싶어요.

저희가 하고 싶은 말은, 솔직해지면 안 된다는 게 아닙니다. 파트너의 잘못을 늘어놓을 게 아니라 당신의 감정에 집중해서 훨씬 더 솔직해지길 바라는 것입니다. 불만거리들을 열거하는 행동으로 자신의 입지를 굳히려 하지 마세요. 파트너가 원래부터 문제 있는 사람인 이유를 찾아내려 하지 마세요. 파트너가 가진 인격적 결함만 보려고도 하지 마세요.

이쯤에서 이런 생각이 들지도 모르겠습니다. '하지만 내가 잘못을 지적해 주지 않으면 파트너가 어떻게 좋아지지?'

그 답이 궁금한가요? 파트너가 더 좋은 사람이 되는 것은 당신이 할 일이 아닙니다. 오로지 파트너가 할 일이에요. 당신이 할 일은 당신이 할 수 있는 한 최고의 당신이 되는 일입니다. 갈등 중에도 더 다정히 대하면 파트너도 더 잘 협조할 거예요. 서로 윈윈입니다.

더 부드럽게!

이번엔 당신이 거칠게 시작하기를 더 부드럽게 가다듬어 잘 말할 수 있는지 알아볼 차례입니다. 지금부터 부드럽게 시작하기를 연습하기 위한 몇 가지 상황을 제시해 드리겠습니다. 여기에서 제시하는 문제에는 맞는 답이 수두룩합니다! 저희는 실제로도 사람들이 온갖 창의적인 방법으로 말을 부드럽게 바꿔서 하는 모습을 쭉 봐왔습니다. 약간의 유머를 곁들이면 큰 도움이 된다는 점도 명심하세요. 단, 빈정거리는 투가 아니라 진심이 담긴 유머여야 해요.

예전의 한 워크숍에서 저희는 그 자리에 모여 있는 커플들에게 정말로 잠자리가 갖고 싶지만 파트너에게 거부당하고 있다는 기분이 든 배우자가 내뱉은 다음의 거칠게 시작하기를 어떻게 바꾸겠냐고 물었습니다. "이제는 나랑 살이 닿기도 싫지! 당신도 당신 어머니랑 똑같이 차가운 여자인 것 같아."

그때 한 워크숍 참가자가 손을 들어 이렇게 말하면 어떻겠냐고 의견을 냈습니다. "내가 지금 몸이 막 달아오르는걸. 위층에 올라가서 뜨밤을 보낼까 하는데 같이 안 갈래?"

자, 이번엔 당신이 해볼 차례입니다. 다음에 제시된 거칠게 시작하기를 부드러운 말로 바꿔보세요. 어떤 상황에 이어, 파트너에게 이 문제를 꺼낼 만한 거칠게 시작하기가 제시됩니다. 이것은 당신이 머릿속에 처음 퍼뜩 떠오른 충동에 따를 경우에 특히 '악마의 속삭임에 홀딱 넘어가버리는' 버전의 말입니다. 하지만 지금은 당신이 일시정지를 걸어놓고 충분히 생각하면서 부드럽게 시작하기로 말을 꺼내겠다고 생각을 고칠 기회가 있습니다. 당신이라면 어떻게 바꿔 말할 건가요?

상황 파트너가 차를 몰아 진입로로 들어옵니다. 당신은 차의 앞 범퍼에 찍힌 자국과 문짝에 쭉 그어진 스크래치를 알아봅니다. 순간 혈압이 확 오릅니다. 불과 2주 전에 당신과 파트너가 스쿨존에서 과속을 하다 현장에서 걸려 큰 액수의 벌금을 내야 했던 일이 떠오르며 또 돈이 나갈 생각에 답답해졌습니다.

거칠게 시작하기 "차 꼴이 이게 뭐야? 또야? 당신이 차를 함부로 몰고 다니는 바람에 돈이 얼마나 많이 들어가는지 알아?"

생각해 볼 점 파트너는 이 말에 어떻게 대답할까요?

당신의 부드럽게 시작하기

_____

_____

_____

상황 당신이 저녁을 준비하는 동안 파트너가 아이들의 숙제를 도와주고 있습니다. 수학 숙제를 풀고 있는 소리가 들려오는데 잘 안 되는 모양새입니다. 딸이 울음을 터뜨리고 파트너는 답답해 하며 집중하지 않으면 숙제하는 걸 그만 돕겠다고, 낙제점을 받아도 신경 쓰지 않겠다고 화를 냅니다.

거칠게 시작하기 "애한테 그렇게 무서운 아빠처럼 굴면 어떻게 해. 당신 부모님이 당신을 망쳐놓은 것처럼 당신도 우리 딸을 망쳐놓고 싶은 거야?"

생각해 볼 점 파트너는 이 말에 어떤 반응을 보일 것 같나요?

당신의 부드럽게 시작하기

_____

_____

_____

상황 파트너가 회사에서 지옥 같은 하루를 보내고 언짢은 기분으로 집에 옵니다. 저녁 내내 냉장고 문을 왜 그렇게 오래 열어놓느냐는 둥

별것도 아닌 일들로 사사건건 시비를 걸며 당신에게 화를 냅니다.

거칠게 시작하기 "왜 자꾸 나한테 그렇게 막 하고 그래? 오늘 저녁 당신은 괴물이 따로 없어!"

생각해 볼 점 파트너는 이 말에 어떻게 반응할까요?

당신의 부드럽게 시작하기

가능하다면 파트너와 함께 해보면서 답을 상의해 보세요. 각 사례마다 거칠게 시작하기를 들은 파트너의 반응이 어떨지, 부드럽게 시작하기로 어떻게 바꿔 말할지를 같이 생각해 보세요.

감정과 욕구를 말로 어떻게 표현하면 좋을지 잘 생각나지 않으면 다음의 표를 보면서 감정 칸의 항목과 욕구 칸의 항목 중에서 각 상황에 맞는 표현을 골라 쓰거나 수정해서 활용해 보세요. 파트너와 얘기하고 싶은 실제 문제를 꺼내려 할 때도 이 표를 활용하길 권합니다.

저희의 무료 모바일 앱인 '가트맨 카드 덱스(Gottman Card Decks)'에 들어오면 이 리스트의 확장판도 볼 수 있습니다.

내 기분은 ……	나에게 필요한 것은(내 욕구는) ……
• 버림받은 기분이야	• 당신의 생각을 알고 싶어
• 두려워	• 당신과 대화하고 싶어
• 무서워	• 당신이 나에게 하루를 어떻게 보냈는지 물어봐 주는 거야
• 화가 나	
• 창피해	• 떨어져 있다 다시 볼 때 따뜻하고 다정하게 대해주는 거야
• 경시되는 것 같아	
• 뒤통수 맞은 기분이야	• 내가 해야 할 얘기가 있을 때 당신이 핸드폰을 내려놓고 들어주는 거야
• 승부욕이 일어나	
• 갈등이 일어나	• 당신이 나한테 보기 좋다고 칭찬해 주는 거야
• 당황스러워	
• 짓밟힌 기분이야	• 당신이 날 자랑스럽게 느낀다는 걸 아는 거야
• 패배감이 들어	
• 자포자기의 심정이야	• 내가 먼저 집에 오면 잠깐 조용한 시간을 갖는 거야
• 지긋지긋해	
• 당신과 멀어져 있는 기분이야	• 내가 화가 나 있을 때 당신이 내 말을 잘 들어주는 거야
	• 매주 데이트하는 거야
• 불신감이 들어	• 당신이 집안일을 더 많이 분담해 주는 거야
• 부끄러워	
• 너무 분해	• 당신이 화가 나 있을 때 말을 차분히 하는 거야
• 미칠 것 같아	
• 답답해	• 내가 고생하는 걸 인정해 주는 말을 듣고 싶어
• 분통이 터져	

- 상처받은 기분이야
- 어떤 감정인지 모르겠어
- 속에서 불이 나는 것 같아
- 충격적이야
- 스트레스 받아
- 놀랐어
- 마음을 졸이고 있어
- 속상해
- 걱정스러워
- 거부당하는 것 같아

- 당신이 나를 섹시하게 느낀다는 걸 아는 거야
- 당신에게 애정 담긴 손길을 더 자주 받는 거야
- 당신이 내 문자에 답장해 주는 거야
- 우리 애들 얘기를 더 자주 나누는 거야
- 당신이 조언하려 들지 말고 내 말을 잘 들어주는 거야
- 당신에게 더 자주 칭찬을 듣는 거야
- 당신 가족이 나한테 뭐라고 할 때 당신이 내 편을 들어주는 거야
- 당신한테 '사랑해'라는 말을 듣는 거야

5장

공격과 방어

급발진하다가 확 마음 닫기

흔히 일어날 법한 다음의 상황을 한번 상상해 보세요. 당신이 파트너와 대화를 나누는 중이고 분위기는 차츰 신경질적으로 변해갑니다. 문젯거리는 한 사람이 돈을 너무 많이 쓴 일 때문일 수도 있고, 저녁에 뭘 먹을지일 수도 있습니다. 어느 멀고 외진 곳으로 이사를 갈지 말지를 결정하는 중일 수도 있습니다.

문젯거리가 무엇이건 간에, 그리고 처음엔 부드럽게 말을 시작했더라도 어느새 그 대화가 신경전을 벌이는 상황에 이릅니다. 이제 당신은 공격받거나, 오해받거나, 냉대받거나, 화가 나거나, 궁지에 갇히거나 앞 장의 표에 묘사된 그 외의 기분 등을 느끼고 있습니다.

얼굴이 확 달아오르고 손바닥에 땀이 찹니다.

심장박동이 빨라지면서 그 소리가 다 들릴 지경입니다.

가슴이 조여오는 것 같습니다.

머리는 몽롱하고 미칠 것 같습니다. 이제는 파트너가 하는 말이 제대로 들리지도 않습니다. 이런 생각만 듭니다. 더 이상 못 견디겠어. 이 상황에서 빠져나가려면 어떻게 해야 하지? 이런 식의 대화는 더 못 하겠어.

이럴 때는 사람에 따라 어떤 거친 말을 퍼부으며 맞불 작전을 쓸지도 모릅니다.

파트너가 던지는 타격을 막는 데 집중하며 당신의 입지를 굳히려할 수도 있습니다. 그래서 어떻게 말하는 게 가장 좋을지는 고사하고 하고 싶은 말이 뭔지조차 생각할 틈도 없이 방어에 몰두합니다.

아니면 완전히 마음을 닫을 수도 있습니다. '계속 이야기해 봐야 무슨 소용이람? 더 나빠지기만 할 텐데' 하는 생각이 들어 입을 다물고 몸을 웅크리거나 고개를 돌린 채로 파트너의 말이나 행동에 반응하지 않으면서 파트너를 없는 사람처럼 대합니다. 이 교류를 끝내고 싶어 합니다! 말하자면 담쌓기(stonewalling)를 하며 파트너의 공격으로부터 자신을 보호하기 위해 담처럼 되어가는 것입니다. 그 것만이 유일한 선택안인 것처럼요.

지금까지 살펴본 모든 반응에는 보편상수가 있습니다. 바로 '홍수(flooding)'입니다.

'홍수'가 뭘까?

홍수는 우리가 파트너와 갈등을 벌이던 중 파트너의 부정성에 대한 반응으로 우리 자신이 신경계로부터 장악당해 주체하지 못하게 되는 상태입니다. (홍수는 감정뿐만 아니라 인지적 및 신체적으로 과각성 상태에 빠지는 것입니다.)

홍수가 일어나면 그 생리적 효과는 즉각적으로 나타납니다. 심장박동수가 정상 수치인 76bpm(여성)이나 82bpm(남성) 정도에서 분당 100회 이상으로, 심하면 195회까지도 치솟습니다. 부신이 생존 상황에 대비하기 위해 경계 태세에 들어가 혈액으로 스트레스 호르몬을 분비합니다. 사냥의 표적이 된 동물처럼 우리는 싸우거나 도망치거나 얼어붙는 모드에 들어가서 이제는 이성적이거나 감정이입적인 정신 작용보다 마구 뛰는 심장과 혈관으로 분출되는 코르티솔과 아드레날린의 통제를 더 받습니다. 몸이 극도의 공포 반응 상태가 되어 바로 앞에 있는 파트너와 차분하고 온정적인 대화를 갖는 게 아니라 호랑이에게서 도망가기 위해 우리의 신경계를 신속히 준비시키는 것입니다.

저희가 사랑실험실에서 커플들을 지켜본 것처럼, 커플 사이에 홍수 상태가 나타날 경우 개입해 주지 않으면 두 사람은 불화의 수순으로 나아갑니다.[1] 홍수에 빠지면 잘 싸울 수 없기 때문입니다.

홍수에 빠지는 순간 우리는 정보 처리 능력을 급속도로 잃기 시작합니다. 주의를 기울이기가 더 힘들어집니다. 상대방이 하는 말이 잘 들리지 않거나 이해할 수 없습니다. 반사적으로 반응하며 관계를 망치는 독들을 동원합니다(즉, 비판적이거나 경멸적이거나 방어적이 될 수 있습니다). 이런 상황에 이르면 대체로 파트너가 네 번째 독(담쌓기)을 사용하고 맙니다.

앞 장에서 살펴봤다시피 첫마디를 부드럽게 시작하는 것이 중요합니다. 하지만 다툼이 벌어지면 거의 매 순간이 결정의 순간이 됩니다. 상대의 말을 들어줄지 내 할 말을 할지, 자신에 대해 이야기할지 파트너에 대해 이야기할지, 어떤 어조로 말할지 등등을 계속 결정해야 합니다.

거칠게 시작하기로 말을 하면 확실히 부정적인 파문 효과가 일어나지만, 비난과 경멸은 말다툼 중에도 어느 순간이든 슬그머니 끼어들 수 있습니다. 그리고 이렇게 비난과 경멸이 끼어들면 대체로 2가지의 전형적인 대비 태세로 물러납니다.

① 공격과 방어식의 힘겨루기를 기본값으로 설정하기 : 파트너가 적이 됨.
② 마음을 닫기 : 파트너가 남이 됨.

이렇게 양극화된 자세에서는 더 이상 서로에게 다가갈 수 없습니다. 더는 들어주지도, 알아주려고도 하지 않고, 그 갈등의 숨겨진 원인을 파고들 수도 없습니다. 한 파트너가 제안이나 양보를 해도, 다시 말해 '화해 시도'를 해도 상대 파트너가 받아들이지 못합니다.

화해 시도는 싸우는 중에도, 또 싸우고 난 후에도 두루 효과가 있습니다. 사랑의 달인들이 관계의 폭탄들과 구별되는 주된 특징이 바로 '화해'입니다.[2] 잊지 마세요. 달인들도 다른 커플들 못지않게 많이 싸우지만 싸우는 중에 화해하는 법을 잘 알기도 합니다. 하지만 한창 다투다가 화해 시도를 하려면 건강하고 온정적인 교류의 궤도에서 벗어났다는 사실을 인정해야 하는데 홍수 상태에서는 자신의 실수를 인정하기가 정말로 힘듭니다.

수많은 커플이 홍수에 영향을 받습니다. 저희가 최근에 벌인 세계적인 조사에서도 성적 지향을 막론하고 전체 커플 중 무려 97퍼센트가 주된 어려움으로 홍수를 꼽았습니다.[3] 그러니까 싸움 중의 이런 감정적이고 생리적인 반응이 전적으로 정상이라는 말입니다.

우리가 싸움을 벌이는 문제는 우리에게 아주 중요합니다. 그러니 이런 반응은 자신에게 정말로 중요한 문제로 싸울 때 우리의 몸과 마음이 반응하는 자연스러운 방법입니다. 다만 협력을 이어가고, 긍정성을 지키고, 4가지 독을 피하며 잘 싸울 수 있길 바란다면, 다툼 중에 이렇게 스스로를 주체하지 못하는 순간을 잘 다뤄 더 좋은 자신이 될 수 있는 방법을 배워야 합니다.

앞에서는 첫마디를 꺼낼 때 올바른 궤적에서 시작하는 방법을 알아봤다면, 이번에는 그 올바른 궤적에서 이탈하지 않는 방법을 알아볼 차례입니다.

홍수에 빠진 두 커플

우선 두 쌍의 다른 커플이 벌이는 싸움을 살짝 보여드리겠습니다. 두 커플의 다툼거리는 서로 달라도 크게 다릅니다. 한 커플은 심각한 관계의 위기에 직면해 결혼생활을 계속 이어갈지 말지까지 생각하는 지경에 와 있습니다. 또 다른 커플은 아주 사소하고 일상적인 문제를 놓고 뜻밖에 터진 싸움으로 가시 돋친 말들을 주고받습니다. 하지만 두 커플 모두 홍수로 타격을 받고 있습니다.

커플 1 스탠과 수전

스탠과 수전은 뭐 하나 부족할 게 없어 보이는 커플입니다. 현재 스탠은 프로 테니스계에서 상위권 선수로 활약하며 최고의 기량을 펼치고 있습니다. 수전은 스탠이 그저 테니스 경기에 출전하기 위해 애쓰던 떠오르는 신예 선수였을 때부터 남편을 뒷바라지해 주었고 지금은 두 사람이 이루어낸 일에 자부심을 갖고 있습니다.

스탠이 테니스 선수로서의 실력을 증명해 보이며 프로계에 진출하려고 애쓰는 동안 부부는 숱하게 이사를 다녔고, 마침내 수전이 아주 좋아하는 집과 동네에 정착했습니다. 돈 걱정을 할 일도 없습니다. 스탠을 모르는 사람이 없을 정도로 유명한 선수가 되었으니까요. 그리고 임신하기 위해 수년간 노력한 끝에, 시험관 시술을 받아 첫 번째 시도에서 임신했습니다. 쌍둥이였습니다.

이 쌍둥이가 걸음마를 뗄 만큼 커서 정말 손이 많이 갑니다. 부부의 삶은 정신없이 분주하게 돌아갑니다. 스탠은 시합 출전을 위해 전 세계를 도느라 자주 여행길에 올라야 하고 한 번 가면 몇 주 동안 집을 떠나 있어야 합니다. 그동안 수전은 아주 좋은 유모를 만나 도움을 받아가며 아이들을 돌보고 있는데, 어느 순간부터 이 유모가 스탠보다 더 공동양육자처럼 느껴질 정도입니다.

수전과 아이들은 언제나 스탠이 집에 올 날을 손꼽아 기다리지만 그렇게 기다리던 스탠이 집으로 돌아오면 이 걸음마쟁이들이 아빠의 관심을 끄느라 소리 지르고 부산을 피우는 통에 집 안이 훨씬 더 혼란스러워지기도 합니다. 밖으로 데이트를 나가면 수전은 스탠에게 두 아이가 하루하루 어떻게 커가는지 미주알고주알 알려주며 그가 그 많은 순간을 못 보고 놓치는 것에 아쉬워합니다.

그러던 어느 날 집 전화벨이 울립니다. 수전이 받자 어떤 여자의 음성이 들리면서 스탠이 집에 있는지 묻습니다.

"없는데요." 수전이 대답합니다. "탬파로 시합을 떠났지만 휴대폰으로 전화하면 통화가 될 거예요. 그런데 누구시죠?"

여자가 이름을 밝히는데 들어본 적이 있는 이름입니다. 스탠의 팀원 중에 그런 이름을 가진 사람이 있었던 것 같습니다. 스탠은 매니저, 조수, 소셜미디어 담당자 등 자신을 도와줄 사람을 몇 명 두고 있습니다. 수화기 너머의 여자는 휴대폰으로는 연락이 안 된다며 말을 얼버무리고, 수전은 그 말이 이상하게 들립니다.

"그이랑 같이 일하지 않나요?" 수전이 혼란스러워 하며 묻습니다.

여자는 전화를 끊어버립니다.

수전은 스탠에게 그 이상한 전화에 대해 이야기하다, 그 말을 들은 남편의 얼굴에 스친 표정을 단박에 감지합니다. 두려움과 죄책감의 표정을요. 수전이 스탠을 추궁하지만 그는 잘못한 일이 없다고 부인합니다. 하지만 수전이 다그치자 결국 인정합니다. 바람을 피웠고 거의 1년 동안 만났다고요. 한 시합에 갔다가 친구들을 통해 만나게 되었는데, 그 여자가 그다음 시합을 보러 비행기를 타고 와서 뒤풀이 파티까지 오게 되었다가 일이 벌어졌다고요. 그러려고 그런 게 아니었다고요. 작정하고 만난 게 아니라 그냥 잠만 자는 사이였다고요.

수전은 한 대 얻어맞은 것처럼 맥이 탁 풀립니다. 남편이 어떻게 그런 짓을 할 수 있었는지, 또 자신은 어떻게 그렇게 바보 같았는지 어이가 없습니다. 정말 현실 같지 않습니다. 이런 일은 다른 사람들에게나, TV에 나오는 사람들에게나 일어나는 일인 줄 알았는데, 자신과 스탠에게 어떻게 이런 일이 일어났는지 믿기지 않습니다!

대학교에 다닐 때 하우스 파티마다 자신을 따라다니며 댄스 플로어에서 몇 번이나 계속 '우연히' 만나면 놀라는 척했던 사람이, 갓 태어난 쌍둥이들을 안고 눈물을 흘렸던 사람이 어떻게 그런 일을……. 자신이 안다고 생각했던 모든 것이 거짓이라는 생각이 들자 자신의 온 세상이 무너지는 것 같습니다.

수전은 정말 묻고 싶습니다. '당신이 어떻게 우리한테 그럴 수 있어?'

스탠은 이미 아내의 그런 심정을 감지하고 후회와 부끄러움을 느낍니다. 하지만 그런 기분을 느끼는 게 싫습니다. 그는 그동안 자신의 행동을 정당화해 왔습니다. 아내는 나를 위해 시간을 내준 적이 없잖아. 요즘 우리는 사랑하는 사이보다는 같이 사업을 운영하는 사람들에 더 가까워. 아내는 이 일을 절대 모를 거야. 뭐, 다른 남자들도 많이 이러잖아. 별일 아니야. 나는 이래도 돼.

스탠은 아주 방어적으로 나갑니다. 수전은 남편이 얼마나 큰 잘못을 했는지도 모르는 것에 충격을 받아 이제 더 거세게 덤벼듭니다. 스탠은 참호를 파며 더 거세게 방어합니다. 아내가 자신을 따뜻하게 대하지 않는다고요. 두 사람이 이제는 관계를 갖지도 않는다고요. 항상 자신에게 마음을 닫고 있고 자신에게 관심도 없다가 이제 와서 왜 그렇게 신경을 쓰냐고요. 아내는 애들한테만 관심을 줘서 아내의 눈에 자신은 안 보이는 것처럼 여겨진다고요.

여기까지 이르자 스탠도 수전도 홍수에 휩싸이고 맙니다. 두 사람 다 심장이 마구 두방망이질치고 아드레날린이 정맥 속을 휘몰아치며 흐릅니다. 스탠은 생리적 반응이 점점 더 증가하다 수전보다 훨씬 빠르게 그 반응에 압도되어 진정이 되기까지 더 오랜 시간이 걸릴 지경에 이릅니다.

이렇게 되는 이유는 다음과 같습니다. 종족을 지키고 먹거리를 구하기 위해 위험한 동물을 사냥하는 일과 관련된 진화상의 이유로, 우리의 선사시대 남성 선조들은 몸 안이 아드레날린으로 충만해지는 반응을 빠르게 늘리고 지속시킬 수 있는 능력을 갖추는 것으로 생존적 유리함을 획득했습니다.

이런 급속도의 반응을 갖춘 사람들은 적을 더 잘 물리치고 먹거리 사냥도 더 잘한 데다, 더 잘 살아남기도 한 덕분에 이들의 유전자가 더 많이 물려졌을 테고 결국엔 오늘날의 남성들에게까지 전해졌을 것입니다. 오래도록 명맥을 이어온 싸우거나 도망치기의 반응은 스탠의 먼 선조들의 생존에는 도움이 되었을지 몰라도 지금의 스탠에게는 도움될 것이 없습니다.

"내가 뭐 하러 집에 오는지 모르겠어! 당신은 내가 있든 말든 신경도 안 쓰잖아!" 스탠이 악을 씁니다.

"당신을 만나지 않았으면 좋았을걸. 그랬다면 훨씬 더 행복했을 거야." 수전이 흐느끼며 말합니다.

며칠이 지나고, 몇 주가 지나고, 몇 달이 지나도록 스탠과 수전은 결혼 이후로 가장 심한 싸움을 이어갑니다. 어떤 문제로든 이야기만 했다 하면 극도로 신체적·인지적·감정적 홍수에 빠져 머릿속에 확 떠오르는 첫 번째의, 그리고 최악의 말을 내뱉고 맙니다. 차분하게 시작한 대화조차 급속도로 격화되어 두 신경계가 극도로 과열 상태에 치달으며 기어이 두 신경계의 주인들이 서로 소리를 지르고 격분해서 물건을 던지는 상황이 벌어집니다.

그러던 어느 날 저녁, 스탠이 유리컵을 주방 바닥으로 힘껏 내던져

산산조각이 나면서 그 파편 하나가 수전의 다리로 날아가 살이 베여 피가 납니다. 두 사람은 순간 충격을 받으며 자신들이 얼마나 통제 불능 상태에 와 있는지 깨닫습니다. 결국 부부치료를 받아보기로 합니다. 그렇게 해서 저희를 찾아왔습니다.

지금까지의 상황은 부부가 집중 부부치료를 받으러 온 이유를 설명하며 줄리에게 들려준 이야기입니다. 이런 이야기를 털어놓는 일도 이 부부는 쉽지 않았습니다. 둘 다 수차례 홍수에 빠졌습니다. 수전은 울다가 화를 내곤 했고, 스탠은 화를 내다 마음을 닫기 일쑤였습니다. 줄리가 서로 안부를 물어보라고 부탁했을 때도 부부는 다음과 같은 대화를 나눴습니다.

스탠 : 아내한테 안부를 물어보라고요? 그러죠. 음, 저기…… 어이, 오늘 기분이 어때?

수전 : (저 인간이 왜 저러나 싶은 웃음을 터뜨리며) 글쎄, 아주 엉망이지. 당연한 걸 뭘 물어?

스탠 : 그게 무슨 말이야? 당연한 걸 뭘 묻냐니?

수전 : 당신이 내 인생을 망쳐놓았다는 말이지 뭐야! 그러니 기분이 엉망일 수밖에 없지!

스탠 : 이봐, 이렇게 된 게 내 잘못만은 아니잖아. 당신이 먼저 멀어져서 그렇게 된 거라고. 당신이 더는 나한테 관심을 안 가져줘서. 제대로 아내 노릇을 안 해줘서.

수전 : 나는 쌍둥이를 둔 엄마잖아. 당신 혼자 쌍둥이들을 돌보려고 해본 적이라도 있어? 없지! 한 번도! 자기 자식인데도 말

야! 그러니까 자기가 바람 피운 탓을 나한테 돌리지 마. 그건 당신 잘못이야.

스탠 : 나도 알아! 하지만 대체 내가 몇 번이나 더 말해야 해? 미안해, 미안해, 미안하다고. 됐어? 나더러 뭘 어쩌라는 거야?

수전 : 미안해 하는 건 나도 알아. 그치만—.

스탠 : 당신은 정말 자기중심적이야. 정말로 나아지길 바라고 있지 않아. 자꾸만 내 기분을 망쳐놓으려고 하잖아. 나를 손아귀에 쥐고 통제하고 싶어 한다고.

수전 : 당신을 통제하려 한다고? 하! 당신 스스로가 자신을 통제해야 하는 게 아니고. 정말 역겨워서 도저히 여기에 못 있겠어. 나갈래. 당신 얼굴 보기도 싫어.

두 사람이 불과 몇 분 만에, 얼마나 빨리 홍수에 빠지는지 느껴지지 않나요? 이렇게 되는 게 당연합니다. 서로 비난과 경멸을 퍼부어 대고 있었으니까요.

그러면 이번엔 부부치료실에서 홍수를 일으켰지만 이 부부와는 다른 모습을 보였던 또 다른 커플 이야기를 해볼까요?

커플 2 노라와 로비

맞벌이를 하는 40대 초반의 성공한 흑인 부부, 노라와 로비는 대학생 때 캠퍼스 커플이 되어 이른 나이에 결혼했습니다. 현재 아이들은 10대가 되었지만 때때로 걸음마를 막 떼었던 때처럼 기본적인 일상생활에서 손길이 많이 필요한 애들 같답니다. 특히 아침 시간에 더하다고요.

두 녀석에게 밥을 챙겨 먹이고 아이들 각자의 학교 준비물을 등교 시간에 맞춰 챙겨주다 보면 여간 힘든 일이 아닙니다. "이러다 쟤들이 대학교에 들어가서까지도 전화를 걸어 이 닦았냐고 확인해야 하는 거 아니야?" 노라가 예전에 남편에게 이렇게 속닥거린 적도 있었는데, 그 말에 부루퉁한 얼굴로 있던 열네 살짜리 아이가 주방 건너편에서 눈을 가늘게 뜨고 쳐다봤다고 해요. (그 모습에 부부는 둘이 같이 소리 죽여 웃었다고 합니다.)

그러던 어느 날 아침, 얼마 전부터 무리하게 회사 일을 하던 노라가 몸이 아픕니다. 정말로 몸이 안 좋습니다. 대형 테크기업에서 법률 고문으로 일하고 있는데 중요한 계약 체결의 마무리 시한이 1주일도 채 남지 않은 상황입니다. 기분이 최악입니다. 머리가 지끈거리고, 몸살에 열까지 있습니다. 보통 때 같았으면 아이들보다 먼저 일어나 아이들이 아침을 직접 만들어 먹도록 접시와 스푼, 인스턴트 오트밀, 우유, 바나나 슬라이스를 꺼내 챙겨놓았을 테지만 이날은 몸 상태가 말이 아닙니다.

로비는 아프진 않지만 몸이 피곤합니다. 주말 내내 집 뒤쪽에 데크를 까느라 애썼는데, 장마철이 되기 전에 마치려다 보니 무리한 터였습니다. 몸이 쑤시고 주말을 도둑맞은 기분입니다. 하지만 그런 와중에도 노라가 몸이 너무 안 좋다고 말하자 다정하게 "좀 더 자는 게 좋겠네"라고 말해 주고는 아이들의 아침을 챙기러 나갑니다.

잠에 빠져든 노라는 얼마쯤 후에 로비가 방 안으로 머리를 불쑥

들이밀며 말하는 소리에 깨어납니다.

로비 : 자기야, 나 출근한다. 벌써 7시 40분이라고 알려주려고. 당신이 5분 후에 나가지 않으면 애들이 지각하게 생겼어.

노라 : 어—, 난 당신이 애들을 학교에 데려다줄 줄 알았는데?

로비 : (짜증스러움이 뻔히 느껴지는 한숨을 내쉬며) 내가 어떻게 데려다줘, 자기야. 그러다간 출근 시간에 늦을 텐데. 애들 학교는 반대 방향이잖아. 나 이제 나가야 해.

노라 : 여보, 나 정말 아파. 이번 한 번만 당신이 데려다주면 안 돼?

로비 : 한 번만? 잠깐, 그건 아니지—. 내가 일찍 일어나서 당신이 할 일을 대신해 줬잖아. 그래도 내가 나쁜 사람이야? 그렇게까지 아파 보이지는 않는구면. 10분 운전하는 정도는 할 수 있을 것 같은데, 뭘 그래.

노라 : 내가 얼마나 아픈지 당신이 어떻게 알아? 몸이 정말 안 좋다고! 코로나에 걸린 걸 수도 있어.

로비 : 그랬구나, 난 그냥 감기에 걸린 줄 알았어. 미안해.

노라 : 그냥 감기가 아니야, 그보다 더 심해. 당신 나에게 더 잘해줘야 하는 거 아니야? 난 항상 당신에게 잘해주잖아! 항상 당신을 위해 이것저것 잘 챙겨주는데.

로비 : (화를 터뜨리며) 노라, 당신이 이번 거래 건 때문에 바쁘게 일하던 지난 3주 동안 내가 해준 일들은 그럼 대체 뭔데? 지난주에만 해도 세 번이나 일찍 퇴근했잖아. 집안일도 내가 다 대신해 줬고!

노라 : 나 참, 고작 몇 주 집안일 좀 한 것 가지고 생색은. 내가 당
　　　신을 위해 이것저것 대신해 준 세월이 대체 몇 년인데?

로비 : 뭐라고?

노라 : 들어놓고선 못 들은 척은!

로비 : 당신이 어떻게 나한테 그런 말을 해. 그동안 당신과 애들을
　　　위해 온갖 일을 한 나한테.

노라 : 허튼소리 좀 그만해서. 항상 보면 당신은 그냥 자기가 맡아
　　　서 할 일을 하면서 무슨 대단한 호의를 베푸는 것처럼 그러
　　　더라. 아이들한테 부모 노릇을 하거나 화장실 청소 좀 하면
　　　서 자기가 영웅이라도 되는 것처럼! 철 좀 들어, 로비!

로비 : (갑자기 문을 쾅 닫고 가버림)

뭐가 잘못된 걸까?

대화의 시작은 좋았습니다. 스탠은 아내에게 안부를 물으며 두 사
람 사이의 지속적인 갈등의 원인에 대한 감정의 온도를 확인합니다.
출발은 좋습니다. 노라는 자신에게 필요한 일을 분명히 요구하고 있
으니, 이 역시 좋은 출발입니다. 하지만 얼마 못 가서 두 대화 모두
급격한 하향선을 그립니다. 도미노효과가 일어나, 한 사람이나 두 사
람 모두가 비난이나 경멸을 쏟아낸 데 이어 방어, 신체적·인지적·감
정적 홍수, 화해 시도의 상실, 급격한 갈등의 격화로 치닫습니다.

두 싸움 모두 가시 돋치고 뼈아픈 악담으로 끝이 나면서 '후회할

만한 일'이 되어 결국엔 한쪽이나 양쪽 파트너에게 감정적 상처를 남 겼습니다. 이 부부들은 이 일을 수습해 여기에서 얻은 상처를 치유 해야 합니다. 그래야 우리가 앞에서 읽었던 그 고통스러운 일들을 잊 을 수 있습니다(이런 수습에 대해서는 8장에서 더 자세히 이야기해 보 도록 합시다).

앞쪽의 대화 부분으로 되돌아가 이런 싸움이 더 격화되는 몇몇 순간을 찾아보세요. 양쪽 파트너가 비난적이거나 경멸적인 말을 하 고 방어하는 순간들이 있을 겁니다. 소통의 속도와 온도가 급등하 는 바로 이 순간들을, 한쪽이나 양쪽 파트너가 홍수에 따른 생리적 영향을 경험하기 시작한 때라고 추론해도 무방합니다. 이런 상태에 이를 경우 중대한 문제점이 뭔 줄 아세요? 어떤 식으로든 홍수를 다 루지 못하는 것입니다. 오히려 대화가 마구 내달립니다.

홍수에 대해 중요하게 알아둬야 할 점이 있습니다. 잠시 멈추고, 홍수를 다뤄야 한다는 것입니다. 일단 홍수에 빠지면 생산적이거나 긍정적인 말다툼을 나눌 방법이 없습니다. 이는 커플들이 갈등 관리 기술을 발휘하지 않는 (아니 더 정확히 말해서 발휘할 수 없는) 주된 이유입니다.

'잘' 싸우는 온갖 방법을 다 배웠더라도 홍수에 빠지면 새로 익힌 기술을 이용할 수가 없습니다. 신경계가 당신을 싸우거나 도망치기 식의 원시적인 반응으로 홱 잡아당기니까요. 홍수에 빠지면 더 높은 수준에서 인지 처리를 행하는 모습을 볼 수 없습니다. 그런 모습이 완전히 사라집니다. 홍수에 빠진 상태에서 계속 싸워봐야 결국 남 는 것은 손상과 상처뿐입니다.

그러니 싸움이 처음엔 부드럽게 출발했더라도 중간에 탈선하면 스스로에게 이렇게 물어보세요. 내가 홍수 상태인가? 내 파트너가 홍수 상태인가? 그런 다음, 그만 멈추세요. 싸움이 차차 험악하게 악화되면 그만 멈추고 홍수를 처리하세요.

자신만의 생리적 알람이 울릴 때

가장 먼저, 조속히 행동에 나설 수 있도록 홍수에 빠져드는 신호를 구별할 줄 알아야 합니다. 홍수와 관련해서 저희가 내담자들에게 가장 중요하게 가르쳐주는 것도 바로 이 점입니다. 몸에 나타나는 홍수의 첫 신호를 잘 알아차릴 수 있어야 합니다. 그 신호는 얼마든지 있습니다. 몸이 홍수에 빠졌다는 신호는 당신 고유의 방식으로 나타날 테지만, 당신이 감정적으로 주체 못 하는 기분일 때의 다른 경우들과 비슷할 수도 있습니다.

신체적·인지적·감정적 홍수 상태에서 보이는 몇 가지 전형적인 신호는 다음과 같습니다.

- 짧아진 호흡
- 이 악물기
- 턱에 힘이 들어가거나 통증이 생김
- 몸의 어느 부분에서 열이 남
- 얼굴이 뻘겋게 달아오르거나 열감이 느껴짐

- 배를 한 대 걷어차인 듯한 느낌
- 근육이 팽팽히 긴장됨(홍수 중에 긴장이 일어나지 않는 사람은 아무도 없습니다. 몸의 어딘가에 긴장된 반응이 나타납니다.)
- 가늘어지는 눈(클린트 이스트우드가 누군가를 주시할 때 눈을 가늘게 뜨고 보는 모습을 떠올려보세요.)
- 심장이 빠르게 뛰거나 두근거림(보통 심장박동수가 분당 100회 이상으로 올라갑니다.)
- 배 속이 울렁거림
- 머리가 핑 돎

여기에서는 몸에 주의를 기울이는 일과 홍수 상태를 깨닫는 일이 매우 중요합니다. 당신의 생리적 반응에 바로 개입하는 것이 싸움이 악화되어 후회할 만한 일로 치닫는 결과를 피할 방법이기 때문입니다. 홍수는 그 반응 행동, 강도, 타이밍이 저마다 다 다릅니다. 어떤 사람은 홍수에 빠지면 밖으로 표출하고(폭언, 비난, 공격), 또 어떤 사람은 안으로 표출합니다(마음닫기, 담쌓기).

신경계의 반응이 상대적으로 더 격하게 일어나는 편이라 '가라앉혀' 평상시처럼 돌아가기까지 오랜 시간이 걸리는 사람들이 있는가 하면(남성에게서 이런 경향이 더 강하게 나타납니다), 반응이 밖으로 드러나지 않는 편인 사람들도 있습니다.

정말로 쉽게 홍수에 빠져서 부정적이거나 비난적인 말을 듣기가 무섭게, 0.5초 만에, 그리고 느닷없이 홍수에 빠지는 사람들도 있습니다. 스탠이 그런 경우였습니다. 그의 신경계는 뭐든 공격으로 인식되면 몸의 스위치가 탁 켜지는 것이나 다름없이 작동했습니다. 그래서 스탠에게는 이런 '조기 경보 신호'가 특히 중요했습니다.

자, 이쯤에서 잠시 당신이 저희의 AI를 활용하고 있는 상상을 해 보세요. 이 AI의 생리학적 알고리즘은 워낙 민감해서 당신에게 홍수가 임박했다고 경고해 줍니다. 심지어는 당신이 알아차리기도 전에, 피부색과 심장박동수의 아주 미묘한 변화까지 포착해 당신이 생리적 각성을 겪기 시작했다고 경고해 줄 수도 있습니다.

저희가 상담치료사와 커플 들을 돕는 소프트웨어를 개발할 때 이런 능력을 우선순위에 두었던 이유는, 파트너와의 대화에 어떤 생리적 반응을 일으키는지에 대한 정보가 대화의 결과에 극히 중요하기 때문입니다. 하지만 알고리즘이 도움이 되긴 해도 꼭 AI를 통해서만 홍수에 대한 경고를 받을 수 있는 건 아닙니다. 당신 자신이 고도로 민감한 AI가 되는 방법도 있어요. 갈등 중에 당신의 뇌가 적신호를 보내며 '이봐, 홍수가 오고 있어'라고 말해 줄 수 있게 당신 자신만의 생리적 알림을 의식하고 있으면 됩니다.

그러면 이번엔 잠깐 (파트너와 갈등 중이었을 때나 그 외의 어떤 상황에서든) 가장 최근에 홍수를 느꼈던 때를 떠올려보면서 당신에게 나타났던 신호를 구별해 보세요. 앞에서 예로 들었던 신호에 드는 상황들이 있나요? 있다면 해당 항목에 동그라미를 치세요. 아니라면 다음의 표에 직접 써넣으면 됩니다(맨 위 칸에는 두 사람의 이름을 각각 적으세요). 홍수 상태의 증상이 나타나지 않는다면 그렇게 쓰세요. 파트너도 자신의 신호를 동그라미로 표시하거나 표에 직접 써넣게 해주세요.

홍수에 휩싸였을 때 내가 경험한 것들	홍수에 휩싸였을 때 내가 경험한 것들

홍수에 휩싸였을 때의 상태를 알아보게 되었다면, 이제는 다음 단계로 넘어가봅시다. 심호흡하기입니다!

조기 신체 경보 신호 중 하나가 감지되자마자 주고받던 말을 멈추고 심호흡할 시간을 달라고 하세요. 다음은 심호흡을 위한 지침입니다.

- **심호흡할 시간이 필요하다고 알리기** 그냥 방에서 나가면 안 됩니다! 파트너에게 홍수을 느껴서 휴식이 필요하다고 전하면서 어디로 가려는 것인지, 언제쯤 돌아와 계속 말할지를 알려주세요.
  "자기야, 내가 정말 주체가 안 되는 느낌이 들어서 맘에도 없는 말을 할까 봐 걱정 돼. 밖에 나가서 잠깐 걸어야겠어. 30분쯤 후에 돌아올 테니 이 이야기는 그때 계속 이어서 하자."
- **안 보이는 곳에 떨어져 있기** 홍수에 휩싸이면 파트너의 기운이 느껴

지지 않는 거리 밖으로 자리를 옮겨야 합니다. 아무도 없는 곳으로 가서 혼자 있는 겁니다.

- **그 싸움에서 마음을 돌릴 만한 진정되는 뭔가를 하기** 파트너와 신체적으로 떨어져 있는 것만이 아니라 그 싸움에 대한 생각과도 떨어져서 휴식을 가져야 합니다. 이 휴식의 목적은 나가서 속을 부글부글 끓이며 싸움을 곱씹는 일이 아닙니다! 머릿속으로 조금 전의 싸움을 시시콜콜 짚어보고 있으면 신경계의 과도한 활성화만 지속시킬 뿐입니다.

그러지 말고 개를 데리고 나가 산책시키면서 음악이나 팟캐스트를 들으세요. 누워서 잡지를 읽으세요. 주방으로 가서 간식거리를 요리해 보세요. 명상을 해보세요. 심호흡이나 바디스캔 명상(앉거나 누운 상태에서, 마치 스캐닝하듯이 머리에서부터 발바닥까지, 몸의 부분부분에 주의를 옮겨가면서, 그곳에서 느껴지는 몸의 감각을 편안하게 느끼는 명상 방법—옮긴이)으로 몸을 이완시키세요.

달리기나 그 외의 다른 운동을 하세요. 예술창작 활동이나 집에서 하는 취미활동을 해보세요. 마당의 잡초를 뽑으세요. 이메일에 답장을 보내세요! 주의가 그쪽으로 쏠려 신경을 진정시키거나 스트레스를 덜어주기에 이상적인 활동을 뭐든 해보세요. (단, 저희가 해봐서 드리는 권고인데 살인 미스터리물은 보지 마시길……)

- **그리고 마지막으로 할 일, 돌아가기** 홍수는 그 대화를 무기한 지연할 이유가 못 됩니다. 나오면서 말했던 시간에 맞춰 돌아가서 다시 대화를 시도해 보세요. 이상적으로 보면 휴식 시간이 최소한 20분은 되어야 하지만(스트레스 호르몬인 아드레날린과 코르티솔이 몸에서

대사되기 시작하는 데 필요한 최소한의 시간이 20분입니다) 더 길어
져도 24시간을 넘겨서는 안 됩니다.

물론 그 갈등을 해소하지 않은 채로 잠자리에 들어도 됩니다. 경우
에 따라서는 그것이 최선책일 때도 있습니다. 하지만 만 하루의 시
간을 넘기면 안 됩니다. 하루를 넘기면 벌을 받는 느낌이 생깁니다.
저희가 지켜본 바에 따르면, 대다수 사람의 평균 휴식 시간은 1시
간입니다. 하지만 초기에 홍수를 눈치채면 그렇게까지 오래 걸리
지 않을 수도 있습니다.

지금까지가 홍수를 다룰 때의 기본적인 권고 사항이었다면, 이번에
는 중요하게 따라야 할 몇 가지 금기 사항도 알려드리겠습니다.

- "여보, 당신 지금 홍수에 빠지고 있는 것 같아. 휴식을 가져야 해"
  라는 말은 절대 하지 마세요. (파트너가 지적받고 무시당하는 기분
  이 들어 당신이 무슨 독심술사라도 되느냐고 받아칠 수도 있습니다.)
  그런 식으로 말하지 말고 이렇게 이야기하세요. "여보, 우리 휴식
  을 좀 가져야 할 것 같아. 1시간 후에 다시 와서 그때 계속 이야기
  하자."
- 진정을 위한 휴식을 갖기 전에 자신의 입장을 못 박는 식의 말을
  하려고 들지 마세요. 그런 말은 두 사람 모두의 신경계에 도움이
  되지 않으며 가뜩이나 악화되어 있는 다툼을 훨씬 더 악화시킬
  가능성이 높습니다.
- 파트너를 기다리게 하지 마세요. 돌아오겠다고 말한 시간에 돌아

오세요. 휴식을 갖게 해달라고 부탁한 그 시간이 다 되도록 여전히 차분함을 되찾지 못했다면 어쨌든 돌아와서 시간을 더 달라고 부탁하면서 언제쯤 다시 볼지 시간을 정하세요.

그냥 이렇게 말하면 됩니다. "시간이 좀 더 필요해. (저녁 먹고 나서/퇴근하고 나서/내일 아침에) 이 얘기를 다시 하면 안 될까?" 그냥 아무 말 없이 잠수타는 행동은 서로에게 부당한 일입니다. 아무리 주체 못 할 상태에 있더라도요.

- 내세울 말과 반박할 말을 세세히 짜두려 하지 마세요. 앞에서도 이미 말했지만 중요한 이야기라 다시 한 번 강조하겠습니다. 이 휴식의 시간에는 자신이 얼마나 부당한 대우를 받고, 악담을 듣고, 잘못 오해받고, 비난받았는지 등등을 생각하며 속을 부글부글 끓이고 있어서는 안 됩니다. 이 시간의 목적은 차분하고 열린 마음으로 유대를 가질 준비를 갖춰 다시 대화로 돌아가는 것이지, 다음에 할 주장이나 반박을 준비하는 게 아닙니다.

다툼 중에 휴식 시간을 부탁하기가 망설여진다면 이런 부탁을 하는 것이 이기적으로 구는 것과는 반대되는 행동이라는 사실을 떠올리세요. 스스로를 진정시키기 위해 휴식 시간을 갖는다는 것은, 혹시라도 싸움이 악화되어 파트너에게 경멸 섞인 악담을 내뱉거나 심지어 물건까지 내던지는 등의 일이 일어나 당신의 관계가 더 상처받지 않도록 보호하는 행동입니다. 후회할 일을 피하기 위해 중요한 조치를 취하는 행동이지요.

계속 싸울 경우 틀림없이 후회할 일이 생길 수 있습니다. 신체적·인지적·감정적 홍수 상태에서 서로에게 심한 말을 던지고 나면 그 말로 입은 타격을 회복하기 위해 나중에 더 많이 노력해야 합니다. 홍수가 일어나 있을 때는 이런 조치가 우리가 할 수 있는 최선책입니다. 몸과 마음이 재조정될 수 있도록 자신에게 휴식 시간을 주면서, 파트너에게도 그렇게 할 수 있도록 호의와 여유를 베풀어주세요.

서로 스타일이 대체로 잘 맞든 조화되지 않든(부조화는 걸림돌이 아니라 의도적으로 헤쳐나갈 부분이라는 점을 잊지 마세요!) 당신과 파트너의 갈등 스타일에 따라 의식해야 할 두 가지 미묘한 차이가 있습니다. 이미 짐작하겠지만, 커플 중에서는 발끈형 커플이 홍수를 가장 많이 겪습니다. 하지만 흥미롭게도, 홍수에 빠지기까지의 시간은 훨씬 더 오래 걸립니다. 갈등거리를 놓고 격하게 말하는 것이 익숙해서 높은 목소리나 격한 표현이 홍수나 공격에 해당하지 않을 수도 있기 때문입니다.

발끈형 커플이 싸우는 모습을 지켜보고 있으면 사실은 홍수가 일어나지 않았는데도 홍수가 일어난 것처럼 여겨질 수 있는 만큼, 저희는 갈등 중인 발끈형 커플에게 다음의 두 가지를 짚어보도록 일러줍니다. 비난이나 경멸이나 방어가 나타나는가? 몸 상태를 확인해볼 때 홍수의 생리적 증상이 느껴지는가, 아니면 별 증상 없이 괜찮은가? 당신이 발끈형일 경우 서로 이야기를 나누다가 격렬해지거나 감정적으로 격해지더라도 홍수로 이어지지 않을 수도 있습니다.

수긍형 커플은 이미 차분히 협상을 하는 자세가 되어 있기에 홍수가 어려운 문제가 될 만한 경우는 비교적 적은 편입니다. 그렇더라도 여전히 홍수가 일어날 경우의 대처법을 알아둬야 합니다. 어떤 유형의 커플에게든 후회할 만한 일이 일어날 수 있으니까요. 수긍형 커플도 서로의 관계에서 특히 고통스럽거나 어려운 문제에 직면하면 홍수를 겪을 수 있는 만큼, 자신이 홍수에 익숙하지 않다는 점을 감안해 그 신호와 증상뿐만 아니라 대응법도 알아두어야 합니다.

당연한 얘기지만 회피형 커플은 스펙트럼에서 발끈형과 정반대 쪽에 있습니다. 다툼이 벌어지면 훨씬 더 빨리 홍수에 빠질 수 있고 급과속을 하는 경향이 있습니다. 상황이 부정적으로 되어가면 순식간에 싸우거나 도망치기 모드로 들어갑니다. 어느 정도는 이런 이유로 갈등 회피형인 사람들이 회피형 경향을 갖는 것일 수도 있습니다. 너무 빠르고 격하게 홍수에 빠지니까 어떻게든 갈등을 피하려고 적극적으로 애쓰는 게 아닐까요. 회피형 커플들이 홍수에 잘 대처할 줄 알게 되면, 갈등의 요점을 건강하고 생산적으로 다루는 문제에 관한 한 아주 큰 도움이 될 수 있습니다.

하지만 갈등 스타일을 막론하고 그다음에 또 다른 문제가 있습니다. '일단 진정시키고 나면 어떻게 처리할 것인가?'의 문제입니다.

지금 이 순간을 해결하기

싸움을 벌일 때는 그 갈등을 완전히 해결하지 않아도 됩니다. 사실 그러려고 해서도 안 됩니다. 그냥 지금 이 순간을 해결하세요.

잊지 마세요. 우리의 갈등은, 그것이 진짜 갈등거리라면 대체로 영속적으로 이어집니다. 그런 갈등은 우리의 핵심 성격, 인생철학, 두려움과 트라우마까지 파고들어가는, 깊숙이 내재된 문제입니다. 다시 말해 싸울 때는 그 문제를 완전히 해결하겠다는 목표를 세워선 안 됩니다. 그런 목표는 절대 이루어질 수 없습니다. 그러니 그런 목표를 세울 게 아니라 그냥 이번 대화를 긍정적인 대화로 만드는 일에 집중하세요.

- 우리는 싸움의 목표를 재조정해야 합니다.
- 싸움의 목표는 이기는 게 아닙니다.
- 싸움의 목표는 파트너를 납득시키는 게 아닙니다.
- 싸움의 목표는 이 문제의 해결책을 내놓는 게 아닙니다.
- 바로 지금은, 목표가 타협안을 찾는 것도 아닙니다. (타협은 그 이후의 일입니다.)
- 목표는 긍정성을 부정성보다 더 많이 가지고 싸우는 것입니다.

이것은 전적으로 실현 가능한 목표입니다. 필수적인 목표이기도 합니다.

수전과 스탠의 경우를 생각해 봅시다. 스탠의 불륜과 수전의 배신감에 얽힌 문제를 한 번의 싸움으로 해결할 수 있을까요? 절대 불가능한 일입니다. 특히 홍수가 싸움에서 아주 큰 역할을 하고 있다는 점에서, 이 두 사람은 문제의 해결이 일련의 단계를 거치는 과정이 될 것입니다.

가장 먼저 홍수에 크게 휘말리지 않으면서 불륜에 대해 서로 이야기할 수 있는 상태가 되어야 합니다. 그런 다음엔 이 문제에 대한 대화를 부정적이기보다 긍정적으로 나눌 수 있어야 합니다. 전쟁을 치르듯 대립하기보다 다시 같은 팀처럼 협력하는 기분을 느끼며 함께 진전을 이룰 방법을 찾기 위해 노력해야 합니다. 말다툼할 때 마법의 비율을 맞출 수 있기 전까지는 두 사람은 어떤 식으로든 순탄하게 소통하거나 더 깊이 이해하지 못합니다.

잊지 마세요. 갈등에서는 긍정적 대화가 부정적 대화를 5:1의 비율로 능가할 만큼 충분해야 합니다. 안타깝게도 부정성은 긍정성보다 영향력이 훨씬 더 막강합니다. 더 강력한 펀치를 날리죠. 그러니 아무리 싸우는 중이더라도 긍정적인 언행이 부정적인 언행을 적어도 5:1로 앞서도록 신경 쓰면서 부정성의 영향력을 희석시켜야 합니다.

그렇다고 저희가 파트너와 한창 감정적인 싸움 중인 당신에게 잠깐 멈추고 부정적 대화 대 긍정적 대화의 합계를 낸 후 계산기를 꺼내 비율을 확인하라고 하는 걸까요? 당연히 아닙니다! 다만 싸움을 긍정적인 쪽으로 자연스럽게 이끌어줄 몇 가지 지침에 따라 달라는 것뿐입니다.

① 홍수에 휩싸이면 스스로를 진정시키세요.
② (부드럽게 시작하기를 할 때처럼) 파트너의 어떤 면들이 아니라 당신 자신과 당신의 욕구에 대해 말하세요.
③ 당신이 화해를 시도하기도 하고, 파트너의 화해 시도를 알아주고 받아들여주기도 하세요.

이 중요한 3가지를 따르기 위해 노력하다 보면, 말다툼 중에도 마법의 비율에 맞을 만큼의 긍정성이 유기적으로 채워집니다.

저희 부부도 예전부터 쭉 홍수를 겪을 때 해야 할 이 일들을 지키려 노력하고 있습니다. 바로 이런 노력이 '지금 이 순간을 해결하기'의 첫 번째 단계입니다. 명심하세요. 어떤 사람이든 홍수에 휩싸이면 아무것도 해결하지 못합니다!

자, 진정이 되어 다시 한자리에 앉으면 언제나 그렇듯 서로에게 부드러운 첫마디를 건네야 한다는 점을 명심하며 '지금 이 순간을 해결하기' 위한 다음 단계로 나가야 합니다. 바로 '욕구 표현하기'입니다.

그냥 욕구를 표현하세요

3장에서도 말했다시피, 갈등이 악화되어 위험 지대로 들어서는 주된 이유 한 가지는 자신에게 필요한 것을 요구하지 않기 때문입니다. 그러기는커녕 파트너가 이미 자신의 그런 욕구를 알고 있으면서 어떤 이유에서든 그 욕구를 채워주지 않으려 한다고 생각합니다. 이렇게요. '내 파트너는 나에게 (육아에 더 동참해 주기, 섹스를 더 자주 하기, 더 자주 애정 표현을 해주기……)가 필요하다는 걸 알고 있어. 내가 그걸 바라는 게 뻔한데 왜 모르겠어!'

채우고 싶은 욕구를 요구하기란 쉬운 일이 아닙니다. 취약성을 감수해야 하는 일이니까요. 속마음이 노출되는 기분이 들면서, 보호막도 없는 아주 연약한 존재가 되는 것 같습니다. 뭔가를 대놓고 요구하면 상대방이 거부하며 싫다고 말할 수도 있으니 겁이 나기도 합니다. 심지어 상대가 당신의 욕구를 업신여길 수도 있습니다.

하지만 요구하지 않고 가만히 있으면, 파트너가 자신의 욕구를 직감으로 알아 충족시켜 주길 기대하거나 그 욕구가 너무 뻔한 것이라 파트너가 당연히 알아차리고 맞춰줄 거라고 생각하게 됩니다. 그러다 결국엔 그 욕구가 충족되지 않는 것에 대한 원망이 쌓이면서 갈등이 악화됩니다.

노라와 로비가 이런 갈등의 전형적인 사례입니다. 두 사람 다 서로 다른 방면에서 무리하고 있었지만 서로에게 그 스트레스에 대해 분명하게 전하지 않았습니다. 누가 아이들을 학교에 태워다 줄지 같은, 비교적 사소한 문제로 싸움이 벌어진 이유도 바로 이 때문이었습니다. 둘 다 파트너가 자신에게 도움이 필요하다는 걸 알면서도 도와주지는 않고, 본인을 우선시하려 한다고 생각했습니다. 각자에게 필요한 게 뭔지를 더 분명히 말했다면 이런 갈등이 격화되어 '홍수가 오기' 전에 해소되었을 수도 있습니다.

욕구를 밝히는 문제에서 반가운 대목은 다루기가 아주 쉽다는 점입니다. 커플 사이에서 이런 문제로 갈등이 악화되고 있다면 저희에게 욕구를 표현할 수 있는 유용한 도구가 있으니 알려드리겠습니다. 이 도구를 활용하면 싸움을 아주 잘 가라앉힐 수 있고 '위험 지대(부정성이 긍정성보다 많은 상태)'에 있던 커플도 곧바로 '안전지대'로 기울어지며 마법의 비율을 훨씬 더 잘 맞출 겁니다.

아내가 일부러 남편을 억누른다고 여겼던 커플의 경우도 욕구 표현 관련 예였습니다. 부부를 지켜보니 금세 확실해진 점이 있었습니다. 사실 남편은 자신에게 필요한 것을 요구하지 않았거나 자신의 감정을 분명히 밝히지 않았던 반면, 아내는 확실히 밝혔습니다.

"우리 부부 사이는 이중잣대로 돌아가고 있어." 상담치료 중에 남편이 몇 번째 되풀이해서 말했습니다. "난 항상 당신이 해달라는 대로 해주잖아."

"하지만 당신에게 뭐가 필요한지 알아야 해주지." 아내가 대꾸했습니다.

"당신은 분명히 알아!" 남편이 답답해 하며 격하게 말했습니다.

남편은 뮤지션이었고 사랑을 주제로 한 자작곡도 꽤 많이 쓴 사람이었습니다. 아내는 남편이 뭔가 원하는 게 있으면 자신에게 말할 거라고 생각했습니다. 한편 남편은 자신은 항상 아내를 위해 이것저것 해주는데 아내에게 그 보답을 받지 못하고 있다고 생각했습니다. 균형이 맞지 않고 불공평한 관계 같아 원망의 마음이 들었습니다.

이야기를 들어보니, 이 부부는 흥미로운 역사를 가지고 있었습니다. 어린 꼬맹이 시절부터 알고 지내며 오랫동안 친구로 지냈다고 합니다. 이성으로 느껴지며 연애감정이 생긴 건 20대 후반이었고, 부부치료를 받던 그때는 결혼한 지 몇 년밖에 지나지 않은 상태였습니다. 이 남자(앞으로 '이 뮤지션'이라고 부르도록 하겠습니다)는 아내가 자신을 아주 잘 안다고 여겼습니다. 어쨌든 어릴 때부터 쭉 알고 지냈으니 그럴 거라고 생각하며 굳이 말로 표현하지 않아도 아내가 순간순간 자신의 감정과 욕구를 잘 알 거라고 믿었습니다.

어떤 사람과 긴 역사를 이어오면서 그 사람이 자신을 잘 안다고 생각한다면 얼마나 황홀할까요. 하지만 아무리 그런 사이라 해도 자신의 욕구와 감정을 분명히 표현해야 합니다. 우리의 파트너는 독심술사가 아닙니다. 파트너가 우리를 얼마나 잘 알고, 얼마나 깊이 알든 마찬가지입니다.

이 뮤지션은 누구에게든 자신의 욕구나 감정을 분명히 표현하는 것이 익숙하지 않았고, 더 분명히 표현해야 한다는 점을 납득하게된 뒤에도 여전히 말로 표현하길 힘들어했습니다. 그래서 저희는 그에게 '욕구 표현(Expressing Needs)' 카드 한 벌을 주었습니다. 그러면서 (카드마다 하나씩 욕구가 적힌) 그 카드들을 쭉 읽어 나가면서 자신의 욕구에 들어맞는다고 느껴지는 표현을 찾아보라고 했습니다.

그는 카드 한 장을 바로 꺼내어 본 후에 다른 카드들을 이어서 쭉보다가 마침내 3개의 욕구를 찾아내 그 카드에 적힌 글을 소리 내어읽었습니다.

- 내가 하루를 마치고 오면 당신이 따뜻한 인사로 맞아주면 좋겠어.
- 더 많은 손길을 받고 싶어(성적인 것이 아닌 애정의 표시로).
- 아이들 없이 둘만의 로맨틱한 밤을 더 많이 가졌으면 좋겠어.

아내가 이 말을 듣고 기뻐하며 말했습니다. "전부 다 너무 좋은데? 나도 그러고 싶거든."

그는 그 뒤에도 욕구와 감정을 더 잘 표현하기 위해 이 카드를 계속 활용하며 점점 더 좋아졌습니다. 이 카드는 갈등 문제만이 아니라 갈등과 상관없는 부분에서도 두 사람에게 큰 도움이 되었습니다. 그의 아내는 남편의 내면세계를 정말로 이해하기 시작했다는 느낌을 받았을 뿐만 아니라, 서로 싸움을 벌여도 예전처럼 심하게 치달는 일이 없었습니다. 이 뮤지션의 경우엔 예전엔 자신의 감정과 욕구를 아내에게 어떤 말로 전해야 할지 머릿속에서 정리가 잘 안 되어 힘들었지만, 다행히 이제는 카드를 넘기다 이거다 싶은 카드가 있는지 찾으면 되니까 정리가 훨씬 쉽게 잘되었습니다.

파트너와 친밀감을 더 느끼고 파트너에게 더 많은 지지를 받기 위해 필요한 욕구 중에는 소소하고 명확한 욕구가 있는가 하면, 더 거창하거나 더 깊거나 그 충족 방식에 대한 해석과 창의력 발휘에서 더 개방적인 욕구도 있습니다. 다음은 '욕구 표현' 카드에 있는 또 다른 표현들의 예시입니다.

- 밖에 나가서 저녁도 먹고 영화도 보고 싶어.
- 우리 둘이 같이 모험을 즐기고 싶어.
- 혼자 있을 시간이 좀 필요해.
- 당신이 나의 하루에 관심을 보여주면 좋겠어.
- 내가 어떻게 변했는지에 대해 이야기하고 싶어.
- 잠에 들기 전에 꼭 껴안아주면 좋겠어.
- 내가 울적할 때 당신이 내 이야길 들어주고 공감해 주면 좋겠어. 내 문제를 해결해 주려고 하지 말고.
- 우리가 여전히 가장 좋은 친구라는 이야길 듣고 싶어.

자신의 욕구와 감정을 표현하려면 당연히 그 욕구와 감정을 알아낼 수 있어야 합니다. 이 '욕구 표현' 카드는 바로 그런 목적에 맞춰 구성된 도구이니 당신이나 파트너가 욕구를 말로 표현하는 데 도움이 필요하다면 한번 활용해 보세요! 당신이 자신의 감정을 잘 구분하지 못하기도 한다면(이런 어려움을 겪는 일은 아주 흔한 일입니다!) 줄리가 유진 젠들린(Eugene Gendlin) 박사의 심리 치유법인 '포커싱(focusing)'을 바탕으로 개발한 다음의 훈련을 권합니다.[4]

거짓말을 할 때와 진실을 말할 때

뒤섞인 감정 없이 그냥 순전히 사랑하는 대상을 떠올려보세요. 아니면 뒤섞인 감정 없이 진정 고맙게 여기는 대상도 좋습니다. 그 대상은 장소, 사람, 반려동물, 하루 중의 어떤 시간, 당신이 갖는 일과 등등 당신의 삶 속에 들어와 있는 그 어떤 것이든 다 괜찮습니다. 생각했다면 이번엔 무지무지 긴 시간처럼 느껴질 1분 동안 당신 자신에게 이 대상을 싫어한다고 거짓말을 해보세요. "나는 그 산이 싫어……" 같은 말을 몇 번씩 반복해서 말하세요.

1분이 다 되면 그만 말하고 당신 자신에게 원래의 진실을 말하세요. "나는 이 산을 사랑해……" 같은 말을 되풀이해서 스스로에게 말해 주세요.

이제 다음에 답해 보세요. 처음의 1분 동안과 그다음의 1분 동안 몸의 느낌에 어떤 차이가 있었나요? 진실로 바꿔 말했을 때 나타난 몸의 상태가 거짓말을 했을 때와 어떻게 달라졌나요?

첫 1분 동안 거짓말을 했을 때 사람들은 대체로 다음과 같이 말합니다. "어깨가 팽팽히 당겨졌어요." "목구멍이 죄어왔어요." "조이는 느낌이 들었어요." "배 속이 철렁 내려앉는 기분이었어요."

진실로 바꿔 말한 후에는 다음과 같은 말들을 많이 했습니다. "숨이 제대로 쉬어졌어요." "마음이 한결 가벼워졌어요." "뻣뻣했던 등에서 긴장이 풀렸어요."

이 훈련의 목적은 자신의 몸에서 일어나는 신체내적고유반응(Proprioception)에 주목하는 것입니다. 신체내적고유반응이란 몸에 일어나는 신체적 상태의 알아차림을 뜻하는 말입니다. 신체내적고유반응의 통제 센터는 뇌의 맨 윗부분 앞쪽, 즉 이마 바로 뒤에 있습니다. 이 통제 센터 뒤에는 감각과 신경계를 통해 정보를 받는 뇌 부분이 있습니다. 그리고 호문쿨루스라는 뇌 '지도'가 있는데, 이 지도를 보면 몸에서 어떤 일이 일어나고 그런 일이 몸의 어디에서 일어나는지 알려줍니다. 이 지도는 우리 몸이 감정을 나타내는 방식을 통해 감정을 추적하는 데도 유용하게 활용됩니다.

사람마다 몸이 감정을 느끼는 방식이 다릅니다. 예를 들어 어떤 사람은 화가 나면 가슴이 뜨겁게 타오르면서 주먹과 팔 근육이 탄탄해지는 느낌이 들 수 있습니다. 하지만 턱이 당겨오는 증상으로 자신이 화가 난 상태를 감지하는 사람도 있습니다.

당신이 당신의 감정에 대해 그것이 어떤 감정인지 이름을 잘 못 붙이더라도 당신의 호문쿨루스와 신체내적고유반응 통제 센터에서는 당신이 어떤 감정을 느끼는지 알고 있습니다. 이번 훈련에서 당신이 당신 자신에게 사랑하는 대상에 대해 거짓말을 했을 때, 당신은 특정 조합의 감정을 활성화시켰고 그 순간 당신의 몸이 그 감정들을 독자적 방식으로 경험한 것입니다.

이 신체 반응이 당신에게 살짝 거북함을 일으키며 이런 신호를 보내왔을 겁니다. '맞는 말이 아니야.' '그것은 내가 아는 진실과 달라.' 이어서 이 거짓말을 뒤집어 진실을 말했을 때는 십중팔구 거북함을 주던 몸의 그 부분들에서 긴장이 풀리며 맞다는 느낌의 어떤 신호를 보냈을 것입니다.

여기에서 말하려는 요점은, 당신에게는 이렇게 유용한 신체내적고유반응이 있으니 자신이 느끼는 진짜 감정을 확인해야 할 때 이 반응을 잘 활용하면 된다는 것입니다. '진실 연습'을 수행하면 당신이 당신의 감정을 표현하기 위해 고른 단어가 정말 맞는지 아닌지를 헤아리는 판단력이 높아집니다.

우리는 때때로 정말 뭐라고 해야 할지 모르겠는 안 좋은 감정 상태에서 말을 꺼냅니다. 하지만 파트너에게 자신이 체감하고 있는 감정에 대해 이야기할 때는 더 명확해야 합니다. 이 감정이 슬픔일까? 답답함일까? 외로움인가? 아니면 불안감? 이것은 중요하게 따져야 할 문제입니다. 당신이 느끼는 감정을 정확하고 명확하게 밝히면, 당신에게 무엇이 필요한지를 더 분명히 깨달을 수 있기 때문입니다.

남자는 자신의 감정을 구별하는 데 특히 힘들어 할 수 있습니다. 우리의 뮤지션도 삶과 사랑에 대해서는 명확함과 시적 감수성을 잘 발휘하는 사람이지만 자신의 내면세계로 초점을 돌리면 모호함에 빠져들었습니다. 하지만 이 진실 연습은 성별을 떠나 누구에게나 유용해, 입 밖으로 말하기 전에 하고 싶은 말을 더 잘 생각할 수 있게 해줍니다.

지금까지 홍수와 자신의 욕구 표현에 대해 알아보며 잘 싸우기 위한 효과적인 방법 두 가지를 익혔으니, 이번엔 '지금 이 순간을 해결'하기 위한 마지막 전략으로 넘어가봅시다. 안전지대에서 벗어나지 않고 싸우기 위한 화해의 전략입니다.

대화 순간순간에 화해 시도하기

갈등에서의 '화해 시도'란 싸움 중의 부정성을 상쇄시키고 대화가 격화되지 않게 막는 말이나 행동을 말합니다. 대화를 선로 위의 열차라고 가정한다면, 열차가 선로에서 이탈해 절벽 아래 산비탈로 떨어질 경우 같은 큰 사고를 막아 대화가 다시 선로로 복귀하게 해주는 셈입니다.

화해 시도는 대화를 긍정적인 방향으로 변화시키는 일이면 뭐든다 됩니다. 가장 기본적인 화해 시도 방법은 직접적인 사과입니다. "미안해"나 "그렇게 말해서 미안해. 다른 식으로 다시 말해 볼게" 같은 말입니다. 화해 시도는 공감이나 존중을 보이는 방식으로도 가능합니다. "당신이 그렇게 느끼는 거 이해해." "당신이 그렇게 말할 만도 하지." 존경을 표하는 방법도 있습니다. "내가 당신한테 얼마나 고마워하는지 알지? 당신은 애들에게 관심을 많이 가져주잖아. 우리가 애들을 어떤 학교에 보낼지 의견 차이가 있긴 하지만, 당신이 애들한테 좋은 교육을 받게 해주려고 그렇게 신경 쓰는 게 너무 좋아."

익살을 떨어보는 것도 괜찮습니다. 예를 들어 무심코 어떤 말을 내뱉었다가 그 말이 멍청한 말이었다는 걸 깨닫자마자 뻘쭘해 하는 표정을 과장되게 지어 보이는 식입니다. 파트너가 그 표정이 무슨 의미인지를(익살스러운 사과라는 것을) 눈치채고 같이 웃음을 터뜨리며 싸움의 분위기가 새롭게 전환된다면 그 시도는 성공입니다.

심지어 지지해 준다는 의미의 끄덕임이나 파트너의 손을 잡기 위해 손을 뻗는 등의 순간적 제스처도 화해 시도 방법이 될 수 있습니다. 궁극적으로 따지자면 화해 시도가 어떤 형태를 취할지는 중요하지 않습니다. '사랑해'에서부터 '듣고 있어' '아차, 내가 실수했어'에 이르는 의미를 전달하는 것이 중요합니다.

사랑실험실에서 3천 쌍 이상의 커플을 조사한 결과에서 화해 시도와 관련해서 흥미로운 점이 발견되었습니다. 화해 시도의 성패를 좌우하는 것은 화해하려는 방법이 아니었습니다. 다시 말해 화해 시도가 잘 통할지의 예측 요소는 얼마나 말을 잘하느냐가 아니었습니다. 더러는 더없이 멋들어진 사과의 말도 실패하는 경우가 있었는가 하면, 서툴고 어설픈 화해 시도가 기막히게 잘 통하기도 했습니다. 결국 화해 시도의 방식이 아니라 파트너가 그 시도를 어떻게 받아들이고 반응하는가가 관건이었습니다.[5]

우애와 연결에 따라 화해의 성공 여부가 달라집니다.[6] 싸움을 하는 지금 이 시점에 얼마나 강한 유대감을 갖고 있나요? 요즘에 두 사람이 함께 좋은 시간을 보낼 수 있었던 때는 얼마나 되나요? 서로의 연결 시도를 얼마나 돌아봐주었나요? 방해가 될 만한 일을 옆으로 미뤄두고 파트너의 연결 시도에 반응해 줄 수 있었나요, 아니면 바쁜 생활에 발목이 잡혔나요?

커플의 가장 슬픈 결별 이유를 저희에게 꼽으라면, 화해 시도로 의견을 조율하려 애쓰는 일을 하지 않다가 끝내 갈라서는 것입니다. 말하자면 한 사람이 시도를 해도 상대가 그 시도를 막거나 아예 알아차리지도 못하고 그 상대의 시도 역시 그렇게 좌절되는 경우이지요.

방과 방 사이에 문이 있고, 각 방마다 밖으로 드나들 수 있는 별개의 문이 따로 있는 호텔 객실이 있다고 상상해 보세요. 당신이 인접한 방과 이어진 문을 열어보니 아무도 없다면, 닫히고 잠긴 방만 볼 것입니다. 때로는 싸움이 이런 식으로 흘러갑니다. 파트너가 상대방에게로 통하는 문을 열어봤더니 문이 닫혀 있어서 자신도 문을 닫아버리고 그다음엔 상대방도 그렇게 하는 식으로요. 파트너 모두 마음을 열지만 그 어느 쪽도 그 마음을 맞아주지 않는 것입니다.

스탠과 수전의 싸움으로 되돌아가봤다가 노라와 바비의 싸움도 이어서 봅시다. 두 싸움에서 한쪽 파트너가 화해의 손을 내밀려고 한 순간이 있었는데, 혹시 알아보겠나요? (첫 번째 사례의 싸움 : "당신이 미안해 하는 건 나도 알아." 두 번째 사례의 싸움 : "난 그냥 감기에 걸린 줄 알았어. 미안해.") 안타깝게도 상대 파트너는 홍수 상태에 지나치게 빠져 있었거나 아니면 그 화해 시도를 눈치채거나 받아들일 만큼 제대로 생각할 시간이 없었습니다.

화해 시도는 그 순간에 서로를 맞아주는가의 문제입니다. 양쪽의 문이 동시에 열려야 합니다. 그렇게 되려면 양쪽 파트너가 모두 다가가는 대화를 일상생활로 삼아 서로에 대해 이해하려고 해야 합니다. 당신과 파트너가 갈등의 악화로 괴로운 상황에 놓여 있다면, 싸울 때마다 번번이 '공격과 방어'로 흘러가고 화해 시도가 잘 통하지 않는다면, 갈등과 관계없는 문제에서는 하루하루가 어떻게 흘러가는

지 그 양상을 살펴보세요.

시간을 좀 더 내어서 둘이 같이 앉아 밀린 이야기를 나눌 수 있나요? 파트너의 연결 시도에 주의를 기울이며 돌아봐줄 수 있는 편인가요? 부정적인 방식의 시도에 대해서도 마찬가지인가요? 때로는 연결의 시도를 간접적으로 내비치기도 하는데 단절감이나 등한시되는 느낌을 받을 때 특히 더 그렇습니다.

예를 들어 다음과 같은 상황입니다. 당신이 못 본 지 한참 된 오랜 친구와 만날 약속을 잡은 후 전화를 끊자, 파트너가 언짢은 어조로 이렇게 내뱉습니다. "당신은 나랑은 한잔하러 나가고 싶은 마음이 안 드나 봐."

이 말에 당신은 답답함과 방어 의식이 확 밀려와 버럭 화를 내며 쏘아붙입니다. "요즘에 당신이 나한테 나가자고 말한 적이나 있어?"

아니면 그 순간에 그 말의 핵심을 간파해, 그 말이 상처와 비난에 싸여 있긴 하지만 사실은 연결 시도인 것을 알아볼 수도 있습니다.

"나도 당신과 밖에서 데이트하고 싶어. 그러고 보니 정말 요즘에 우리가 같이 밖에 나가자고 말한 적이 없는 것 같네. 같이 나간 지가 너무 오래됐어. 언제 나갈까?"

이처럼 부정적 어조로 표현되었더라도 그 연결 시도에 돌아봐주면 싸움이 전개되는 방식에 큰 변화를 일으킬 수 있습니다.

결론을 말하자면, 모든 커플이 싸우고 누구나 싸우면서 아주 험한 말을 던지지만, 성공적인 커플의 차이점은 갈등 중에 화해 시도를 한다는 것입니다. 그리고 그 비결은 서로에 대한 이해가 탄탄히 쌓여 있는 상태로 그런 갈등에 부딪히는 덕분입니다. 이런 커플들은 퇴근해서 집에 오면 서로가 하루를 어떻게 보냈는지 잘 헤아려주고, 크고 작은 여러 가지 문제를 통해 유대를 다져나갑니다. 상대를 잘 파악하고 있어, 상대에게 어떻게 기분 좋게 다가갈지, (유머러스한 방식이든 아니든) 어떻게 해야 사과로 통할지, 어떤 말을 해야 경청과 존중을 받는 것처럼 느낄지를 알고 있습니다. 한마디로 말해 서로가 서로에 대해 전문가입니다.

두 사람 모두 변호사인 한 커플은 한 사람이 의견 차이의 세세한 부분을 놓고 지겹도록 막무가내로 따져서 상황이 심각해지면 싸움 중에 하는 말이 있었습니다. 둘 다 직업상 자주 쓰는 그런 말이었습니다. 사실 두 사람은 본인들에게 이렇게 따져대는 기질이 있다는 걸 알면서도 스스로를 잘 제어하지 못한 채 이런 기질에 휩싸이기 일쑤였습니다.

그래서 둘 중 한 사람이 또 다시 그런 패턴으로 들어선 것을 깨달으면 바로 자조적인 말로 그 상황에서 벗어났습니다. 한 사람이 법정에 들어와 있는 것처럼 이렇게 말하는 식으로요. "제가 이번 주에 다섯 번 중 네 번이나 싱크대 음식물 파쇄기 청소를 했다는 기록을 보여드리죠!"

두 사람끼리만 통하는 묘미를 가진, 이런 익살스러운 말을 꺼내어서 다루는 중인 문제점이나 불균형을 지적하면, 상대는 다음과 같이 말하기도 했습니다. "알았어. 내가 좀 바보같이 굴었네. 방어적으로 나와서 미안해. 다음으로 넘어가자." 이 말은 두 사람에게 화해를 의미하는 줄임말이 되었습니다.

언제인가부터는 이 문장을 끝까지 다 말하지도 않았습니다. 그냥 연극조로 간단히 외치기만 해도 되었습니다. "기록을 보여드리죠!" 이렇게 짧게만 말해도 둘 다 웃음이 터지면서 그 전까지 쌓였던 '공격 대 방어'의 소통방식이 물 빠지듯 사라졌습니다. 다시 서로를 같은 편으로, 즉 힘을 합쳐 문제를 해결하기 위해 노력하는 팀 동료로 느끼며 갈등의 쟁점으로 되돌아갈 수 있었습니다.

홍수에 휩쓸리지 않고 갈등 이야기하기

그렇다면 이번 장을 열었던 두 커플은 어떨까요?

두 커플은 신체적·인지적·감정적 홍수에 부정적인 타격을 입었습니다. 두 커플 모두가 서로에게 자신의 욕구를 분명히 밝히지 못했고, 서로의 화해 시도를 놓쳤습니다. 두 커플에게는 지금 이 순간 해결하기를 실천해, 갈등을 완전히 해결하는 것보다 긍정적이고 협력적인 소통을 우선시하는 일이 무엇보다 중요했습니다.

이후 자기진정, 호흡하기, 긍정적인 말 더 많이 하기, 화해를 시도하고 받아들이기를 배우면서 상황이 차차 나아졌습니다. 더는 홍수에 휩쓸리지 않았고, 다른 모든 문제도 훨씬 더 쉽게 느껴졌죠.

스탠과 수전의 경우엔 가야 할 길이 아직 멀지만 예전보다 훨씬 더 나은 궤적을 따르는 중입니다. 불륜 같은 배신은 상대 파트너에게 트라우마가 될 수 있고 실제로 외상후스트레스장애(PTSD)의 증상이 나타날 수도 있습니다. 이런 배신은 말 그대로 삶을 위협하는 건 아니더라도 삶에 치명적 위협처럼 느껴집니다. 스탠은 처음부터 다시 시작해 밑바닥에서부터 다시 그 삶을 세워야 할 것입니다. 더불어 신뢰도요. 그러기 위해서는 찬찬히 설명하며 많은 이야기를 나눠야 합니다.

그래서 저희는 스탠의 상담치료에서 홍수 상태에 자동적으로 휩싸이지 않으면서 대화를 가질 수 있는 상태를 우선시했습니다. 구체적으로 말하자면, 꽤 오래 휴식을 갖고 난 후 되돌아와 다시 이야기를 나누게 했습니다.

수전에게는, 당연히 분노를 느끼는 것은 괜찮지만 그 분노를 표현할 때 스탠의 인격을 공격하거나 비난과 경멸의 말을 쓰지 않으면서 자신의 감정과 경험을 말해 보게 했습니다. "당신이 내 인생을 망쳐 놨어! 당신 정말 나쁜 사람이야!"라고 말할 게 아니라 "나는 너무 마음이 아프고 화가 나. 이 상처를 회복할 수 있을지 모르겠어. 우리가 이 위기를 넘기지 못할까 봐 불안해"라고 고쳐 말하라고요.

두 사람에게 화해 시도를 하게 했습니다. 화해 시도를 알아채지 못하는 문제로 정말 고통을 겪고 있었기 때문입니다. 한 사람은 잠깐이라도 벽을 허물고 손을 뻗지만, 상대가 그 손을 받아들일 상태가 아니기 일쑤였지요. 두 사람의 싸움은 점점 더 부정성으로 채워질 뿐 공기가 전혀 빠져나가지 않는 풍선 같았습니다.

하지만 홍수를 더 잘 다루면서 화해 시도를 더 잘 알아보고 받아들였습니다. 불륜은 마법처럼 스르륵 해결될 문제가 아니라 함께 부부치료를 이어가는 과정을 거칠 문제겠지만, 홍수가 없으니 이제는 갈등적 대화가 한결 달라 보입니다.

스탠 : 저기, 오늘은 기분이 어때?

수전 : 글쎄, 아주 엉망이지. 당연한 거 아냐?

스탠 : 뭐 때문에 기분이 그렇게 엉망인데?

수전 : 뭐 때문이겠어? 당신 때문이지! 이 모든 상황 때문이지!

스탠 : (이 선택의 순간, 방어 대신 존중을 선택하며) 그래, 나도 알아. 아직도 나한테 정말로 화가 나 있겠지. 그럴 만하지.

수전 : (태도가 누그러지며 더 침착하게) 음…… 그렇다니 다행이네. 매일 밤 악몽을 꿔.

스탠 : (살짝 방어를 취하며) 잠깐, 그래서 당신이 그런 꿈을 꾸는 게 내 잘못이라는 거야?

수전 : (이 선택의 순간, "당연하지! 이게 다 당신 잘못이야!"라고 말할 수도 있었지만 홍수에 휩싸이지 않아 다른 경로를 택하며) 나는 그냥 그 생각이 도무지 떨쳐지질 않는다는 거야. 잠이 들어 있는 순간까지도 말야. 우리가 그 일로 그렇게 이야기하고 또 했는데도 아직도 기분이 나아지질 않아. 낮이고 밤이고 하루 종일 화가 나.

스탠 : 끔찍하겠다. (존중적인 어조로) 어떤 꿈을 꾸는데? (더 잘 이해하려는 호기심을 보임)

수전 : 꿈이 뒤죽박죽 엉켜 있어서 기억하기 힘들어. 그런데 우리 둘이 침대에서 같이 있다가 내가 돌아누워 보니 당신이 보이질 않았어. 나는 어쩔 줄 몰라 하면서도 당신이 영영 가버렸다는 걸 알았어. 당신이 돌아오지 않을 거라는 걸. 그러다 눈을 떠보면 그게 현실 같다는 생각이 들어. 우리가

함께하는 삶이 끝난 것 같아. 그때의 내 기분이 얼마나 끔찍한지는 말로는 표현할 수가 없어. 공황발작이 일어날 것만 같아. 숨을 잘 쉴 수가 없어.

스탠 : 자기야, 나는 떠나지 않아. 엉망진창인 건 나도 알아. 안 좋지. 하지만 이 말은 하고 싶어. 다시는 그런 일 없을 거야. 날 믿으려면 내가 천 번은 더 이야기해야겠지만, 내가 여기에 있는 건 이게 내가 원하는 일이기 때문이야. 당신과 우리들 말이야.

수전 : 내가 그 말을 믿기가 정말 힘들다는 걸 알고 있네.

스탠 : 알지. 내 생각에도 그러기까지 정말 시간이 걸릴 것 같아.

　　(그가 손을 내밀자 그녀가 잠시 망설이다 그 손을 잡음)

그날의 대화는 이것으로 끝이 났습니다. 여기에서 스탠과 수전이 그 배신에 대해 어떤 해결을 봤나요? 어떤 해법이나 해결책에 이르렀나요? 아닙니다. 하지만 정말로 든든하고 긍정적인 대화를 나눴습니다. 부정성보다 더 많은 긍정성을 갖고 감당하기 힘든 큰 갈등에 대해 이야기했습니다. 이는 그 자체로 성공적입니다.

의견이 달라도 괜찮다

우리는 의견이 일치하지 않아도 여전히 서로의 편이 될 수 있습니다. 꼭 적이 되지 않아도 됩니다. 시작부터 어떤 문제의 반대편에 있더라도 마찬가지입니다. 갈등에서의 임무는 기꺼이 취약해지는 것입니다. 공격과 방어를 자기노출과 개방성으로 바꿔야 합니다. 그것이 '지금 이 순간을 해결하는' 일에서 가장 중요한 문제입니다.

갈등의 시점에서 목표의 틀을 다시 세워 파트너가 생각하고 느끼고 필요로 하는 점에 대해 더 많이 알아내고, 설득과 타협으로 넘어가기 전에, 그렇게 알아낸 것을 당신이 되짚어 확인해 보려 노력하는 일을 주된 목적으로 삼아야 합니다. 그리고 싸움을 긍정적인 순간들로 채워 넣어 마법의 비율에서 올바른 쪽으로 치우치도록 신경 쓰기도 해야 합니다.

다음과 같이 하면 됩니다.

- 부드럽게 말을 시작한 후 그 뒤로도 계속 대화 내내 이 지침을 따르기. 문젯거리를 조심스럽게 꺼내기. 질문하기. 비난하는 말 피하기.
- 홍수에 빠지면 선로를 이탈하기 전에 자기진정하기. 휴식의 시간을 갖고 그런 휴식 의사를 분명히 전달하기.
- 화해 시도를 하고, 알아봐주고, 받아들이기. 화해 시도는 사랑의 달인들이 지닌 비밀 병기이니 그 병기를 쓰세요!

이것이 '잘 싸우기'의 언어입니다. 화해와 협동의 언어이자 누구든 배울 수 있는 언어입니다. 5장 뒷부분에 '가트맨 화해 시도 체크리스트'가 실려 있습니다. 싸움이 뜨겁게 달아오르기 시작해서 행동을 가라앉히며 파트너에게 당신이 덜 방어적으로 나올 수 있게 말을 바꿔서 말해 달라고 부탁하거나, 당신 자신의 감정과 욕구를 다른 말로 표현하기 위한 방법을 바로 떠올려야 한다면, 이 체크리스트로 눈을 돌려 싸움 중에 커닝 페이퍼로 써보세요. 필요한 부분을 쉽게 찾을 수 있도록 제안은 6가지로 분류되어 있으며, 각 범주별로 다음과 같은 유형의 화해 시도에 도움이 됩니다.

- **내 느낌은** 그 순간에 당신의 감정을 표현하는 데 도움이 필요할 때.
- **사과하기** 사과의 말을 하는 데 도움이 필요할 때.
- **호응하기** 파트너를 존중하거나 어느 정도 파트너에게 응해 주고 싶을 때.
- **진정이 필요할 때** 홍수가 느껴지기 시작하거나 화해 시도의 순간이 필요할 때, 또는 두 경우 모두에 해당될 때.
- **행동 멈추기** 홍수에 빠져 휴식이 필요할 때.
- **인정하기** 화해를 시도해 긍정성을 늘리고 싶을 때.

한창 싸우다가 책을 뽑아 드는 게 어색한 일 같다면, 저희가 부부치료 중에 항상 추천하는 작은 비밀을 알려드릴게요!

최근에 부부치료를 받으러 온 한 커플이 양육 방식의 차이를 놓고 다투다 분위기가 차츰 격해져 저희가 중재에 나선 적이 있습니다. "이제 그만하시고, 지금 기분이 어떠시죠?" 두 사람은 이렇게 대답했어요. "별로 안 좋아요!" 저희가 물었습니다. "이런 대화가 두 분에게 도움이 될까요?" 그러자 둘 다 "아니요!"라고 대답했습니다.

저희는 그 커플의 워크북을 펴서 화해 시도 체크리스트가 있는 쪽으로 넘긴 후 말했습니다.

"대화가 궤도를 벗어나는 것 같고 기분이 안 좋아지면 이 리스트를 보고 그 순간에 필요한 것에 들어맞는 표현을 찾아보세요. 그 표현을 좀 바꿔 말해도 되고 그대로 읽어도 괜찮아요."

두 사람은 그 리스트를 훑어봤습니다.

저희는 한 파트너에게 먼저 이렇게 지적해 주었어요. "남편분은 좀 전에 부인에게 '당신은 한 번도 애들에게 한계선을 그어주는 법이 없는데 애들한테는 그런 한계선이 필요하다'고 말하셨어요." 이어서 그의 아내를 돌아보며 말했어요. "그 말에 부인께서는 정말 방어적이 되었어요. 자, 여기에서 이 첫 번째 항목 '내 느낌은'을 보세요. 그 밑의 9번을 보세요. 방어적으로 나오기보다 이 문구대로 방어적인 느낌이 든다고 말해 보는 게 어떨까요?"

"나는 정말 방어적인 느낌이 들어." 아내가 저희의 권유대로 화해 시도 체크리스트의 문구를 똑같이 읽었습니다. "아까 한 그 말을 바꿔서 다르게 말해 주면 안 돼?"

"그럴게. '당신은 한 번도 그런 적이 없다'고 말해서 미안해. 사실은 그렇지 않은데 말이야." 남편이 말했습니다.

아내가 체크리스트를 훑어 내려가다가 '인정하기' 항목의 1번을 보더니 그 순간에 딱 맞는 말이라는 것을 알아챕니다. "이게 당신 잘못이 아니라는 거 알아." 그 문구를 그대로 읽은 후에 자신이 생각해 낸 말을 덧붙이기도 했습니다. "당신 혼자 애들을 돌보는 시간이 더 많고 하루 종일 애들을 챙기는 일이 쉽지 않을 거야. 정말 우리에겐 더 일관성이 있어야 할 것 같긴 해. 당신이 저녁 먹기 전에 TV를 봐도 된다고 말하는데 내가 정해진 스크린 타임이 아니라 안 된다고 하면 내가 또 나쁜 역할을 하는 거잖아. 나는 맨날 못된 엄마가 되고 싶지 않아."

싸우다가 화해 시도 체크리스트를 꺼내 그 문구를 보고 읽는 건 부적절한 일이 아닙니다. 리스트의 이 표현들은 격화된 다툼을 가라앉히기에 좋은 데다, 수년간 수천 쌍의 커플을 관찰하여 실제로 그 유효성이 증명된 방법이니 활용해 보세요!

이 커플은 화해 시도 체크리스트로 아주 좋은 결과를 본 뒤로 집에 가서 아예 워크북의 그 부분을 뜯어내 냉장고에 붙여놓았다고 해요. 의견을 나누다 분위기가 격해지면 언제든 냉장고 쪽으로 가 그 앞에 서서 이야기를 계속한다고요. 체크리스트를 훑어보면서 문제를 처리할 수 있게요. 이렇게 습관을 들여놓으면 아주 유용합니다.

어느 날, 부부의 막내인 세 살짜리 아들이 유치원에 가려고 옷을 입고 있다가 어떤 일로 생떼를 부렸습니다(아이들이 흔히 그러듯, 신발을 신고 나니 양말이 불편하게 느껴져 그랬을지도 모르겠네요). 아들이 신발을 던지고 짜증을 부리자 엄마가 목청을 높여 말했습니다. "우리 늦었어! 지금 차에 타야 한다고!" 아들은 엄마의 목소리에서 화가 난 것을 눈치채고는 일어나서 엄마의 손을 잡고 주방으로 끌고 가 냉장고 앞에 세우더니 이러더랍니다.

"우린 여기서 얘기해야 해요." 그 어린 아들도 냉장고 앞이 진정의 장소인 점을 알았던 겁니다.

파트너와 같이 다음의 질문들을 보며 이야기를 나눠보세요.

- 자라는 동안 부모님이나 양육자 들이 신체적·인지적·감정적 홍수에 빠지는 모습을 본 적이 있나요? 그럴 때는 대체로 어떤 일이 일

어났나요? 어른들이 그 홍수를 어떻게 다루었나요?

• 사람들이 자주 홍수에 빠지는 영화나 TV 프로그램을 떠올려보세요. 그런 모습이 어떻게 보이나요? 다툼 중에 당신이 겪는 일과 비교해서 어떤가요(비슷하거나 다른 점이 있나요)?

• 홍수에 빠지면 몸에 어떤 반응이 일어나나요? 몸의 어느 부분에서 어떤 느낌이 느껴지는지를 가능한 한 구체적으로 말해 보세요.

• 당신에게 홍수를 일으키는 촉발제는 뭔가요? 다툼 중 어떤 순간에 몸에 그런 반응이 일어나는 편인가요? 사태가 너무 빠르게 전개될 때인가요? 궁지에 몰린 기분이 들 때인가요? 한꺼번에 이것저것 쏟아질 때인가요?

• 다툼 중에 홍수에 빠지는 일이 자주 있나요, 드문 편인가요? 순식간에 빠져버리나요, 아니면 시간이 좀 걸리나요? 당신과 파트너의 갈등 스타일이 이런 반응과 어떻게 관련되어 있는 것 같나요?

• 당신이 홍수에 막 빠져들었을 때 파트너가 진정에 도움을 주기 위해 해줄 수 있는 일이 있나요? 예전에 파트너가 해주었던 가장 효과적인 화해 시도는 뭐였나요? 예를 들어 어떤 사람은 신체 접촉을 가지면 진정이 되지만, 몸이 닿으면 더 평정심을 잃어서 싫어하는 사람들도 있습니다. 이런 사람들은 안심을 시켜주는 방식에 더 좋게 반응할 수도 있습니다.

• 마지막 질문입니다. 정말로 홍수에 빠지면 차분하고 분명하게 소통해 휴식 시간을 갖게 해달라고 말하기가 힘이 들 때도 있습니다. 당신과 파트너가 생각하기에 이 방법이 도움이 될 것 같다면 정말로 주체가 안 돼서 대화를 잠깐 끊어야 할 것 같을 때 쓸 만

한 간단하면서도 확실한 수신호를 생각해 보세요.

둘 다 잘 기억할 만하고 '아무래도 내가 이쪽에서 그만해야 할 것 같은데 진정이 되면 그때 이어서 이야기하자'라는 신호가 바로 전해질 수 있는 것으로 정하세요. 양손을 가슴 위에 얹거나 기도할 때처럼 모으는 식의 신호든, 다른 신호든 마음에 드는 대로 정해 보세요. 신호를 정하고 나면 존중하세요.

파트너가 좀 쉬어야겠다는 신호를 보내면 받아들여주세요. 당신 자신에게는 그런 휴식 시간이 필요하지 않더라도요. 할 말이 더 있다면 나중에 하세요. 다툼 중에 내뱉은, 마음에 없는 말은 취소하기가 더 힘듭니다.

가트맨 화해 시도 체크리스트

내 느낌은	진정이 필요할 때
• 겁이 나.	• 내가 더 안전하게 느끼도록 얘기해 줄래?
• 더 부드럽게 말해 줘.	• 난 지금 당장 진정할 시간이 좀 필요해.
• 내가 뭘 잘못한 것 같은 기분이야.	• 지금 나에겐 당신의 지지가 필요해.
• 그런 말을 들으니 마음이 아파.	• 지금은 그냥 내 말을 들으며 이해하려고 노력해 줘.
• 그 말이 모욕처럼 느껴져.	• 사랑한다고 말해 줘.
• 슬퍼지네.	• 키스해 줄래?
• 야단맞는 기분이야. 다르게 말해 줄 수 있어?	• 방금 그 말 취소해도 될까?
• 내 노고와 가치가 인정 못 받는 기분이야.	• 제발 나한테 더 부드럽게 대해줘.
• 방어적인 느낌이야. 다른 식으로 말해 주겠어?	• 제발 진정할 수 있게 도와줘.
• 제발 잔소리 좀 그만했으면 좋겠어.	• 제발 조용히 내 말을 들어줘.
• 지금은 당신이 내 말을 잘 이해하지 못하는 것 같아.	• 이건 나한테 중요한 얘기니 제발 들어줘.
• 모든 게 다 내 잘못이라는 말로 들려.	• 하던 얘기 마저 하게 해줘.
• 비난받는 느낌이야. 다른 식으로 말해 줄래?	• 홍수에 빠져드는 것 같아.
• 점점 걱정이 되네.	• 잠깐 쉬었다 얘기할까?
• 제발 마음을 닫지 말아줘.	• 잠시 딴 얘기 해볼까?

사과하기	행동 멈추기
• 내 반응이 너무 심했네. 미안해.	• 지금 내가 잘못하고 있는 것 같아.
• 내가 욱해서 심한 말이 나왔어.	• 제발 잠시 멈추자.
• 다시 말해 볼게.	• 좀 쉬는 시간을 갖자.
• 지금 당신에게 더 부드럽게 말하고 싶은데 어떻게 해야 할지 모르겠어.	• 나에게 잠깐만 시간을 줘. 다시 돌아올게.
• 내 말이 당신에게 어떻게 들리는지 말해 줘. 내게 들은 말을 다시 해줘.	• 홍수가 오는 것 같아.
	• 제발 그만해줘.
• 이 모든 일에서 나에게 어떤 책임이 있는지 알겠어.	• 이 문제에서 서로의 의견 차이를 인정하자.
• 이 상황이 더 좋아지려면 내가 뭘 하면 될까?	• 다시 처음부터 해보자.
• 다시 해보자.	• 잠깐, 마음을 닫지 말아줘.
• 그러니까 당신 말은 ……라는 거구나.	• 다른 얘기 하고 싶어.
	• 우린 지금 궤도를 벗어났어.
• 부드러운 말로 다시 말해 볼게.	
• 미안해. 부디 용서해 줘.	

호응하기	인정하기
• 들어보니 당신 말이 좀 납득이 되네.	• 이게 당신 잘못이 아니라는 거 알아.
• 당신 말에 어느 정도 동의해.	• 이 문제에서 내 책임은 ……야.
• 이쯤에서 타협해 보자.	• 당신이 무슨 말을 하려는 건지 알겠어.
• 공통점을 찾아보자.	• ……해서 고마워.
• 나는 한 번도 그렇게 생각해 보지 않았네.	• 좋은 지적이야.
• 큰 그림으로 보면 이 문제는 그다지 심각한 문제가 아니야.	• 우리 둘 다 ……라고 말하고 있어.
• 당신의 관점이 일리가 있는 것 같아.	• 이해해.
• 해결책에 우리 둘의 관점을 포함해 보자.	• 사랑해.
• 당신이 걱정하는 건 뭐지?	• ……한 점에 대해 고맙게 생각해.
	• 내가 당신을 보면서 존경스러운 면은 ……야.
	• 당신이 무슨 말을 하는지 알겠어.
	• 이건 당신의 문제가 아니라 우리의 문제야.

F I G H T

6장
수박 겉핥기
피상적인 문제를 반복하기

R I G H T

마뉴엘과 샤나에는 몇 년째 똑같은 싸움을 반복 중이었습니다. 다른 인종끼리 결혼한 부부(아내는 흑인이고 남편은 태평양제도 출신)인 두 사람은 30대 후반이고, 결혼한 지는 10년이 다 되어갑니다. 집중 부부치료를 받으러 저희를 찾아왔을 무렵 자신들의 입장이 어떻고 싸움이 왜 벌어지는지 이야기하는 데 막힘이 없었죠. 그 점에 대해서는 그동안 수백 번이나 따져댔으니까요.

싸움의 원인에 관한 한 둘 사이에 이견이 없었습니다. 부부의 말로는, 선물하기와 돈 문제가 싸움의 원인이었습니다. 이 점에서는 확실히 둘 다 의견이 일치했습니다. 문제는 그 원인을 도저히 해결할 수 없을 것 같다는 점이었습니다.

내놓는 해결책마다 난관에 부딪혔습니다. 또다시 똑같은 쟁점으로 되돌아오는 상황이 끊임없이 되풀이되었습니다. 무슨 〈환상 특급〉(1959년부터 방영된 특이하고 기이한 일들을 소재로 한 SF, 판타지, 스릴러, 공포 장르의 미국 드라마—옮긴이)처럼요.

언제나 이런 식이었습니다. 샤나에는 마뉴엘이 더 자발적으로 나와주길, 특히 선물을 하는 부분에서 그렇게 해주길 간절히 원하고 있었습니다. 남편이 아내에게 드러내놓고 고마움을 표현하는 일이 드물다 보니, 아내로선 가끔이라도 애정의 표시로 깜짝선물을 해주었으면 하는 마음이 간절했던 것이죠. 그것이 관계를 맺은 사람들이 하는 일이라고 여기면서요!

하지만 그 마음을 남편에게 잘 표현하지 못했습니다. 직접적으로 밝히는 게 아니라 마뉴엘에게 깜짝선물을 하며 자신이 희망하는 두 사람의 소통방식에 모범을 보여주려 애썼지만, 남편은 화를 내기 일쑤였습니다. "대체 생각이 있는 거야? 이딴 거나 사는 데 돈을 썼다고? 우리가 지금 그럴 형편이야?"

마뉴엘은 답답했습니다. 생활비가 빠듯했으니까요. 부부에게는 늘 돈이 스트레스의 원인이었습니다. 사실 몇 년 전에 어쩔 수 없이 파산 신청까지 했던 처지였습니다. 그 후로 계획을 확실히 세워서 돈을 더 책임감 있게 쓰며 그런 일이 또 생기지 않게 하려고 애썼습니다. 그런데 쓸데없는 선물을 사느라 계획에도 없는 지출을 하는 일은 그렇게도 열심히 지키려 노력해 온 자신들을 책임감이라는 경로 밖으로 떠미는 꼴이었습니다.

그동안 그들은 이 갈등거리를 해결하기 위해 여러 가지 약속을 했습니다. 예를 들어 중요한 명절이나 기념일 때만 선물을 주기로 한 적도 있고, 선물을 살 때는 한계로 정한 가격을 넘지 않기로 약속한 적도 있습니다. 이런 약속들은 이런저런 이유로 번번이 역효과를 냈습니다. 발렌타인데이 때 마뉴엘이 샤나에게 예쁘게 포장한 큼지막한 상자를 선물했습니다. 설레어 하며 포장을 뜯은 샤나에가 본 것은…… 새 믹서기였습니다.

마뉴엘은 아내가 실망하는 걸 알아봤습니다. 하지만 아내는 그런 내색을 말로 드러내지 않았습니다. 시큰둥한 어조로 고맙다고 말하고는 회사에 가져갔던 자신의 도시락 용기를 씻으러 돌아갔습니다.

마뉴엘은 화가 났습니다. 자기 딴엔 약속한 규칙을 따랐고 오늘이 기념일이라 (아내가 갖고 싶어 했던 고급 믹서기를 사느라) 가격 한도까지 최대한 끌어올려 잊지 않고 선물을 하며 다 맞춰서 해줬는데도 아내가 만족스러워 하지 않으니 이런 생각이 다 들었습니다. 나더러 뭘 어쩌라고? 자길 행복하게 해주기 위해 통장의 돈을 다 뽑기라도 해야 하는 거야? 마뉴엘은 아내가 주방 쪽으로 돌아갈 때 따라갔습니다.

"왜 그러는 건데?" 목청을 높여 따졌습니다. "샤나에? 어? 뭐가 문제냐고? 허구한 날 선물을 받고 싶다고 그래서 선물을 해줬잖아. 내가 저걸 사느라 거금을 썼다는 거 당신도 알잖아."

"나도 알아." 샤나에는 벌써 눈물이 그렁그렁한 채로 말했습니다. "좋지." 물론 좋았지만 그건 선물이 아니었습니다. 그냥 필요한 물건일 뿐이었죠. 하지만 자신이 그 점을 지적하면 남편이 폭발할 게 뻔했습니다.

"좋다며? 그럼 뭐가 문제야, 어? 저거 말고 뭘 선물했어야 하는데? 당신은 늘 무슨 비밀 규칙이 많아서 아무리 해도 맞춰주질 못하겠어."

"나한테 소리 지르지 마!"

"내가 언제 소리 질렀어!"

마뉴엘이 소리를 질러댔고 돌아서서 주방을 나가버린 샤나에는 방으로 들어가 문을 잠그고 울었습니다.

그렇게 해서 다시 원점으로 돌아왔습니다. 샤나에와 마뉴엘은 갈등 스타일이 크게 다른 사람들의 좋은 사례입니다. 마뉴엘은 발끈형인 반면 샤나에는 회피형이었습니다. 샤나에는 문제점을 대놓고 말하길 피하며, 그 대신 자신이 바라는 행동을 남편이 보고 따라해주길 바랐습니다. 그러다 결국 그 문제를 다루게 되면 마뉴엘이 화를 터뜨렸고요.

부부가 저희를 찾아왔을 때 샤나에는 아무래도 남편이 자신한테는 돈 문제로 신경 쓰는 것만큼의 관심도 없는 것 같다고 말했습니다. 한편 마뉴엘은 아내가 두 사람의 미래에 대해서나 자신이 돈 문제로 받는 스트레스에는 관심도 없다고 불만스러워했습니다. 이런 갈등이 계속해서 불거지며 싸움이 갈수록 더 고약해지는 것만 같아 부부는 이제 갈등이 해결될 거라는 희망마저 바닥이 난 상태였습니다.

샤나에는 울면서 잤고 마뉴엘은 싸움 중에 일어난 격한 홍수에서 빠져나오지 못해서 밤이 늦도록 못 자고 집 안을 왔다 갔다 했습니다. 결국 마지막 지푸라기라도 잡는 심정으로 저희를 찾아온 것이었습니다. "어떻게 해야 여기에서 벗어나게 될까요?" 두 사람 모두가 그 답을 알고 싶어 했습니다.

주기적으로 되풀이되며 교착상태에 빠진 갈등으로 한 발짝도 진전이 없이 막혀 있는 커플이면, 앞으로 나아갈 게 아니라 잠시 멈춰서 진정을 시키고 더 깊이 파헤쳐 들어가야 합니다.

우리는 싸울 때 문제를 먼저 이해하지 않고, 해결부터 하려는 경향이 있습니다. 갈등의 더 깊은 근원을 파고드는 게 아니라 피상적인 주장에 갇힙니다. 파트너의 입장과 그 입장 이면에 숨겨진 핵심을 이해하기도 전에 해답이나 해결책을 밀어붙입니다.

갈등의 진짜 원인을 이해하는 일이 쉬운 것은 아닙니다. 마뉴엘과 샤나에의 사례처럼, 말 그대로 몇 년째 똑같은 싸움을 하고 또 하면서도 여전히 무엇이 싸움에 불을 붙이는지 모를 수 있습니다.

마뉴엘과 샤나에에게 필요한 것은 선물을 둘러싼 이 피상적 문제에 대한 해결책을 내놓는 일이 아니었습니다. 그런 시도는 이미 해보기도 했습니다. 두 사람에게 필요한 것은 그 지점에서, 즉 두 사람이 마찰을 빚는 그 뜨거운 쟁점에서 멈춰 그 아래로 파고들어가는 일입니다.

더 깊이 들어가야 한다는 신호

저희는 사랑실험실에서 커플들을 관찰하던 초반에 커플들이 교착상태에 잘 빠지는 특정 '문제 영역'이 있을 거라는 가정을 세웠습니다. 그런데 없었습니다. 사람들은 무슨 일로든 교착상태에 잘 빠졌습니다.

3장에서 살펴봤다시피 저희가 관찰을 시작한 후 금세 밝혀진 바에 따르면, 커플들은 지극히 사소해 보이는 문제들을 비롯해 세상의 온갖 문제로 주기적으로 교착상태에 빠졌습니다. 리모컨을 누가 차지하느냐, 겨울에 자동온도조절기를 몇 도로 맞출 것인가, 애들이 우리가 만든 음식을 좋아하지 않으면 땅콩 버터와 잼을 바른 샌드위치를 저녁으로 먹게 해줘도 될 것인가 등 문제에는 특정 유형이 없었습니다.

그 이유는 두 사람 간의 갈등거리는 그것이 뭐든, 또 아주 큰 문제이거나 아주 사소한 문제이든 상관없이 그 표면 아래에 온갖 일들이 있을 수 있기 때문입니다. 이런 면에서 우리의 갈등은 어느 정도 빙산과 같아서, 우리는 때때로 그 불안정한 윗부분만 봅니다. 이 장애물이 얼마나 깊은지나 얼마나 큰지를 아직 모릅니다. 정면으로 충돌하기 전까지는요.

이제는 다들 알다시피, 우리의 갈등 대다수는 영속적이기도 합니다. 사는 내내 다루어야 하며 완전히 해결되지 못할 수도 있습니다. 그렇다면 영속적인 갈등을 다루는 것과 교착상태의 차이는 뭘까요?

이 둘의 차이점은 기분이 사뭇 다르다는 점입니다. 영속적인 갈등을 다루는 일은 함께하는 삶 내내 특정 문제로 거듭해서 되돌아올 수 있지만, 그렇다고 해서 교착상태에 빠지지는 않습니다. 영속적인 갈등이 있다는 건 둘 사이에 성격이나 라이프스타일에서 차이가 있다는 의미이니, 서로의 차이가 불거질 때 차분하고 건설적으로 대화를 나누는 방법을 배우기만 하면 됩니다. 이때는 지금까지 배운 전략들이 분명히 도움이 될 것입니다.

교착상태는 다릅니다. 기분이 좋지 않습니다. 정말로 안 좋아요. 교착상태에 빠지면 다음과 같아집니다.

- 지금의 이 문제에 대한 갈등으로 파트너에게 거부당하는 느낌을 받게 됨.
- 이 문제를 거듭해서 이야기하고 또 이야기하는데도 한 발짝도 진전이 없음. 해결이나 타협이 전혀 이루어지지 않음.
- 이 문제를 놓고 따질 때마다 이야기를 하고 난 뒤에 기분이 더 안 좋아짐.
- 이 문제에 대한 지속적인 갈등이 파트너 한쪽이나 양쪽에게 상처와 정서적 타격을 안겨줌.

저희를 찾아왔을 때, 마뉴엘과 샤나에는 선물을 주는 문제로 교착상태에 빠져 있었습니다. 앞에서 말한 전형적인 신호를 전부 다 겪고 있었지요. 싸우고 나면 기분이 너무 안 좋았고, 타협과 문제해결을 위한 시도가 제대로 풀리지 않았으며, 서로에게 점점 좌절감을 느끼면서 갈수록 악화일로로 치닫는 중이었습니다.

그 시점에서 두 사람은 부정적인 감정의 밀물 현상(negative sentiment override)의 상태, 다시 말해 부정적 관점에 빠져 있었습니다. 말하자면, 주기적으로 툭하면 싸우다 보니 파트너의 말과 행동을 부정적으로밖에는 볼 수 없게 되는 상태입니다. 심지어 그 말과 행동이 부정적 의도가 아닌 경우조차도요. 더는 선의로 해석해 주지 않고 최악으로 해석해 버립니다.

파트너가 물음에 대답을 안 하면 '저 사람이 내 말을 못 들었나 보네'라고 생각하는 게 아니라 '또 내 말을 무시해. 맨날 그렇지 뭐'라고 생각하는 식입니다. 중립적인 상황조차 부정적으로 받아들입니다. 교착상태에 사로잡히면 부정적 관점에서 벗어나기가 힘듭니다.

교착상태는 더 깊이 들어가야 한다는 중대 신호입니다. 지금은 이 갈등에 불을 붙이는 진짜 원인을 파헤쳐야 할 때라는 경고등이 깜빡이고 있는 것입니다. 하지만 어떤 일로 아직은 교착상태에 빠지지 않았더라도, 당신과 파트너가 싸움에서 속도를 줄이고 싸움의 진짜 원인부터 먼저 알아내고 나서 진전의 시도를 벌여야 한다는, 또 다른 신호들도 있습니다.

다음과 같은 신호가 감지되면, 싸움을 잠깐 진정시켜야 합니다.

- 사소해 보이는 일로 서로 삐끗거려 '우리가 왜 이런 사소한 일로 싸우는 걸까?' 하는 생각이 듦.
- 실질적 타협을 봤는데도 한쪽이나 양쪽이 그 타협을 훼손시켜서 제대로 지켜지지 못함.
- 다른 싸움이나 대화에서 자꾸 똑같은 문제가 불청객처럼 튀어나옴.
- 아니면 그 반대로 특정 문제를 전염병처럼 피함. 둘 다 알면서 모르는 척 하며 회피함.
- 파트너가 어떤 이야기 중에 느닷없이 지나쳐 보이는 뜻밖의 반응을 보이며 당신을 놀라게 함.

특히 마지막 신호는 중대한 단서일 수도 있습니다. 당신은 일상적인 일들을 챙기는 중이라고 여기며 대화하는데, 파트너가 느닷없이 아주 감정적인 반응을 터뜨리는 것처럼 보인다면 가볍게 넘길 일이 아닙니다.

일정표나 주말 계획을 놓고 평범한 일을 챙기고 있다고 여기며 이야기를 나누던 중에 파트너가 신체적·인지적·감정적 홍수에 빠지거나 화를 내는 식으로 나와 당신으로선 이해가 안 되는 반응을 보인다면, 그것은 무슨 문제가 있다는 확실한 신호입니다. 빙산에 부딪힌 것입니다. 그동안 수면 아래에 숨어 있어 못 봤던 문제가 있는 것이지요.

그렇다면 이럴 땐 뭘 해야 할까요? 속도를 늦추고 진정해야 합니다. 이렇게 말해 보세요. "우리 뒤로 물러나서 찬찬히 살펴보자. 아무래도 내가 생각했던 것보다 더 깊은, 어떤 문제가 있는 것 같아."

저희 부부에게도 신혼 초에 이런 일이 있었습니다. 존이 퇴근해서 집에 온 참이었고, 줄리는 이미 집에 와서 주방에서 저녁을 준비하고 있었어요. 그날 존은 현관 탁자에 놓인 우편물을 봤고, 순간 2주 전에 배관공을 불렀던 일이 떠올랐는데 그 수리비를 지불했는지 잘 기억이 나지 않았습니다. 그래서 어슬렁어슬렁 주방 쪽으로 걸어 들어가며 물었어요. "자기야, 배관공한테 수리비 줬어?"

줄리가 양파를 썰다 칼을 탁 내려놓더니 휙 돌아섰습니다. "몰라!" 줄리가 짜증스럽게 쏘아붙였습니다. "당신이 준 거 아니었어?"

줄리는 쿵쿵 걸으며 침실로 들어가 문을 쾅 닫았습니다. 아주 세게요.

존은 손에 우편물을 든 채 그 자리에 서서 생각했습니다. 내가 정신이상자랑 결혼한 거야, 뭐야? 침실로 들어가 아내에게 따져 물었습니다. "대체 뭐가 문젠데? 그냥 수리비 줬냐고 물어본 걸 가지고 왜 그러는 건데!"

"아, 그래! 나는 이 집에서 그냥 비서구나. 먼저 인사부터 해야 하는 거 아니야! 내가 처리해야 할 일들을 했는지부터 확인할 게 아니라. 그래, 수리비 안 줬어! 그러니 내가 잘못했네!"

당황한 존이 방어적으로 나오면서 처음엔 대화가 그다지 잘 풀리지 않았습니다. 하지만 마침내 둘 다 진정이 되었습니다. 존이 침대로 가서 앉으며 이번엔 줄리에게 더 부드럽게 물었습니다. "자기가 무엇 때문에 기분이 상한 걸까?"

줄리는 잠깐 생각하다가 이유를 설명할 수 있게 되었습니다. "어렸을 때 집에 오면 어머니가 툭하면 나한테 이런저런 트집을 잡았어. '그렇게 입고 학교에 간 거니? 뚱뚱해 보이게.' 이런 식이었지. 당신이 방금 집에 들어왔을 때 한 그 말이 어릴 때 들었던 어머니의 그런 트집처럼 들렸어."

알고 보니 줄리가 바랐던 것은 사실상 아주 간단했습니다. "하루 일을 마치고 서로 다시 볼 때 나에게 다가와 입을 맞추며 인사를 건네고 하루를 어떻게 보냈는지 물어봐주면 좋겠어. 배관공에게 돈을 줬는지는 그다음에 물어봐도 되지 않을까."

이처럼 우리가 이런 대화에 이르른 것은 잠깐 시간을 내서 더 깊이 파헤치고 물어봐주면서, 사소해 보이는 일이 그런 격한 반응을 일으킨 이유를 헤아려본 덕분이었습니다. 그런 반응은 경고의 붉은 깃발입니다. "여기를 파보세요"라고 알려주며 관심과 주의를 기울여야 한다는 경고입니다.

어떤 문제를 더 깊이 파고들어야 한다는 신호가 보인다면, 지금부터 그에 대처할 청사진을 제시해 드리겠습니다. 바로 '갈등 속의 꿈'이라는 것입니다.

갈등 속의 꿈 발견하기

이 특정 개입법의 이면에는 개인적인 사연이 깃들어 있습니다. 이 방법은 (사랑실험실을 통해 철저히 검증되긴 했으나) 사랑실험실에서 발견한 게 아니라 저희 부부의 삶과 관계를 통해 발견했습니다.

저희 부부는 부부관계 이론과 개입법을 개발하기도 전인 신혼 초에 교착상태에 빠진 문제를 해결하려 애썼지만, 아무런 진전을 보지 못하고 있었습니다. 간략히 설명하자면, 그때의 문제는 이랬습니다.

저희는 번잡한 도시인 시애틀에 살고 있었습니다. 존은 시애틀을 사랑했지만 줄리는 아니었어요. 뉴욕에서 자란 존에게는 물밀듯이 오가는 인파, 번잡한 차량, 도시의 소음과 북적임이 익숙하고 편안했습니다. 감각적으로 고향의 느낌을 주었으니까요.

줄리의 경우엔 포틀랜드에서도 더 시골인, 미국에서 가장 큰 도시 근교 숲으로 꼽히는 곳에 자리한 집에서 성장했습니다. 대자연을 고향으로 두어서인지 나무숲의 평온함과 고요함을 좋아했습니다. 어릴 때는 종종 슬그머니 집 밖으로 나가 숲에서 잠을 자다 다음 날 동이 트기 전에 돌아오기도 했습니다. 부모님이 절대 모르시게요. 줄리에게는 심오하고 꾸밈없는 자연이 제정신을 지켜주는 위안처였습니다.

어느 주말, 저희 부부는 워싱턴주 북서부 끝단에 자리한 오르카스섬의 작은 통나무집을 빌렸습니다. 장거리를 운전한 후 페리호를 타고 가는 여정이었습니다. 줄리는 그곳에 닿자마자 오르카스섬에 푹 빠졌습니다. 언젠가 숲속의 작은 통나무집을 갖는 꿈을 늘 마음속에 그려왔던 줄리는, 저희 부부가 신청 경쟁을 뚫고 힘겹게 통나무집을 빌려 그 섬에 몇 번째 다시 찾아갔을 무렵 그곳이 바로 자신이 꿈꾸던 곳이라고 느꼈습니다. 그래서 어느 날 존에게 그 이야기를 꺼냈습니다.

"나 말야, 오르카스섬에 있는 통나무집을 정말로 사고 싶어."

"뭐?" 존이 깜짝 놀라며 대꾸했습니다. "절대 안 돼."

결국 대화가 폭주하며 싸움이 격해졌다가, 둘 다 화가 나고 불만스러운 상태로 서로 딴 데로 자리를 피했습니다. 그리고 이 문제로 6년 동안 싸움을 거듭했습니다. 줄리는 숲속의 통나무집이라는 소중한 이상을 포기할 수 없었습니다. 존은 전혀 동의할 수 없었고요. 그런 곳에 집을 산다니, 불필요한 사치 같았습니다. 존도 줄리도 서로 입장을 굽히지 않으면서 두 사람은 교착상태에 빠졌습니다.

이 문제는 저희의 관계에서 아주 심각한 일로 자리 잡았습니다. 하루하루 지날수록 점점 더 크게 불어나는 장애물로 자라 자꾸만 거기에 걸려 넘어질 수밖에 없었습니다. 이 문제에 대한 응어리가 다른 대화들로도 새어나갔고, 일상적 교류 속에 스며들어 부정성이 우세해지고 있었습니다. 결국 저희는 부부치료를 받으러 갔습니다(네, 맞습니다. 부부치료사들에게도 부부치료사가 필요합니다!).

친구가 소개한 부부치료사는 존을 정말로 좋아했습니다. 그녀는 존을 재능 있고 말하기를 좋아하며 매력적인 사람이라고 여겼지요. 존의 편을 들었는데, 그런 마음이 부부치료에서도 드러났습니다. 줄리는 뒷전으로 떠밀렸습니다.

어느 날, 저희가 상담실에 앉아 서로의 주장을 펼치며 그 교착상태에서 빠져나와 진전을 볼 방법을 찾으려 애쓰고 있을 때 그녀가 말했습니다. "있잖아요, 존. 당신에겐 안 된다고 말할 이유가 충분하고 줄리는 그 말을 받아들여야 해요. 한계선을 그으세요. 좋은 관계의 관건은 한계선이에요. 그냥 안 된다고 말하세요!"

저희는 상담 후 밖으로 나와 말없이 차에 탔습니다. 존이 머릿속으로 조금 전의 부부치료에 대해 되짚어보는 것이 분명해 보였습니다. 생각에 깊이 빠져 있는 모습이었습니다. 집에 오자 존은 차 키를 내려놓고 줄리를 돌아봤습니다. "내가 하는 말이 그렇게 들려? 그 부부치료사의 말처럼 들려? '그냥 안 된다고 말하는' 것 같아?"

"응, 그래. 그렇게 들려." 줄리가 대답했습니다.

"그렇다면 그건 내가 되고 싶은 남편의 모습이 아닌데." 존이 말했습니다.

저희는 그 부부치료사에게 더 이상 가지 않기로 결정했습니다. 그런 후 다른 사람의 사무실이 아닌 저희 집 거실에 앉아 조만간 '갈등 속의 꿈' 다루기 훈련의 모델이 될 일을 직접 실행했습니다. 저희는 통나무집을 살지 말지를 놓고 다투길 멈췄습니다. 어떤 식으로든 서로를 설득하려는 노력을 멈췄습니다. 그리고 서로에게 질문을 하며 그냥 말을 들어주기 시작했습니다.

과거와 미래에 대해 이야기하기 시작했습니다. 줄리는 존에게 어릴 때 집에 들어가면 기분이 얼마나 끔찍했는지 말했습니다. 비난과 경멸로 가득하고 때로는 신체적 학대까지 가해졌던 집안 분위기, 어머니가 자신에게 또 어떤 말로 상처를 줄지 몰라 마음을 놓거나 긴장을 풀 수 없었던 기분……. 그래서 집에서 긴장되고 무거운 분위기가 느껴지면 밤늦게 뒷문으로 살그머니 나가 포틀랜드 한복판의 자연보호 지역으로 달려나갔던 일을 털어놓았어요.

밤새 집으로 돌아가지 않고 가지가 늘어진 붉은 향나무 밑에서 잠을 잘 때도 많았다고요. 자연 속에 있으면 안정감을 느꼈다고요. 그곳에 가면 보살핌을 주는 듯한 나무숲의 묘미에 젖어 들어 정신적으로 재충전할 수 있었다고요.

"이 도시는 나를 고갈시켜. 숲은 나를 되살아나게 해주고." 줄리가 존에게 말했습니다.

이번엔 존이 이야기할 차례였습니다.

존은 부모님이 제2차 세계대전 초 오스트리아의 빈에 살던 젊은 부부였을 때의 이야기를 들려주었습니다. 어느 날 밤, 이 젊은 부부는 24시간 내에 게슈타포가 그 구역에 들이닥쳐 사람들을 강제소집해 수용소로 보낼 것이라는 소식을 들었습니다. 부부는 몸을 피해 고향인 빈을 떠나 국경 너머 스위스로 건너갔습니다.

입고 있던 옷과 호주머니에 감춰 온 소금과 설탕 봉지 몇 개 외에는 아무것도 없이 직장, 가족, 친구, 아파트와 모든 살림살이, 책과 소중한 사진, 가구, 집안의 가보 등을 다 남겨둔 채로요. 부부는 스위스에서 도미니카공화국으로 피신한 후, 그곳에서 1942년에 존을 낳았고, 나중엔 홀로코스트 난민으로 뉴욕에 왔습니다.

부부는 존에게 자신들이 터득한 교훈을 가르쳤습니다. 물건이나 재물을 모으지 말라고요. 나치가 언제 또 다른 이름으로 뒤쫓아 와 그 모든 걸 남겨두고 떠나야 할지 모르니, 자신의 자원을 교육이나 기술같이 누구도 빼앗아 갈 수 없는 내면의 재산에 쏟아부어야 한다고요. 이렇게 자란 존으로선 이미 집이 한 채 있는 마당에 두 채까지는 필요 없다고 여겼고, 부모님과 부모님의 인생사가 생각나 마음이 무겁고 꺼려지기도 했던 것입니다.

저희 부부는 이런 이야기를 나눈 후에 둘 다 감정이 누그러졌습니다. 이렇게 다른 면의 대화를 나누고 나니 기분이 완전히 달라져 연민의 분위기가 충만해졌습니다. 둘 다 서로의 꿈을 존중하기 위해 할 수 있는 일이 있다면 뭐든 해줘야겠다는 마음이 생겨났습니다.

그 후 단박에 타협에 이르러, 오르카스섬에 있는 작은 집을 사되

몇 년 후 존이 좋은 투자가 아니라는 느낌이 들 경우 재검토를 거쳐 유지 여부를 결정하기로 했습니다. 한편 줄리는 그동안 존이 간절히 원해 왔던 대로 유대인 전통의 코셔 식사법을 따라주기로 했습니다.

저희 부부는 오르카스섬의 북쪽에서 라쿤 포인트라는 절벽 지대에 위치한 작은 통나무집을 찾아냈습니다. 해협 너머로 캐나다가 멀리 건너다보이는 곳이었습니다. 존은 그곳을 아주 좋아했지만 그 통나무집에 가면 소파에 편안히 앉아 책을 읽었고, 그동안 줄리는 등산화 끈을 졸라매고 밖으로 나갔습니다. 그리고 1년 후 존은 그 집을 구입하길 정말 잘했다고 신나 했습니다.

이 과정을 통해 좋은 결과를 거둔 저희 부부는 이런 생각을 했지요. '이 방법을 연구실로 가져가야 해.'

꿈을 들어주는 사람

저희는 사랑실험실 녹화분과 데이터를 다시 보며 교착상태에 빠진 대화를 더 세심히 들여다봤습니다. 그 결과 교착상태이거나 궁지에 빠진 커플들에게는 예외 없이, 주고받는 대화 이면에 그동안 깊이 물어보지 않았거나 말로 분명히 표현된 적이 없는 숨겨진 꿈이 있었습니다. 한편 갈등을 잘 헤쳐나가고 있는 커플들의 경우엔 그런 꿈을 터놓고 직접적으로 이야기하고 있었습니다.

저희는 사랑의 달인들이 잘하는 일들을 정리해 나갔습니다. 그러자 이런 달인들을 관통하는 뚜렷하고 일관적인 특징이 보였지요. 서로를 위한 '사랑의 지도'를 만들고 확장시키며 지낸다는 점이었습니다. 다시 말해, 세세히 물어봐주고 상대방에게 호기심을 가지면서 서로의 내면세계를 이해하고 있었습니다.

서로서로 진심으로 좋아하고 존중하며 그 마음을 일상적으로 표현했습니다. 상대방의 연결 시도를 대부분 돌아봐주었습니다. 서로에게 긍정적 관점을 지켜, 상대의 부정적인 면을 보며 상대가 잘못하는 일이나 안 하는 일에 주목하기보다는, 좋은 면을 보며 상대가 잘하는 일을 더 잘 알아봐주는 경향이 있었습니다. 갈등 상황에 놓이면 거의 그 즉시 자신들에게 철학적·내력적·정서적으로 극히 중요한 부분으로 파고들어가 신념, 가치관, 기억, 꿈을 깊이 물어봤습니다.

저희 부부가 교착상태에 빠진 싸움에서 돌파구를 열었던 그날의 방법은 특별한 것이 아니었던 셈입니다. 이런 사실은 아주 반가운 소식이었습니다. 다른 커플들도 따라서 활용할 수 있다는 말이니까요. 저희 부부는 사랑의 달인들이 사랑실험실에서 행했던 바로 그 방법대로 최대 갈등을 직접 해결하기도 했던 터라 이런 식의 개입법에 확신이 생겼고, 그 확신을 바탕으로 커플들이 갈등의 표면만 빙빙 도는 게 아니라 밑바닥까지 파고들도록 도와줄 일련의 질문들을 개발했습니다.

저희는 먼저 여러 차례의 커플 워크숍을 통해 검증했습니다. 이때 진행 시나리오를 확실히 세우기 위해 말하는 사람과 들어주는 사람의 규칙을 정해 놓았습니다. 말하는 사람이 따라야 할 역할은 마음을 열고 솔직히 진심을 말하며, 지금까지 이 책에서 다룬 개입법들을 따라야 한다는 것이었습니다. 즉 부드럽게 시작하기로 해당 문제에

대한 자신의 입장을 전하고, 파트너의 결함보다는 자신의 욕구만을
설명해야 했습니다.

한편 들어주는 사람은 파트너가 그 문제에 대한 자신의 입장 이면
에 숨겨진 꿈을 마음 놓고 솔직히 털어놓을 수 있게 해줘야 했습니
다. 파트너에게 선의의 해석을 해주며 그 관점을 참을성 있게 잘 들
어줘야 했습니다. 어떤 판단도 방어도 없이요.

이어서 들어주는 사람이 일련의 질문을 소리 내 읽으면서 말하
는 사람의 대답을 가만히 들어주기만 하고 자신의 관점을 끄집어내
지 않게 했습니다. 말하는 사람이 모든 질문 하나하나에 대답을 하
고 나면 말하는 사람과 들어주는 사람이 서로의 역할을 바꿨습니
다. 먼저 들어준 사람이 이번엔 말하는 역할을 맡고, 먼저 말한 사람
이 이번엔 들어주는 역할을 맡았지요.

들어주는 사람이 던지는 질문의 목록은 처음엔 더 길었지만 검증
을 통해 다음의 6개로 추려졌습니다.

'꿈을 들어주는 사람'이 묻는 마력의 질문

① 이 문제와 관련해서 당신의 신념은 뭐야? 이 문제에 대한 당신의 입장과
　 관련해서, 어떤 가치관이나 윤리관 또는 신념이 있어?

② 당신의 입장이 어떤 식으로든 당신의 어릴 적 경험이나 환경과 관련되어
　 있어?

③ 이 문제에 대한 당신의 입장이 당신에게 중요한 이유가 뭐야?

④ 이 문제에 대해 어떤 느낌을 갖고 있어?

⑤ 이 문제에서 당신이 꿈꾸는 이상은 뭐야? 요술봉을 휘둘러 당신이 원하

는 대로 이룰 수 있다면 그게 어떤 모습일 것 같아?

ⓖ 당신에게 이와 관련된 좀 더 깊은 어떤 목표나 목적이 있어? 있다면 그게
뭐야?

이 훈련이 효과가 있는 이유는 여지와 시간을 열어주기 때문입니다.
이 훈련은 대화의 폭을 넓혀 숨통을 틔워줍니다. 두 파트너는 각자 확
실한 역할을 맡아 한 사람은 말하고 한 사람은 들어줘야 합니다. 양쪽
파트너 모두 더 깊이 내재된 꿈이나 두려움이 뭔지를 알아내는 동시에
그 꿈이나 두려움을 분명히 밝힐 만한 여지를 차분히 보호받습니다.

어떤 문제든 그 문제에 대한 파트너의 접근법을 더 깊은 차원에서
이해하고 나야만 비로소 해결이 가능해집니다. 부드럽게 시작하기
를 활용해 파트너의 입장을 듣는 시점에서는 아직 자세한 이야기는
듣지 못합니다. 피상적으로만 다루고 말아 여전히 이해해야 할 면이
많이 남아 있지요.

따라서 말하는 사람(화자)과 들어주는 사람(청자)의 역할을 꼭 따
라야 합니다. 각자가 역할을 바꿔가며 모든 단계를 빠짐없이 거쳐야
합니다. 다시 말해 말하는 사람이 먼저 부드럽게 이야기를 꺼낸 후
들어주는 사람이 묻는 '갈등 속의 꿈' 관련 질문에 답해야 합니다.

들어주다가 말을 자르고 끼어들어선 안 됩니다. 어떤 질문도 건너
뛰면 안 됩니다. 들어주는 사람은 질문 리스트를 훑어 내려가며 말하
는 사람에게 한 번에 하나씩 질문을 던져야 합니다. 그 질문에 최대
한 상세히 대답을 듣기 전에는 다음 질문으로 넘어가선 안 됩니다.

여기에서의 목표는 파트너에 대해서나 해당 문제에 대해 알아낼

수 있는 모든 것을 알아내는 일입니다. 그 문제가 파트너에게 왜 그렇게 중요한지, 그 문제에 대한 파트너의 입장이 어디에서 기인하는지, 파트너의 개인적 내력과 그런 입장이 어떤 상호작용을 하고 있는지 등을 알아야 합니다.

어떤 사람이 겪은 경험으로 미루어 그 사람이 어떤 신념과 가치관을 갖게 될지를 추론하는 게 언제나 가능한 일은 아닙니다. 어렸을 때 부모에게 체벌을 받으며 자란 일부 나이 많은 세대 중엔 그런 일을 겪으면서도 상처 입지 않고 잘 크고 귀한 교훈을 배운 사람들이 있습니다. 그런가 하면 이런 생각을 하는 사람들도 있습니다. 그건 학대였어. 그 일로 내가 배운 건 아무것도 없어. 있다면 두려움뿐이겠지.

배경은 아주 중요한 요소이지만 똑같은 배경에서 자라도 서로 다른 신념 체계를 가질 수 있습니다. 갈등의 요점에 대한 서로의 입장을 이해하기 위해서는 이런 부분에 대해서도 잘 물어봐야 합니다.

여러 면(계층, 인종, 고향, 가족 구조, 종교 등)에서 공통점을 가진 사람들도 어떤 문제에 대해 완전히 다른 관점을 가질 수 있습니다. 각자의 신체적·정서적·정신적·지적 구성체가 그런 공통된 환경과 저마다 다르게 조화되어 독자성을 띠기 때문입니다.

예를 들어 마뉴엘과 샤나에는 유년기의 측면에서 공통점이 많았습니다. 둘 다 어린 시절을 힘들게 보냈지요. 부모의 보살핌을 못 받고 이 사람 저 사람의 손에 크며 박탈감과 결핍을 겪은 내력이 있었습니다. 하지만 그렇게 비슷한 경험이 있어도 크게 다른 신념 체계를 형성했습니다.

돈이 문제가 아니었다는 사실

저희가 판단하기에, 마뉴엘과 샤나에의 경우 교착상태를 깨트리려면 돈 때문에 벌어지는 이 지속적 갈등을 옆으로 치워놓는 일이 급선무였습니다. 저희는 돈 문제 대신에 두 사람의 과거에 대해 이야기하며 이렇게 물었습니다. 자라던 가정에서는 선물 주기의 문화가 어땠나요? 부모님이나 양육자가 이런 선물 주기로 애정 표현을 했나요? 그런 면들로 인해 선물 주기에 어떤 의미가 부여되었나요?

두 사람의 대답은 두 사람을 이해하는 데 큰 도움이 되었습니다. 샤나에는 자랄 때 부모님이 곁에 없었습니다. 아버지는 감옥에 있었고, 어머니는 마약 중독에 빠져 있던 탓이었습니다. 어머니는 샤나에를 사랑했지만 듬직한 부모 역할을 해줄 수도, 딸을 먹여 살릴 능력도 없었습니다.

샤나에는 어린 시절의 대부분을 삼촌 집에서 살았습니다. 삼촌 부부는 크리스마스 때면 자기 자식들에게 선물을 한가득 안겨주고 샤나에한테는 새 양말을 포장해서 주었습니다. 그게 다였습니다. 그냥 양말 한 켤레로 끝이었습니다. 샤나에는 선물이 상대를 얼마나 중요하게 여기는지를 상징하는 것이라고 여기게 되었습니다. 선물은 사랑의 크기와 같은데, 자신은 제대로 받지 못하고 있다고요.

한편 마뉴엘은 자라는 동안 선물을 받아본 적이 없었습니다. 부모님은 제대로 보살펴주지도 않은 채 학대를 일삼다 결국엔 이혼해 버렸습니다. 마뉴엘은 사실상 혼자 크다시피 했습니다. 마뉴엘에게 선물을 주며, 그의 표현대로라면 그를 '부자처럼 느끼게' 해준 유일한 사람은 가족의 지인이었던 대모뿐이었습니다. 휴일이나 여름방학 때면 온종일 대모와 함께 보냈습니다. 대모와의 관계가 자신이 살면서 의지할 수 있는 단 하나의 관계 같았습니다.

그런데 그 이후 열 살이 된 마뉴엘이 먹고살기 위한 자구책으로 마약을 팔기 시작했을 때, 대모가 그의 그런 생활을 도저히 용서해줄 수 없다며 돌연 만나주지 않았습니다. 영원히요. 그 일을 겪은 뒤 마뉴엘은 두 번 다시 그 누구도 믿지 않게 되었습니다. 누가 선물을 주면 반사적으로 이런 반응이 나왔습니다. 나한테 이걸 주는 이유가 뭐지? 나를 자기 뜻대로 조종하려고 그러는 거 아냐?

저희는 마뉴엘에게 물었습니다. 혹시 샤나에게 선물을 잘 못 받는 이유가 선물을 받는 것이 마음을 열고 아내의 사랑과 그에 수반되는 취약성을 받아들이는 것을 의미하기 때문이냐고요. 마뉴엘은 맞다고 했습니다. 한편 샤나에는 남편의 사랑 표현을 갈망했습니다.

이 부부는 정말 말 그대로 몇 년 동안이나 이 싸움을 돈이라는 렌즈로 들여다보고 있었지만, 그것은 돈과는 아무 상관이 없었습니다. 사실은 숨겨져 있던 사랑의 의미가 문제였습니다. 사랑을 주는 방법, 사랑을 받는 방법, 사랑에 마음을 여는 방법이 이 싸움의 관건이었습니다.

'꿈을 들어주는 사람'의 질문을 던지는 단계에서는 부부의 대화 경향이 사뭇 달랐습니다. 이 단계의 형식에 따라 서로 돌아가며 자기 자신과 유년기에 대해 이야기하고 각각의 질문에 대답하는 중에는 서로를 수용하며 정말로 잘 들어주었습니다. 발끈형에 가까운 편이던 마뉴엘은 6개의 질문을 던질 때 훨씬 더 차분하고 덜 격한 모습을 보였고, 그 결과 회피형에 가까웠던 샤나에가 안심하고 마음을 열어 대답을 털어놓을 수 있었습니다.

"이 문제에 대해 어떤 기분이 들어?" 마뉴엘이 샤나에에게 묻자 샤나에가 말했습니다. "다시 어린 시절로 돌아간 것 같아. 누군가에게 중요한 존재가 되길 마냥 기다리고 있는 그런 기분이야." 어느새 마뉴엘은 차츰 아내를 이해하며 얼굴 표정이 바뀌었습니다.

이후 역할이 바뀌어 마뉴엘이 답할 때가 되어 샤나에가 다섯 번째 질문으로 "요술지팡이를 휘둘러 당신이 바라는 대로 이룰 수 있다면 그게 어떤 모습일 것 같아?" 하고 묻자 마뉴엘은 이렇게 말했습니다. "우리 사이에 모든 일이 더 쉬워질 것 같아. 무슨 일이 있든 간에, 내가 당신을 사랑한다는 걸 당신이 아는 거야."

마뉴엘과 샤나에에게 이 문제로 인한 갈등이 그치진 않았지만, 다음번에 갈등이 다시 일어났을 때는 대화가 아주 다르게 흘러갔습니다.

샤나에 : (마뉴엘이 사 가지고 들어온 쇼핑백을 보고 실망스러운 한숨을 내쉬고 눈알을 굴리며) 아, 철물점에서 못을 사 왔구나. 여자들이 퍽이나 좋아하겠네.

마뉴엘 : 내가 철물점에 들렀다 온다고 했잖아. 거기에서 뭘 사 올 줄 기대한 건데? 다이아몬드 반지?

샤나에 : 오늘쯤엔 당신이 뭘 사다 줄 거라고 기대했지. 그동안 당신에게 애정 표현을 받지 못해 서운했단 말이야. 요즘엔 나한테 별로 관심을 써주지 않았잖아.

마뉴엘 : 샤나에, 요즘 내가 이 집을 빌려주고 더 큰 아파트를 찾

아보려고 집수리에 애쓰고 있잖아. 그러기로 서로 이야기
해서 이게 당신이 원하는 일인 줄 알았는데!

샤나에 : 알아. 그래도 나는 이따금씩 당신이 나에게 관심을 드러
내 보여주면 좋겠어서 그래. 다들 그렇게 해, 마뉴엘. 내
가 이렇게 바라는 건 정상이라고.

마뉴엘 : (답답해 하는 한숨을 내쉬며) 당신한테 그런 자잘한 선물
이 왜 그렇게 중요한지 난 정말 모르겠어. 내가 당신 사
랑하는 거 알잖아. 왜 그걸로 충분하지 않은 건데?

샤나에 : 글쎄…… 나는 누군가를 사랑한다면 그 마음을 보여주
고 싶은 게 당연하다고 믿어. 사랑한다는 말만으로는 부
족해. 별 의미 없이 그런 말을 할 수도 있는 거잖아. 선물
을 주면 그 사람을 생각하고 있다는 의미가 돼. 선물을
하려면 노력과 시간을 내야 하고 사랑하는 사람에 대해
생각해야 하니까.

마뉴엘 : 무슨 말인지 알겠는데, 난 바쁘다고!

샤나에 : 나도 알아, 안다고.

마뉴엘 : 저기, 이게 당신의 유년기와 관련된 문제라는 거 알아. 그
래서 나도 노력 중이야. 하지만 집세를 못 내서 우리가
이 아파트에서 나가는 일이 생기면 안 되잖아.

샤나에 : 그 이유뿐이야?

마뉴엘 : 음…… 당신이 나한테 뭔가를 받고 싶어 하면 예전의 반
응이 여전히 나오는 것도 같아. 당신이 나에게 뭔가를 얻
어내려 하는 것 같은 기분이 들어. 아빠는 아무도 믿지

말라고 가르치셨어. 섣불리 믿었다간 나한테 뭔가를 뜯어내려들 거라고. 그리고 정말 그 말대로 사람들은 늘 그랬어. 그 대가로 얻어내고 싶은 게 있을 때만 뭔가를 주지. 어릴 때 애들이 사탕이나 담배 같은 걸 주면서 이번엔 내가 맥주를 살 차례라고 해서 위험을 무릅쓰고 술을 사 와야 했던 기억도 나. 나는 이용당하는 일에 아주 이골이 나. 그나마 열다섯 살쯤 되었을 때에야 똑똑해져서 더는 사람들이 나를 이용하거나 조종하지 못하게 차단할 수 있었던 거야.

샤나에 : 그치만 난 당신을 조종하려는 마음이 없어! 내 말은 그런 의미가 아니야.

마뉴엘 : 그게, 이제는 나도 그렇다는 걸 아는데도 여전히 그런 기분이 들어.

샤나에 : (두 팔로 남편을 안으며 다정하게) 그럼 당신이 다음에 시내에 들를 일이 있을 때 내가 좋아하는 그 초코바 하나만 사다 줄 만큼, 딱 그 정도만 내가 당신을 조종하면 안 될까?

마뉴엘 : (소리 내 웃으며) 그래, 알았어. 이 아파트를 잃을 걱정 없이 초코바 하나 살 만큼은 여유가 있으니까.

돈과 선물하기를 둘러싼 이런 가치관 차이는 여전히 이 부부에게 영속적인 문제로 남아 사는 동안 이런저런 식으로 불거질 것입니다. 선물하기를 남을 이용하려는 의도로 보는 마뉴엘의 기본적 경향이, 선물을 곧 사랑으로 여기는 샤나에의 뿌리 깊은 믿음과 앞으로도 때때로 충돌을 빚을 테지만, '갈등 속의 꿈'에 대한 대화를 가지면 그런 갈등의 틀이 완전히 바뀝니다.

두 사람의 경우에도 여전히 이 문제로 싸우고 있지만 더는 상처를 주는 교착상태에 빠져 있지 않습니다. 이제는 대체로 그런 싸움에 대해 어떤 식으로든 해결책이나 타협안을 찾을 수 있습니다. 비난당하거나 공격당하는 기분을 느낄 가능성도 줄었습니다. 서로를 더 깊이 이해해 서로가 떠안고 있는 지속적인 취약성을 의식하면서 대하니, 이 문제가 끝내 해결되지 않을지라도 더는 그로 인해 고통과 오해가 생기지 않습니다.

최악의 갈등은 친밀감을 쌓을 최고의 기회

이 말이 상식에 안 맞는 것처럼 보일 겁니다. 당신과 파트너 사이에 한번 불거졌다 하면 어김없이 스트레스가 굉장할 만큼 지독하고 심한 싸움을 벌여 그 여파가 며칠씩 (혹은 더 오래) 가시지 않는 특정 문제가 있을 경우엔 그 문제를 회피하는 것이 가장 당연한 반응처럼 여겨질 테니까요. 물론 '이 문제는 영속적인 갈등거리이고 건드리면 너무 큰 상처를 주니 그냥 건드리지 말자'고 생각하는 것도 어느 정도 타당합니다.

교착상태에 빠진 커플들도 어느 순간부터 절망감을 느껴 이렇게 생각할 수 있습니다. '이 문제를 질리도록 따져댔는데 더 이야기해봐야 무슨 소용이 있겠어.' '내가 결혼을 잘못했어. 내가 아닌 딴 사람이 되길 원하는 상대를 만난 거야. 내 성격을 완전히 바꾸지 않는 한 계속 같이 살 수는 없을 것 같아.'

그런데 저희가 특히 커플 워크숍을 통해 '갈등 속의 꿈' 개입법을 단계별로 거치도록 이끌어주며 발견한 바에 따르면, 87퍼센트의 경우 교착상태에 빠진 갈등에 6개의 질문이 큰 돌파구가 되었습니다.[1] 물론 두 사람이 도저히 잘 지낼 수 없는 경우도 있습니다.

저희가 여기에서 하려는 말도 모든 관계가 다 구제될 수 있다거나 구제되어야 한다는 주장이 아닙니다. 그런 주장은 데이터상으로나 저희의 커플 임상 연구상으로도 뒷받침이 되지 않습니다. 때때로 두 사람의 성격이 너무 맞지 않거나 서로의 꿈이 너무 대립되는 경우도 있습니다.

하지만 거의 90퍼센트의 경우엔 그렇지 않습니다. 서로의 숨겨진 꿈을 더 잘 이해하기만 해도 교착상태에서 진전을 이뤄 전반적으로 갈등을 더 생산적으로 다룰 수 있습니다.

저희가 수년에 걸쳐 연구해 왔으면서도 여전히 크게 놀라는 순간은, 사람들의 갈등이 아주 깊은 차원을 띠고 있어 궁극적으로 파고들면 그 속에 존재론적 의미가 자리해 있다는 사실을 알 때입니다. 커플들이 말다툼을 벌이는 사소하고 평범한 일상생활의 문제들이 더 중대한 관심사와 단단히 엮여 있다는 점이 금세 드러날 때이지요.

저희는 사랑실험실에 다양한 유형의 사람들을 참여시켜 인구통계적 분류상의 온갖 커플들을 관찰했습니다. 이런 관찰 결과에 따르면, 성장배경이나 교육수준을 막론하고 사람들은 모두 철학자입니다. 모두들 하나같이 다음과 같은 의문을 붙잡고 씨름했습니다.

내가 이 세상에 온 이유는 뭘까? 내 목적은 뭘까? 내가 이 세상에 와서 이렇게 살아가는 목적은 뭘까? 나는 이번 생을 어떻게 살고 싶어 할까?

인간은 의미를 만드는 존재입니다. 우리 인간은 수천 년 전부터 스토리텔러의 기질을 발휘해 왔습니다. 세상을 설명하기 위해 기원 설화를 지어왔습니다. 자서전을 써서 자신의 인생 스토리를 이야기하기도 합니다. 그뿐만 아니라 의미와 교훈을 찾기도 합니다. 그 때문에 바닥에 널브러진 남편의 옷을 치워줄 것인가 말 것인가의 문제같이 지극히 사소한 문제들이 상징적으로 여겨지거나, 숨겨진 삶의 근본적 신념이나 목적에 맞닿아 있을 수도 있습니다.

큰 갈등거리는 곧 친밀감을 쌓을 큰 기회라고 저희가 말하는 이유가 여기에 있습니다. 그런 갈등이 스포트라이트 역할을 해서 우리의 정체성에서 아주 중요한 면, 즉 파트너가 우리를 더 잘 알게 해줄 면이 잘 보이고 이해되도록 밝은 빛을 비춰주기 때문입니다.

하지만 때로는 꿈이 너무 숨겨져 있어서 자신조차 그 꿈을 의식하지 못하는 경우가 있습니다. 그렇다 해도 그 꿈을 둘러싼 감정들은 여전히 싸움을 통해 표면으로 드러납니다. 이때 '갈등 속의 꿈'에 대한 대화가 유용한 역할을 해줄 수 있지만, 그 꿈을 제대로 알아내는 데는 시간이 비교적 더 걸릴 수도 있습니다.

기억을 탐색하는 시간이 필요하다

우리가 항상 꿈과 욕구를 의식하고 있는 건 아닙니다. 흔히들 의식하지 않은 채 살고 있고, 특히 서구문화에서 더 심합니다. 우리는 아주 바쁘게 생활합니다. 살아남기 위해, 남들보다 앞서기 위해 애쓰는 데 많은 시간을 쏟아붓느라 자신이 누구인지, 자신이 왜 자신인지에 대해 성찰할 만한 시간이 부족하기 일쑤죠. 그래서 다툼 중에 어떤 질문을 받았다가 그때껏 그런 식으로 생각해 본 적이 없어 대답하지 못하는 경우에 직면할 수 있습니다. 당신이나 파트너에게 곰곰이 생각할 시간이 필요할 수 있습니다.

이럴 때 부부치료사가 정말 도움이 됩니다. 잠시 부부치료를 받다 보면 당신의 관심사, 일상적 생각, 성장배경 등에 대해 폭넓게 이해할 수 있으니까요. 경우에 따라선 당신에게 의미 있을 만한 일이 뭘지, 또 어떤 문제에 대한 당신의 입장이 어떤 개인사와 연결되어 있는지를 직감할 수도 있습니다. 부부치료사는 이런저런 질문을 던지고 잠재적 연관성을 지적해 주면서 당신에게 어떤 일이 벌어지고 있는지에 대한 단서를 주기도 합니다.

하지만 이는 혼자 힘으로도 알아낼 수 있습니다. 자기성찰과 기억 탐색의 시간을 가지면 됩니다. 잠깐 하던 일을 멈추고 이렇게 생각해 보세요. 내가 예전에도 이런 상황에 놓였던 적이 있었던가? 예전에도 이런 기분을 느낀 적이 있었나?

갈등을 겪고 있던 한 커플은 금리가 크게 오르기 전에 예금해 둔 돈으로 집을 구입할지 말지의 문제로 싸우며 그 도시의 부동산 가격을 놓고 끝도 없이 입씨름을 벌인 끝에, 사실상 서로 완전 딴판인 2가지 질문에 답을 내놓아야 하는 상황에 이르렀습니다. 한 파트너는 자신에게 삶의 안정감을 확보하는 일이 그토록 중요한 이유를 살펴봐야 했고, 상대 파트너는 한곳에 뿌리를 내리지 않고 자유롭게 옮겨 다니는 것이 자신에게 그토록 중요한 이유를 탐색해 봐야 했죠.

싸움을 벌이는 중에는 이런 질문에 제대로 답을 내놓지 못할 수 있습니다. 이 커플에게는 많은 대화가 필요했고, 대화 사이사이에 그 모든 걸 깊이 생각할 휴식 시간 역시 필요했습니다. 집과 가정을 둘러싼 개인사나 자라면서 영속감이나 안정감을 가졌는지의 여부에 대해, 또 그런 점들이 삶의 방식과 우선순위에 대한 현재의 입장에 어떤 영향을 미쳤는지를 차근차근 설명해야 했습니다. 따라서 한창 싸우다가 '어라, 어떻게 해서 이런 입장을 갖게 된 건지 나도 모르겠네'라는 생각이 들면 가장 먼저 스스로에게 깊이 생각해 볼 여지부터 만들어줘야 합니다.

이렇게 말해 보세요. "나도 그 말에 대답할 수 있으면 좋겠지만, 시간이 좀 필요할 것 같아."

그런 다음 생각할 시간을 가지세요!

더 깊이 파고들기가 힘들다면 다음과 같은 방법으로 연상과 깨우침을 자극해 보세요.

- 옛날에 찍은 사진이나 졸업 앨범, 일기장 보기
- 과거의 연애관계나 이전 결혼생활이 어떤 특징과 경향을 띠었는지 생각해 보기

- 부모님이나 양육자, 형제자매와의 관계에 대해 곰곰이 생각해 보기
- 어릴 적 또래 친구들과의 관계, 학교 생활에 대해 생각해 보기
- 가족 내에서 여러 세대에 걸쳐 나타나는 패턴에 대해 생각해 보기(돈 때문에 교착상태에 빠진 갈등을 겪고 있다면 다음과 같은 자문이 도움이 됩니다. '돈과 관련된 우리 가족의 내력은 어땠을까?')

생각할 시간을 갖고 난 뒤엔 파트너와 다시 마주 앉아 생각한 것들을 이야기하세요. 아직 모든 답을 알아내지 못했더라도 괜찮습니다. 당신은 '완성시켜야' 할 퍼즐이 아닙니다. 파트너와 함께 생각을 펼쳐보세요. 흥미롭거나 타당하게 여겨지는 생각이 퍼뜩 떠오르면 뭐든 이야기하세요. 예를 들어 돈과 관련된 가족의 내력에 대해 생각하다가 이런 이야기를 꺼내는 식으로요.

"나는 알래스카에서 자랐고 우리 집은 고기잡이로 먹고살아서 언제나 '큰돈을 벌거나 빈털터리가 되거나' 둘 중 하나였어. 가진 돈이 없어 정부 지원으로 받은 치즈로 저녁을 때우다 게잡이 철이 오면 떼돈이 들어왔지. 그러면 그동안 벼르던 것들을 사는 데 싹 다 썼어. 가구며 먹을거리, 겨울용 신발 등을 샀지. 그러다 돈이 또 떨어지면 돈 들어올 날을 기다려야 했어. 내 생각엔 여윳돈이 조금이라도 생기면 쓰고 싶은 충동이 여전히 남아 있는 것 같아. 안 쓰면 또 없어질 것 같아서."

'갈등 속의 꿈' 대화를 가질 때 나타나는 신통한 점은 대화의 기술이 쌓인다는 사실입니다. 당신과 파트너가 각자의 크고 작은 목표에 대해서나, 원하는 삶의 이상에 대해 얘기를 많이 나눌수록, 인정받지 못하거나 억압된 꿈으로 불붙게 되는 타격적 갈등에 휘말릴 일

이 줄어듭니다. 예전엔 큰 싸움으로 번졌을 일이 오히려 연결과 협력의 순간을 만들어주어 함께 힘을 모아 난관에 맞서게 됩니다.

원하는 일과 원하지 않는 일

저희는 사랑실험실의 장기 연구에 참여했던 한 커플을 통해 이런 대화가 얼마나 깊이 있고 효과적일 수 있는지를 직접 확인했습니다. 이 커플을 조지와 마리앤으로 부르겠습니다. 이 커플이 연구에 참여했을 때는 결혼한 지 몇 년밖에 안 된 때였습니다. 둘 다 재혼이었고, 각자 아이를 둘씩 데려와 4명의 10대를 키우는 중이었죠. 저희는 다른 참여 커플에게도 항상 그렇게 하듯, 먼저 커플의 집에서 구술내력 면담부터 가졌습니다.

구술내력 면담은 해당 커플이 사랑실험실에 들어와 갈등 상황을 관찰 받기 전에 저희가 커플의 관계 내력을 전반적으로 이해하기 위해 오랜 시간에 걸쳐 다듬은 평가 도구입니다. 존과 연구 파트너 로웰 크로코프(Lowell Krokoff)가 퓰리처상을 수상한 라디오 진행자이자 작가인 스터즈 터클(Studs Terkel)의 획기적인 책에서 영감을 얻어 개발했습니다. 평범한 미국인들을 대상으로 대공황 중에 겪은 경험에 대해 인터뷰해 쓴 책이지요.

당대에 기록된 가장 호소력 강하고 깊이 있는 구술사인 이 책에서 착상을 얻은 구술내력 면담은 개발 초기엔 규칙이 느슨하고 광범위해 관계에 대한 별의별 질문을 망라한 탓에 몇 시간에서 하루 종일까지 걸리기도 했습니다. 이후 가장 필수적인 질문들로 줄여나가 커플의 관계사에서 가장 중요한 범위를 다루었습니다. 두 사람은 어떻게 만났나? 구애는 어떻게 이루어졌나? 시간이 지남에 따라 관계가 어떻게 전개되었나? 지금까지 함께하면서 겪은 큰 우여곡절로는 무엇이 있나?

구술내력 면담을 진행하면서 저희는 뜻밖의 사실 하나를 발견하기도 했습니다. 커플이 서로의 관계에 대해 어떻게 이야기하느냐를 보면 두 사람의 미래가 예측된다는 점이었습니다.[2]

오랜 시간에 걸쳐 몇 년마다 추적조사를 진행해 본 결과, 결혼만족도가 그 커플이 두 사람의 관계사를 이야기한 방식과 밀접한 연관성을 가졌습니다. 구술내력 면담에서 서로의 만남에 대해 애정을 담아 얘기하며 세세한 부분을 기억했는가? 파트너에게 빠졌던 이유를 떠올리며 애정을 담아 이야기했는가? 함께하는 삶에 대해 말할 때 (나보다는 우리라는 말을 쓰며) '우리' 의식을 갖고 이야기했는가? 힘들었던 고비와 과거의 갈등에 대해 어떤 식으로 이야기했는가? 난관을 극복하기 위해 서로 합심할 만한 가능성과 의지가 느껴졌는가?

저희가 조지와 마리앤에게 힘들었던 시간에 대해 이야기해 달라고 했을 때 두 사람은 바로 이야기를 꺼냈습니다. 결혼해서 살림을 합친 직후의 일이었습니다. 잘 나가는 세일즈맨이었던 조지는 늘어난 가족이 편히 살도록 더 큰 집을 구입하느라 금전적 위험을 무릅쓴 참이었지요.

어느 날 조지가 출근하자 사장이 불러서는 이렇게 말했습니다. "사업을 재정비할 구상을 갖고 있는데 자네가 맡아주었으면 하네.

중요한 새 분야를 맡길까 해. 이 기회를 최대한 활용한다면 연봉이 대폭 늘어날 수도 있어. 축하하네!"

사장실에 앉아 그 이야기를 듣던 조지는 축하받을 만한 기분이 아니었습니다. 전혀 아니었죠. 듣자마자 자신이 원하는 바가 아니라는 생각부터 들었습니다. 그래서 그 승진 제안을 거절했습니다. 충격을 받은 사장은 그 자리가 새로운 직책이니 받아들이든 회사를 그만두든 하나를 택하라고 말했습니다.

"알겠습니다. 퇴사하겠습니다." 조지가 말했습니다. 그러곤 곧장 집으로 가서 아내에게 말했습니다. "일을 그만뒀어."

아내의 반응은 어땠을까요? 충격에 빠졌습니다.

"뭘 했다고?" 마리앤은 절로 큰소리가 나왔습니다.

두 사람은 결혼한 지 한 달도 안 되었고, 아이들 공부 뒷바라지에 대학 학비까지 마련해야 하는 데다 거액의 담보대출까지 받은 상태였으니까요. "대체 왜 그만둔 건데? 나한테 먼저 상의했어야 하는 거 아니야? 조지, 이러면 내가 당신을 어떻게 믿고 살라고!"

"그래, 내가 일을 저질렀어. 그럴 수밖에 없었어. 지금의 내 삶은 내가 원하는 그런 삶이 아니야. 내가 하는 일은 출장이 잦아. 내 커리어를 결혼생활보다 우선시하는 실수도 한 번 저질렀고, 결국 안 좋게 끝났어. 이제는 사랑하는 사람과 결혼을 했는데 떨어져 있는 게 싫어. 당신과도 떨어져 있고 싶지 않고, 우리 아이들과도 그래."

마리앤은 회사를 그만뒀다는 말을 듣고 받은 충격에서 여전히 빠져 나오지 못했지만 남편의 말은 이해했습니다.

"그래, 알았어. 애들한테도 이야기해야 해."

부부가 아이들을 앉혀놓고 그 소식을 전할 때 조지의 큰아들이 끼어들어 말했습니다. "아빠, 이번 기회에 말을 행동으로 옮겨보지 그래요. 툭하면 그랬잖아요. 모터크로스(오토바이를 타고 험한 땅, 산 등을 달리는 스포츠―옮긴이) 일을 해보고 싶다고. 그게 아빠가 좋아하는 일이잖아요. 직접 경주 트랙을 열어보는 건 어때요?"

조지는 곰곰이 생각하다 가족들이 다 같이 협력해 준다면 시도해 보겠다고 말했습니다. 돕겠다는 아이들의 말에 힘을 얻어 한번 해보기로 결심한 후 사업 대출을 신청해 모터크로스 가게와 트랙을 열었습니다. 이곳에서 오토바이의 판매, 교육, 수리를 병행했는데, 사업이 잘되어 성공했습니다. 몇 년 후 이 부부가 사랑실험실에 들어왔을 때도 조지는 여전히 가게와 트랙을 운영하고 있었습니다. 10대 자녀들은 대학생이 된 그때까지 때때로 매장 일을 돕고 있었습니다.

조지와 마리앤은 부부로서의 유대가 강해, 정말 탄탄한 관계였습니다. 구술내력 면담에서부터 돌발적으로 엿보였듯 유머 감각이 잘 통하기도 했습니다. 저희가 두 사람이 어떻게 만났고 서로의 어떤 면에 끌렸느냐고 물었을 때, 조지는 이렇게 말했습니다. "저는요, 보자마자 반해버렸어요. ……마리앤의 엉덩이요." 그 말에 마리앤이 배꼽을 잡고 웃었고 조지는 이어서 말했어요. "그러다 마리앤을 더 잘 알게 되면서…… 바로 감이 왔어요. 이 여자와 결혼하게 될 거라고요."

저희가 갈등을 극복했던 시기에 대해 말해 달라고 부탁했을 때, 부부는 방금 소개했던 그 퇴사 이야기를 했습니다. 부부의 이 이야기에서 재미있는 대목은 큰 싸움이 없었다는 점이었습니다. 싸움이 벌어졌을 만도 한데 말이에요. 조지가 아내와 한마디 상의도 없이 일방적으로 일을 그만두었다고 집에 와서 밝힌 순간, 상황이 다른 식으로 전개되었을 수도 있었습니다. 하지만 위기의 순간, 부부는 바로 꿈으로 직진했습니다. 조지는 자신이 뭘 원하고 뭘 원하지 않는지 알았고 그런 마음을 밝혔습니다.

구술내력 면담 중에 마리앤은 조지를 돌아보며 물었습니다. "나는 당신이 그렇게 갑자기 회사를 그만둔 게 지금도 믿기지 않아. 겁나지 않았어?"

"당연히 겁났지. 하지만 잘 풀릴 줄 알았어. 난 당신과 함께라면 뭐든 할 수 있어."

잃어버린 꿈을 찾는 법

파트너와 함께 아래의 지침대로 이야기를 나눠보며 갈등의 표면 아래로 들어가보세요. 서로를 이해하기 위해 우리가 닿을 수 있는 지식은 풍부합니다. 그 지식을 활용할 수 있다면 정말로 관계를 변화시킬 수 있고, 더 나아가 삶까지 변화시킬 수 있습니다.

교착상태에 빠져 있는 문제나 영속적인 문제 한 가지를 골라 이야기해 보세요. 어떤 것으로 고를지 생각해 보는 데 도움이 필요하다면, 다음의 목록을 보며 두 사람 모두의 마음에 와닿는 것이 있는지 살펴보세요. 커플들은 어떤 일로든 교착상태에 빠질 수 있고 영속적인 문제는 각양각색으로 다양하게 나타날 수 있지만, 수많은 커플이 갈등을 겪는 공통적 문제점들도 있습니다. 다음의 공통적 문제점 중

하나를 골라보세요. 원한다면 각자 하나씩 골라 이 과정을 두 번 반복할 수도 있습니다.

영속적 문제들은 때때로 다음과 같은 차이에서 비롯됩니다.

- ☐ 집 안의 정리정돈
- ☐ 육아 분담, 훈육, 엄격함 대 관대함의 육아 원칙 같은 자녀 양육 문제
- ☐ 이상적인 잠자리 횟수
- ☐ 섹스 스타일의 성향(한 사람은 섹스를 친밀감에 이르는 길로 여기지만, 다른 한 사람은 섹스의 전제조건으로 친밀감을 필요로 하는 경우 등)
- ☐ 친인척 가족과의 관계(더 독립적인 거리를 두고 싶은가, 아니면 더 가까이 지내고 싶은가의 문제 등)
- ☐ 금전 관리(한 사람은 보수적인 편이라 저축을 안 하면 불안해 하는 반면, 다른 한 사람은 현재를 즐기는 라이프스타일을 중시해 돈을 다소 펑펑 쓰는 편인 경우 등)
- ☐ 가사 분담 방식(가사의 공평한 분담 대 보수적인 방식의 충돌)
- ☐ 친구나 이웃과의 교제 및 관계(외향성 대 내향성)
- ☐ 관계의 충실도에 대한 생각(서로에게 충실한 것의 기준)
- ☐ 신나는 일과 모험에 대한 욕구
- ☐ 일에 대한 야심과 비중(한 사람은 다른 사람에 비해 일과 그 분야에서의 성공에 치중하는 편인 경우)
- ☐ 종교
- ☐ 독립성을 바라는 마음(한 사람이 더 많은 독립성을 원하는 경우)
- ☐ 핵심 가치관(삶에서 중요하고 우선시해야 한다고 여기는 가치관에서의 큰 차이)

이 목록에는 없는 또 다른 차이가 있나요? 성격, 생활방식, 세상사에 대한 가치관이나 신념 등 당신의 갈등에서 나타나는 그 밖의 차이점이 있다면 아래에 적어 넣으세요.

_____

_____

_____

이번엔 다음의 지침에 따라 이 문제에 대해 의견을 나눠보세요.

당신이 해야 할 일 파트너가 이 문제에 대한 당신의 입장에 숨겨진 꿈이나 내력, 신념이나 가치관을 이해하게 해주면서, 교착상태에 빠진 문제나 영속적인 문제를 개선하기 위해 노력해 보세요.

말하는 사람이 해야 할 일 이 문제에 대한 감정과 믿음을 솔직하게 말하세요. 당신의 입장이 어떤 의미인지, 이면에 잠재되어 있는 어떤 꿈은 없는지 탐색해 보세요. 그 꿈이나 믿음의 근원에 얽힌 이야기를 말해 주세요. 어디에서 비롯되었고 무엇을 상징하나요? 당신이 정말로 원하는 것은 뭔가요? 그것이 당신에게 중요한 이유는 뭔가요? 파트너를 이해시키려 노력해 보세요.

- 파트너에게 당신의 관점을 우기거나 납득시키려 들지 마세요. 그냥 당신의 관점을 설명하세요. 이 문제에 대한 당신의 입장과 관련된 생각과 느낌을 모두 이야기하세요.

- 다음 쪽에 사람들이 품는 (혹은 잃어버린) 꿈의 예시가 목록으로 정리되어 있으니 쭉 훑어보세요. 어쩌면 이 문제에 대해 당신이 취하는 입장에도 그런 꿈이 잠재되어 있을지 모릅니다.

들어주는 사람의 역할 파트너가 이 문제에 대한 자신의 입장 이면의 신념이나 꿈, 사연을 털어놓을 수 있을 만큼 마음을 안심시켜 주세요. 그러기 위해서는 친구처럼 잘 들어줘야 합니다. 다음 쪽의 '꿈을 들어주는 사람(즉 당신!)'을 위한 예시 질문을 참고해 질문도 해주세요. 이런 질문은 파트너의 관점을 밖으로 끌어내는 데 유용합니다. 판단은 보류하세요. 당신이 할 일은 파트너의 이야기를 평가하거나 분석하는 것이 아니라 그냥 들어주는 일입니다.

- 해결하려고 애쓰지 마세요. 그러기엔 아직 너무 이릅니다. 우선은 꿈의 대립을 끝내고 서로에게 적이 아닌 친구가 되는 일이 먼저입니다. 파트너의 꿈에 담긴 의미를 이해하려 노력하세요. 관심을 가져주세요!
- 목표는 이 문제의 해결이 아니라는 사실을 알고 있어야 합니다. 여기에서의 목표는 교착상태에서 벗어나 대화를 나누며 파트너의 입장을 깊이 있게 이해하는 것입니다.
- 당신의 관점을 내세우며 우기지 마세요. 그냥 들어주며 질문을 해주세요.

'꿈을 들어주는 사람'을 위한 예시 질문	'꿈을 말하는 사람'을 위한 예시 꿈
• 당신은 이 문제와 관련해서 어떤 신념을 갖고 있어? • 이 문제 이면에 어떤 사연이 있는 거 아냐? • 이 문제가 당신의 성장배경과 어떤 식으로든 관계되어 있는 거야? • 이 문제가 당신에게 그렇게 중요한 이유가 뭔지 말해 줘. • 당신에게는 이 문제가 어떤 신념이나 가치관과 연관된 거야? • 당신의 성장배경이나 어린 시절 내력이 이 문제에 대한 당신의 입장과 연관되어 있는 거야? • 이 일이 당신에게 왜 그렇게 중요한 거야? • 이 문제에 대해 당신이 느끼는 감정은 뭐야? • 이 문제에 대한 당신의 이상적인 꿈은 뭐야? • 당신에게는 이 문제에 더 깊은 차원의 목적이나 목표가 있는 거야?	• 자유로운 느낌 • 평온함 • 자연과의 일체감 • 정체성의 탐구 • 모험 • 영적 여행 • 정의 • 명예 • 내 과거와의 일체감 • 내 가족에 대해 알기 • 내가 될 수 있는 모든 것이 되기 • 힘이 있는 느낌 갖기 • 잘 나이 들기 • 나의 창의성 발굴하기 • 힘을 더 갖기 • 과거의 상처 극복 • 경쟁력 높이기 • 신께 용서 구하기 • 잃어버렸던 예전의 나를 찾기 • 개인적 콤플렉스의 극복 • 질서감 갖기 • 생산적인 사람 되기

- 그냥 '가만히 있을' 장소와 시간
- 제대로 느긋이 쉴 수 있는 여유
- 내 삶에 대한 성찰
- 우선순위의 정리
- 중요한 일의 완수
- 나 자신의 신체 능력 탐구
- 경쟁해서 이길 수 있는 능력
- 여행
- 마음의 평온
- 속죄
- 중요한 뭔가를 만들기
- 내 삶의 한 장(章)을 끝내기
- 뭔가에 작별을 고하기
- 사랑

당신이 이겨서 주도권을 잡지만 결국에는 파트너의 꿈을 짓밟는 식의 관계를 가지려 하지 마세요. 각자가 서로의 꿈을 지지하는 관계를 맺으세요. 더 나아가 서로의 꿈이 유대되면 훨씬 더 좋습니다.

'꿈 대화'를 위한 도움말

이번엔 당신과 파트너의 갈등 스타일에 따라 이 대화를 잘 풀어갈 방법을 알려드리겠습니다.

- **갈등 회피형을 위한 귀띔** 이 대화에서는 거부감을 느낄 염려가 없습니다. 오히려 이야기를 들어주는 파트너가 당신의 대답에 부정적으로 반응하는 게 아니라 그 이야기를 귀담아들으며 이해해 주려 한다는 느낌이 들어 굉장히 힘이 될 거예요.

  한편, 들어주는 파트너는 갈등 회피형인 파트너가 마음을 더 잘열 수 있게 들어주는 사람으로서 따라야 할 지침을 진심으로 마음에 새겨야 합니다. 친구처럼 들어주며 판단은 보류하세요. 끼어들어 말을 자르지 마세요. 모든 갈등 스타일이 마찬가지지만, 특히 회피형에게는 이 대화 중에 안심을 느끼는 것이 중요합니다.

- **수긍형을 위한 귀띔** 수긍형은 대체로 이런 대화를 나누기가 더 수월한 편입니다. 그냥 서로에게 대답할 여지를 많이 내주며 너무 성급히 설득으로 넘어가면 안 된다는 점만 기억하세요. 서로에게 더 가까워질 수 있도록 서로에 대해 배우는 것이 이 대화의 목표입니다. 아직은 해결책으로 넘어갈 단계가 아닙니다. 그러기엔 너무 이릅니다.

  지금은 이 탐구 단계를 진득이 지키며, 양쪽 파트너 모두 관련 질문을 꼼꼼히 마쳐야 할 때입니다. 해결책이나 타협안의 아이디어가 퍼뜩 떠올라도 지금은 떨쳐내세요.

- **발끈형을 위한 귀띔** 파트너에게 꿈에 대한 질문을 던질 때 파트너의

말을 자르거나 자신의 관점을 들이밀지 않기가 힘들 겁니다. 파트너의 대답을 듣다 부정적 감정이 일어나 말을 자르고 끼어들고 싶은 충동이 느껴질 수 있을 테고 티격태격 따지는 식으로 감정을 파헤치는 것에 익숙하겠지만, 이 대화에서는 기다리며 들어주는 근육을 과시해야 합니다.

물론 힘들겠죠! 그래도 끼어들어 따지거나 설득하고 싶은 충동을 뿌리쳐야 합니다. 당신과 파트너 모두가 이 질문들에 대해 방해받지 않고 깊이 있게 대답할 기회를 갖도록 끝까지 꾹 참으세요.

사실 이 대화가 파트너에게 리스트의 모든 질문을 이어서 물어 나가며 당신의 생각은 조금도 꺼내지 않는 식이라, 처음엔 무슨 인터뷰 같아 이상하게 느껴질 겁니다. 하지만 저희는 그것이 이 대화의 가장 큰 선물이라고 생각합니다.

싸움을 벌이면 티격태격 다툽니다. 따지고 반박합니다. 반면에 이런 식의 대화에서는 느긋하게 이야기할 시간과 여지가 생깁니다. 파트너의 반응을 헤쳐 나가야 할 필요 없이 이야기할 수 있습니다. 싸울 필요도 없습니다.

설득으로 넘어가지 않고 그냥 들어주기가 힘들다면 메모하는 것도 좋은 방법입니다. 정말이에요! 펜과 종이를 가져와 파트너의 대답을 적어보세요. 이 간단한 방법을 활용하면 뇌를 파트너의 말에만 집중시킬 수 있습니다. 인간의 뇌가 으레 그렇듯, 자신이 어떻게 반응할지 궁리하지 못하게 할 수 있지요.

가능한 한 모든 것을 알아내기

이미 눈치챘겠지만 이 대화의 단계는 아직 해결이나 타협으로 이끌어주진 않습니다. 하지만 곧 그 해결이나 타협으로 이끌어드리겠습니다! 바로 다음 장에서요. 저희가 지금까지 확인한 바에 따르면, 문제를 더 깊이 있게 이해해야 타협이 훨씬 더 쉽고 순탄하게 이루어집니다. 그래서 해결에 앞서 이해가 선행되어야 한다는 점이 저희의 모토입니다.

이제 꿈이 밖으로 드러났다면 그다음의 수순은 그 꿈을 받아들이기 위한 노력입니다. 꿈을 알게 되었는데 서로의 꿈이 대립되는 것 같다면 어떻게 해야 할까요?

물론 때때로, 대립되는 꿈 때문에 관계가 깨질 수도 있습니다. 한 파트너는 아이를 갖고 싶어 하는데 상대 파트너는 아니었던 사례가 그런 경우입니다. 하지만 대개는 양쪽 모두의 꿈을 존중할 여지가 있습니다. 충족감을 주는 멋지고 성공적인 관계를 이루기 위해 '인생의 큰 꿈'이 서로 같아야 할 필요는 없습니다.

저희 부부가 처음 만났을 때 줄리의 꿈은, 여성 등반대를 꾸려 에베레스트 등정에 나서서 베이스캠프를 지나 최소 5,600미터 고지를 오르는 등 활발한 탐험을 벌이며 모험적인 삶을 사는 것이었습니다. 반면 존의 꿈은 벽난로에 불을 피워놓고 옆에는 책을 잔뜩 쌓아놓은 후 뜨끈한 소파에 앉아 인간관계의 이상적인 비선형 미분 방정식을 만드는 것이었습니다. 산소도 없는 세계 최고봉의 바위에서 자는 일과는 거리가 멀었습니다.

하지만 35년이 지난 지금도 저희 부부는 여전히 함께하고 있고, 둘 다 자신의 꿈이 존중받는 기분을 느끼고 있습니다.

앞으로 나아갈 방법을 찾아 두 사람 모두의 꿈이 펼쳐질 수 있는 여지를 만들어볼 시간이 바로 다음 장에서 이어집니다. 하지만 지금은 이 탐구 단계를 진득이 지키며 서로의 꿈에 대해 가능한 한 모든 것을 알아내야 합니다. 많이 알수록 다음 단계가 더 순탄해질 테니까요.

F I G H T

7장
제로섬
서로 이기려고 벼랑 끝까지 가기

R I G H T

게임 이론에는 '제로섬의 결과'라는 게 있습니다. 한 사람이 이기면 다른 사람이 지는 결과를 말합니다. 당신이 칩을 잃은 만큼 상대가 칩을 얻는 포커 게임이 좋은 예입니다. 정말로 제로섬인 상황도 있습니다. 그 방법 말고는 게임을 벌일 방법이 없는 상황입니다.

하지만 연구를 통해 밝혀졌듯 미묘하고 복잡한 상황을, 심지어 제로섬이 아닌 상황마저도 예외 없이 제로섬으로 해석하는 경향을 띠는 사람들이 많습니다.[1] 이런 사람들은 어떤 상황이든, 심지어 친밀한 파트너 관계에서조차 어떤 이유로든 승패의 수로 인식하기 쉽습니다. 특히 우리는 갈등의 상황에서 이런 패턴의 사고에 더 쉽게 넘어갑니다.

저녁을 먹은 후, 당신은 파트너가 설거지를 하길 바라는데 파트너는 다급한 업무 메일에 답장을 보내고 싶어 합니다. 결국 누가 어떤 집안일을 하고, 어떤 사람은 맨날 (자기의) 일을 가사보다 우선시하는 것 같다고 따지며 싸우기 시작합니다. 당신은 이번 주에 이틀마다 저녁 설거지를 했다고 지적합니다. 결국 파트너는 자신이 설거지를 하기로 하지만 스트레스를 받은 티가 팍팍 납니다. 당신의 승, 파트너의 패입니다.

파트너가 아이들을 여름 캠프에 보내고 싶어 하며 자신도 어렸을 때 여름 캠프에 갔으니 아이들도 보내야 한다고 이유를 말합니다. 당신은 급히 집수리를 해야 하는 상황을 감안해 돈을 아껴 쓰고 싶어 하고 여름 캠프는 꼭 필요한 일이 아닌 사치라고 생각합니다. 기어이 싸움이 벌어져 점점 심해지고 둘 다 악을 쓰고 서로의 말을 자르는 지경에 이르자, 당신은 주체하지 못하고 신체적·인지적·감정적 홍수에 빠져 그만둡니다. 결국 알았다고, 여름 캠프에 보내자고 말합니다. 카드로 결제하기로 합니다. 파트너의 승, 당신의 패입니다.

당신은 다른 지역에 살고 있는 당신의 본가 가족과 더 가까운 곳으로 이사하는 문제를 이야기하고 싶어 하지만 파트너는 이사는 고려할 가치도 없는 생각이라며 선을 긋습니다. 그곳엔 일자리가 더 적은데다 지금은 부동산 시장이 불황이라 이 집을 팔고 다른 집으로 옮길 만한 적기가 아니라고요. 당신은 부모님과 가까이 살면 아이들을 보살펴주어 금전적으로 장점이 될 거라고 지적하지만, 파트너는 '절대 안 된다'고 못 박으며 대화를 끝냅니다. 파트너의 승, 당신의 패입니다.

그렇다면 최종 스코어는? 당신이 1점 뒤져서 밀리는 상황입니다.

때때로 우리는 자신의 방법이 맞거나 유일한 방법이라고 진심으로 믿어서 이기려고 기를 씁니다. 자신이 생각하기엔 그 방법이 너무도 당연합니다. "내가 저녁마다 설거지를 했으니 오늘은 당연히 당신이 설거지를 해야지!" "애들이 여름 캠프에 갈 수 있게 우리가 다른 데 쓸 돈을 좀 아껴야 하는 거 아니야? 그런 경험이 얼마나 소중한데. 내 이야기를 좀 더 들어보면 당신도 수긍할 거야."지금 같은 부동산 시황에서는 이사를 안 가는 게 당연하지. 당신 바보야?"

우리 머릿속에서는 자신은 논리적이고 중립적이고 옳으며, 파트너는 납득시켜 깨닫게 해줘야 할 만한 입장을 내놓고 있다고 여깁니다. 파트너의 입장은 딱 봐도 틀렸거나 실행 불가능하니 타협할 이유가 없다고요.

상대의 입장에서 상황을 볼 수만 있다면

60대 중반인 빈스와 제니 부부는 워싱턴주의 벨링햄에 살았습니다. 퓨젯사운드만에 접한 시애틀 북부의 조용한 대학촌에서요. 두 사람은 거의 평생토록 상업지구 위쪽의 언덕에 자리한 집을 터전으로 삼고 지내왔습니다. 빈스는 고기잡이를 업으로 삼고 있어서 게와 넙치를 잡기 위해 자주 북부 연안을 따라 알래스카로 항해를 떠났습니다. 제니는 예전에 교사로 일했지만 아이들을 낳아 키우느라 일을 그만두었습니다. 얼마 전 자녀들이 커서 독립해 나갔고 빈스도 은퇴를 코앞에 둔 터여서 부부 모두 인생의 다음 장을 어떻게 써 나갈지에 대해 나름의 꿈을 꾸고 있었습니다.

다만 두 사람의 꿈이 크게 다르다는 것이 문제였습니다.

빈스는 언제나 여행을 꿈꿔왔습니다. 벨링햄에서 가족과 함께하는 삶을 사랑하긴 했지만 이제는 세계를 여기저기 다녀보고 싶었습니다. 수년 전부터 은퇴하면 집을 팔아 요트를 사는 꿈을 그려왔습니다. 얼음장같이 차가운 빗속에서 게로 가득 찬 포획망을 갑판으로 끌어 올리며 평생을 보냈던 투박한 어선이 아닌 요트를 꿈꿨지요. 그것도 페리호인 카탈리나호나 아일랜드호처럼 길이가 9미터나 되는 크고 호화로운 선체에 갑판 아래에는 생활공간이 있어서 제니와 그곳에서 지내며 전 세계를 돌 수 있는 그런 배였습니다.

한편 제니에게도 은퇴에 대한 꿈이 있었습니다. 집을 팔고 본가의 가족 농장으로 돌아가는 꿈이었습니다. 이전 세기부터 그 자리를 지켜온 멋스럽고 고풍스러운 농가로, 어릴 때 여름을 보내며 늘 고향으로 여겨왔던 그곳으로 돌아가고 싶었습니다. 그 농장은 여러 세대에 걸쳐 가족의 소유로 있으면서 때로는 실제 농장으로 활용되고 때로는 그냥 집으로 쓰이기도 했지만, 언제나 가족 중 누군가가 애정을 갖고 살았던 곳입니다. 고조부모님부터 부모님에 이르기까지 터전으로 삼아온 그곳을 이제는 자신과 빈스가 들어가 살았으면 했습니다. 그렇다면 이쯤에서 농장의 위치가 궁금하지 않나요?

미국 중부에 있는 아이오와주입니다.

이제 문제점이 뭔지 짐작이 가지 않나요?

저희가 빈스와 제니를 만났을 때는 두 사람이 부부 워크숍에 참여하기 위해 시애틀에 왔을 때였습니다. 그 무렵 부부는 이 문제로 1년 넘게 싸우며 전혀 타협을 이루지 못하던 상황이었습니다. 서로의 꿈이 극과 극으로 대립되었지만 둘 다 앞날에 대한 이상을 버릴 수 없었기 때문입니다. 두 사람에게 그 이상은 자신의 일부처럼 여겨지는 소중한 꿈이었기 때문이지요.

평생을 마음에 그려오면서 사랑에 빠져 놓아줄 수 없는 꿈이었습니다. 타협점이 없었습니다. 아이오와에는 바다가 없었고 태평양 한가운데에는 조상 대대로 이어온 농지가 없었으니까요. 저희를 찾아왔을 무렵, 둘 다 자신의 꿈을 거의 포기한 채로 서로에게 원망과 분한 마음이 깊이 자리 잡고 있었습니다.

하지만 부부관계를 포기할 수는 없었습니다. 그 문제 이면으로 보면 이 부부는 오랜 세월 동안 좋은 관계였습니다. 전반적으로 좋은 파트너로 지냈고, 서로 다정히 대하며 힘이 되어주었습니다. 열심히 살며 온 힘을 다해 자식들을 잘 키워냈습니다. 다만 둘 다 다소 상심에 빠져 있었습니다. 그렇게 사는 내내 비슷한 꿈을 위해 노력하고 있다고 생각했는데, 알고 보니 아니었으니까요.

그래서 그 오랜 세월을 함께 살며 처음으로 틈만 타면 싸우는 사이가 되었고, 싸웠다 하면 원망과 경멸의 기색을 드러냈습니다. 그때껏 한 번도 이런 식으로 싸웠던 적이 없던 부부였는데, 이제는 그동안 쌓아둔 호의와 우정을 태워버리며 풍전등화의 지경에 이르렀습니다. 서로를 대할 때마다 반감이 새어 나왔습니다.

워크숍에서 저희가 커플들에게 타협이 잘 안 되는 갈등거리를 생각해 보라고 했을 때, 빈스와 제니는 별 어려움 없이 그 갈등거리를 집어냈습니다. 지체없이 갈등 모드로 돌입했습니다. 저희가 어떤 일에 대해 강한 의견 차이가 있는 커플들에게서 봐왔던 모습이었습니다. 그런 커플들은 단둘이 사랑실험실에서 몸에 전극장치를 부착하고 카메라 앞에 있든, 1,200명의 사람들로 둘러싸인 회의실에 있든 쉽게 격한 갈등으로 치닫는 경향이 있습니다.

제니 : 우리는 이 문제를 논리적으로 접근해야 해.

빈스 : (빈정거리는 투로 코웃음을 치며) 아, 논리적으로, 그러시겠지. 그게 당신이 제일 잘하는 거지.

제니 : (일단은 그 빈정거림을 무시하며) 그래. 당신은 이 문제를 실질적으로 생각해 봐야 해. 당신이 하려는 일은 위험을 무릅쓰려는 거야. 그런 식의 항해를 해본 적이 없잖아. 선원들과 함께 게잡이를 하는 거랑은 차원이 다르다고! 망망대해에서의 항해에 대해서는 아무것도 모르잖아. 몽상이라고, 빈스. 그런 몽상에 우리의 목숨까지 볼모로 잡으려는 격이라고.

빈스 : 몽상이라니! 지난 30년 동안이나 배를 탄 나보고 어떻게 그런 말을. 내가 배에 대해서는 빠삭할 거라는 생각은 안 드나 보지? 이 계획을 일시적인 충동으로 아무렇게나 생각한 건 줄 알아?

제니 : 그런 게 아니라 —.

빈스 : 내가 그 얘기를 몇 년 전부터 했잖아, 몇 년 전부터. 그때마다 당신이 멋지다고 말했잖아. 그게 다 빈말이었어?

제니 : 빈스, 그 얘기는 "달에 가서 살면 재미있을 것 같지 않아?"라고 말하는 거랑 같아. 말도 안 되는 생각이라고! 난 당신이 정말로 우리의 평생을 그렇게 정리하면서 그 생각을 실행하려 할 줄은 몰랐다고!

빈스 : 그럼 우리의 평생을 정리해 아이오와로 가는 건 괜찮고? 분별 있게 생각하지 못하는 사람은 당신이지. 농장 생활에 대

해 낭만적인 생각을 갖고 있잖아. 거기에 가서 뭐 하게? 감자나 키우시게? 그게 바보 같은 짓이지 뭐야.

제니 : 그래, 내가 바보지, 바보.

빈스 : 내 말을 곡해하지 마.

제니 : 나는 이해가 안 돼. 당신이 왜 그렇게 이기적으로 구는지 모르겠어. 이제는 우리끼리 오붓한 시간을 가져야 하지 않아? 느긋이 살면서 이야기도 나누고 조용하고 평온한 시간을 보낼 그런…….

빈스 : 지금 내가 정말로 하기 싫은 게 있다면 그건 조용하고 평온한 거야. 그건 죽어 있는 것 같잖아.

제니 : (고개를 설레설레 저으며) 맙소사, 뭘 그렇게 극단적으로.

빈스 : 그러지 말고 내 말 좀 들어봐. 내가 농장에 가서 뭘 하겠어? 내가 농사를 짓겠어? 흔들의자에 앉아서 가만히 빈둥거리라고? 거기에서 하루 종일 뭘 해? 45년 동안 고기잡이 배를 타며 일을 했으니 이제는 나도 뭔가 신나는 일을 하고 싶다고!

제니 : (씁쓸해 하는 얼굴로) 그럼 그렇게 하시든가. 당신에게 그렇게 중요하다면 해. 배에 올라타서 가버려. 떠나버리라고.

이 부부의 경우엔 앞 장의 부부와는 달리 싸움에 불을 붙이는 원인이 명확합니다. 서로의 꿈이 쫙 드러나 있습니다! 하지만 그 꿈들이 너무 대립적이라 어느 한쪽도 크게 손해 보는 기분이 들지 않을 만한 타협점을 못 찾는 게 문제입니다. 확실한 제로섬 상황 같아 보입니다. 아내가 꿈을 이루면 남편이 꿈을 포기해야 하고, 남편이 꿈을 이루면 아내가 꿈을 포기해야 하는 상황 같습니다.

결국 두 사람 모두 자신의 입장에 갇혀 양보하고 싶어 하지 않았습니다. 사실상 양보할 수가 없었습니다. 어쨌든 타협을 하면 다른한 사람이 불리해지는 제로섬이 될 테니, 둘 다 양보할 수가 없었던겁니다.

제로섬 커플의 소통방식

2010년에 존은 공동연구를 해온 로버트 레벤슨과 함께, 레벤슨의캘리포니아대 버클리 캠퍼스 연구소를 기반으로 20년간 진행된 장기 커플 연구의 마무리 작업을 하고 있었습니다.[2] 이 연구는 저희가해온 다른 연구들과 형식이 비슷해, 커플들에게 실험실에 들어와 두사람 사이의 현재진행형인 갈등거리를 꺼내 이야기를 나눠 달라고 청하는 식이었습니다.

저희는 커플의 교류를 15분간 녹화한 후 해당 커플을 앉혀놓고 녹화 테이프를 본인들이 직접 보게 했습니다. 커플들은 평가 다이얼이장착된 제어판 앞에 앉아 녹화 테이프를 보며 다이얼을 돌려 교류순간마다 긍정적 순간이나 부정적 순간으로 평가했습니다.

어떤 커플들은 대체로 평가가 일치해, 한 배우자가 해당 교류 순간이 좋게 이루어졌다고 생각하면 다른 배우자도 그렇게 여겼습니다. 하지만 반대되는 경향을 보이는 커플들도 있었습니다. 한 배우

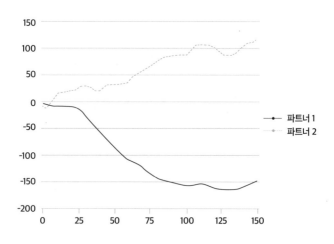

파트너 1
파트너 2

자가 그 교류를 비교적 높게 평가한 반면, 다른 배우자는 아주 낮게 평가했습니다. 실험이 끝나고 보니 이런 커플들은 위 그래프와 같은 양상을 띠었습니다.

이 그래프에 나타난 것처럼, 한 파트너가 얻은 긍정적 이득은 상대 파트너의 부정적 손실에 따라 수학적으로 무효화되었습니다. 저희는 이런 커플들 사이에는 언제나 승자와 패자가 있다는 점에 착안해 이 유형의 커플을 '제로섬 커플'로 명명했습니다. 이 유형의 커플 사이에서는 언제나 한 사람의 이득이 곧 다른 사람의 손실이었습니다.

물론 이런 사고방식은 칩을 따는 것이 목적인 포커에서는 큰 도움이 됩니다. 하지만 저희가 아는 한 관계에서는, 한 사람이 '이기고' 상대가 '질' 경우 결국엔 파트너 둘 다 패자가 됩니다.

저희는 시간의 경과에 따라 제로섬 커플들에게 어떤 일이 일어나는지 알아보고 싶었습니다. 하지만 문제가 있었습니다. 수년간 추적 조사를 벌이며 커플들을 실험실로 다시 초대했을 때 많은 제로섬 커플이 나오지 않았습니다. 저희는 이전에 해봤다가 스트레스가 너무 심하거나 불쾌감을 느껴서 이번엔 오지 않기로 한 모양이라고 생각했습니다. 그런데 연락해서 알아보니 일부러 안 나온 게 아니었습니다.

세상을 떠나서 못 온 것이었습니다.

특히 남성의 사망 비율이 높았습니다. 연구 기간인 20년 동안에 제로섬 커플의 남편 중 58퍼센트가 세상을 떠났고, 그에 비해 협력적인 커플의 남편 사망률은 20퍼센트에 그쳤습니다.

당연한 이야기지만 저희는 이 점에 주목했습니다. 그래서 이런 현상을 설명해 줄 만한 이유를 알아보기 위해 또 다른 연구에 착수했습니다. 연구 결과, 신뢰하고 협력하는 커플의 경우엔 상대적으로 양쪽 배우자 모두 혈액의 흐름이 더 완만했습니다.[3] 심장박동수가 더 낮고 안정적으로 유지되었습니다. 그것도 갈등 상황에서만이 아니라 항상 그런 상태를 지켰으며, 이는 아주 기본적인 차원에서 볼 때 전반적 건강에 좋은 영향을 미치는 요소입니다.

제로섬 커플의 경우 배우자들이 심장박동수와 스트레스 호르몬 지수가 확 치솟는 반응을 겪었습니다. 파트너를 대할 때 이런 식의 생리적 반응이 일어나면 시간이 지나면서 타격을 입습니다. 이런 연구 결과를 바탕으로 저희가 내린 결론에 따르면, 갈등의 논의에 제로섬식으로 접근하면 관계만이 아니라 건강까지도 해친다는 사실입니다(왜 남자들만 유독 이럴까요? 저희의 추측에 따르면, 여자들은 친밀감과 유대감을 느끼는 순간에 몸에서 옥시토신이 분비되기도 하므로 그 덕분에 스트레스 반응이 상쇄된 게 아닐까 합니다. 제로섬식 갈등에 따른 고도의 스트레스 영향으로부터 남자들보다 더 보호되는 것이지요).

갈등에서는 제로섬식 소통방식이 이로울 게 없다는 사실을 꼭 기억해야 합니다. 안타깝게도 이런 소통방식이 너무나 보편적입니다. 저희의 평가치에 따르면, 상담치료를 받은 커플 4만 쌍 가운데, 이성애 커플의 84퍼센트가 타협을 잘 못하는 고질적 문제를 겪고 있었고, 동성애 커플도 각각 81퍼센트와 78퍼센트라는 근접한 비율을 나타냈습니다.[4] 제로섬식 사고는 갈등의 논의라는 롤러코스터에서 어떤 커플이든 빠져들기 쉬운 함정입니다.

저희가 궁극적으로 바라는 바는 앞에서 살펴본 선 그래프(한 파트너의 이득이 곧 다른 파트너의 손실로 비쳐지는 방식)를 갈등의 다른 수학 모델, 즉 협력적인 이득을 나타내는 그래프로 바꾸는 것입니다. 이런 그래프에서는 갈등의 상승선과 하강선이 두 사람의 공통 경험입니다. 한 파트너가 평가 다이얼을 위쪽으로 올릴 때 다른 파트너는 아래로 내리는 식이 아닙니다. 두 개의 선이 더 연관성을 갖습니다. '승리'가 공유되고 협력적입니다. 이런 커플들은 갈등을 더 기분 좋게 겪어 생리적 자극은 더 낮고 긍정성은 더 높으며, 그에 따라 장기적으로 관계뿐만 아니라 신체 건강도 더 잘 지킵니다.

이런 그래프를 그리려면 어떻게 해야 할까요? 갈등에서 독이 되는 제로섬 소통방식이 아닌 협력적 이득의 경지에 이를 방법은 뭘까요?

사랑실험실의 데이터를 토대로 보면, 성공적인 커플 대다수와 갈등 상황에서 가장 잘하는 커플들은 서로의 영향력을 받아들일 줄 아는 사람들입니다.[5] 상식에 반대되는 것처럼 들리겠지만, 사랑실험실을 통해 밝혀진 바에 따르면 파트너와의 갈등에서 '승리'하고 싶다면 어느 정도 양보를 해야 합니다.

이기기 위해 양보하기

흔히 '평화의 무술'로 일컬어지는 합기도의 핵심 철학은 일명 '이기기 위한 양보'라는 것으로, 대련 상대와 맞서 싸우는 대신 상대의 에너지와 움직임을 이용합니다. 당신이 합기도 대련에서 상대에게 다가가면 그 상대는 몸으로 막거나 저항하는 게 아니라 당신의 에너지 흐름에 따르면서 당신과 같이 움직이다 자신이 의도하는 방향으로 당신을 이끌어갈 것입니다. 당신에게 양보하고, 그러면서 이제는 자신이 움직임을 이끄는 셈입니다.

싸움에 바로 이런 에너지를 끌어들이세요.

파트너가 갈등 안팎에서 당신에게 영향을 미치게 해주세요. 파트너와 맞서지 말고 같이 움직이세요. 합기도의 가르침에 따르면 상대를 힘으로 제압하려 들면 이길 수가 없습니다. 괜히 에너지만 불태울 뿐입니다. 합기도의 목표는 상대를 제압하는 것이 아니라 균형을 이루는 것입니다.

사랑의 동반자와의 관계에서도 마찬가지입니다. 모순적으로 들리겠지만 기꺼이 파트너의 영향을 받아들일수록 당신이 파트너에게 영향을 미칠 수 있는 능력도 커집니다.

사랑의 동반자와의 관계에서 영향력을 받아들이는 것은 일종의 '정서적 합기도'라고 말할 수 있습니다. 함께 움직이며 균형을 잃지 않고, 서로를 힘으로 제압하려 들지 않는 것입니다. 분명히 짚고 넘어가자면, '영향력을 받아들인다'는 것은 뭐든 파트너가 원하는 대로 굴복하라는 말이 아닙니다. 파트너의 생각에 마음을 열고 파트너가 어떻게 느끼고 왜 그렇게 느끼는지를 더 잘 알아주면서 기꺼이 당신의 관점을 바꾸라는 의미입니다.

사랑실험실에서의 여러 연구 결과에 따르면, 이성애 부부 사이에서는 파트너의 영향력을 기꺼이 받아들이는 남자들이 아내의 영향력에 저항하는 남자들보다 시간이 지남에 따라 더 행복한 결혼생활을 이어가며 이혼 확률 또한 크게 낮은 것으로 나타났습니다.[6] 힘과 의사결정권을 배우자와 나누려 하지 않는 남자들은 아내와 갈라설 확률이 무려 81퍼센트로 나왔습니다!

남자들에게 초점을 맞추는 데는 이유가 있습니다. 우리가 사회화되는 방식과 태어난 순간부터 남성성과 여성성과 관련해서 받아온 메시지 탓에, 영향력을 받아들이는 일을 남자들이 여자들보다 더 힘들어 하는 경향이 있기 때문입니다. 오늘날에 이르러서도, 이런 문화적 성역학관계를 의식하고 있고 관계를 평등주의적으로 만들려고 노력하는 남자들조차 여자에게 영향을 받아 양보하는 것은 '약한' 것이라는 식의 뿌리 깊은 사회적 길들임에 쉽게 넘어갑니다. 아무리 의식적 차원에서 믿지 않아도 그런 문화적 메시지가 의식에 코드화되어 있습니다. 몰래 설치되어 배후에서 작동하는 컴퓨터 프로그램처럼요.

상대방의 영향력을 받아들인다는 것

동성애 커플 사이에서는 영향력을 받아들이는 일이 더 쉽게 일어나는 것으로 보입니다. 로버트 레벤슨은 10여 년 동안 21쌍의 동성애 커플을 대상으로 하여 이후 '12년 연구'로 불리는 관찰연구를 벌였습니다.[7] 관찰 결과, 동성애 커플들은 자신들의 사소한 실수를 웃어넘길 줄 아는 능력이 더 뛰어난 것처럼 보였습니다.

갈등 중에도 이성애 커플처럼 상황을 감정적으로 받아들이지 않는 경향이 있었습니다. 싸움을 벌이면서도 보다 긍정적이고 낙관적인 태도를 보이는 편이기도 해서, 심지어 갈등이 한창 고조된 와중에도 유머와 애정을 표출하는 경향이 더 높았습니다. 그에 따라 생리적 각성의 정도도 낮아 신체적·인지적·감정적 홍수가 덜 일어나기도 했습니다. 게다가 파트너의 영향력에 더 마음을 여는 태도를 기본값으로 갖고 있기도 했습니다. 이성애 커플보다 훨씬 덜 방어적이었고, 파트너의 말이 맞을 가능성을 받아들이는 경향도 더 높았습니다.

왜 그럴까요? 글쎄요, 저희도 그 답을 찾으려 꽤 오랫동안 애써왔습니다. 최근의 갤럽 여론조사에 따르면, 자신을 게이나 레즈비언 또는 트렌스젠더라고 밝히는 비율은 미국 인구의 7.1퍼센트에 불과하며[8] LGBTQ라고 밝힌 이들 상당수가 소외감이나 외로움을 느끼며 자라는 것으로 나타났습니다. 이를 바탕으로 저희가 세운 가설에 따르면, 이런 사람들이 사랑을 찾으면 보다 수용적인 태도를 보여주는 성향을 갖는 것일지 모릅니다.

또 다른 가능성도 있습니다. 성소수자나 동성애 커플은 원가족과의 사이에서 불화와 거부를 더 많이 경험했을 수 있으며[통계적으로도 시스젠더(생물학적 성과 성정체성이 일치하는 사람—옮긴이)나 이성애자들보다 그런 일을 훨씬 더 많이 겪는 것으로 나타나고 있습니다] 그런 이유로 파트너의 고통에 더 공감하게 되어 파트너의 영향력을 받아들여주면서 그 고통을 덜어주고 싶어 하는 경향을 띠는 것일 수 있습니다.

이유가 무엇이든 데이터상으로 보면, 2003년에 마무리된 이 12년 연구의 동성애 커플들은 서로를 제압하지 않으려고 훨씬 더 신경 썼고 여성 파트너들에게서 이런 특징이 특히 더 두드러졌습니다. 대다수 여성은 남성중심주의, 억압, 압박을 통해 표출되는 이 문화의 여성혐오와 성적 대상화를 겪어왔습니다. 다른 여성과 관계를 맺는 여성들은 그와 똑같은 역학을 파트너에게 표출하고 싶지 않아서 그러지 않으려고 비상한 노력을 하는 것일 수 있습니다.

저희가 커플들을 상담하며 관찰한 바에 따르면, 레즈비언 커플들은 파트너를 제압하지 않으려고 기를 쓰느라 그렇게 말을 빙빙 돌려서 하는 것일 수도 있습니다. 두 파트너 모두 자신이 결정을 내리거나 더 영향력 있는 사람이 되려 하지 않습니다(줄리가 만난 한 커플은 이런 농담을 했다고 해요. "12년 연구라고요? 저희는 오늘 저녁을 어디에 가서 먹을지를 알아내는 데도 12년이 걸릴걸요!").

이성애 파트너 관계의 남자들 중에는 이렇게 말하는 사람도 있을 겁니다. "저희는 육아와 가사를 반반씩 분담하고 있어요. 저는 영향력을 받아들이는 것에는 문제가 없어요." 그런 남자들에게 이런 말을 해주고 싶습니다. 여성혐오의 뿌리는 깊다고요. 그 뿌리는 역사시대 초기까지 거슬러 올라갑니다.

일부 역사가들은 전 역사에 걸쳐 여자들이 더 많은 권력을 행사했거나 더 평등주의적인 문화가 존재했다는 점을 지적하고 나서겠지만, 그런 문화는 흔치 않았을뿐더러 여성 권력이 존재했던 곳에서조차 여성혐오가 공존했습니다.[9] 역사적으로 보면 여자들은 전쟁 중에 노예가 되었고 성폭력까지 당했습니다. 소유물과 정치적 볼모로 팔리기도 했습니다. 물건이나 재산으로서 값이 매겨졌고, 가임력과 출산 능력에 따라 평가되었습니다.

여성의 목소리는 보편적으로 묵살당해 왔습니다. 여성은 1970년대 중반이 되어서야 남편의 허락 없이 신용카드를 발급받을 수 있었습니다. 현재도 여전히 여자들은 유리천장에 막혀 남자가 버는 1달러당 81센트밖에 받지 못하고 있습니다. 게다가 대략 25~30퍼센트 정도의 비율로 성폭행을 당하고 있습니다. 신고를 하지 않은 피해자가 많다는 점을 감안하면, 실제로는 이 비율보다도 훨씬 높을 것으로 추정됩니다. 세상은 남자들보다 여자들에게 더 위험한 곳입니다. 여자들은 살면서 폭행을 당할 가능성이 40퍼센트나 됩니다. 남자들의 비율이 9퍼센트인 것과 크게 대조됩니다.

여자들은 두려움이라는 감정과 특별한 관계에 있습니다. 수천 년에 걸쳐 남자들은 보호자인 동시에 공격자였고, 여자들은 스스로를 지키기 위해 경계를 늦추지 못하는 처지에 놓여 있었습니다. 수천 년이 지나도록 위협과 위험에 대한 고도의 감지 능력은 여성의 생존에 필수적이었고, 그 유산이 여전히 잔존합니다. 예를 들어 여자들은 어떤 상황을 에로틱하게 느끼려면 대체로 안전감이 필요합니다.

"여자들은 섹스를 위해 이유가 필요하지만, 남자들은 장소만 있으면 되죠." 배우 빌리 크리스탈이 했던 말입니다. 농담으로 한 말이지만, 두려움과 관련해서 의미심장한 말입니다. 여자들에게는 신체적 안전과 정서적 안전이 서로 단단히 결부되어 있습니다.

이 모든 것을 한마디로 말하자면 영향력도, 관계에서 누가 그 영향력을 갖느냐의 문제도 외부와 단절된 상태에서 존재하는 게 아니라는 말입니다. 갈등 중에 모습을 드러내는 진화적·역사적·문화적 압력이 있으며, 이런 압력은 영향력을 발휘하는 능력이나 영향력을 받아들이는 능력과 관련될 때 특히 그 힘이 두드러집니다.

여자들은 수천 년간 그래왔듯, 자신들이 단지 신체 치수나 당대의 기준에 얼마나 잘 맞추고 있느냐에 따라서만 가치가 평가된다는 점을 어느 정도 인지하고 있습니다. 이런 믿음이 뼛속 깊이 박혀 있어서 그것을 느끼고, 의식합니다. 심지어 자신이 왜 그렇게 믿고 있는지도 모르는 채로요.

사실 여자들이 그렇게 믿는 이유는 이런 믿음이 우리의 문화에 스며들어 있는 탓입니다. 그것이 저희가 특히 남자들에게 파트너의 영향력을 받아들이는 능력에 대해 곰곰이 생각해 보도록 청하는 이유입니다. 저희가 워크숍을 진행할 때 존이 영향력을 받아들이는 것에 대해서나, 그것이 얼마나 중요한 일인지에 대해 이야기하는 이유입니다. 이런 믿음이 오늘날까지도 여전히 우리 관계의 배후에서 우리의 마음에 짐을 지우고 있기 때문입니다.

줄리는 커플들을 상담하다가 가끔 어려운 상황에 맞닥뜨립니다. 남자 파트너가 권력을 쥐고 있는 것에 익숙한 이성애 커플을 상대할 때 그렇습니다. 자주 평생 권력을 쥐고 있었거나 거칠고 공격적인 성향을 보였던 남자 파트너가 어느 정도의 영향력과 권력을 잡고 놓지 않으려 기를 쓰는 경우였습니다.

그런데 그 이면을 파고들어보면 자신의 남성성에 대한 큰 불안감이 자리해 있을 때가 많았습니다. 그래서 저희는 이런 경우엔 남자 파트너에게 남성성이 무엇을 의미하는지를 짚어줍니다. 말하자면 지배자가 되는 것과 보호자가 되는 것의 차이를 알려주는 과정입니다.

우리 문화에서는 많은 남자들이 이 두 가지를 하나로 결합시킵니다. 하지만 '보호자'가 된다는 것의 진정한 의미는 뭘까요? 자신이 사랑하는 여자에 대한 보호자의 주된 역할 한 가지는 그녀의 인간성을 보호하는 일입니다. 어떤 것이 인간성을 보호하는 모습일까요? 이 문화에서 여성의 인간성을 보호하려면 어떻게 해야 할까요?

우선은 여자 파트너가 인간성의 문제에서 어떤 부분을 가장 중요하게 여기는지 알기 위해 다음과 같이 물어봐야 할 겁니다. 당신에겐 어떤 꿈이 있어? 어떤 사람이 되고 싶어? 당신의 꿈을 실현시키기 위한 길을 잘 걸어가도록 지켜주려면 내가 뭘 해야 할까? 지금 어떤 장애물에 직면해 있고 그 장애물을 제거하려면 내가 어떻게 도와주면 될까?

종종 TV와 라디오에 출연해 인터뷰를 나누다 보면, 진행자가 존의 권위에 눈에 띄게 편파적으로 굴며 존에 맞먹는 줄리의 전문성은 깔보고 있다는 것을 느낄 때가 많았습니다. 어떤 프로그램에서 진행자가 저희의 임상 연구에 대해 질문해서 줄리가 대답했을 때도 그랬습니다. 그 진행자는 줄리가 아무 말도 안 한 것처럼 줄리에게는 그 어떤 반응도 보이지 않은 채, 존을 돌아보며 물었습니다. "가트맨 박사님, 박사님 생각은 어떠신가요?"(둘 다 박사인데도 존에게만 그 호칭을 붙였음).

그 말에 존은 이렇게 대꾸했습니다. "그 질문에는 줄리가 이미 대답한 것 같은데요."

그날 존은 줄리의 애정 어린 보호자로서의 모습을 증명해 보였습니다. 한 사람의 권위자로서 똑같이 존중받아야 할 줄리의 권리를 지켜주었지요.

사실 이렇게 여자가 필요로 하는 보호자가 되려다 보면 때때로 남성성에 대해 문화적으로 품고 있는 뿌리 깊은 생각에 거스르는 경우도 생깁니다. 예를 들어 여자가 다시 공부를 시작해 학위를 취득하고 싶어 한다고 가정한다면, 당신은 여자의 보호자로서 그녀가 공부를 잘할 수 있도록 육아를 더 많이 맡아 여자가 하던 양육자 역할을 대신하며 아이들이 원하는 것에 맞춰주고, 머리 빗기기나 도시락 싸기 같은 소소한 일들을 챙기고 나서야 하기 마련입니다.

저희는 역할 문제로 힘들어 하는 커플들을 상담할 때 이렇게 물어봅니다. "그게 남성적인 일일까요, 여성적인 일일까요?" 그러면 전형적으로 '여성적인' 일이라고 대답합니다. 전통적으로 그런 육아는 여자들의 일이라는 관례가 있기 때문이죠. 저희는 그런 일은 남자가 여자에게 한 인간으로서의 자아실현 권리를 지켜주는 것이므로 '남성적인' 일이기도 하다고 말해 줍니다.

저희 딸 모리아가 여덟 살이었을 때, 존이 줄리의 훌륭한 보호자로서의 면모를 다시 한 번 증명해 보인 적이 있습니다. 이번엔 어떤 식으로 증명했냐고요? 곱슬머리 땋는 법을 배우는 것이었습니다.

결혼 이후로 줄곧 줄리는 여성 등반대를 이끌고 에베레스트의 베이스캠프를 거쳐 더 높이까지 올라가보는 꿈을 품어왔습니다. 둘째 가라면 서러울 정도로 실내활동 애호가인 존으로선 줄리의 안전이 걱정되어 가슴이 콩알만 해졌지만, 그 꿈이 줄리에게 얼마나 중요한지 깨달았습니다. 그래서 잘 다녀오라고 응원해 주었습니다.

하지만 그 일은 또 한편으론 딸을 혼자서 돌봐야 한다는 의미이기도 했습니다. 그것도 4주 동안이나요! 존은 모리아의 길고 곱슬거리는 머리카락을 어떻게 해야 잘 땋는지 그 요령을 그때 처음으로 배웠습니다. 아주 힘든 일이었지만 해보니 꽤 잘 해내어 28일 동안 아침마다 딸의 머리를 참을성 있게 빗긴 후 땋아주었습니다.

저희와 아주 가까운 사람의 사례도 있습니다. 저희 딸이 어느새 커서 결혼을 하고 얼마 전에 아기를 낳아 저희에게 첫 손주가 생겼습니다. 딸은 모유 수유 중인데, 모유 수유를 해본 사람이라면 누구나 알겠지만 그 일은 아주 만만치 않은 일입니다. 아기에게 필요한 모유를 충분히 만들려면 잘 쉬어야 하기 때문에 밤에는 사위가 아기를 봅니다. 사위는 딸이 잘 잘 수 있게 밤에 몇 번이나 자다 일어나, 갓 짜서 냉장고에 넣어둔 모유를 데운 후 흔들의자로 가서 어린 아들에게 먹입니다.

사위가 매일 밤 이렇게 하게 된 것은 아기가 태어나고 몇 주간 딸이 너무 힘들게 보내느라 충분히 쉬지 못해서 모유가 부족해진 이후였습니다. 그때 안 되겠다 싶어진 딸은 사위에게 이렇게 말했습니다.

"아무래도 이대로는 안 되겠어. 변화가 필요해." 이 말을 들은 사위는 어떻게 했을까요? 저희 딸의 영향력을 받아들였습니다. 아버지로서의 역할에 대한 자신의 기존 기대치를 바꿔 아내가 밤에 잘 쉬도록 지켜주면서 정서적으로나 신체적으로 아내를 보호했습니다.

딸과 사위의 허락을 구해 이 사례를 소개한 이유는, 문화적·제도적 압력을 밀쳐내기가 힘들다는 점을 강조하고 싶었기 때문입니다. 성역할과 관련해서 관례로 깊이 뿌리내린 기대치는, 이 사회에서 특히 남자들이 그래야 할 순간에 영향력을 받아들이기 힘들어 하도록 내모는 압박 중 하나입니다. 하지만 우리는 누구든 영향력을 받아들이기 힘들어 할 수 있습니다. 그런데 아이러니하게도 영향력을 받아들이지 않으려는 것은 대개 자신의 영향력을 포기하는 길이 되기도 합니다.

길을 막는 바위가 되면 안 된다

이쯤에서 모든 커플이 새겨들을 만한 결론을 말하겠습니다. 마음을 바꾸거나 영향력을 받아들일 수 없으면 그 관계에서 모든 힘을 잃는 셈입니다.

당신이 파트너가 원하거나 제안하는 것마다 "싫어"라고 말하는 사람이라면 당신은 장애물이 됩니다. 파트너에게 막다른 벽이 되는 것입니다. 더는 새로운 정보가 없고, 연결할 길도 없고, 협력해서 앞으로 나아갈 방법도 없는 상황에 이르러 결국 파트너는 당신을 피해

갈 길을 찾습니다.

등산하는데 길 중간에 커다란 바위가 딱 버티고 있다면 어떻게 할 건가요? 그 바위를 타이르고 설득해 비키라고 할 건가요? 당연히 아닐 겁니다. 그냥 돌아서서 길을 찾을 겁니다. 어떤 상황에서 권력이나 통제권을 포기하고 싶지 않아 영향력을 받아들이지 않으면, 당신은 파트너가 그냥 피해 갈 바위가 되고 맙니다. 그러면 당신은 힘을 잃습니다. 당신에게 아무런 영향력이 없어진다는 의미입니다.

어떤 관계에서 큰 힘을 가지는 유일한 방법은 영향력을 받아들일 줄 아는 능력에 있습니다. 진짜 힘을 가지려면 진정한 '주거니 받거니(give and take)'가 이루어져야만 합니다. 다시 말해 상대, 즉 그 상대의 감정, 욕구, 꿈을 소중히 여기고 존중해야 합니다. 기꺼이 상대의 관점에서 볼 줄 알아야 합니다. 상대의 욕구와 꿈에 맞추기 위해 특정 영역에서 기꺼이 유연성을 보여야 합니다. 그러면 상대도 기꺼이 당신의 관점에 귀를 기울이며 당신의 욕구와 꿈에 맞추기 위해 유연성을 보이게 마련입니다.

어떻게 해야 파트너의 영향력을 기꺼이 받아들일 수 있을까요?

다음 질문에 '대체로 그렇다'나 '대체로 아니다' 중 무엇으로 답하겠습니까?

- 나는 어떤 문제에 대해 파트너의 의견을 묻고 싶어 한다.
- 파트너의 관점을 잘 듣고, 듣다가 궁금한 것들을 물어본다.
- 파트너가 기본 상식이 많은 사람이라고 생각한다.
- 서로 의견 차이가 있을 때도 파트너에게 뭔가를 배운다.

- 파트너의 방식대로 해볼 마음이 있다.
- 지금의 이 관계에서 파트너가 자신을 영향력 있고 존중받고 있는 존재로 느끼면 좋겠다.

서로의 영향력을 알아보는 무인도 생존 게임

영향력의 역학을 좀 더 탐색하고 싶나요? 파트너와 다음의 게임을 해보세요. 해보면 재미있을 수도 있고 영향력과 연관된 몇 가지 보편적 문제를 이해하게 되어, 영향력을 거부하며 경직되거나 완고해지도록 자극하는 상황들을 의식하는 데 도움이 되기도 할 것입니다.

저희가 '가트맨의 무인도 생존 게임'이라고 이름 붙인 이 게임의 기본 규칙은 간단합니다. 당신이 어느 섬에 난파된 상태라고 가정하고 생존을 위해 가장 필요한 중요 물건들을 놓고 합의를 이루면 됩니다. 선택 목록이 제시되니 그 목록을 보며 파트너와 함께 10가지 필수품에 대해 의견의 일치를 끌어내보세요.

이 활동을 시작하고 둘 중 한 사람이라도 자신에게서 다짜고짜 파트너를 비판하려 하거나 슬그머니 지배하려 드는 버릇("여기에는 내가 답할게." "이건 내가 해결할게." "당신 지금 뭘 알고 얘기하는 거야?")이 튀어나온 것이 느껴지면 다음을 생각해 보세요. '실제 갈등 상황에서도 내가 이러는 편인가?' 그런 편이라면 이번 게임을 '영향력 연습'의 시간으로 삼아보세요.

이 가상의 시나리오는 위험부담이 낮아 마음을 열고 기꺼이 다른 사람의 에너지를 따르는 식으로 행동을 변화시켜 보기에 좋은 기회입니다. 파트너에게 결정을 내릴 여지와 재량권을 더 내어주세요. 이렇게 물어보세요. "당신 생각은 어때?"

파트너의 선택에 동의하지 않더라도 어쨌든 따르세요! 그리고 그때의 기분이 어떤지 느껴보세요. 파트너가 당신의 제안에 반응하는 방식이 어떻게 달라지는지 살펴보세요. 이 게임을 활용해 영향력 받아들이기의 역학을 탐색하면서 합기도 스타일대로 함께 움직일 수 있는지 해보세요.

자, 그러면 이제부터 상상의 세계로 떠나봅시다. 당신들이 탄 유람선이 카리브해에서 침몰했고 눈을 떠보니 어느 무인도에 당신들 두 사람만 있습니다. 구체적인 시나리오는 다음과 같습니다.

- 두 사람이 유일한 생존자입니다.
- 두 사람 중 한 명이 부상을 당했습니다.
- 당신들은 그곳이 어디인지 전혀 모릅니다.
- 사람들이 그 배가 조난된 사실을 알 가능성이 어느 정도 있다고 생각하지만 확실하지는 않습니다.
- 폭풍우가 몰려오는 조짐이 느껴집니다.
- 당신들은 당분간 이 섬에서 살아남기 위해 생존 준비를 하는 동시에, 구조팀에게 발견되도록 대책을 강구해야 한다는 판단을 내립니다.
- 해변에 난파된 배 안에는 도움이 될 만한 물건이 한 무더기 있지만, 그중 10가지만 가져올 수 있습니다.

다음의 3단계에 따라 임무를 수행해 보세요.

1단계 중요한 물건 10개 고르기

두 사람이 각자 아래에 적힌 배 안의 물건 목록을 보며 챙겨올 가장 중요한 물건 10개를 골라 동그라미를 치세요. 다 마쳤으면 자신이 생각하는 중요도에 따라 순위를 매겨보세요. 가장 중요한 물건에는 '1'을, 그다음으로 중요한 물건에는 '2'를 써넣는 식으로 하면 됩니다. 여기에서 맞거나 틀린 답은 없습니다.

- **배 안의 물건들**
____ 옷 2벌
____ AM/FM 라디오 수신기
____ 물 40리터
____ 냄비와 프라이팬
____ 성냥
____ 삽
____ 배낭
____ 화장지
____ 텐트 2개
____ 침낭 2개
____ 칼
____ 돛이 달린 소형 구명정

_____ 선크림

_____ 요리용 스토브와 손전등

_____ 긴 밧줄

_____ 휴대용 무전기 2대

_____ 7일 치의 냉동건조 식품

_____ 옷 1벌

_____ 위스키 5분의 1병

_____ 조명탄

_____ 나침반

_____ 지역별 항공 지도들

_____ 총알 6발이 장전된 권총

_____ 콘돔 50팩

_____ 페니실린이 들어 있는 구급상자

_____ 산소 탱크

2단계 10개 품목에 대해 합의하기

파트너와 당신의 목록을 함께 보세요. 10개의 품목에 대해 같이 합의해 보세요. 이 문제를 해결하기 위해 한 팀이 되어 의논하고 협력하세요. 이 문제를 논의하고 최종 결정을 내리는 일에서 두 사람 모두가 영향력을 가져야 합니다.

- **우리가 의견의 일치를 본 리스트**

1 _____

2 _____

3 _____

4 _____

5 _____

6 _____

7 _____

8 _____

9 _____

10 _____

3단계 10가지 질문에 답하기

다 마쳤다면 게임의 전개에 대해 평가하면서 다음의 질문에 같이 대답해 보세요.

1. 당신의 영향력이 배우자에게 얼마나 잘 통한 것 같나요?

2. 배우자의 영향력이 당신에게 얼마나 잘 통했나요?

3. 둘 중 한 사람이 상대를 지배하려 들거나, 두 사람이 서로 경쟁적으로 굴진 않았나요?

4. 당신이 중간에 삐치거나 마음을 닫진 않았나요?

5. 파트너가 중간에 삐치거나 마음을 닫진 않았나요?

6. 재미있었나요?

7. 팀워크가 좋았나요?

8. 당신은 짜증나거나 화나는 감정을 얼마나 느꼈나요?

9. 파트너는 짜증나거나 화나는 감정을 얼마나 느꼈나요?

10. 두 사람 모두 받아들여지는 느낌을 받았나요?

이 게임 중에 영향력을 받아들이며 게임을 즐기는 것이 힘들었다면 권력 분담을 힘들어 하는 경향이 갈등 상황과 두 사람이 함께하는 삶에서 어떤 식으로 드러나고 있는 것 같은지에 대해 파트너와 이야기해 보세요. 이런 권력 분담이 두 사람 중 한 사람이나 둘 다에게 힘든 일이라는 사실을 인정하고 그런 경향에 대해 책임질 수 있다면, 그 자체로도 큰 진전을 이루는 것입니다.

더 나아가기 위해 앞으로는 파트너와 의사결정권을 공유하는 문제에서 방어적이거나 경직되거나 내켜 하지 않는 자신이 느껴지면 이렇게 자문해 보세요. 이 문제에서 파트너에게 영향력을 더 내줄 경우 내가 잃는 건 뭘까? 또 얻는 건 뭘까?

진정한 타협으로 승리하기

이 책을 집필하는 도중에 저희 부부는 오랫동안 벼르던 여행을 떠났습니다. 노르웨이 북단의 북극권까지 가보는 여행이었습니다. 그곳은 숨 막히도록 춥고, 찬란했습니다.

존은 선상의 아늑한 객실에 머물면서 황량한 바위와 얼음으로 덮인 바깥 풍경을 내다보며 플루트로 아일랜드 곡을 연습하길 더 좋아했지만, 줄리는 언제나 그렇듯 가만히 있지 못하고 아름다운 자연 경관 속으로 나갔습니다. 매일 카약을 타거나 얼음 덮인 바위를 디디며 하이킹을 나섰죠. 하지만 존이 함께하지 않아 아쉬웠습니다. 그래서 어느 날, 존은 줄리를 향한 모든 사랑과 따뜻한 마음을 끌어냈고, 두 사람은 같이 하이킹을 나갔습니다.

저희가 육지에서 하이킹을 하려고 준비하고 있을 때 조금 떨어진 해안에서는 몇몇 무리의 사람들이 카약을 타는 모습이 보였습니다. 두 사람씩 짝을 이뤄 노를 젓는 2인용 카약이었지요. 2인용 카약에서는 한 사람은 앞쪽에 앉아 노를 저어 앞으로 나아가게 하는 일을 맡고, 다른 한 사람은 뒤쪽에 앉아 방향의 조종에 더 신경을 써야 합니다. 저희는 따뜻한 지역에서 카약을 많이 타봐서 2인용 카약에 상당한 협력과 호의가 필요하다는 걸 알고 있습니다(그런 점에서 잘 싸우는 것과 똑같죠). 그런데 해안에서 가장 가까운 카약의 커플이 저희의 눈길을 끌었습니다. 두 사람이 기를 쓰며 말다툼을 벌이고 있었거든요.

"당신이 노를 더 빨리 저어야지!" 앞쪽에 앉은 여자가 말했습니다.

"내가 다 하고 당신은 꿔다 놓은 보릿자루처럼 그 뒤에 앉아 있기만 하면 어떻게 해."

"나도 노를 젓고 있어." 남편이 버럭 화를 내며 받아쳤습니다. "저 얼음덩어리들을 피해서 방향을 잡으려고 애쓰는 중이라고. 이게 뭐 쉬운 일인 줄 알아. 당신이 해보든가."

"나는 우리 두 사람 몫의 노를 젓느라 정신이 없잖아."

"어떻게 내가 하는 건 하나도 인정을 안 하냐! 그냥 똑바로 노나 저으면서 조용히 좀 있어."

어느 바위를 지난 뒤로 더 이상 두 사람의 모습은 보이지 않았지만, 비난과 핀잔으로 가득한 그들의 말다툼은 멀리에서도 들릴 정도였습니다. 얼마쯤 지나 저희는 바위가 많은 해안선을 걸어가던 중 눈앞에 펼쳐진 모습에 놀라 아무 말도 못했습니다. 아까 본 커플의 2인용 카약이 얼음 덮인 바위에 걸려 오도 가도 못하고 있었거든요.

"나는 앞으로 못 가니까 당신이 노로 밀어내봐."

"그런다고 되겠어! 그래봐야 더 꽉 막힐 텐데."

"될 거야, 카약이 흔들리면서 빠져나갈 거야. 그냥 한번 해봐. 여기에 이렇게 걸린 게 누구 때문인데. 한 번이라도 내 말 좀 들어."

"이 망할 빙산으로 올라오게 방향을 잡은 게 누구시더라? 내가 아니잖아! 그냥 당신이 바위를 붙잡고 당겨. 그래야 해."

"이 카약을 망가뜨리고 싶어? 그걸 생각이라고 하는 거야?"

결국 그 카약 여행 인솔자가 카약을 타러 온 모든 사람을 부를 수밖에 없었습니다. 모두가 이 카약이 걸려 있는 곳으로 와서 다 같이 힘을 모아 이 커플의 카약을 끌어내야 했습니다. 마침내 카약을 잘

빼냈고 다행히 아무도 다치지 않았습니다. 하지만 문제의 그 커플은 화를 부글부글 끓이며 얼굴이 울그락불그락 달아 오른 채로 서로 말도 거의 하지 않았습니다. 하이킹을 하고 카약을 타던 사람들 모두가 배로 돌아가 따뜻한 방에 들어갈 때까지도요.

그 커플의 싸우는 모습을 지켜보면서 특히 주목했던 부분은 둘 중 누구의 생각대로 했더라도 잘되었을 것이라는 점입니다. 두 개의 노로 함께 밀었다면 한쪽 방향으로 쓱 빠져나왔을 테고, 서로 힘을 합해서 손을 뻗어 바위를 붙잡고 다른 방향으로 당겼더라도 빠져나올 수 있었을 겁니다. 빠져나올 옳은 방법은 하나가 아니었습니다. 아내의 방식이든 남편의 방식이든 잘될 수 있었습니다. 단지 서로의 영향력에 더 마음을 열기만 했더라면요.

영향력을 갖는 것은 영향을 받는 것에서부터 비롯되며, 이는 협력적인 이득을 얻는 일 역시 마찬가지입니다. 영향력을 받아들이면 더는 제로섬 함정에 빠질 가능성이 없습니다. 두 사람이 기를 쓰고 이기려 들다 바위에 걸려 나오지 못하는 그런 덫에서 나오세요. 그러면 두 사람 모두 승리합니다.

이제 이번 장의 초반부에서 만나본 커플인 빈스와 제니의 이야기로 돌아가봅시다. 앞에서 마지막으로 살펴본 대목은, 은퇴 후에 둘 중 누구의 꿈을 펼칠지를 놓고 벌어진 싸움에 갇혀 있던 상태였습니다. 두 사람의 꿈은 극과 극이었고, 둘 다 조금이라도 양보하면 자신의 정체성과 원하는 삶에서 중요한 뭔가를 포기해야 할 것처럼 느끼는 지경에 이르러 있었습니다.

타협하면 너무 많은 것을 잃을 것 같아 할 수가 없었습니다. 그러다 결국 2인용 카약의 커플처럼 빠져나올 수 없게 갇혀버렸습니다. 바위를 밀어내 빠져나올 방법이 필요했습니다. 그래서 저희는 이 부부에게 '베이글 방법(Bagel Method)'이라는 개입법을 권해 주었습니다.

베이글 방법은 갈등 중인 커플들이 진정한 의미의 타협안, 즉 두 파트너 모두에게 기분 좋은 타협안을 찾도록 도와주기 위해 개발된 것으로, 싸움의 '사실'에 완전히 새롭게 접근할 방법이 되어줍니다. 파트너들이 자신들의 꿈이나 욕구, 목표의 핵심 본질에 파고들면서 제대로 집중하지 못하게 방해만 되는 하찮은 문제들을 끊어낼 수 있게 해줍니다. 두 파트너 모두 영향력을 갖는 동시에 어느 파트너도 자신에게 협상 불가한 부분을 포기하지 않을 수 있게 해줍니다. 그리고 무엇보다도 두 사람의 꿈을 모두 수용하기에 충분한 여지가 있을 수 있다는 점을 분명히 알려줍니다.

타협할 수 있는 부분과 타협할 수 없는 부분

'싸움 유형 1'부터 '싸움 유형 3'까지는 계속 설득을 미루라고 말렸지만, 이제 더 이상 그런 말은 안 할 겁니다! 마침내 때가 되었으니까요. 드디어 설득의 단계입니다.

저희가 이 개입법에 '베이글 방법'이라고 이름 붙인 이유는 말 그대로 베이글 모양이기 때문입니다. 다음의 모양을 봐주세요.

타협의 타원

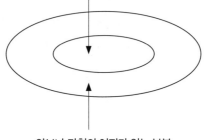

양보나 타협의 여지가 없는 부분

양보나 타협의 여지가 있는 부분

이 문제에서 내가 결코 양보나 타협을 할 수 없는 부분이나 핵심적 욕구

_____

이 문제에서 내가 비교적 유연성을 발휘할 수 있는 부분

_____

저희는 커플들에게 노트에 이 단순한 그림을 그리게 한 다음 두 가지 일을 해보게 합니다. 첫 번째는 이 꿈이나 목표에서 타협이 불가능한 면들을 찾아서 안쪽 원에 적는 것입니다. 이 베이글의 안쪽은 양보나 타협이 불가한 영역입니다. 다시 말해, 당신 자신의 정체성, 당신이 되고 싶은 사람, 당신이 살고 싶은 삶의 관점에서 본 당신의 꿈이나 욕구의 핵심입니다. 당신이 행복하게 온전히 살아가고 성공적인 관계를 맺기 위해 없어서는 안 되는 부분입니다. 당신에게 절

대적으로 필요한 것입니다.

그다음에 할 일은, 이 문제와 관련해서 당신이 양보나 타협의 유연성을 발휘할 수 있는 부분에 대해 생각하기입니다. 대체로 당신이 그 꿈을 실현할 방법과 관련된 핵심적이고 구체적인 사항이 그런 부분에 들어갑니다. 당신이 유연성을 발휘할 수 있는 부분을 찾기가 처음엔 힘들 수도 있습니다. 우리 대부분은 이제껏 자신의 꿈을 아주 꽉 붙잡고 있었기에 그 어떤 것에 대해서도 유연성을 발휘할 수 없다고 느끼니까요.

하지만 저희는 그런 정신적 교통정체를 깨뜨리기 위해 기자들이 어떤 이야기의 사실에 다가가기 위해 던지는 것과 비슷한, 다음의 질문을 스스로 해보게 합니다.

- 언제?
- 어디에서?
- 얼마나 많이?
- 얼마나 자주?
- 어떤 식으로 시작할 것인가?
- 얼마나 오래 지속할 것인가?
- 그 중간에는 뭐가 있을까?
- 그 끝에는 뭐가 있을까?

빈스와 제니는 이 워크숍에 왔을 무렵 오랫동안 교착상태를 이어온 상황이었습니다. 제니는 선택권을 빼앗긴 채 살아온 수십 년 결혼생활의 그 모든 시간에 대해, 남편과 자식들을 자신보다 우선시했던 그 모든 시간에 대해 분개하고 있었습니다. 그래서 65세가 된 이제, 마침내 결심했습니다. 더는 그렇게 살지 않겠다고요. 이번만은 내가 원하는 대로 살고 싶다고요.

한편 빈스는 아내의 이런 태도에 경악하며 어이없어 했습니다. 전에 없던 모습이었고 마음에 들지 않았습니다. 그래서 본능적으로 마음가짐을 단단히 하며, 잃을까 봐 두려운 영역을 되찾으려 애썼습니다. 금전과 의사결정에 대한 문제는 예전부터 쭉 빈스가 맡아왔습니다. 그런 짐은 그동안 빈스가 짊어졌고 아내도 그렇게 하는 것에 만족스러워 하는 듯했습니다. 그런데도 아내는 빈스가 가족을 위해 살아온 그 모든 세월에 대해 고마움을 표현한 적이 없었습니다.

하지만 제니는 자신이 집에서 해주는 일에 남편이 고마움을 표현한 적이 없다고 여기며 서운해 했습니다. 그동안 아이들을 위해 온갖 일을 한 자신에게 너무하다고요. 남편은 베링해로 한번 나가면 몇 주 동안 집을 비워서 자신이 혼자 힘으로 집안 살림을 꾸려나갔습니다. 가족을 우선시하기 위해 한때 커리어를 쌓으려 품었던 목표도 놓아버렸습니다. 수십 년 동안 모든 식구를 보살피느라 필요한 것들을 살펴서 미리 알아서 준비하고 챙겨주는 짐을 짊어져 왔습니다.

제니는 고마움을 표현하지 않았고, 빈스도 마찬가지였습니다. 부부는 둘 다 자신이 가족에게 해준 일들을 당연히 할 일을 한 것처럼 여겨진다는 기분이 들었습니다. 두 사람 모두 자신이 이미 무리하게 짐을 짊어지며 살았다고 느꼈습니다. 바로 이 마음이 부부가 타협할 수 없는 이유에서 큰 비중을 차지했습니다. 나는 이미 너무 많은 것을 포기했다는 마음이 주된 이유였습니다.

부부는 저희의 워크숍에 올 때 '모 아니면 도'라고 여기고 있었습니다. 남편이나 아내의 꿈 중 하나밖에는 방법이 없다고요. 하지만 저희와 같이 갈등의 상세한 윤곽을 살펴보기 시작하면서 차츰 솔직한 얘기가 나오기 시작했습니다. '갈등 속의 꿈' 대화에서 두 사람은 서로 돌아가며, 처음으로 상대의 꿈에 대해 물어주었습니다. 미래의 꿈이 진짜 어떤 의미인지 상대에게 들었습니다.

남편에게 그 의미는 모험이었습니다. 그것도 아내와 함께하는 모험이요. 아내에게는 옛 시절이나 자신의 가족과 지대한 인연을 가진 의미 있는 곳에서 사는 것이었습니다. 남편과 함께요. 남편도 아내도 상대가 옆에 없다면 그런 꿈은 의미가 없었습니다. 그런 시각을 갖고 같이 '베이글'의 빈칸을 채울 때 부부는 자신의 꿈 내에서 양보나 타협의 여지를 이전보다 훨씬 더 많이 찾아낼 수 있었습니다.

다음은 부부가 갈등 속의 꿈에 대한 대화를 마친 후에 자신들의 베이글형 도표에 적은 내용입니다.

제니의 안쪽 원(양보나 타협 불가 영역) 그 농장에서 살면서 우리 가족의 유산을 지키는 일

빈스의 안쪽 원(양보나 타협 불가 영역) 배를 타고 세계를 돌며 자유와 모험을 펼치는 일

그런데 흥미로운 대목은 따로 있었습니다. 두 사람이 유연성을 발휘할 수 있는 잠재적 영역으로 찾아낸 부분에서 공통되는 영역이

많았던 점입니다.

- 지금의 집을 팔지의 여부
- 누구의 꿈을 우선시할지의 여부
- 어디로 갈지의 여부
- 꿈의 실현에 나설 시점 / 끝낼 시점
- 꿈을 이어갈 기간
- 그 꿈을 단기간씩 이어서 펼칠지, 정착식으로 펼칠지의 여부
- 저축 대비 지출의 비용

빈스와 제니가 단 1주일간의 워크숍에서 세세한 문제들을 모두 해결한 건 아니지만, 이 베이글 방법을 통해 유연성을 발휘할 방법이 예전에 생각했던 것보다 훨씬 많다는 사실을 깨달았습니다. 알고 보니 제로섬 상황이 아니었던 겁니다. 누구 한 사람이 상대방에게 맞추기 위해 자신이 져서 꿈을 포기하지 않아도 되었습니다. 두 사람 모두가 기꺼이 양보나 타협의 유연성을 발휘한다면 두 꿈 모두를 펼칠 여지가 있었습니다.

워크숍이 마무리되기 전에 빈스와 제니가 저희에게 다가와 두 꿈 모두를 펼치기로 했다고 말해 주었습니다. 1년 동안 농장으로 거처를 옮겨 살고, 빈스는 집중 항해 강의를 찾아 혹시 부족할지 모를 기술을 익히기로 했다고요. 그런 후에 배를 구입해 항해에 나설 계획이라고요. 빈스는 자신도 앞으로 한 30년쯤을 배 위에서만 살고 싶지는 않은 것 같다고 인정했습니다. 제니도 몇 달 정도씩, 그러니까

한겨울 같은 때는 아이오와 농장에서 떠나 있을 수 있다면 그것도 아주 괜찮을 것 같다고 인정했고요.

부부는 벨링햄의 집을 당장 팔지 세를 내줄지, 첫 항해 여행을 어디로 떠날지, 얼마 동안 항해를 하다 올지 등에 대해서는 아직 확실히 정하지는 못했습니다. 처음엔 좀 짧게 항해를 다녀와서 차차 기간을 늘려갈까 생각 중이고, 여전히 구체적으로 정해야 할 문제들이 생기고 있다고요. 하지만 아주 오랜만에 처음으로 둘 다 미래를 생각하며 설레고 있었습니다.

이 베이글 방법의 과정을 보다 내밀히 이해할 수 있도록 이 방법을 잘 활용한 또 다른 두 커플도 짧게 소개하겠습니다.

커플 1 공립과 사립의 대립

상황 혁신적인 사립학교 교사인 앙드레는 이제 6학년에 올라간 아들이 자신이 근무하는 중학교에 들어오길 바랍니다. 수업료가 아주 높지만 자신이 그 학교의 교사이기 때문에 직원 할인으로 큰 금액을 지원받을 수 있습니다. 어릴 때 사립학교에 다녔던 앙드레는 자신의 자식도 실질적 지식을 가르쳐주는 엘리트 교육의 기회를 똑같이 누리게 해주고 싶었습니다.

아내인 모이라는 남편의 생각에 그다지 달가워하지 않습니다. 자신은 어릴 때 공립학교에 다녔고 사회적 공공선 차원에서 공립학교계를 지지하는 것이 중요하다고 여기기 때문입니다. 게다가 높은 수업료도, 부유층과 특권층이 다니는 곳으로 여겨지는 부풀려진 학교

이미지도 부담스럽습니다.

부부는 타협을 이루지 못합니다. 아내는 아들이 계속 동네 공립학교에 다니길 바랍니다. 집에서 언덕만 내려가면 바로 학교여서 아들이 걸어서 통학할 수 있어 좋다고요. 남편은 아들이 가능한 한 최상의 교육을 받길 바랍니다. 아들이 자신이 근무하는 학교에 다녀서 매일 함께 차를 타고 학교에 갈 걸 생각하면 기대되기도 합니다.

부부는 같이 앉아서 베이글 방법을 했습니다.

남편의 양보나 타협 불가 영역 내 자식을 우리 학교 학생으로 입학시키기, 훌륭한 커리큘럼을 짜내는 과정에서 내가 가진 창의력과 실력을 쏟아부은 이 혁신적 학교의 혜택을 우리 아들이 누리게 해주는 것.

아내의 양보나 타협 불가 영역 지역사회에 대한 유대감과 소속감을 지키는 것, 공교육을 지지하는 것.

유연성을 발휘할 수 있는 영역 앙드레는 아들의 학교생활 말고 다른 생활에 대해서는 유연성을 보여줄 수 있었습니다. 모이라는 다른 방법으로 지역사회에서 소속감을 이어갈 수 있다면 아들이 남편의 학교에 다니는 것도 괜찮을 듯합니다. 그리고 두 사람 다 '아들의 바람을 고려하기'를 유연성을 발휘할 수 있는 영역에 넣었습니다.

타협안 아들과 얘기하며 선택안을 제시해 주었습니다. 아들은 갈팡질팡하며 망설였지만 결국엔 아빠가 있는 학교에 다니고 싶은 마음이 크다고 밝혔습니다. 친구들이나 동네 사람들과도 계속 교류하기로 엄마와 약속하기도 해서, 부부는 아들을 언덕 아래 학교의 방과후 축구교실에 등록시켰습니다. 또 1년 후에 이 합의에 모두가 만족스러워 하는지 확인하기로 했습니다.

커플 2 스위스 대 나이지리아

상황 여자는 제네바에 살았고 남자는 라고스에 살았습니다. 여자는 백인이고 남자는 흑인이었습니다. 두 사람은 어느 실무위원회에서 만났습니다. 남자는 비행기로 제네바에 와서 패널로 참석했고, 그때 그 옆에 여자가 패널로 있었습니다. 두 사람은 서로에게 관심을 보이며 다가갔다가 서로 잘 통해서 데이트를 시작했습니다.

처음엔 그냥 가볍게 만나는 사이였습니다. 남자가 제네바에 더 자주 오게 되면서 시내에 나오면 여자에게 전화를 거는 식이었는데, 얼마 지나지 않아 서로 사랑에 빠졌습니다. 남자는 프러포즈했고 여자는 그 프러포즈를 받아줬습니다. 그 후 두 사람은 어디에 살지 얘기했습니다.

의논하기 시작한 직후부터 문제가 생겼습니다. 여자는 남자가 제네바로 옮겨 오기를 기대했고, 남자는 여자가 라고스로 올 거라고 생각하고 있었으니 그럴 수밖에요. 이 문제는 두 사람 모두에게 복잡한 요소가 얽혀 있었습니다. 아이들이었습니다.

남자는 고향인 라고스에 어린 자식이 둘 있었고 자신에게 의존하는 본가 가족도 돌봐야 했습니다. 그가 자란 문화에서는 성인이 된 자식들이 부모를 보살피는 풍습이 있었습니다. 그래서 여자가 나이지리아로 와야 한다는 생각이 강했습니다. 여자에게는 아들이 하나밖에 없어서 식구가 둘뿐이라는 점 때문에도 그랬습니다. 하지만 여자의 아이는 자폐가 있어서 특별한 보살핌이 필요했는데, 이리저리 알아봤지만 아들에게 필요한 보살핌을 제공해 줄 수 있는 학교를 라고스에서는 찾지 못했습니다.

여자는 라고스로 이사하면 어머니로서 아들에게 필요한 일을 제대로 챙겨줄 수 없었고, 남자는 제네바로 이사하면 부모님에게 자식의 도리를 제대로 할 수 없었습니다. 두 사람은 서로를 밀어붙였고, 상대가 왜 그렇게 해주지 못하는지 이해할 수 없었습니다. 그러다 보니 싸움이 점점 잦아졌고 나중엔 밥 먹듯 싸웠습니다. 둘 다 서로를 꽉 막히고 이기적인 사람으로 여겼습니다. 원망이 쌓였고, 생활 속의 별의별 일에서 그 원망이 새어 나왔습니다. 두 사람에게 부정적 감정의 밀물 현상이 몰려오는 지경이 되었습니다. 결국 저희를 찾아왔습니다.

저희는 여러 횟수에 걸친 상담치료 동안 갈등 속의 꿈에 대해 이야기하며 핵심적 욕구로 파고들어갔고, 두 사람은 마음으로부터 진심으로 서로를 이해했습니다. 남자는 아들에 대한 여자의 사랑과 책임감을 깊이 연민하며 이해했고, 나중엔 여자가 아들을 제네바에 구축되어 있는 지원적 교육 체계에서 멀리 데려갈 수 없어 하는 그 마음까지 헤아렸습니다. 제네바를 떠나는 것은 여자에겐 아들에게 해줄 수 있는 모든 자원을 갖춰줘야 할 부모로서의 임무를 비정하게 저버리는 일이라는 것을요. 남자는 이제 (처음 생각처럼) 여자가 '자기보다 아들을 선택하는' 것이라고 느끼지 않았습니다.

여자도 남자가 부모님과 조상들을 섬기는 일에 큰 가치를 두고 있다는 점을 이해했습니다. 남자가 작고 유대가 긴밀한 마을에서 자랐고 장남으로서 고향을 지켜야 할 의무감을 느끼고 있어, 다른 대륙으로 떠나는 것을 자신의 신념에 대해서나 삶에서 소중히 여기는 곳에 대한 크나큰 배신으로 여기고 있다는 사실을요.

두 사람은 각자의 내면에 자리한 핵심으로 파고들어갈 수 있었습니다. 각자를 인간으로 살아가게 하는 연료가 무엇이고, 어디에서 삶의 의미를 찾는지를 알았습니다.

이 커플은 여기까지 이르는 데 긴 여정을 거쳤고 헤어지기 직전까지도 갔습니다. 서로를 이해하게 되었을 때는 서로 사랑하지만 이 관계가 잘되지 않을 거라고 쉽게 결론지으며 그렇게 되어도 괜찮을 거라고 여겼을 수도 있었습니다. 하지만 서로에게 깊은 연민을 느끼면서 문제의 해결에 전념했습니다. '비전통적인 방식으로 해봐도 되지 않을까? 둘 다 출장도 잦고 유연성을 발휘할 여지도 많으니 그 점을 유리하게 활용할 수 있지 않을까?'

남자의 양보나 타협 불가 영역 자신이 자라온 문화의 전통에 따라 부모님 곁을 지키는 것.

여자의 양보나 타협 불가 영역 아들에게 가능한 한 최상의 교육을 받게 해주는 것.

두 사람은 여자와 여자의 아들이 1년의 절반을 라고스에서 남자와 함께 지낼 때, 아들이 안정적으로 교육받을 수 있도록 가정교사를 구하기로 결정했습니다. 나머지 절반 동안은 서로 떨어져 살면서 연애 때 그랬듯 남자가 제네바에 자주 오기로 하고요.

어떤 커플들에게는 이런 합의가 만족스럽지 않을 수도 있지만 이 두 사람은 아주 독립적인 스타일인 데다 두 사람에게 이 관계는 세세한 골칫거리와 비전통적인 생활 상태를 감수할 만한 가치가 있었습니다. 이 커플은 결국 '전통적인' 방식을 한 가지 따르기도 했습니다. 결혼이었습니다. 그리고 결혼식을 두 번 올렸습니다. 한 번은 라고스에서, 또 한 번은 제네바에서.

파트너의 꿈과 정반대일 때

베이글 방법에서 가장 중요한 것은 영향력을 받아들이고 타협에 이르는 일입니다. 답을 알아내세요. 그 꿈을 뛰게 하는 심장이 무엇인가요? 그 꿈의 핵심에는 뭐가 있나요? 그동안 마음속에 그려온 부가적 가능성이나 세세한 문제점이 아니라 온전한 느낌을 갖고, 자기 자신이 되고, 자신의 삶을 진정성 있게 살기 위해 필요한 가장 본질적인 욕구를 파헤쳐보세요. 그런 다음, 그 욕구와 관련해서 유연성을 발휘해 보세요. 파트너의 욕구와 꿈과 목표가 이런 꿈을 펼칠 방법, 시기, 장소 등에 영향을 미치도록 여지를 내주세요.

커플들은 대체로 베이글 방법이 상당히 도움이 된다고 여기며, 대다수는 교착상태를 깨고 진전을 볼 수 있습니다. 하지만 한 사람의 꿈이 다른 사람의 악몽이라면, 그에 더해 그 꿈이 그 사람의 정체성의 핵심이라면 두 사람은 헤어져야 할지도 모릅니다.

본질적 핵심으로 파고들어가도 당신의 꿈이 여전히 파트너의 꿈과 정반대라면, 그 어떤 유연성으로도 두 사람 모두의 꿈을 맞추기 어렵다면, 할 수 있는 일이 별로 없습니다. 존이 첫 번째 결혼생활에서 겪었듯, 부모가 되는 문제에서 파트너가 반대의 꿈을 갖고 있다면 가능한 타협안이 없습니다. 아이를 반쪽만 가질 수는 없으니까요. 이때는 타협을 못 한다고 해서 경직된 사람이 되는 게 아닙니다. 단지 영혼의 욕구에 충실한 것일 뿐입니다. 하지만 적어도 당신이 자신과 파트너를 존중했고, 그런 결과가 누구의 잘못도 아니라는 사실을 아는 상태에서 헤어질 수는 있습니다.

지금까지 이 책에서 제시한 대로 갈등 해결의 청사진을 따르며 두 사람이 함께 문제점을 짚어보고, 진정으로 들어주고 존중해 주며, 갈등 속의 꿈을 파헤쳐보고, 타협을 위한 베이글 방법을 거쳤는데도 여전히 너무나 크고 고통스러운 상실을 치러야 할 것 같아 도저히 안 될 것 같다면, 그때는 어쩔 수 없이 다음과 같이 자문할 수 있습니다. 나는 이 사람을 얼마나 사랑할까? 사랑이 뭘 의미할까?

때때로 사랑은 희생을 의미합니다. 여기에서 말하는 타협에서는 자신을 상실하는 기분이 들어서는 안 되지만, 그러기가 언제나 쉬운 건 아닙니다. 예를 들어 경우에 따라 이런 생각을 할 수 있습니다. 나는 파트너가 학교에 다닐 수 있도록 일을 덜 하면서 가망성 있는 승진을 단념하거나 미룰 만큼 내 파트너를 사랑할까? 나는 파트너가 꿈꾸던 기회를 위해 내 가족과 멀리 떨어진 곳으로 떠날 만큼 파트너를 사랑할까? 파트너도 나를 위해 똑같이 해줄까, 혹은 그런 적이 있었던가?

다른 사람과 평생을 함께한다는 것은 평생 희생과 이득을 오가는 일이거나, 평생의 '주거니 받거니'입니다. 또한 평생토록 때때로 더 무거운 짐을 짊어지거나, 두 사람이 함께 책임을 맡고 있는 사람들이 더 잘되도록 뭔가를 포기하는 일이기도 합니다.

그런데 파트너들이 이 갈등 해결의 청사진을 진전시키며 타협 방식을 시도하다 보면, 그것이 뭐든 그 특별한 희생이 그럴 만한 가치가 있다는 중요한 확신을 종종 얻기도 합니다. 모든 것을 종합적으로 따져보니 잃는 것보다 얻는 것이 훨씬 많다는 사실을 깨닫지요. 시야를 넓혀 전체를 보면 자신이 가진 소중한 것들이 훨씬 더 많이 보여, 이제는 꼭 붙잡고 있던 뭔가를 마음 편히 포기할 수 있습니다.

하지만 이 베이글 방법을 거치면서 원하는 삶의 방식의 관점에서 서로 타협 불가의 영역이 있다는 사실을 깨닫는 커플들도 간혹 있습니다. 이런 커플들의 꿈은 양립할 수 없습니다. 희생이 너무 큽니다. 그런 경우엔 양쪽 모두 자신의 꿈을 존중받고 수용될 수 있는 파트너 관계의 기회를 가질 수 있도록 헤어지는 일이 옳은 선택일 수 있습니다.

관계에 관한 한 '성공'이 언제나 '영원히 이어지는 것'은 아닙니다. 오래 이어지는 관계조차도요. 두 사람이 서로 다른 길을 걸어야 한다는 것을 깨닫더라도 옳은 선택으로 서로와 그 관계 자체를 존중해 줄 수 있습니다.

승패가 아닌 윈윈으로

제로섬 소통방식은 우리의 싸움을 전염시켜 승패의 사고방식에 가둬놓아서 타협을 정말로 힘들게 만들기도 합니다. 게임 이론에 대한 연구 분야, 그중에서도 특히 정치학과 경제학에서의 게임 이론 전개 방식에 대한 연구 분야에서는, 갈등의 경우 어떠한 협상이든 언제나 한쪽의 승리가 곧 상대의 패배가 되는 제로섬 상황이 된다는 개념이 한때 널리 인정받았습니다.

하지만 1950년대에 이르면서 수학자 존 내시(John Nash)가 새로운 모델을 제시했습니다. 진행 중인 게임이, 게임 참가자 모두가 적수인 전략을 감안할 때 그보다 더 잘될 수 없는 안정적 상태에 이른다는 개념이었습니다.[10] 게임의 요소를 감안할 때 양쪽 참가자가 그 게임의 이상적 결과에 이른다는 것입니다.

이것은 수학적 모델이지만, 내시(Nash) 균형 상태가 갈등에서는 두 파트너 모두 승리하는 지점이 된다는 점에서 보면 관계에도 적용됩니다. 여기에서 말하는 승리 지점이란 서로 타협을 이룰 뿐만 아니라 결과에 만족하기도 하는 단계입니다. 삶이 내놓는 어떠한 상황에서든 그보다 더 잘할 수는 없는 단계입니다.

단, 다음을 잊지 말아야 합니다. 관계에서 우리는 서로 적이 아닙니다. 사랑이라는 경기장에서는 내시 균형에 이르려면 혼자 승리하려 애쓰는 게 아니라 두 사람을 생각해야 합니다.

정말로 성공적인 커플들의 핵심 습관은 '이 상황에서 나에게 가장 좋은 게 뭘까?'라고 생각하는 게 아니라 '우리에게 가장 좋은 게 뭘까?'를 생각하는 것입니다. 이런 커플의 갈등에는 서로 의견 차이가 있더라도 두 파트너 모두가 상대가 잘되기를 진심으로 바라는 마음이 배어 있습니다. 궁극적으로 보면, 바로 이런 마음이 타협 능력을 성공적으로 발휘하게 해주는 신뢰를 이끌어내기도 합니다.

갈등거리가 저녁 설거지를 누가 할지의 문제이든, 고생해서 번 돈을 어디에 쓸지의 문제이든, 큰 변화를 생각해야 할지의 여부이든,

아이오와의 농장으로 이사를 가느냐 배를 타고 전 세계를 항해하느냐의 선택이든, 그 대화는 우리의 '신뢰 척도'에 따라 아주 다르게 전개됩니다

'내가 당신을 믿을 수 있을까? 당신이 자신에게 뭐가 좋을지를 생각하면서 나에게 뭐가 좋을지도 생각해 줄 거라고 믿어도 될까? 당신이 내 관점에 마음을 써주면서 그 관점을 똑같이 중요하게 여겨줄 거라고 믿어도 될까? 당신이 이 상황에 따라 필요할 때 자기 입장을 기꺼이 바꿔줄 수 있는 사람이라고 믿어도 될까? 당신이 내 목표와 꿈에 관심을 가져주며 그 꿈의 실현을 위해 애써줄 거라고 믿어도 될까?' 여기에 대한 답이 '네'라면 유연성을 발휘해 두 사람 모두에게 최선으로 느껴질 만한 타협안을 찾기가 훨씬 더 쉽습니다.

여기에서 소개하는 전략들은 모두 신뢰와 헌신 없이는 효과가 없습니다. 그래서 저희는 신뢰가 줄어든 커플들에게는 두 사람이 신뢰를 다시 쌓는 일부터 시작하게 합니다.

헌신의 마음이 떨어진 커플에게는 주로 다음의 2가지 경고 사인이 나타납니다.

① 중요한 문제가 생기면 파트너를 찾는 게 아니라 다른 사람에게 파트너에 대해 불평한다.
② 자신이 가진 것을 과소평가하고 자신에게 없는 것을 극대화해서 본다.

이런 커플들은 주위를 둘러보며 늘 아쉬워합니다. '나는 이게 뭐람.' 헌신의 마음이 낮은 커플들도 저희가 "파트너를 사랑하시나요?"

라고 물으면 "네"라고 말합니다. 그리고 정말로 사랑합니다! 하지만 진정으로 헌신할 마음이 없습니다. 자신을 쏟아붓지 않습니다. 서로를 위한 생각을 하지 않습니다. '우리'라는 개념이 없습니다. 그리고 이것이 싸움의 뿌리이자, 사람들이 저희에게 상담을 받으러 오는, 저변에 깔린 이유입니다.

저희는 그런 상황에 있는 사람들에게 이런 말을 해주고 싶습니다. 누군가에게 헌신하는 일은 정말 두려운 일입니다! 우리는 대개 맹목적 믿음으로 관계에 들어섭니다. 때때로 어떤 사람을 정말로 잘 알기도 전에 그 사람에게 영원의 약속을 합니다. 그런데 당연한 말이겠지만, 사람은 시간이 지나면서 변하고 성장합니다. 5년 전, 10년 전, 20년 전, 40년 전에 내가 결혼한 이 사람은 더 이상 그때의 그 사람이 아닙니다. 시간이 지나면서, 또 갈등을 겪으면서 파트너에 대해 의외의 면을 봅니다.

살다 보면 심한 압박을 주는 상황이 일어나기도 합니다. 완벽한 사람은 없습니다. 누구에게나 결점은 있습니다. 헌신의 진짜 의미는 파트너가 완벽하지 않아도 (그리고 이런저런 문제에서 좀 머리가 돌게 만드는 구석이 있는 것 같아도) 결국엔 누구도 그 사람을 대신하지 못한다는 것입니다.

이쯤에서 반가운 소식을 전하자면, 어느 시점에서든 노력해서 신뢰와 헌신의 마음을 다시 쌓을 수도 있다는 사실입니다. 우리가 지금까지 이 책을 보며 노력해 온 모든 일이 신뢰를 쌓아줍니다. 다가가는 대화, 부드럽게 시작하기, 서로 경청하고 존중해 주기, 공감 표현하기, 갈등 상황이든 아니든 서로 열린 질문을 하기, 자신의 꿈을 함께 탐색해 보기 등의 이 모든 일이 시간이 지나는 사이에 신뢰와 헌신의 마음을 쌓아줄 뿐만 아니라 두 사람 모두를 생각하는 사고방식, 즉 협력적 이득을 얻는 사고방식도 길러줍니다. 더불어 긍정적 선순환이 만들어지면서 이 전략을 실행할수록 신뢰가 더 쌓이고, 서로를 신뢰할수록 이런 갈등 관리 전략의 실행은 더 쉽습니다.

타협안을 만들어봅시다!

파트너와 함께 다뤄볼 갈등거리를 정해 보세요. 교착상태에 빠져 있지만 해결 가능한 문제도 괜찮고 앞 장에서 '갈등 속의 꿈' 대화를 통해 다뤘던 문제도 괜찮습니다. 정했다면 다음의 단계대로 해보세요.

① 종이 2장을 가져와 각자의 '베이글'을 그리세요. 안쪽 원을 하나 그린 후 그 바깥쪽에 훨씬 더 큰 원을 그리세요. 앞 페이지를 보고 따라 그려도 됩니다.

② 안쪽 원에 이 문제에서 양보나 타협을 할 수 없는 것들을 쭉 적으세요. 이 문제와 얽힌 최소한의 핵심적 욕구, 신념, 가치관같이 협상이 불가능한 것들을 적으면 됩니다.

③ 바깥쪽 원에 양보나 타협의 유연성을 발휘할 수 있는 영역을 쭉 적으세요. 이 문제에서, 안쪽 원에 적은 것들이 충족되면 타협을 할 수 있는 면들을 적으면 됩니다.

④ 자, 이제부터 그렇게 적은 것들을 놓고 이야기를 나눠봅시다!

- 당신의 도표를 파트너에게 보여주고 파트너의 도표도 같이 보세요.
- 서로에게 다음을 물어주세요. 안쪽 원에 적은 것들이 당신에게 그렇게 중요한 이유는 뭐야?
- 그 대답을 한마디도 놓치지 말고 잘 들어주세요. 필요하다면 파트너가 알려주는 그 이야기에 더 잘 집중할 수 있게 메모를 하세요.
- 서로에게 다음을 물어주세요. 유연성을 발휘할 수 있는 이 부분들에 대해 더 자세히 얘기해 줘. 어떻게 양보나 타협의 유연성을 발휘할 수 있을 것 같은데?

⑤ 실행 가능한 타협안을 내보세요. 핵심적 욕구와 유연성을 발휘할 수 있는 부분들이 담긴 이 '지도'를 활용해 새로운 진전 방법에는 어떤 것이 있을지 알아보세요. 다음과 같이 물어보세요.
- 여기에서 우리의 의견이 일치하는 부분은 뭐지?
- 우리가 둘 다 똑같이 느끼는 감정이 뭐지?
- 우리의 공통 목표는 뭐가 있을까?
- 어떻게 해야 이 목표들을 이룰 수 있을까?

⑥ 마지막으로 타협안을 정하세요. 그것이 부분적이거나 일시적인 타협안이라 나중에 다시 살펴보며 정말 효과가 있는지를 확인해야 할 만한 것이라도 괜찮으니 일단 정한 후에 여기에다 분명히 적어놓으세요.
- 우리 두 사람의 욕구와 꿈 모두를 존중하는 타협안

_____

_____

8장

과거의 덫

예전 일을 끊임없이 들춰내기

"과거는 절대 죽지 않는다. 심지어 지나가지도 않는다."

— 윌리엄 포크너

팬데믹 첫해에 몰리와 셀레나는 자신들이 잘 지내고 있다고 느꼈습니다. 코로나19 봉쇄 조치에 따라 두 어린아이들과 지내게 된 지 몇 달째 되었고, 두 엄마는 재택근무를 하며 매주 돌아가면서 마트에 다녀왔습니다. 자주 어울리던 가족들과 만나지도 못하고, 아이들도 친구들과 왕래할 수는 없었지만, 그렇게 네 식구끼리도 잘 지내고 있었습니다.

주변을 둘러보니 팬데믹의 스트레스에 시달리며 하루 24시간, 1주일 내내 일시적 구제나 프라이버시도 없이 붙어 지내야 하는 갑작스러운 생활 변화로 중압감에 눌려 결혼생활이 위기를 맞아 삐거덕거리는 경우도 있었습니다. 몇 년 전부터 알고 지내온 커플 몇몇도 이제 보니 서로를 그다지 좋아했던 것 같지 않아 보이는 지경까지 갔습니다. 몰리와 셀레나는 자신들은 상대적으로 너무 잘 지내고 있는 것 같아 서로 자축했습니다. 우리를 봐. 우리는 여전히 서로를 좋아하잖아. 그것도 많이! 우와, 우린 정말 잘하고 있어!

하지만 얼마 후 두 사람은 싸웠습니다. 대판 싸웠죠.

어느 날 아침, 다섯 살과 일곱 살인 두 딸의 원격 수업을 봐주기 위해 누가 하던 일을 중단할지를 놓고 감정이 폭발한 것이었습니다. 수업을 돕는 일은 힘들었습니다. 아이들이 너무 어려서 자기주도성이 떨어지는 데다 컴퓨터 앞에 10분 이상 앉아 있는 것조차 잘 못해서 엄마 중 한 명이 옆에 앉아 수업에 집중시키고 줌 화면에서 설명해 주지 않은 것들도 알려줘야 했습니다.

게다가 몰리는 그동안 이 수업 봐주기로 업무에 타격을 입은 상황이었습니다. 셀레나가 (국제 비영리단체에서 프로그램 매니저로 일하고 있어) 특정 시간에 책상 앞에 앉아 함께 일하는 사회운동단체 담당자들과 온라인으로 회의를 해야 했던 것에 비해, 몰리는 프리랜서 그래픽 아티스트여서 셀레나보다 업무 시간을 유연하게 쓸 수 있었기 때문이죠.

하지만 몰리는 전날 밀린 일 때문에 밤늦게까지 일한 터라 피곤했고, 맡은 프로젝트를 제 일정에 맞추기에도 시간이 빠듯했습니다. 그래서 아침에 셀레나에게 일을 해야 한다며 이렇게 부탁했습니다. "오늘 아침엔 회의를 좀 미루면 안 돼? 내가 정말 일이 밀려서 그래. 그동안 애들 수업 봐주는 건 거의 다 내가 했잖아."

"몰리, 그렇게는 안 돼. 그런 말을 지금 하면 어떻게 해. 어쨌든 자기는 그 일을 나중에 해도 되잖아, 아니야? 그래픽 디자인이 급할 일이 뭐가 있다고." 셀레나는 이렇게 대답하고는 사무실로도 쓰고 있는 두 사람의 방으로 들어가 문을 닫았습니다. 몰리는 따라 들어갔습니다. 그 안에서 급기야 싸움이 벌어졌습니다. 아이들이 들을까 봐 긴장된 어조로 속삭이면서요.

셀레나의 줌 카메라와 마이크가 꺼져 있는 상태에서 사람들이 줌 대기실로 입장하고 있었습니다. 몰리는 셀레나가 자신의 일을 업신여겼다고 따졌습니다. 그래픽 디자인이 국제 구호 활동같이 대단한 일은 아니지만 그래도 자신에게는 중요한 일이라고요.

셀레나는 몰리에게 회의 중에 사무실로 뛰어들어오다니 애 같다고 핀잔을 주었습니다. 이어서 비난의 말들이 오갔습니다. 자기는 이기적이야. 자기는 공평하지 못해. 자기는 내 일을 자기 일만큼 중요하게 생각해 준 적이 한 번도 없어. 말도 안 되는 소리 하지 마!

얼마 후 몰리가 좌절감에 휩싸여 눈물을 터뜨리며 쏟아붙였습니다. "저 애들을 자기가 낳았다면 애들 수업에 더 관심을 가졌겠지."

긴 침묵이 흐른 끝에 셀레나가 마침내 입을 떼었습니다. "나한테 어떻게 그런 말을 할 수 있어. 나도 자기 못지않게 저 애들의 엄마인데."

"그건 나도 알아, 그러니까 내 말은—."

"이제 회의 시작해야 해. 제발 좀 나가줘." 셀레나가 몰리의 말을 끊고 말했습니다.

그날 저녁, 몰리는 자신이 한 말에 대해 사과했습니다. 하지만 아직도 자신의 파트너가 자기 일을 무시한 것에 마음이 풀리지 않았습니다. 셀레나도 사과하며 앞으로는 원격 수업을 누가 봐줄지 스케줄을 더 확실하게 정하면 좋겠다고 제안했습니다. 하지만 아이들의 생물학적 어머니가 아니라는, 몰리가 했던 그 말은 깊은 상처로 남았습니다.

이 갈등은 표면상으로는 해결이 되어 몰리에게 일할 시간이 더 많이 생기도록 스케줄을 짜는 것으로 마무리되었습니다. 하지만 그날 아침 서로에게 했던 그 말을 놓고 며칠 후에 또 싸움이 벌어졌고, 이후로도 몇 번이나 더 그 일로 싸웠습니다. 둘 다 그날의 일을 시시콜콜 따져대지 않고는 견딜 수가 없어 누가 싸움을 걸었고, 누가 더 나빴고, 누가 어떤 말을 했는지로 자꾸 말다툼을 벌였습니다.

"자기가 나한테 형편없는 엄마라고 했잖아." 어느 날 저녁 늦게 그날의 싸움을 놓고 또 싸움이 벌어졌을 때 셀레나가 울면서 말했습니다.

"내가 언제! 그런 말 한 적 없어!" 몰리가 악을 쓰며 받아쳤습니다.

"자기는 항상 내가 진짜 부모가 아닌 것처럼 느끼게 해. 애들의 출생 문제로 나한테 죄책감을 준다고. 자기가 진짜 엄마고 나는 그냥 옆에서 숟가락을 얹은 것처럼. 저번에 자기의 그 말로 확실해졌어."

"내가 뭘 어쨌다고 그래? 난 그냥 도움을 요청했던 건데. 둘 다 가질 수는 없어, 셀레나. 지금 나한테 육아를 더 떠넘기면서 부모 노릇을 더 못 하고 있다고 불평하고 있는 거잖아. 그 문제에서 내가 뭘 어떻게 해줬으면 좋겠는데?"

"글쎄, 우선 이 한 가지는 해줬으면 해. 자기가 하고 싶을 때마다 내 불임 문제를 들먹이지는 말아줘."

"그게 무슨 얘기야?"

"알면서 뭘 물어! 내가 애들을 낳은 게 아니라서 애들을 잘 보살피지 않는다며?"

"나 참 돌겠네. 그거 알아? 난 내가 엄마 노릇을 덜하고 자기가 더 엄마 노릇을 했으면 좋겠는 사람이야. 내가 다시 상근직 일을 하고 자기가 집에 있으면 어떨 것 같아? 자기는 애들하고 집에서 단 하루도 못 버틸걸."

몰리와 셀레나는 꽉 막혀 있는 상태입니다. 그날의 싸움에 대한 싸움을 그만둘 수 없어 보입니다.

두 사람은 이 상태에서 어떻게 될까요? 이 커플은 서로를 사랑하고 가족에게 헌신적입니다. 하지만 상처가 되는 말을 내뱉어서 (그 후에도 또 내뱉는 바람에!) 더 이상의 상처를 입히지 않으면서 그때의 그 일을 다루지 못한다면, 관계가 매우 위태로워질 지경입니다. 그런데 이 커플만 이러는 건 아닙니다.

이런 싸움은 아주 흔하게 일어납니다. 저희의 세계적 조사 결과에서도 조사에 참여한 전체 커플 중 77~84퍼센트가 싸우고 나서 화해 시도를 잘 못 하는 것으로 나타났으니까요.[1] 몰리와 셀레나 같은 수많은 커플이 이렇게 생각합니다. 우리는 왜 다 잊고 넘어가질 못할까? 그런데 사실은 바로 이런 생각이 문제입니다.

'그냥 잊고 넘어가려고' 하는 것

'잘 싸우고' 싶은 마음이 아무리 커도 우리는 때때로 서로에게 상처를 줍니다. 심한 상처를 주고 맙니다.

이 책에서 여러 차례 말했다시피 갈등에는 긍정적인 면들이 있습니다. 마찰거리가 서로를 더 잘 이해해 유대감과 친밀감을 높이는 관문이 되기도 합니다. 정말로 그러니 부디 커플들이 이해했으면 좋겠습니다. 갈등이 생기는 건 정상이고, 피할 수 없는 일이며, 때때로 삶과 사랑에서 긍정적인 부분이 되기도 한다는 것을요.

하지만 갈등이 심각하게 치달아 심지어 정신적 외상을 초래할 정도에 이를 수도 있는 것이 현실이기도 합니다. 우리는 복잡하게 얽혀 있는 존재입니다. 인간인 우리는 저마다 삶이나 어린 시절, 예전의 관계들이 남겨놓은 무거운 짐을 짊어지고 있습니다. 그 짐을 불러일으키는 촉발제를 가지고 있습니다. 우리가 신체적·인지적·감정적 홍수에 빠질 때 목구멍이든 가슴이든 복부든 그것이 느껴지는 그 외의 어디든 움켜쥐며 밀려오는 그런 엄청난 감정이 있습니다.

우리는 종종 자신이 뭘 원하거나 뭘 필요로 하는지 모를 때가 있습니다. 자신의 생각을 확실히 드러내지 않을 때가 있습니다. 서로를 오해하기도 하고, 마음에 없는 소리를 하거나 그런 말을 더할 수 없이 독하게 내뱉기도 합니다. 이 책에서 이상적인 갈등 해결을 위해 제시하는 청사진을 최선을 다해 따라 하더라도 때로는 도중에 길을 잃기도 합니다. 서로에게 날카로운 독설의 화살을 퍼붓고, 그 화살 몇 개는 심장에 콱 꽂히고 맙니다.

모든 커플이 때때로 후회할 만한 언행을 저질러, 결국 다투다 화가 나고 원망스럽고 깊이 상처받은 마음으로, 심지어는 파트너가 한 말에 배신감을 느낀 채로 그 자리를 뜰 때가 있습니다. 이런 일은 우리 누구에게나 있는 일입니다. 사랑의 달인이라고 해도 예외가 아닙니다.

하지만 우리가 정말로 잘못하는 지점은 따로 있습니다. 그 싸움을 수습하지 않는 일입니다. 후회할 만한 일이 벌어진 후에 그 일을 어떻게 수습해야 할지 배운 적이 없어서 그냥 수습하지 않고 넘어갑니다. 오히려 자신이 정말로 무엇에 대해 사과해야 하는지 이해하기도 전에 너무 빨리 사과해 버립니다. 덮기에 급급합니다. 그 싸움으로 기분이 안 좋았으니 다시 들쑤시지 말자고 생각합니다. 아직도 화가 나지만 마음속에 묻어둡니다.

아니면 그 싸움에 대해 이야기를 하긴 하지만 그때와 똑같이 되풀이합니다. 또다시 잔뜩 고조되어 격해진 갈등을 벌입니다. 후회할 만한 일이 또 하나의 후회할 만한 일을 늘립니다.

수습되지 않고 넘어간 싸움은 시간이 지나면서 갈등이 늘거나, 유대감이 떨어져 서로를 피하는 식으로 두 사람 사이를 갈라놓습니다. 친밀감이 깨집니다. 둘 다 벽을 쌓습니다. 상처를 받았으니 이제 자신을 보호하려는 것입니다. 상담치료를 받으러 찾아와 소파에 나란히 앉아 있더라도 정서적으로는 서로가 그랜드캐니언의 폭만큼 크게 벌어져 있습니다.

잘못된 싸움 후에 받는 정서적 상처는 혼자 힘으로는 치유가 되지 않습니다. 잘못 싸우고 난 뒤에 회복을 하지 않으면 그 상처가 오래 갑니다. 그 싸움의 부정성이 오래 이어집니다. 그러다 시간이 지나는 사이에, 부식성 화학물질처럼 둘 사이의 긍정적 유대를 좀먹습니다. 상처를 그대로 놔두면 유대감을 지키기도, 친밀감을 갖기도 힘듭니다. 여전히 그 화살이 가슴에 박힌 채로 돌아다니는 셈이니까요.

후회할 만한 일이 생기면 수습을 해서 그 상처를 치유해야 합니다. 안 그러면 이후로도 두 사람이 함께하는 삶에 그 싸움의 잔재를 달고 다니게 됩니다.

해소하지 않은 싸움은 평생을 가기도 한다

영향력 있는 심리학자 블루마 자이가르닉(Bluma Zeigarnik)은 1920년대에 대학원생이었습니다. 베를린대학교에서 심리학 박사학위 과정을 밟으며 기억력을 주제로 논문을 쓰고 있었는데, 그녀의 지도교수 한 명이 근처 레스토랑에 갔다가 주목했던 어떤 점에 대해 말했습니다. 그 레스토랑은 종업원들이 주문을 받아 적지 않기로 유명한 곳이었습니다. 그곳의 종업원들은 적지 않고도 주문 받은 음식을 완벽히 외울 수 있었습니다. 큰 테이블에 일행이 많은 손님이 앉아도 예외가 없었습니다.

교수가 담당 웨이터와 이야기를 나누며 지켜보니, 웨이터는 여러 테이블에서 주문을 받은 후 아직 셰프에게 전달하지 않은 주문 메뉴들은 척척 기억해 냈지만, 일단 주문 메뉴를 셰프에게 전달하고 나면 더는 기억하지 못했습니다. 이는 웨이터의 머릿속에 전달하지 않은 주문 메뉴들이 '끝나지 않은 일'로 자리잡아 전달 완료된 주문 메뉴들보다 더 생생히 박혀 있다는 의미로 여겨졌습니다.

자이가르닉은 이 추론을 실험을 통해 검증해 보기로 결정했습니다. 그렇게 해서 학생, 교사, 아동을 비롯해 164명을 참가자로 모집해 벌인 일련의 실험에서 사람들을 한 명씩 실험실에 들어가게 하며 간단한 지침을 주었습니다. '일련의 과제를 최대한 빠르고 정확하게 마쳐 달라'는 것이었습니다. 지침에 따라 각각의 참가자들은 목록에 적힌 대로 배송용 상자 조립, 퍼즐 풀기, 작은 점토 모형 만들기, 수학 방정식 풀기 등 약 20개의 자잘한 과제를 수행했습니다. 그리고 이때

한 연구 보조원이 과제 수행 시간의 절반 동안 은근슬쩍 방해했습니다. 떠들썩하게 안으로 들어와 테이블 세팅이 잘못된 데가 있다는 등의 구실을 대며 참가자가 특정 과제를 정해진 시간 안에 다 마치지 못한 채 할 수 없이 다음 과제로 넘어가게 하는 식이었습니다.

과제 수행 후, 자이가르닉은 각각의 참가자에게 다음과 같은 질문을 던졌습니다. '그냥 수행한 과제들은 뭔가요?' '즐기면서 했던 과제들은요?' '각 과제의 수행 과정 중 어떤 것이 기억나나요?' 그 결과 참가자들은 만족스럽게 끝낼 수 있었던 과제들보다 방해받을 때 했던 과제들의 세세한 부분을 90퍼센트 더 정확하게 기억했습니다.[2]

즉 어떤 일을 '끝내고' 싶은 마음에 그 일이 아직 완료되지 않았거나 해결되지 않은 상태라고 의식하게 되고, 그에 따라 그 일을 기억 속에 훨씬 더 생생하게 붙잡아놓게 된 것 같았습니다. 그러다 어떤 일을 완수하고 나면 그 일은 차츰 희미해져 잊어도 괜찮은 일이 되는 것이고요.

이 실험 결과는 아주 유의미하면서도 동일한 결과가 되풀이되어 나오며 수차례의 후속 연구로 뒷받침되며 '자이가르닉 효과'로 명명되었습니다. 그리고 이 자이가르닉 효과는 이번 장에서 다루고 있는 싸움과도 밀접한 관계가 있습니다.

우리는 서로의 사이에서 아직 끝나지 않은 일이 있으면, 즉 어떤 괴로운 문제를 해결하지 않았거나, 표현하지 못한 감정이 있거나, 상처 주는 말을 하고 나서 수습하지 않고 넘어가면 그 싸움에 대해 불에 덴 듯 선명히 기억합니다. 그 싸움이 바로 어제 일어난 일처럼 생생하고 선명하지요.

게다가 장기기억으로 저장되는 싸움은 잊을 수 없을 정도로 큰 정신적 충격을 준 일이 일어났던 경우가 많고, 그런 충격적 기억은 힘이 강력합니다. 그 기억이 소환되면 그때 그 순간의 여러 감각적 느낌들이 한꺼번에 홍수처럼 다시 밀려옵니다. 시간 여행자처럼 그 순간으로 다시 뛰어들고 몸이 그에 따라 반응하면서 코르티솔과 아드레날린이 뿜어져 나오며 감정의 홍수에 빠집니다. 신체 차원에서는 최초의 그 싸움이 다시 일어나고 있는 셈입니다.

자이가르닉 효과가 증명해 주고 있듯, 특히 어떤 일을 정서적으로 완전히 수습하지 않으면 그 모든 일이 기억에 남습니다. 그러다 기억이 왜곡되기 시작합니다. 현대 신경과학을 통해 밝혀진 바에 따르면, 기억은 심지어 여전히 생생히 실감 나고 속이 상하는 기억조차도 고정적이지 않습니다. 우리가 기억에 닿을 때마다 기억은 변합니다. 편집되는 것이죠. 일어났던 일을 기억하는 방식이 점점 더 우리 자신 쪽으로 편향됩니다.[3]

다시 말해, 되살려내 곱씹을수록 그 일에 대한 기억이 점점 더 많이 바뀔 수 있다는 말입니다. 이제는 그 일과 그때 했던 말들에 대한 기억이 그 일이 일어났을 때 느꼈던 특정 방식의 느낌과 보조를 맞추며 조정됩니다. 결국 두 사람이 하나의 싸움을 했는데도, 그때 둘 다 그 자리에 있으면서 같이 경험했던 그 일에 대해 2개의 사뭇 다른 기억을 갖는 것입니다.

싸움의 경우엔 일어난 일에 대해 나와 상대가 서로 다르게 인식할 가능성이 아주 높습니다. 상대의 어조는 나에게 멸시적이고 짜증스러운 투로 들리고, 내 식으로 볼 때 상대는 나를 무시하고 내 삶에 대해 듣는 일에는 관심도 없다고 여겨지지요.

상대는 안 그래도 일 문제로 스트레스가 심하고 정신적으로 지쳐 있던 자신에게 내가 갑자기 열받아 하더니 자기한테 화를 내며 정말로 비이성적으로 구는 것으로 여깁니다. 두 사람의 이런 현실 인식 모두 타당합니다. 둘 다 일어났던 일입니다! 그게 바로 각자가 경험한 일이기 때문입니다.

결함 없는 인식은 없습니다. '신의 카메라' 같은 것이 있어서 '진짜로' 일어난 일을 녹화해 우리가 그 녹화분을 보며 누가 맞고 누가 틀린지 확인할 수 있는 상황도 아닙니다. 그저 특별할 것 없는 평범한 인식이 있을 뿐입니다. 당신의 인식 방법이 있고 파트너의 인식 방법이 있으며, 여기에 더해 우리의 적응성 있고 변질되기 쉬운 인간의 기억이 있을 뿐입니다. 일어난 일에 대한 '사실'에 관한 한 사실이란 건 없습니다. 각자가 느끼는 경험만이 있을 뿐입니다.

그리고 우리의 뇌 처리 방식에서 기억에는 시간이 없는 것과 같습니다. 그런 경험들이 방금 일어난 것처럼 생생해서 그 일을 겪었을 때와 똑같이 화가 날 수도 있지요. 특히 아직 끝나거나 해결되지 않았다고 느껴지는 일들에 대해서는 더 그렇습니다. 게다가 자꾸만 그 일들을 떠올려 곱씹으며 장기기억에서 끄집어내 다시 경험하면 할수록 기억은 점점 더 편향되고 왜곡될 수도 있습니다.

따라서 파트너와 있었던 일은 수습하지 않으면 사라지지 않습니다. 특히 정서적 문제는 더 잘 사라지지 않습니다. 결국 상처가 곪아갑니다. 그때의 말과 감정, 몸 안에서 뿜어져 나왔던 아드레날린을 자꾸 떠올리게 됩니다. 전달하지 않은 주문 메뉴를 모조리 다 기억하는 레스토랑의 웨이터처럼, 파트너가 했던 비판적이거나 부당한 말 한마디 한마디, 경멸적으로 눈알을 굴리던 모습 같은 핵심적인 부분에 과집중하게 됩니다.

뚜렷하게 떠오르며 막강한 힘을 휘두르는 이런 기억들을 붙잡고 있어선 안 됩니다. 그런 기억들은 당신의 정신이나 마음, 몸이나 관계, 미래 모두를 위해 좋을 게 없습니다. 잘못된 싸움을 수습하지 않은 채 넘어가면 신발 속의 돌멩이처럼 우리를 괴롭힙니다. 신발 안에 돌멩이가 있으면 절뚝거리게 되고 아파서 계속 걸을 수가 없습니다. 걸음을 멈추고 잠시 앉아서 그 돌멩이를 빼내야 합니다.

과거의 일을 수습해야 한다는 신호

얼마 전이든 오래전이든 과거에 어떤 후회스러운 일이 있었다면, 당신의 관계에 특정 징후들이 나타날 수 있습니다. 만약 다음과 같은 증상이 보인다면 앉아서 차분히 문제를 수습해 보는 시간을 가져보길 바랍니다.

- **그 일을 말하면 갈등이 깊어짐** 몰리와 셀레나처럼 그 일을 다루려다 또다시 뜨겁게 격앙되어 다투며 일종의 미스터리 스릴러 드라마 〈환상 특급〉을 경험하게 됩니다.
- **그 싸움을 놓고 싸움** 그 싸움을 자꾸만 다시 끄집어내어 지난번 그 싸움에서 누가 무슨 말을 했고, 어떤 식으로 말했고, 누구 때문에

싸웠고, 그 일에 대해 누구의 '버전'이 맞는지 등을 놓고 다투는 기분이 듭니다. 그것이 하나의 패턴이 됩니다. 그 싸움에 대한 싸움이 또 다른 싸움이 되어 싸우는 일이 점점 더 늘어납니다. 갈등이 데이지 화환처럼 엮입니다.

- **그 문제를 철저히 피하고, 서로 이야기하며 연결을 시도하는 일이 전반적으로 줄어듦** 지난번에 그 문제를 이야기했다가 아주 안 좋게 끝나서 다시는 그 문제를 꺼내고 싶지 않습니다. 자신의 감정을 마음속에 숨기면서 파트너에게 거리감이나 단절감을 느끼기 시작합니다. 대개는 성생활이 시들해지기도 합니다.

- **(겉보기에) 무관한 문제를 놓고 더 자주 싸우게 됨** 다른 문제에 대한 의견 차이가 더 빠르게 달아오릅니다. 지난 일에서 억눌린 분개심이 새어 나오면서 서로 더 거칠게 대합니다.

- **밑도 끝도 없이 불쑥 터지는 듯한 심한 반응** "얼른 마트에 가서 우유 좀 사다 줄래?" 당신이 한 이런 말에 파트너가 "내가 왜 당신 좋은 일을 해줘! 그동안 당신이 나한테 얼마나 못되게 굴었는데!"라는 식으로 나오는 경우입니다.

거슬릴 게 하나도 없을 것 같은 일에 이런 식의 별나고 과장된 반응을 보인다면, 그것은 대체로 수습되지 않고 넘어간 과거의 일로 인해 표면 아래에서 보이지 않게 부글부글 용암이 끓어오르고 있다는 신호입니다.

잘못 싸워 여전히 상처로 남아 있는 싸움에 대한 이 모든 반응들은 더없이 정상적이고 인간적인 일입니다. 하지만 좋을 것이 하나도 없습니다. 그럼 어떻게 해야 할까요? 수습해야 합니다. 말하자면 다시 갈등을 빚지 않으면서 그 일에 대해 이야기할 수 있어야 합니다. 그러려면 특정 단계에 따라 이루어지는 특별한 기술이 필요합니다.

누구나 마음의 짐을 진 채 어른이 된다

과거를 잊고 앞으로 나아갈 수 있으려면 자이가르닉이 관심을 가졌던 레스토랑 웨이터들처럼 음식 접시를 테이블에 내려놓아야 합니다. 그러기 전까지는 그 상처를, 그 원망을, 그 분노나 배신이나 혼란 등등의 감정을 달고 다니게 됩니다.

싸움을 잘 수습하기 위한 이 청사진은 저희 부부의 싸움 중 하나가 계기가 되어 개발된 방법입니다. 그 싸움의 자초지종은 이랬습니다.

저희 둘 다 출근을 준비하던 어느 날 아침이었습니다. 줄리가 존에게 전날 밤에 꾼 악몽 얘기를 꺼냈습니다. 꿈속에서 존이 자신을 배신하고 바람을 피웠다고요. 줄리는 그 꿈으로 당황스럽고 기분이 안 좋아 '꿈속의 존'이 자신에게 한 끔찍한 짓에 대해 이야기하고는 샤워하려고 물을 틀었습니다.

이야기를 듣던 존은 화가 나서 버럭 소리를 질렀습니다. "난 그런 사람이 아니야. 내가 그런 짓을 할 사람으로 보이는 행동을 한 적이나 있어? 그건 내가 아니라고!" 존의 이 말에는 줄리가 툭하면 자신에게 뭐 하나 제대로 할 줄 모른다고 핀잔하는 것에 대한 비난이 담겨 있었습니다. "그런 얘길 왜 나한테 꺼낸 건데?" 존은 욕실을 쿵쾅 대며 나갔습니다.

샤워를 하던 줄리는 울음이 터졌습니다. 존이 그런 이야길 꺼낸 자신을 나쁜 사람으로 취급하며, 꿈에서 봤던 그대로 자신에게 등을 돌렸기 때문이었습니다. 줄리는 남편을 쫓아 뛰쳐나갔습니다.

"이제 보니 내 꿈이 맞았어!" 줄리는 울먹이며 말했습니다.

잠시 시간이 흐르고 둘 다 더 차분해지자 (줄리의 경우엔 울음이 진정되어) 앉아서 이야기를 나눴습니다.

"모르겠어? 아까 나는 꿈속에서 당신이 꼭 우리 엄마 대역 같았다는 말을 하려고 했던 거야. 언제나 나를 멸시하며 막 대했던 우리 엄마를 상징한다는 거지, 당신이 그렇다는 얘기가 아니라고. 난 당신이 이해할 줄 알았어."

저희는 차근차근 설명하며 욕실에서 있었던 그 일을 수습해 나갔습니다. 줄리가 그런 식으로 문제를 꺼낸 이유, 존이 그런 식의 반응을 보인 이유를 서로 이야기했습니다. 줄리의 이런 감정은 어릴 때 비롯되었고, 유년시절의 흔적이 꿈에서 겹쳐진 것이었습니다.

우리는 이처럼 어릴 때의 감정들을 지금 현재의 순간에 뜬금없이 느낄 수도 있습니다. 무의식적으로 그런 감정의 결에 대략적으로 일치하는 대상이나 사람을 찾아 주위를 스캔하다 총을 겨누고 발사합니다. 문제는 그 사람이 아닌데도 그 사람이 문제라고 생각하면서요.

이런 감정이 바로 촉발제입니다.

이런 감정은 갈등이 시작되는 이유와 격해지는 이유에서 큰 비중을 차지하기도 합니다.

우리는 누구나 마음의 짐을 가진 채 어른이 되고 그 짐을 우리의 관계에까지 가져옵니다. 우리에겐 이렇게 여리고 무른, 아픈 곳이 있습니다. 흉터를 남긴 오래된 상처가 있습니다. 반흔 조직(염증이 생긴 다음 조직이 정상적으로 재생되지 않아서 생긴 섬유성 흔적—옮긴이)은 건강한 조직보다 더 상처 입기 쉽습니다.

우리는 때때로 서로의 반흔 조직을 누르고, 그러면 그 상처는 다시 벌어져 우리를 아프게 합니다. 갑자기 비난을 퍼붓습니다. 파트너가 어리둥절해 할 만한 심한 반응을 보입니다. 이런 반응은 산소처럼 갈등의 불길을 부추깁니다.

저희 부부는 자신의 갈등에 대해 차근차근 설명하고 난 뒤에 이런 생각을 했습니다. 이런 일은 아주 흔하잖아. 어떻게 하면 다른 커플들이 이런 순간을 잘 수습하도록 도와줄 수 있을까? 그래서 싸움의 수습을 위한 개입법 개발에 나서면서 저희에게 효과가 있었던 그 방법을 모델로 삼고, 여기에 실험을 통해 효과가 증명된 데이터 기반의 전략을 덧붙였습니다.

각자의 현실에는 타당한 이유가 있다

저희는 사람들이 싸움을 서로 아주 다르게 기억하는 점에 특히 주목해, 갈등 중에 싸움이 전개된 방식에 대해 각자가 자신만의 '주관적 현실'을 가지고 있는 부분을 신경 써서 다루었습니다.

우리는 모든 일을 자신의 인식, 감정, 억측, 해석, 추론을 통해 걸

러냅니다. 파트너가 화난 표정으로 방에 들어오면 당신은 '아내가 나한테 화가 났군' 하고 생각합니다. 그런데 아내는 그렇지 않고, 당신과는 전혀 상관없는 어떤 일로 화가 난 것일 수도 있습니다. 이메일이 늦게 오거나, 고양이가 바닥에 오줌을 쌌거나, 지갑을 잃어버려서 화가 났을지도 모릅니다.

하지만 이런 일로 서로 이야기를 해보려 할 때 억측이 담긴 말이 나갈 수도 있습니다(파트너 1 : 방에 들어오자마자 그렇게 화를 내야겠어! 파트너 2 : 뭐? 내가 언제 화를 냈다고! 당신은 맨날 그런 식으로 트집을 잡더라!) 무슨 일인지 이해하고 상처 난 곳을 치유하기 위해서는 파트너가 그 일을 어떻게 보고 듣고 느꼈는지 제대로 알아야 합니다. 심지어 자신이 그 일을 파트너와는 다르게 보고 듣고 느꼈더라도 그렇게 하는 것이 특히 중요합니다.

저희 부부는 이 수습 방법을 개발할 때 사람들이 또다시 싸움을 벌이지 않도록 유도하는 부분에 세심히 신경 썼습니다. 화해를 위한 대화가 누구의 현실이 더 맞고, 누가 그 싸움을 더 잘 기억하고 있는지를 놓고 다투는 방향으로 흘러가면 안 되기 때문입니다.

수습을 위해 머리를 맞댈 때는 두 사람의 현실 모두가 타당하며 각자의 주관적 현실이 어느 정도 맞다는 추정을 두 사람이 똑같이 갖고 임해야 합니다. 여기에서의 목표는 '어떻게 된 일'인지에 대한 일련의 사실들에 의견의 일치를 보는 게 아닙니다. 이 작업의 목표는 파트너가 어떤 연유에서 그렇게 경험하게 되었는지 파트너의 입장에서 공감해 봄으로써 파트너를 이해하는 데 있습니다.

따라서 그 싸움에 대해 따질 때 극히 중요한 대목은, 자신의 인식과 경험을 '나-전달법'으로 설명하는 일입니다. 상대방을 탓하거나, 의도를 억측하거나, 파트너가 그때 어떤 행동이나 말을 했는지를 이야기하지 마세요. 자신이 그 일을 어떻게 인식했는지를 설명하세요. 그러려면 노력과 연습이 필요합니다!

말할 때는 체크를 하면서 말하고, 말이 잘못 엇나가더라도 언제든 파트너가 어떻게 행동하거나 말했는지가 아니라 당신이 보거나 듣거나 느낀 것을 서술하도록 '나-전달법'으로 바꿔서 말할 수 있으니 그렇게 하세요. "방에 들어오자마자 그렇게 화를 내야겠어!"라고 말하지 말고 이렇게 말해 보세요. "방에 들어올 때 당신의 얼굴에서 화난 표정을 봤어. 그래서 나한테 화가 난 게 아닌가 하는 생각이 들더라." 다음과 같이 말해 보세요.

- 나는 ……라고 생각했어.
- 나는 ……라고 단정했어.
- 나에겐 ……처럼 느껴졌어.
- 내가 봤던 모습은 ……였어.
- 내 기억으로는 ……였어.
- 나는 당신의 말이 ……게 들렸어.

탓하거나 비난하거나 자기 식의 해석을 파트너에게 강요하지 말고 이런 식의 '나-전달법'을 써서 자신의 경험을 솔직히 설명하세요. 그러면 파트너도 훨씬 더 마음을 열고 수용적인 태도가 되어 우리의 경험에 공감할 수 있습니다.

서로에게 우리 자신의 경험을 이야기하고 나면 서로를 우리의 주관적 현실로 초대해 우리의 눈에 비친 그 일의 전개 과정을 보여줄 수 있습니다. 이때는 서로에게 이렇게 말해야 합니다. "이제 이해가 되네. 당신한테는 그 말이 그렇게 들렸구나. 왜 그런 식으로 반응했는지 알겠어." 파트너의 말에 꼭 동의하지 않아도 됩니다. 존중의 의미는 파트너의 경험을 어느 정도 이해하는 데 있으니까요.

이번엔 촉발제에 대해 이야기해 봅시다. 촉발제는 우리의 싸움에 불을 붙이는 뜨거운 불꽃인 만큼 꼭 수습해야 합니다. 촉발제는 힘이 아주 막강합니다. 과거로 거슬러 올라가 현재의 이 싸움이 과거의 무엇을 건드리는 것인지 알아내야 합니다. 두 파트너가 곰곰이 생각한 후에 이 싸움에서 자신들에게 그런 심한 감정적 반응을 일으키는 부분이 뭔지를 이야기해야 합니다.

파트너가 그런 식의 감정을 느꼈던 때가 또 언제 있었을까요? 파트너가 그런 감정(버림받은 느낌, 오해받는 느낌, 비난받는 느낌 등)을 이 관계 이전에 경험했었나요? 그런 감정을 느꼈던 것이 이전의 연애 관계였나요? 아니면 어린 시절이나 학교에서였나요?

그다음엔 진정으로 사과해야 하는데, 그러려면 어떻게 해야 할까요? 우리는 대체로 바로 사과하고 싶어 합니다. 얼른 상황을 나아지게 하려고요. 하지만 바로 사과해 버리면 무엇에 대해 사과해야 하는지도 모른 채 사과하는 셈입니다. 아직 파트너가 무엇 때문에 상처를 입었는지 듣지도 않았고, 그 싸움이 당신 자신에게 어떻게 다가왔는지 밝힐 기회도 없었으니까요.

싸움이 벌어진 데 대한 자신의 책임을 인정하고 진짜 제대로 사과해서 상대에게 입힌 상처를 치유할 수 있으려면 사과하기 전에 먼저 해야 할 일이 있습니다. 서로의 경험과 서로가 서로에게 입힌 상처부터 제대로 이해하고 난 뒤에 진정성 있게 "미안해"라고 말해야 합니다.

마지막으로 할 일은 그렇게 다툰 후에 상황을 진전시키기 위한 방법을 이야기해 보는 일입니다. 웨이터가 주문 메뉴를 셰프에게 전달하고 나서 이제 그만 잊어버리려면 어떻게 하는 것이 좋을까요?

여기까지의 과정이 저희 부부가 싸움을 수습하기 위해 개발한 5단계 과정입니다. 이어서 이 5단계 과정에 대한 기본적 지침을 더 자세히 설명하겠습니다.

싸움을 수습하기 위한 5단계 기본 지침

① **감정을 이야기하기** 어떤 감정을 느꼈는지 서로 이야기하세요. 이때는 당신이 왜 그렇게 느꼈는지 말하거나, 파트너의 감정에 대해 이러쿵저러쿵 의견을 말하지 마세요. 그냥 당신 자신의 감정만 설명하세요.

② **현실을 인식하기** 당신의 현실을 설명하세요. 순서대로 한 사람씩 말해 보세요. 들은 이야기를 요약해 말하면서 파트너의 현실을 부분적으로는 타당화해주세요.

③ **촉발제를 알아차리기** 대화를 격화시키는 촉발제로 작용할 만한 과거의 기억이나 경험을 서로 털어놓으며 그런 기억이나 경험이 촉발제로 작용하는 이유에 얽힌 사연을 이야기해 보세요.

④ **책임을 인정하기** 그 싸움을 일으킨 데 대한 자신의 책임을 인정하세요.

⑤ **건설적인 계획을 세우기** 같이 머리를 맞대고, 다음번에 또 그런 일이 있

을 때 각자가 더 잘할 수 있는 방법을 한 가지 짜내어보세요.

개발 단계에서 저희 부부는 이 5단계를 정리해 가이드북으로 엮은 다음 각 단계들을 다듬어나갔습니다. 그런데 '싸움의 여파'를 다루기 위한 이 가이드북은 최종본이 나오기도 전에 나름의 테스트를 거칠 수 있었습니다. 저희 부부가 결혼생활을 통틀어 가장 심하게 싸웠던 그날의 일 때문이었습니다.

묵은 갈등을 해소하는 5단계 테스트

싸움의 발단은 한 통의 전화였습니다. 전화를 걸어온 사람은 대학교에 다니고 있던 저희 딸 모리아였지요. 당시에 2학년이었고 가을 학기에 들어간 지 몇 주밖에 지나지 않은 때였습니다. 1학년 시절을 아주 힘들게 보낸 뒤이기도 했습니다. 딸은 실연 후 전 남자친구와 같이 어울리던 친구들을 잃고 고립감과 우울감에 빠져 지내다 패혈성 인두염까지 걸려 심하게 앓았습니다. 여름방학에 집에 왔을 때까지도 여전히 낫지 않았을 정도였죠. 가을에는 건강이 회복되어 학교로 돌아갔지만, 저희 부부 둘 다 딸이 걱정되었습니다.

하지만 얼마 전부터 나아지고 있는 것 같았습니다. 요리 동아리에 들어가 새로운 친구들을 사귀었는데 다들 다정하고 따뜻한 애들 같았습니다. 수강하는 수업들도 마음에 들어 했습니다. 저희에게 전화를 걸 때마다 기분 좋은 목소리였습니다. 그래서 정말 한시름 덜었죠. (어쨌든 저희도 부모라 어쩔 수 없이) 여전히 걱정을 놓을 순 없었지만 딸이 그해를 잘 보내길 바랐습니다. 그러던 딸이 그날 오후에 전화를 걸었습니다. 전화는 줄리가 받았습니다.

이 부분부터는 이 일에 대한 2개의 다른 서술로 들려드리겠습니다. 먼저 줄리의 서술이 나오고, 그다음에 존의 서술이 이어집니다.

줄리의 현실

줄리는 전화를 받자마자 딸이 아프다는 걸 알아챌 수 있었습니다. 모리아의 목소리가 낮고 힘이 없었기 때문입니다. 모성적 뇌에 빨간 깃발이 펄럭였습니다. 딸이 예전부터 잔병치레가 잦았던 터라 그럴 수밖에 없었습니다.

하지만 또 한편으론 딸의 목소리에서 아주 기분 좋은 기색도 느껴졌습니다. 줄리는 전에 모리아가 심하게 우울해 하다가 몸까지 아팠던 일 때문에 그동안 계속 걱정을 놓지 못하고 있었는데, 이제는 그때보다 행복한 것 같아 정말 다행스러웠습니다. 그러면서도 패혈성 인두염이 또 도진 걸까 싶어 여전히 신경이 쓰였습니다.

딸이 요리 동아리에서 새로운 태국 요리를 배우는 중이고, 새로 사귄 친구들과 밤늦도록 수다를 떤다는 이야기를 늘어놓는 동안, 줄리는 통제하고 단속하는 잔소리로 들릴 만한 말을 하지 않으려 스스로를 꾹 누르고 있었습니다. 참견쟁이 헬리콥터 부모가 되지 말자. 딸은 이제 열아홉 살이야. 혼자 알아서 할 수 있는 나이야.

줄리는 "목소리를 들으니 어디 아픈 것 같은데, 무리하지 말고 쉬엄쉬엄 해"라고 말하고 싶었지만 그 대신 이렇게 말했습니다. "와, 아주 재미있게 지내고 있나 보네. 네가 잘 지낸다니 엄마는 너무 좋다!" 모리아는 계속 이야기했고 새벽 서너 시까지 스터디 그룹과 함께 있기도 한다는 말을 했지요.

줄리는 이를 더 악물고 참았습니다. 잠을 제대로 자야지! 이렇게 소리지르고 싶은 걸 참느라 투혼을 끌어내며 그저 이렇게 대꾸했습니다. "수강 과목들이 그렇게 좋다니 정말 잘됐네. 아주 재미있어 하는 것 같네."

전화를 끊을 때 줄리는 걱정하는 마음을 꾹 참고 그냥 격려만 해준 자신을 자랑스러워 하며 스스로를 다독였습니다. 모리아는 괜찮을 거야. 늦게까지 안 자고 수다를 떠는 거야 대학생 애들이 다 그렇지 뭐.

줄리는 자기 전에 딸과 통화한 이야기를 존에게 했습니다. 딸의 목소리가 기분 좋아 보이긴 하지만, 몸이 아픈 것 같은데 너무 늦게까지 안 자서 걱정스럽다고요. 존은 바로 이 부분에서 줄리의 말을 끊고 끼어들었습니다.

"통제하려는 것 좀 그만해. 뒤로 물러서서 그냥 좀 내버려둬! 그런 게 대학 생활의 묘미니까 놔두라고. 나는 당신이 그냥 애를 내버려두었으면 좋겠어."

줄리는 뺨을 한 대 얻어맞은 기분이었습니다. 자신이 통제와 단속이나 해대는 엄마가 되지 않으려고 얼마나 애썼는데, 존은 잘 알지도 못하면서 무턱대고 자신을 그런 엄마로 여겼다는 생각이 들어 심한 모욕감이 들었습니다. 아무래도 남편은 아내가 할 말, 안 할 말을 가려 할 줄 아는 현명한 부모라고 생각하지 않는 것 같았습니다. 사실은 딸에게 그렇게 말을 가려서 했는데도요. 속에서 분노가 용암처럼 뜨겁게 끓어올라 머릿속으로 어떤 말이 확 치밀었고 결국 해서는 안 될 말인 줄 잘 알면서도 그 말을 입 밖으로 내뱉고 말았습니다.

줄리는 그때 자신이 이렇게 말했던 것으로 기억했습니다. "에휴, 공동양육자로서 성숙한 파트너를 두지 못한 게 아쉽다, 아쉬워."

존은 그 말에 큰 충격을 받고 얼굴이 벌겋게 되어 소리소리 지르며 받아쳤습니다. 줄리는 남편이 무슨 말로 받아쳤는지는 잘 기억하지 못했지만, 아무튼 존은 뭐라고 받아치고는 베개를 집어 들고 방을 나가면서 문을 쾅 닫았습니다.

줄리는 자기가 한 말에 미안함을 느끼지 않았습니다. 아직은요. 여전히 속에서 분통이 터졌습니다. 잘됐네. 오늘 밤에는 나 혼자 침대 쓰고 좋지, 뭐! 이렇게 생각하며 침대로 들어가 불을 끄고 잠이 들었습니다.

존의 현실

존은 지금까지도 모리아가 대학 1학년생일 때 전화를 걸어 흐느껴 울던 날을 기억합니다. 딸이 울면서 아무도 자길 좋아하지 않는다고, 애들한테 호감을 얻지 못하는 것 같다고, 친구들이 자길 피한다고 말할 때는 정말 처참한 심정이었습니다. 딸이 너무 멀리 떨어져 있어서 자신이 해줄 수 있는 일이 없었으니 오죽했겠습니까. 모리아가 여름방학 동안 아픈 몸에 우울감까지 심한 상태로 집에 왔을 때는 이 아빠에겐 딸이 지구상에서 가장 사랑스러운 존재라고 계속 얘기해 주며 안심시키려 애썼습니다.

딸이 학교로 돌아가 요리 동아리에 들어가고 새로운 친구들을 사귀었을 때는 기뻤습니다. 이제 제대로 대학 생활을 즐기는 것 같았습니다. 늦게까지 안 자고 밤새 수다를 떨며 그 무엇으로도 대체할 수 없는 유대를 형성하고 있는 그런 대학 생활을 딸이 잃지 않길 바랐습니다.

존은 줄리가 모리아에게 큰 영향력을 가지고 있다는 걸 알았습니다. 두 모녀가 서로 아주 가까운 사이였으니까요. 그래서 딸이 밤늦게까지 안 자는 상황이 걱정된다는 말을 줄리가 꺼냈을 때는 딸이 대학 생활의 경험도 못 누리게 말리고 나설까 봐 우려했습니다.

존이 기억하기론 이렇게 말했습니다. "애한테 혼자만의 자유를 좀 주고 통제하려고 들지 마. 대학생 때가 아니면 또 언제 밤새도록 깊이 있는 대화를 나누며 신에 대해서나 삶의 의미에 대해 얘기하겠어. 애가 스스로 균형을 잡으며 살게 내버려둬."

그러다 갑자기 줄리에게 미숙한 사람이라는 비난을 들었습니다. 자신을 나쁜 부모로 취급한 것이었습니다.

존은 맞받아치며 싸우기 시작했습니다. 거친 말을 버럭 내뱉었는데 자신이 무슨 말을 했는지는 기억이 나지 않았습니다. 아무튼 그러다 정말로 후회할 말이 튀어나올 것 같아 자리를 피해야겠다는 판단이 들었지요. 쿵쿵거리며 방을 나와 소파 위로 베개를 던졌지만 통 잠이 오질 않았습니다. 감정이 너무 격앙되어 잠을 잘 수가 없어서 밤새 이리저리 몸을 뒤척였습니다.

이제 해야 할 일은 싸움을 수습하는 것

저희 부부는 명색이 관계의 과학에 대해 배울 만큼 배운 사랑 연구가들입니다. 그동안 사랑과 장기적 파트너십에서 성공을 거두는 방법에 대해 차트와 그래프로 만들 수 있는 것이라면 뭐든 다 분석해 왔습니다. 하지만 그날 하루를 마무리하며 잠자리에 들려던 그때의 저희 부부는 여전히 관계 속의 두 인간일 뿐이었습니다. 각자 저마다 자신의 틀을 형성하며 상처를 받기도 했던, 그런 과거의 삶이 있는 사람이라는 점에서는 다른 사람들과 똑같았습니다.

관계에서는 서로를 더 많이 알아가며 서로에 대해서나 서로의 내면세계에 대해 더 많이 배울수록 서로가 서로의 촉발제나 '지속적인 취약성'을 더 많이 알 수 있습니다. 하지만 파트너를 알아가는 일은, 관계를 맺기 시작했던 초반만으로 끝나는 게 아니라 평생에 걸쳐 계속해야 하는 일입니다. 저희 부부의 경우를 보세요. 싸움을 벌였던 그때 저희는 서로의 지뢰밭을 짓밟았지만 그것이 서로의 지뢰밭인 줄도 미처 몰랐습니다. 결혼한 지 20년이나 되었는데도요!

아무리 사랑과 갈등에 대해 40년에 걸쳐 연구를 해왔더라도 저희는 여전히 세상의 모든 커플들 못지않게 잘못된 싸움에 취약했습니다. 하지만 이 싸움 후의 저희는 남들보다 유리한 입장에 있었습니다. 저희에겐 싸움을 다룰 방법에 대한 새로운 청사진이 짜여 있었으니까요. 그래서 둘 다 진정되면 그때 앉아서 찬찬히 그 청사진을 활용해 보기로 했습니다.

우선 진정할 것, 이것이 여기에서 중요합니다. 저희 부부도 싸움을 벌인 그날 밤에 바로 싸움을 수습하려고 하지 않았습니다. 두 사람 모두 아직은 너무 격분해 있어서 그렇게 할 수가 없었습니다. 화가 나서 신체적·인지적·감정적 홍수에 빠지면 이 5단계가 잘 이루어지지 않습니다. 멀리 떨어져서 시야를 넓혀, 연극 관객이 2층 관람석에 앉아 무대 위의 연극을 내려다보는 것처럼 짚어볼 수 있어야 합니다. 차분한 상태에서 그 연극에서 일어난 일을 순서대로, 기억나는 대로 지켜보고 설명할 수 있어야 합니다.

따라서 두 사람이 좀 깊이 생각할 수 있을 때까지 기다려야 합니다. 화난 채로 잠자리에 들지 말라는 충고를 지금도 여전히 많이들 하는데 그렇지 않습니다! 때로는 화난 채로 잠드는 것이 마음을 가라앉힌 후 그 싸움을 2층 관람석에 앉아 내려다볼 수 있을 만큼의 거리를 두기 위해 필요한 일입니다.

그다음 날 저희 부부는 둘 다 차분해져서 그렇게 거리를 두는 관점을 가질 수 있었습니다. 그래서 이야기할 시간을 가졌지요. 작은 가이드북을 꺼내 5단계를 다음과 같은 방식으로 이어갔습니다.

1단계 감정을 이야기하기

자신이 느끼는 감정과 그런 감정을 느끼는 이유를 서로 이야기해보세요. 서로 돌아가며, 그때 싸우면서 느꼈던 감정을 설명하세요. 아래의 목록에서 골라서 이야기해도 되고 스스로 생각해서 이야기해도 됩니다. 목록을 훑어보며 자신이 느꼈던 감정에 해당되는 상황을 소리 내서 읽으세요. 말은 간단히 하도록 하세요. 그냥 "나는 ……

기분이었어"라는 식으로 말하세요.

"내가 느끼기에 당신이 ……한 것 같았어"라는 식으로 말하는 건
피하세요. 파트너의 감정에 이러쿵저러쿵 의견을 달아 말하지 마세요.

방어적인 / 내 말을 들어주지 않는 / 마음에 상처를 받은 것 같은 / 완전히
감정의 홍수에 빠진 / 화가 난 / 슬픈 / 사랑받지 못하는 / 오해받는 / 비난받
는 / 당신이 날 좋아하지 않는 것 같은 / 관심받지 못하는 / 걱정스러운 / 두
려운 / 불안한 / 마음 죄이는 / 내가 맞고 당신이 틀렸다는 / 우리 둘 다 어느
정도씩은 맞다는 / 주체할 수 없는 / 답답한 / 화나는 게 당연하다는 / 도덕
적으로 정당하다는 / 억울하게 비난받는 / 인정받지 못하는 / 못난 사람이
된 / 바보 같은 / 도덕적으로 모욕받는 / 당연하게 취급당하는 / 그 자리를
뜨고 싶은 / 계속 있으면서 끝까지 얘기하고 싶은 / 힘이 없는 / 나에게 아무
영향력이 없는 / 외로운 / 소외된 / 부끄러운 / 버림받은 / 지친 / 후회되는

저희 둘 다 이 감정 리스트를 활용해 쭉 훑어 내려가며 저희의 경
험을 가장 잘 설명해 주는 단어나 문구를 찾았습니다(원하는 만큼,
느꼈던 감정만큼 여러 개의 표현을 이야기해도 됩니다).

"나는 방어적인 기분이었어." 줄리가 털어놓았습니다. "경청받지
못하는 기분이었고, 화가 났고 조금 슬프기도 했어. 오해받고 비난받
는 기분이었어. 불안하고 마음이 죄이고 답답했어. 억울하게 비난받
는 것 같았고, 못난 사람이 된 기분이었어. ……항상 내가 못난 사람
인 것 같아. 무기력하고, 나에게 아무 영향력이 없는 것 같았어. 외롭
고 버림받은 기분이었어. 후회되기도 했어."

존도 느꼈던 감정을 말했습니다. "나도 방어적인 기분이었어. 마음에 상처를 받은 기분이었어. 감정의 홍수에 빠지면서 화가 났어. 내가 맞고 당신이 틀린 것 같았어. 내 분노는 정당하다고 느껴졌어. 도덕적으로 합당한 기분이었고 인정받지 못하는 것 같았어. 외로웠어. 지치는 기분도 들었고."

2단계 현실을 인식하기

A. 서로 돌아가며 자신의 인식을, 일어난 그 일에 대해 자신이 경험한 현실을 설명하세요. 파트너에 대한 이야기는 하지 마세요. 공격하고 탓하려고 하지 마세요. 기자처럼 자신의 인식을 설명하며 객관적으로 이야기하세요. "당신은 이렇게 말했어. ……"라고 하기보다 "나에겐 당신의 그 말이 ……처럼 들렸어"라고 말하세요.

B. 파트너의 현실을 간략히 되짚어 말하면서 타당화의 말을 하세요. "그게 왜 당신을 화나게 했는지 이제 이해가 돼" 같은 말로 공감을 표현하세요. 타당화는 동의와는 다릅니다. 파트너의 경험을 어느한 부분이라도 이해할 수 있으면 됩니다.

C. 파트너 양쪽 모두 이해받는 느낌이 드나요? 그런 느낌이 든다면 다음 단계로 넘어가세요. 아니라면 이렇게 물어보세요. "당신의 관점을 더 잘 이해하려면 내가 뭘 알아야 할까?" 상대의 관점을 타당화해준 뒤에 파트너에게 이렇게 물어보세요. "내가 제대로 이해했어? 내가 알아야 할 또 다른 건 없어?"

줄리가 먼저 입을 떼었습니다.

자신의 현실을 이렇게 설명했습니다. 모리아와 통화하면서 딸의 새로운 자립에 간섭하지 않으려고 힘들게 이를 악물고 있다가 전화를 끊고 나서 딸에게 혼자 알아서 할 자유를 준 자신에게 자부심을 느꼈다고요. 존에게 모리아의 건강에 대한 걱정을 털어놓았을 때의 심정에 대해서는 이렇게 말했습니다.

"내가 기억하기론 그때 당신의 첫마디는 이거였어. 애를 통제하려는 것 좀 그만해. 뒤로 물러서 있으라고! 아니면 그 비슷한 말이었거나. 그 말을 들으니까 이런 생각이 들더라. 저 사람은 나를 이래라저래라 가르쳐야 할 사람으로 여기나 보네. 지시하지 않으면 아무것도 못할 사람 같나? 비난받고 멸시받는 기분이었어. ……당신이 나를 부모로서 신뢰하지 않는 것 같았다고. 그 순간부터 화가 막 치밀어 올랐어. 그러다 홧김에 그 말을 했던 거야. ……공동양육자로서 좀 성숙한 파트너를 두지 못한 게 아쉽다고."

"아, 그랬던 거구나." 존이 짓궂은 웃음을 지으며 말했습니다. "나도 그 말은 기억하지."

(저희 둘 다 소리 내어 웃었습니다.)

존은 줄리의 경험을 간추려 이야기하며 맞게 들었는지 확인했습니다. "들어보니 이런 말 같네. 당신은 정말로 애의 건강이 걱정되었지만 통제하려고 들지 않았어. 헬리콥터 맘처럼 굴지 않았어. 그날 밤에 나한테 그 이야길 꺼내며 내가 같이 걱정해 주길 바랐는데…… 내가 그러기는커녕 좀 물러서 있으라고 말해서 모욕감을 느꼈던 거고. 당신은 헬리콥터 맘처럼 굴지 않았는데 내가 그런 말을 해서 정말 마음이 상했던 거야. 내가 제대로 이해한 거 맞아?"

"맞아, 제대로 이해했어." 줄리가 대답했습니다.

"아무튼 당신이 화가 난 것도 이해돼." 존이 이번엔 타당화의 말을 이어갔습니다. "당신은 딸의 건강이 걱정되어 내가 힘이 되어주길 원했던 거잖아. 모리아의 건강은 우리 둘 다 신경 쓰고 있는 문제이니 그런 반응을 바랐는데 내가 그러지 않았으니 화날 만했지. 그런 데다 내가 잘 알지도 못하면서 당신을 헬리콥터 맘 취급까지 했으니 마음이 상했을 테고."

이번엔 존이 설명할 차례였습니다. 존은 자신의 현실에 대해 풀어놓으며 모리아가 새로운 친구들을 찾았고 요리 동아리에도 들어갔다는 근황에 자신이 얼마나 신나 있었는지를 특히 강조했습니다.

"우리 엄마는 호텔 셰프였어. 요리 실력이 뛰어나셨지. 나도 요리하길 아주 좋아해서 자주 엄마랑 요리 얘길 나누며 서로 레시피를 주고받기도 했어. 요리는 엄마와 나를 이어주는 연결의 끈이었어. 그래서 내 딸이 요리에 관심을 보이는 게 너무 기뻤어. 그런데 당신이 애 건강 문제로 걱정하는 것도, 애가 당신 말을 잘 듣는 것도 알아서, 나는 당신이 모리아한테 동아리를 탈퇴하라고 할까 봐, 그래서 그런 연결을 잃게 할까 봐 조마조마했어.

그러다 당신이 나를 성숙한 아버지가 못 된다는 식으로 말한 순간 이성을 잃었던 거야. 나한테는 평생토록 모리아의 아빠로 사는 것만큼 중요한 일은 없으니까. 이에 비하면 다른 일들은 다 하찮아질 정도니까. 그래서 당신이 그 말을 했을 때…… 방에서 나가지 않았다면 후회할 말을 했을지 몰라. 정말로 화가 나 있었거든."

"당신이 왜 그렇게 느꼈는지 이제 이해돼." 줄리가 존의 경험을 간

추려 되짚어 말한 후에 이렇게 말했고 존은 줄리가 맞게 잘 이해했다고 확인해 주었습니다. "당신이 얼마나 조마조마해했을지 정말로 이해돼. 모리아가 고등학교에 다닐 땐 두 사람이 서로 가깝지 않았으니 특히 그랬을 거야. 모리아와 이어줄 다리를 지키고 싶었겠지. 다리를 놓을 벽돌을 하나라도 잃고 싶지 않았을 거야."

"맞아. 정말 그래." 존이 말했습니다.

3단계 촉발제를 알아차리기

A. 두 사람의 대화를 격화시킨 계기를 털어놓으세요. 그 싸움에서 자신에게 심한 반응을 유발시킨 일이 뭐였는지 이야기하세요.

B. 기억 속의 영상을 되돌리다 과거에 비슷한 감정을 느꼈던 시점에서 멈춰보세요. 이제 그 일이 당신에게 지뢰밭인 이유를 파트너가 이해할 수 있게, 과거 순간의 이야기를 파트너에게 들려주세요.

C. 서로에게 그 싸움에 얽힌 사연을 털어놓으면 파트너가 당신을 더 잘 이해할 수 있습니다. 인생 초반기나 유년기를 돌이켜 떠올려보면 당신에게 지뢰로 작용하는 것이나, 당신의 지속적인 취약성과 연관된 어떤 일이 있지 않나요? 파트너가 그 일을 알아야 당신을 더 세심히 신경 쓸 수 있습니다.

저희 부부의 경우엔 이 싸움의 수습 과정 중 다른 무엇보다 3단계가 몰랐던 것을 많이 알게 된 순간이었습니다.

줄리의 지뢰밭은, 건강은 무너지기 쉽고 신경 쓰지 않으면 뒤탈이 아주 크다는 생각이었습니다. 줄리의 아버지는 심장전문의였는데,

환자들은 잘 돌보면서도 가족에게는 소홀했습니다.

줄리는 존에게 말했습니다. "우리는 아파서는 안 됐어. 아프면 아빠는 어떤 식으로든 거슬려 하셨어. 일부러 아프기라도 한 것처럼."

줄리가 열 살쯤에 다른 가족들과 같이, 얼마 전에 출시된 소아마비 백신을 투여받을 예정일 때의 일이었습니다. 백신은 시럽으로 투여되는 것이었고, 생백신이었습니다. 백신 투여 예정일 전날 밤, 줄리는 볼이 부어올랐습니다. 전에 없던 일이었습니다. 아빠에게 갔더니 아빠는 별거 아니라고, 그냥 벌레에 물린 것 같다고 했습니다.

2주 후, 줄리는 학교에서 갑자기 한쪽 다리에 엄청난 통증을 느꼈습니다.

"그렇게 심한 통증은 처음이었어. 태어날 때의 고통까지 포함해서 제일 아팠다니까!"

줄리는 몇 주 내내 고열을 앓은 끝에 회복되었습니다. 하지만 다리는 아니었습니다. 어느 날 아침 침대에서 나왔는데 다리를 움직일 수 없었습니다. 하는 수 없이 다리를 질질 끌어야 했습니다. 부모님에게는 말하지 않았습니다. "아까 내가 말했지? 우리는 아파서는 안 됐어!"

균형을 꽤 잘 잡으며 3개월까지는 잘 다녔는데 결국 누군가 눈치를 챘습니다. 그 뒤로 숱하게 진료나 신경과 검진을 받아야 했고, 매일같이 다리 충격 요법을 받았습니다. 크고 무거운 철제 보정기를 착용하기도 했지만, 뭐가 문제인지 아무도 알아내지 못했습니다.

그러다 마침내 질병통제예방센터(CDC)에서 원인을 알아냈습니다. 그날 줄리의 볼이 부었던 건 벌레에 물린 증상이 아니었습니다. 이

하선염(바이러스나 세균으로 귀밑샘에 생기는 염증—옮긴이) 증상이었고, 이 질환이 소아마비 백신과 상호작용하면서 극도의 병을 일으켰던 것입니다. 줄리는 미국 전역을 통틀어 이 백신을 맞고 소아마비에 걸린 4명 중 1명이 되었습니다.

"그 전까지 나는 운동을 정말 잘했는데, 당연히 더는 그러지 못했지. 1년 반 동안 보정기를 착용하고 다녔어. 보정기를 떼고 나서도 100퍼센트 회복되지는 못했어."

그 일은 악몽 같은 경험이었습니다. 그리고 줄리는 자신이 아팠을 때 아버지가 의사로서 관심을 더 가져줘서 그날 백신을 투여받지 않게 했다면 그런 일은 없었을 거라는 생각을 지금까지도 갖고 있습니다. 그런 일을 겪은 줄리는 자식이나 주변의 누군가가 아프면 자신이 어떻게라도 해야 할 것 같아 아주 초조해 하곤 했습니다.

그런데 그날 그렇게 초조해 하고 있을 때 존에게 신경 끄라는 말을 들었던 것입니다. 아니, 더 정확히 말하면 줄리에겐 그런 이야기로 들렸습니다. 결국 줄리의 지뢰밭은 어릴 때의 그 경험, 그러니까 부모님이 딸의 건강에 일어난 문제를 놓치면서 평생에 걸쳐 그 여파가 크게 남은 일이었습니다.

존의 지뢰밭도 어린 시절의 경험이었습니다. 존은 브루클린에서 자란 이야기를 들려주었습니다. 똑똑하고 책을 좋아하던 아이였고 초등학생 때 2번이나 월반을 했습니다. 그러다 고등학교에 막 들어갔을 때 가족이 뉴저지주의 한 도시로 이사했습니다. 열두 살에 9학년에 올라갔던 존은 열네 살 아이들 사이에서 공부해야 했지요. 이 아이들은 새로 전학 온, 책벌레인 데다 덩치도 작은 이 유대인 소년을 따돌리고 괴롭혔습니다. 이런 따돌림과 욕설 속에서 매일같이 스트레스와 낮은 자존감에 시달리는 생활이 고등학교 4년 내내 지속되었습니다.

"나도 모리아가 대학교 1학년 때 겪었던 일을 오래 겪으며 우울감, 외로움, 자기회의에 시달렸어. 그러다 열여섯 살이 되어 대학교에 들어가면서 벗어났는데…… 그곳은 전혀 다른 세계였어."

존은 부모님과 같이 살며 학비를 충당하기 위해 아르바이트를 했지만, 그러면서 멋진 대학 생활을 경험했습니다. 대학교에서는 똑똑해도 괜찮았습니다. 지적 열의가 뜨거워도 괜찮았습니다. 그곳에서는 서로가 이런저런 주제에 대해 이야기하고 싶어 했습니다. 철학과 삶의 의미를 놓고 늦게까지 날을 새며 의견을 나누고 싶어 했습니다. 존은 그런 분위기가 너무 좋았습니다. 학창 생활 처음으로 활개를 폈습니다.

"나에겐 그때가 일종의 르네상스였어. 새로 태어난 기분이었어. 모든 것이 달라졌어. 이제는 나 자신을 믿을 수 있었어. 자신감이 생겼고 공통의 관심사를 가진 사람들도 생겼지. 나와 내 삶에 큰 전환점이었어. 그래서 모리아가 그런 경험을 똑같이 해보길 간절히 바랐어. 모리아가 그런 경험을 못 하게 된다는 건 생각만으로도 견딜 수가 없었어."

저희 부부는, 솔직히 듣고 나서 좀 놀라긴 했지만 이 3단계를 통해 오래전 어린 시절의 이런 경험이 저희의 감정에 얼마나 큰 지뢰밭으로 작용했는지를 알 수 있었습니다. 물론 표면상으로 보면 이 싸움은 순전히 너무 늦게까지 안 자는 딸에 대한 문제였습니다. 하지만 이 상황을 계기로 아주 깊이 묻혀 있던 일들을 끄집어낼 수 있었습니다. 저희 둘 다 평생을 짊어지고 다니며 그 오랜 상처에 생명을 불어넣어주고 있던 일들을요.

이런 경험의 영향으로 줄리의 경우엔 부모가 관심을 제대로 못 가졌다가 자식이 타격을 입을 만한 병에 걸릴 일이 없도록 바짝 주의를 기울이려는 충동을 갖게 되었습니다. 존의 경우엔 삶을 변화시켜 줄 수도 있는 어떤 긍정적인 경험이 이제 막 움텄는데 혹시라도 어긋날까 봐 불안해서 지켜주고 싶은 절실한 마음이 일어난 것이었습니다.

이 싸움은 통화 내용의 문제도, 줄리가 정말 헬리콥터 맘이고 존이 미숙한 아빠냐 아니냐의 문제도 아니었습니다(줄리와 존이 그런 엄마 아빠가 아니기도 했고요!). 오히려 오래전인 어린 시절에 겪은 일, 두 사람 모두에게 흉터를 남긴 그 일이 문제였습니다. 여기에서 흥미로운 대목은 서로가 어릴 적 그 일에 대해 그 전까지는 한 번도 이야기한 적이 없었다는 점입니다. 그때는 저희가 결혼한 지 20년이나 된 때였는데도 말입니다!

물론 존은 왕따당했던 이야길 한 적이 있고, 줄리도 소아마비를 앓았던 이야기는 했습니다. 하지만 이런 식으로 연결지어 말한 건 처음이었고, 덕분에 이런 내력이 저희에게 어떤 타격을 입혔고 여전히 저희의 삶에, 그리고 저희의 싸움에까지 그 영향력을 발휘하고 있다는 걸 깨달았습니다.

결국 저희 부부의 싸움이 그렇게 험악해진 원인은 이 지독한 촉발제였지요. 서로의 촉발제를 이해하는 일은 치유에 큰 역할을 했습니다. 저희 둘 다 서로를 진심으로 타당화해줄 수 있었으니까요. 놀랍게도 그다음 단계가 훨씬 더 쉬워지기도 했습니다. 서로를 이해하고 나자 이해받는 기분이 들어 이 일이 일어나도록 일조한 자신의 책임을 인정하기가 한결 쉬웠습니다.

4단계 책임을 인정하기

A. 이상적인 상태였다면 이런 문제에 대해 더 잘 이야기했을 수도 있습니다. 이런 식의 잘못된 의사소통을 일으키는 원인은 무엇일까요? 이런 갈등을 일으키는 촉발제에 대해 서로 이야기해 보세요. 다음의 목록에서 당신에게 해당되는 항목을 찾아 소리 내어 읽어보세요.

- 요즘에 스트레스가 심하고 짜증이 많았어.
- 지나치게 예민했어.
- 그동안 내가 내 속마음을 별로 말하지 않았어.
- 감정적으로 신경 끄고 지냈어.
- 기분이 우울했어.
- 요즘 자꾸 시비를 걸게 되네.
- 내가 우리 둘이 오붓하게 보낼 시간을 내지 않았어.
- 필요한 게 있어도 말하지 않았어.
- 내가 계속 희생당하는 기분이 들었어.
- 혼자 있을 시간이 필요했어.
- 다른 데 몰두하고 있었어.
- 스스로에 대한 자신감이 너무 떨어져 있었어.

- 계속 허전함이 느껴졌어.

B. 이번의 싸움이나 후회할 만한 일에서 특히 후회되는 점은 뭔가요?

C. 무엇에 대해 사과하고 싶나요?

- ……해서 미안해(꼭 다음 목록 중에서 고르지 않아도 됩니다. 이 목록은 예시일 뿐입니다. 후회되는 점에 대한 예시처럼, 미안한 점을 구체적으로 짚어 사과하세요).
  - 내가 과잉 반응해서
  - 내가 너무 부정적으로 나와서
  - 내가 공격적으로 굴어서
  - 내가 당신 말을 잘 들어주지 않아서
  - 내가 존중하지 않아서
  - 내가 억지 부려서
  - (이 외에 스스로 생각해 보거나, 이 책 뒷부분의 더 많은 예시를 참고해서 사과하세요.)

"내가 요즘 스트레스가 심해서 과민한 상태였거든." 존이 위 목록의 첫 번째 예시 표현을 골라 말했습니다. "그래서 내가 요즘 자꾸 시비를 걸게 되네. 최근 들어 여러 건의 연구비 지원을 거절당했어. 얼마 전에도 국립보건원에서 더 이상 관계 연구에 지원금을 주지 않기로 결정했다고 알려왔어. 자꾸 그러니까…… 희생당하는 기분이

들었어. 내가 정말 시빗거리를 찾고 다녔던 것 같아. 기분이 너무 엉망진창이다 보니 운전 중에도 화가 치밀고 그랬어.

그래도 내가 후회되는 일은 엄마로서의 당신을 모욕했던 거야. 당신은 정말 훌륭한 엄마고 난 당신의 그런 모습을 사랑해. 그런데 당신을 딸을 통제하려 드는 엄마로 넘겨짚은 일에 대해 사과할게. 그리고 당신이 촉발제에 자극받았을 거라는 걸 못 알아채서 그것도 미안해. 그런 강한 반응 이면에 뭔가가 있을 거라고 짐작했어야 했는데 말야. 그 부분에 대해 사과할게. 아무것도 물어보지 않고 과잉 반응해 미안해."

이번엔 자신의 차례가 된 줄리가 존의 사과를 받아준 후에 존처럼 앞의 목록을 활용해 말을 꺼냈습니다(특히 첫 번째 목록이 정말 유용합니다!). "음, 내가 요즘 당신에게 고마움을 별로 표현하지 않았던 것 같아. 내가 너무 예민했어. ……늘 그렇긴 하지만. 생각해 보니까 요즘 내가 우리 둘이 오붓하게 보낼 시간을 안 냈던 것도 문제인 것 같아. 나의 일을 정말 열심히 한 데다 장시간 매달려왔잖아. 당신도 그랬고. 그런 데다 내가 다른 일에 완전 몰두해 있기도 했어. 내가 내향적인 사람이라 걱정거리를 수습하려면 혼자만의 시간이 필요했었나 봐.

그래서 정말로 후회가 되는 일은 당신에게 미성숙한 파트너니 공동양육자니라며 심한 말을 한 거야. 그런 말 해서 너무 미안해. 당신은 그런 사람과는 거리가 한참 먼데 말이야. 당신은 훌륭한 아버지이자 훌륭한 파트너야. 그리고 아주 귀엽기도 하고."

굳이 말하지 않아도 알겠지만, 존은 이 사과를 받아들였습니다.

5단계 건설적인 계획을 세우기

다음번에 문제를 더 잘 다루기 위해 파트너가 할 수 있는 일 한 가지에 대해 차분히 의견을 나눠보세요. 그런 다음 아직 당신 차례일 때 다음번에는 더 잘하기 위해 당신이 할 수 있는 한 가지에 대해서도 의견을 나누세요. 이 일을 떨쳐버리고 앞으로 나아갈 수 있으려면 파트너가 제안하는 계획에 가능한 한 동의해 주세요.

존 : "당신의 강한 감정 상황에 내가 할 수 있는 일 한 가지는, 반응하기보다 물어볼 기회로 삼는 거야. 그리고 당신에게 한 가지 바라는 게 있다면 나한테 이렇게 말해 주면 좋겠어. '지금은 스트레스를 덜어주는 대화가 필요해.' 그런 말을 들으면 내가 당신의 말을 더 잘 듣게 될 것 같아."

줄리 : "내 생각에 내가 다르게 할 수 있는 일 한 가지는, 발끈하게 될 때는 꿋꿋이 참으면서 끔찍한 말을 하지 않는 거야. 내가 마음에도 없는 말을 할 때가 있기 때문에 정말로 그런 노력을 하는 연습을 해야 해. 그리고 존, 당신에게 한 가지 바라는 것은 이걸 알아주는 거야. …… 우리가 나누는 모든 대화가 스트레스를 줄여주는 대화라는 걸!"

이 싸움 수습 과정을 마치면서 저희는 둘 다 웃음을 터뜨렸습니다. 둘 다 기분이 더 좋아졌습니다. 서로 더 가까워졌습니다. 그리고 서로에게 내뱉었던 그 말들이 더는 저희를 따라다니며 괴롭히지 않게 되었습니다. 신발에서 돌멩이를 빼냈으니까요.

깊게 갈라진 틈을 메우는 법

잘못된 싸움을 하고 난 뒤에 저희는 의존할 만한 5단계를 공들여 구상해 두었던 것에 아주 감사했습니다. 이 5단계가 이 책 뒷부분의 '건강한 갈등 관리를 위한 속성 가이드'에 정리되어 있으니 필요할 때 바로 그 부분으로 넘겨서 활용해 보세요.

솔직히 저희 부부는 지금도 여전히 활용하고 있습니다. 평생의 커리어에 걸쳐 사랑과 갈등을 연구한 사람들이라고 해도, 확실하게 제시된 단계들, 즉 따를 만한 청사진을 갖추고 있으면 정말로 도움이 되는 면이 있습니다. 당신의 감정을 표현할 말들이 술술 나오지 않아도 도움을 얻기 위해 의존할 곳이 있는 셈이기 때문이죠.

저희가 이 5단계 과정을 집중 워크숍에 처음 소개했을 때, 워크숍 참가자들을 지원하던 상담치료사들은 경악했습니다. 한번 보더니 고개를 설레설레 저으며 걱정을 내비쳤습니다. 사람들이 격발하는 감정을 잘 다루지 못해 이 과정이 오히려 더 많은 문제를 유발해 상황이 더 악화될 거라면서요.

결과는 그런 걱정과는 정반대였습니다.

지금은 이 과정을 가르친 지 어느새 10년이 되었습니다. 저희는 워크숍에서 어떤 유형의 개입법을 쓰든 그 효과와 함께 사람들이 어떻게 하고 있는지를 주의 깊게 지켜봅니다. 빙 돌아 이 커플 저 커플에게로 옮겨 다니면서 대화를 잘 들어보고 어떻게 하고 있는지 확인합니다. 그러면서 끊임없이 본 모습이 있지요. 이 과정을 행할 때 사람들은 다시 싸움에 휘말리지 않습니다. 홍수에 빠지지 않지요. 이야기를 잘 듣고 공감합니다. 가끔 감정적으로 되기도 하지만 그래도 차분합니다. 많은 경우, 이 대화를 통해 돌파구를 찾습니다.

또한 이 과정과 관련해서 인상적인 면은, 화해 시도는 마감일이 없다는 점입니다. 후회스러운 일을 수습하기에 너무 늦은 때란 없습니다. 어제의 일이었든 20년 전의 일이었든 수습할 수 있습니다. 실제로 한 워크숍에 참석했던 결혼생활 40년째의 커플은 신혼여행 중에 있었던 일을 수습하기도 했습니다.

사실 몰리와 셀레나도 뒤늦은 수습에 나선 경우였습니다. 거의 1년이 지나서 싸움을 수습했으니까요. 1년이라는 시간은 쏜살같이 지나갔습니다. 팬데믹 기간이던 그 1년간 바통 넘기듯 아이들을 맡아 돌보며, 한 사람은 일을 하는 동안 다른 사람은 마카로니 치즈를 만들기도 하고, 아이들의 잠자리를 봐주기도 하고, 빨래를 개기도 하면서 하루하루를 보내느라 정신이 없었습니다. 그 동안 서로 말을 나누는 일이 줄어들기도 했습니다.

또한 서로 걱정과 감정을 밖으로 드러내지 않았습니다. 친밀감과 지지가 필요할 때 가장 먼저 서로를 돌아보지 않으면서 다른 사람들을 돌아보기 시작했습니다. "미안해"라고 사과하긴 했지만 서로 단절되어 있었습니다.

두 사람이 워크숍에 온 이유도 둘 사이의 틈이 갈수록 벌어지는 것을 느꼈기 때문이었습니다. 거리가 멀어진 사실을 알았지만 해결할 방법을 몰랐기 때문이었죠. 그런데 저희가 '후회스러운 일에 대한 화해 시도' 개입법을 소개하며 모든 참석자에게 아직 치유되지 않은 상처를 남긴 최근이나 과거의 싸움을 하나 골라보라고 했을 때 이 커플은 서로를 바라보다 눈길을 마주쳤습니다. 둘 다 자신들이 수습해야 할 싸움이 정확히 뭔지를 알고 있었던 겁니다.

아주 한참 전 일이라 그 일을 잘 기억할 수 있을까 싶었습니다. 특히 그때 느낀 감정이 기억날지 의문스러웠습니다. 하지만 기억났습니다. 그 기억이 마치 어제 일처럼 생생하고 뚜렷했습니다. 여전히 그때의 정확한 감정을 본능적으로 떠올릴 수 있었습니다(몰리의 경우에는 홍수에 빠져들고 불안해 했으며 당연하게 취급받는 느낌을 받았다면, 셀레나는 방어적이고 인정 못 받고 충격받은 느낌이었습니다). 두 사람은 서로에게 각자의 주관적 현실을 자세히 설명했습니다.

몰리는 그날의 상황 전개를 이렇게 인식했습니다. 몰리는 파트너에게 도움을 구했고 그것이 매우 타당한 부탁이라고 여겼습니다. 자신이 마감일을 맞출 시간을 내도록 파트너에게 스케줄 변경을 요청한 것이었고, 지난 1년간 자신이 파트너의 스케줄에 맞춰주기 위해 자신의 일을 유연성 있게 조정했으니 셀레나도 똑같이 하길 기대했습니다.

그러면서 몰리는 양육 때문에 일할 시간을 억지로 빼내 쓰고 있다 보니 불안하다고 털어놨습니다. 자신의 일이 더 유연성을 발휘할 수 있는 일이라 언제나 자신이 일을 미루고 아이들을 챙겼지만, 지금은 마감일 때문에 마음이 급하다고요. 맡은 프로젝트 자체가 대단한 일은 아니라 해도 최근에 여러 번 실수를 한 데다 마감일까지 못 맞추면 신뢰를 완전히 잃을까 봐 걱정이라고요. "나를 그 자리에 남겨둔 채 방으로 들어가 문을 닫으며 대화를 끝내는 걸 보니까 마치 나한테 이렇게 말하는 것 같았어. '당신 일은 중요한 일도 아니잖

아. 당신은 중요한 사람이 아니야.'"

셀레나의 현실은 이랬습니다. 모든 팀원이 줌에서 셀레나를 기다리고 있었습니다. 그들이 소속된 분야의 사회운동가들을 조직하기 위해 새롭게 구상한 중요한 사업이 착수되는 시점에서 열리는 이 회의를 위해 몇 달 동안 꼼꼼히 준비해 왔던 터라 그만큼 중요했습니다. 그런데 난데없이 몰리가 아무렇지도 않은 듯이 회의를 미루면 안 되냐는 요구를 했습니다. 그래서 안 된다고 대답했더니 자신의 가장 큰 콤플렉스를 건드리는 말을 내뱉었습니다. 아이들을 낳지 않았다는 그 말을 면전에 대놓고 한 것입니다. 그래서 자신이 임신과 출산의 경험을 할 수 없다는 점이 얼마나 큰 슬픔인지 얘기했습니다.

두 사람은 자신들의 촉발제를 찾았습니다. 몰리의 경우엔 어릴 때 어머니가 하던 일을 그만두고 집에 눌러앉아 아이들을 키웠는데, 그에 대해 늘 억울해 해서 자식들도 그 원망을 고스란히 보고 느끼며 자랐습니다. "우리가 아이를 갖기로 결정했을 때 나는 엄마처럼 그러지 않기로 다짐했어."

셀레나의 경우엔 예전의 관계(결혼 직전까지 갔던 오래된 관계)에서 사랑을 '증명해 보이도록' 조종당하는 기분을 느낄 때가 많았습니다. "나는 그녀가 더 중요하다는 걸 보여주기 위해 내가 정말로 좋아했던 일을 포기해야 했고, 그런 일은 갈수록 심해졌어. 아무리 해도 만족해 하지 않았어. 지금까지도 난 선을 그어야 한다는 생각을 가끔씩 해. 안 그러면 너무 많은 걸 포기할 것 같아서."

두 사람이 사과 단계에 이르렀을 무렵엔 모든 것이 달라졌습니다. 이제는 미안하다는 말이 정말로 진심이었습니다.

셀레나 : "자기가 얼마나 애쓰고 있는지 보려고 하지 않은 걸 후회해. 이런 순간까지 오기 전에 내가 자기를 더 많이 지지했어야 했는데. 너무 지칠 때까지 내버려두어서 정말 미안해."

몰리 : "내가 했던 그 말에 깊이 후회해. 지난 1년 동안 매일 후회했어. 그 말은 본심이 아니었어. 맞는 말도 아니고. 그 말은 그냥 내가 변화를 시도하려고 애쓰다 절망감에서 튀어나왔던 말 같아. 자기는 우리 애들에게 훌륭한 엄마고 많은 것을 해주고 있어. 아이들을 낳지 않았으면 뭐 어때. 자길 닮았는데. 애들이 둘 다 자기의 유머 감각을 가지고 있어서 하는 말이야. 어제만 해도 방귀를 뀐 일로 자기들끼리 깔깔 웃고 그랬잖아."

"잠깐." 셀레나가 듣다가 끼어들었습니다. "그건 자기의 유머 감각이지!" 이렇게 해서 결국 두 사람은 그 끔찍한 싸움을 다 털고 앞으로 나아갈 수 있었습니다.

싸움을 수습할 때 주의사항

준비가 되었을 때 싸움을 수습하세요. 잊지 마세요. 그 대상은 최근의 싸움이든 오래전 싸움이든 다 괜찮습니다. 마감일을 둘 필요가 없습니다! 뒷부분의 '건강한 갈등 관리를 위한 속성 가이드'에서 알려주는 지침을 활용하여 그 자리에서 5단계 전부를 마치세요.

이번엔 주의점 몇 가지와 문제해결 팁을 알려드리겠습니다.

그 대화를 너무 일찍 하려 들지 마세요! 이런 조급함은 아주 흔히 저지르는 실수입니다. 싸우고 나서 곧바로 수습하려고 하지 마세요. 후회스러운 일을 저지르고 나서 바로 이 5단계에 들어가면 안 됩니다. 시야를 넓힐 만큼 차분해져서 멀리 떨어져 그 싸움을 짚어볼 수 있어야 합니다.

2층 관람석에 앉아 무대에서 벌어지는 그 싸움의 전개 상황을 내려다보고 있다고 상상해 보세요. 순서대로, 기억이 나는 대로 상황을 설명해 보세요.

싸움에 대해(다시 말해, 적어도 그 싸움에 대한 당신의 현실에 대해) 짚어보며 서술하되 다시 싸움을 벌여선 안 됩니다. 아래로 내려가 무대에 뛰어올라서지는 마세요. 그런 상황이 벌어질 것 같다면, 그것은 그쯤에서 중단하고 나중에 수습해야 한다는 신호입니다.

단계별로 차근차근 이어가야 합니다. 건너뛰지 마세요. 순서를 바꿔도 안 됩니다! 단계들을 슬그머니 넘어가거나 어정쩡하게 끝내지 마세요. 서로 타당화해주기, 촉발제 철저히 파헤치기 등등의 과정을 건너뛰면 사과하는 단계에서 똑같은 문제가 생겨 상처가 제대로 치유되지 않습니다.

두 개의 현실이 있다는 사실을 기억하세요. 여러 번 얘기했지만 다시 한 번 강조하는 이유는 그만큼 어려울 수 있기 때문입니다. 파트너가 어떤 부분을 당신과 다르게 기억하고 있거나 당신이 한 적 없는 이야기를 하더라도 귀 기울여 들으세요.

이 수습 과정에서 당신이 할 일은 그 일에 대해 다시 따지는 것이 아닙니다. 여기에서는 진실이 쓸데없는 문제입니다. 그 진실은 알 수 없습니다. 전적으로 인식의 문제인데, 인식에는 언제나 두 개의 관점이 존재합니다.

당신이 파트너의 맞은편에 앉아 있고 둘 다 똑같은 식물 화분을 보고 있다고 가정해 보세요. 두 사람이 그 식물 화분을 그린다면 2개의 그림은 바라보는 위치에 따라 다르게 마련입니다. 바로 이 점이 여기에서의 핵심입니다.

파트너가 자신이 인식한 대로 서술할 때, 당신이 기억하는 것과 다르더라도 그것은 중요한 문제가 아닙니다. 파트너가 인식한 대로 인정해 주세요. 당신에게 유용한 정보로 삼으세요! 당신의 목표는 파트너의 행동에 대해 알려줄 만한 오래전 촉발제와 파트너의 관점을 더 깊은 차원에서 이해하는 일입니다.

촉발제에 대해 오해하지 마세요. 명심하세요. 촉발제는 비슷한 감정들을 일으켰던, 이 관계 이전의 과거나 삶의 일입니다. 이 관계에서 비롯된 게 아닙니다. 이 관계에서 그와 비슷한 일이 있었다면 똑같은 단계를 활용해 별도로 수습해야 합니다.

이 단계들을 진행할 때는 비난하거나 탓해서는 안 된다는 점을 꼭 기억하세요. 싸움을 순서대로 서술할 때는 말에 주의하세요. 당신 자신에 대해 말하세요. 가급적 '내가'라는 1인칭을 쓰세요. 파트너의 말이나 행동에 대해 말해야 할 때도 "내가 봤던 당신의 모습은……"이나 "내가 들었던 당신의 말은……" 같은 표현을 쓰세요.

파트너의 말이나 행동에 의도나 의미를 부여하려 하지 마세요. "그리고 그때 당신이 나한테 아주 심한 말을 했잖아"라고 말하지 말고 "내가 기억하기론 당신의 x라는 말에 나는 비참한 기분이 들었고, 그 순간엔 당신이 날 미워하는 것 같았어"라고 말하세요. 파트너의 나쁜 점을 이야기하지 말고 당신 자신의 내면세계를 설명하는 식으로 말하세요.

사과가 여전히 마음에 닿지 않는다면⋯⋯ 사과 단계에서 당신은 파트너의 사과를 받아들일 수도, 받아들이지 않을 수도 있습니다. 또 그 반대도 마찬가지고요. 단계들을 꼼꼼히 따르면 파트너의 사과를 거절하고 싶은 마음이 들지 않는 것이 보통입니다.

하지만 한 사람이 상대의 사과를 받아들이지 못하면 상대에게 이렇게 물어주세요. "내 사과를 받아들이기 위해 내가 꼭 들어야 할 또 다른 이야기가 있어?" 잘만 되면 그 사람이 사과를 더 온전하게 느끼기 위해 필요한 것이 뭔지를 설명해 줄 겁니다(예 : "난 x에 대해 더 말해야겠어" "y가 미친 영향을 표현해야 당신이 좀 더 이해할 수 있을 것 같아").

다른 일들을 끌어들이는 건 금물입니다. '설거지감 몰아넣기(다른 문제나 다른 싸움을 이 문제로 끌어오기)'와 그 반복적 패턴을 지적하지 말라는 얘깁니다.

앉아서 찬찬히 싸움을 수습하다 이렇게 말하지 마세요. "그리고 당신은 지난주에도, 작년에도, 1985년에도 나한테 똑같이 그랬어!" 신경 쓰이는 반복적 행동을 지적하고 싶은 건 사람의 자연스러운 심리입니다. 하지만 해봐야 잘되지 않습니다.

패턴은 많은 일들을 거치면서 형성되는 것이라 단 한 번에 처리할 수 없습니다. 그 문제를 처리하려고 나서면 파트너는 산사태에 파묻히는 기분에 빠지기 쉽습니다. 한 번에 한 가지 일만 끄집어내어 수습하세요. 그리고 행동의 패턴 문제에서는 때때로 하나의 일만 다루는 것으로도 충분할 때가 있습니다.

충분하지 않다면 해결해야 할 다른 문제가 있을 수도 있습니다. 후회스러운 어떤 일을 수습하려 하고 있는데 그 과정에서 당신이나 파트너가 서로를 신뢰하는 데 문제가 있다면 심리학자 수전 존슨(Susan Johnson)이 이름 붙인 '애착손상(attachment injury)'이 있을 가능성이 있습니다. 애착손상은 커플의 한쪽이 힘들 때나 괴로울 때 곁에서 힘이 되어줄 거라는 파트너의 기대를 저버릴 때 일어납니다.

애착손상이 일어나면 화해 시도 과정에 방해가 될 수 있습니다. 그럴 경우 한 파트너가 아무리 해도 사과를 받아들일 수 없거나, 그 일을 다 잊고 넘어갈 만큼 상대 파트너가 달라질 수 있으리라고 인정하지 못하는 듯한 상황이 일어납니다. "그래, 하지만 저번에도 이랬잖아…… 그때도 당신은 내 곁에 있어주지 않았어."

화해 시도를 이룰 수 있으려면 먼저 이 애착손상부터 다루면서 신뢰를 다시 쌓아야 합니다. 애착손상의 문제를 다루려면 전문가의 도움을 받기 권합니다. 참고로 가트맨 리퍼럴 네트워크(www.gottmanreferralnetwork.com)에 들어가보길 추천합니다.

정말로 심각한 상황일 때는 도움을 구하세요. 이 방법에서는 독한 말을 내뱉고, 외면하거나 등을 돌리고, 마구 몰아세우고, 부당한 말이나 욕을 하며 소리 지르고 고함치는 식으로 정말로 심각하게 싸웠던 일도 다룰 수 있습니다. 이 틀을 활용하면 그렇게 심한 싸움도 갈등을 크게 해소시킬 수 있습니다.

하지만 비밀이나 배신의 문제와 얽혀 장기적으로 반복된 싸움은 다룰 수 없습니다. 외도나 금전적 배신이나 반복적 부정행위가 있었다면 상담치료사에게 전문적인 도움을 받아 수습해야 합니다. 이 회복 과정에서는 단 하나의 일만 다뤄야 합니다. 그러니 당신과 파트너가 더 폭넓은 문제에 직면해 있다면 더 많은 도움이 필요합니다.

먼저 가트맨 리퍼럴 네트워크에 들어가보길 추천합니다. 가트맨식 훈련을 받은 상담치료사들에 대한 이곳의 데이터베이스는 무료로 이용이 가능하니 사시는 지역에서 가트맨식 커플 상담치료를 수행하는 임상 상담치료사들을 찾아보세요.

마지막으로는 목표에 집중할 것을 강조하고 싶습니다. 여기에서 목표는 문제의 해소가 아니라, 그 문제에 대한 잘못된 의사소통 방식을 다루는 것입니다. 갈등의 대다수는 풀리지 않는 문제라는 걸 항상 명심하세요. 따라서 두 사람이 5단계를 거치며, 부디 이런 일이 또다시 일어나지 않도록 앞으로 다르게 행동할 수 있는 일에 대해 분명히 밝히는 단계에서는 다음을 명심해야 합니다.

이 싸움의 수습에서 지향하는 바는 후회스러운 일이 일어났던 그때 따졌던 문제 자체의 해결책이나 해소 방법을 찾는 것이 아닙니다. 서로를 더 잘 이해하고, 상처를 치유하고, 서로의 신뢰를 회복해 앞으로 또 이런 후회스러운 일이 생기지 않도록 문제를 대하는 의사소통 방식을 고치는 것입니다.

우리는 모두 인간입니다. 그래서 실수를 하지요. 하지만 우리는 더 나아질 수 있습니다. 후회스러운 일을 아주 좋은 기회로 전환해 서로를 더 잘 사랑할 방법을 배울 수도 있습니다.

우리의 갈등은 더 깊이 내재된 우리의 인간성을 끊임없이 비춰주는 거울입니다. 아주 뛰어난 면모와 아주 인간적인 결함을 모두 가진, 우리 파트너의 복잡한 인간성을 충분히 이해하고 받아들이도록 이끌어줍니다. 이는 다시 말해 파트너의 취약성, 짐, 트라우마, 약점, 즉 온전한 한 인간을 이루는 그 모든 미묘한 차이를 받아들이는 것입니다. 당신이 사랑에 빠졌던 그 사람의 마음과 영혼을 받아들이는 것입니다.

잘 싸운다는 것

메간과 압둘은 버스에서 만났습니다. 해안지대인 몸바사에서 케냐의 중심부인 내륙을 향해 들어가는 버스였습니다. 평화봉사단의 자원봉사자로 활동하던 메간은 주말에 쉬려고 차 한 잔과 오렌지 하나를 들고 버스에 올랐습니다. 날씨가 푹푹 찌던 라마단의 첫째 날이었습니다.

압둘은 아버지, 남동생과 같이 버스에 올랐는데, 남동생은 시험에서 떨어진 후라서 집에까지 장시간 타고 가야 하는 버스에서 아버지 옆에 앉고 싶어하지 않았습니다. 압둘은 자신이 아버지 옆에 앉아 동생이 6시간 내내 들어야 할 설교 고문을 면하게 해주기로 순순히 응했습니다. 하지만 통로를 걸어가다가 메간을 봤고 그 옆자리가 빈

것도 눈에 들어왔습니다. 압둘은 메간을 보는 순간 가슴속에서 따스한 기운이 번지는 것을 느꼈지요. 동생의 팔을 붙잡으며 말했습니다.

"우리 좌석이 저 칸이면 저 여자 옆에 내가 앉을 거야."

세 부자의 좌석은 정말로 그 칸이었습니다. 동생은 한숨을 쉬고는 건너편 좌석에 아버지와 같이 앉으며 자신의 운명을 따랐습니다.

그 6시간 동안, 두 사람은 함께 이야기를 나눴습니다. 메간이 버스 지붕 쪽을 가리키며 '태양'을 뜻하는 스와힐리어를 말하면서 말을 걸었습니다. 태양이 너무 뜨겁다고요! 압둘은 그녀의 스와힐리어 발음이 좋다는 걸 바로 알아챘습니다. 하지만 그는 영어에 능통한 사람이었습니다. 케냐 대법원에서 일하고 있었으니 그럴 만했습니다. 두 사람이 영어로 바꿔 말을 나누던 중에 메간이 자신의 오렌지를 떼어 건넸습니다.

"지금은 라마단 기간이라 금식 중이에요." 압둘이 말했습니다.

메간은 머쓱했습니다. 라마단 기간인 줄 알고 있었으면서 그렇게 권하다니, 자신이 눈치 없는 미국인이 된 것 같았습니다. 하지만 그 6시간 후, 압둘은 메간에게 자신의 전화번호를 건넸습니다. 그리고 우주에 대고 빌었습니다. 그녀를 다시 만나게 해달라고요. 그 뒤로 이틀 동안 휴대폰을 손에서 놓지 않았습니다. 어디를 가든 가지고 다녔지요. 천 번쯤 들여다보고 또 들여다봤습니다. 잘 때도 베개 밑에 넣고 잤습니다. 마침내 메간에게서 문자가 왔습니다.

두 번째 만남에서 두 사람은 해변을 거닐며 온갖 이야기를 나누었습니다. 종교, 아이들, 가족, 지리 등 둘이 함께할 삶을 계획할 때 꺼낼 만한 문제를 이것저것 다 이야기했습니다.

"저희가 정식으로 약혼한 건 그 이듬해였어요." 메간이 두 사람이 어떻게 만나게 되었는지를 이야기할 때 한 말입니다. "하지만 그날 밤에 저희 둘 다 우리가 결혼하게 될 줄 알았어요."

부부치료 당시에 두 사람은 결혼한 지 17년째에 접어든 부부였습니다. 결혼 이후 줄곧 그들은 서로가 자신의 반쪽이라고 확신해 왔습니다. 하지만 자신들이 잘되지 않을지도 모른다는 고민을 진지하게 했을 만큼 힘든 시기를 겪은 적도 있었습니다.

케냐에서 워싱턴 DC로 이주하고 얼마 안 되었을 때였습니다. 메간은 직장을 구했고, 압둘은 대학원 과정에 입학했습니다. 케냐 대법원에서의 자리를 포기하고 메간과 함께 이주한 압둘은 대학원 학위가 미국에서 자신의 자리를 찾는 데 도움이 되길 바랐습니다. 하지만 워싱턴에 정이 가지 않았습니다.

케냐에 살 때는 진로가 확실했습니다. 여기로 오기 전에 그곳에서 변호사로 일하고 있었으니 앞길이 탄탄했고, 케냐인으로서의 기대에 맞게 살아가려면 어떻게 해야 하는지도 잘 알았습니다. 그런데 이곳에서는 세상 밖으로 나가기만 해도 겁이 나고 주눅이 들었습니다. 인종차별과 손가락질이 심했고, 다른 문화 기준 탓에 사회적 교류에서 요점을 놓칠 때가 한두 번이 아니었습니다.

"사람들과 어울릴 때마다 겁이 났어요. 마음을 놓을 곳은 강의실뿐이었어요." 압둘이 말했습니다.

"뭐라고, 방금 말하기 전까지 난 그런 줄도 몰랐어." 10년 전의 이야기를 들은 메간이 말했죠.

"당시 제가 유일하게 힘을 가졌을 때는 메간과 싸울 때뿐이었어요. 하지만 별거 아닌 것들을 가지고 싸웠죠. 사소한 것들로 시비를 걸면서 갓길에서 화가 치밀고 있었던 겁니다." 압둘이 말했습니다.

"저희는 정말로 궤도를 이탈했어요." 메간이 수긍했지요.

두 사람은 걸핏하면 싸웠습니다. 매일매일이 투쟁 같았습니다. 첫 만남 이후로 늘 별 노력 없이도 바로바로 느껴지던 그 깊은 유대가 이제는 사라진 것 같았습니다. 압둘에게는 메간이 점점 원수로 보였습니다. 자신이 원치 않던 삶으로 끌고 들어왔다는 생각에 원망스러웠습니다. 메간에게는 압둘이 갈수록 남 같아졌습니다. 툭하면 시비를 거는 이 사람은 대체 누구일까 싶었지요. 버스에서 만났던, 개방적이고 낙관적인 남자가 아니었습니다. 결국 두 사람 모두 지쳐갔습니다.

"둘이 싸우다 보면 저는 몸에서 기운이 다 빠졌어요." 압둘의 말입니다. "아내도 그렇다는 걸 알 수 있었죠. 둘이 침대에 누워 있다 싸우기도 했는데, 그렇게 싸우다 갑자기 아내가 잠이 들기도 했으니까요. 한창 싸우다 곯아떨어져서 코까지 골았어요!"

이 부부의 싸움에는 잘못된 방향으로 향하고 있는 관계에서 나타나는 경고 신호가 죄다 있었습니다. 대화 중에 거칠게 시작하기, 격화, 관계를 망치는 4가지 독이 나타났는가 하면, 둘 다 신체적·인지적·감정적 홍수에 빠져 압둘은 소리를 지르고 메간은 도망치듯 욕실로 들어가 문을 쾅 닫기도 했습니다.

어느 날, 부부는 잠에서 깬 후 서로를 바라보다 깨달았다고 합니다. '우리 사이에는 더 이상 즐거움이 없어. 계속 이런 식으로 살 수는 없어. 별거 아닌 일로 사사건건 따져대고 지독하게 싸워대는 이런 방식을 중단하고 문제를 다뤄야 해.'

그 순간 부부는 의식적인 결정을 내렸습니다. 예전의 사이로 돌아가고 싶다고요.

부부는 앉아서 찬찬히 이야기를 나누었습니다. 장장 4시간을요. 6시간 동안 버스를 같이 탔던 첫 만남과 비슷했습니다. 다만, 이번에는 관계를 처음 맺는 계기가 아닌, 관계를 구출하려는 계기였다는 점에서 달랐습니다. 두 사람은 서로 약속했습니다. 서로를 대하는 태도를 바꾸자고요. 그래서 앞으로는 갈등에 다른 식으로 접근하기로 했습니다.

"저희 부부는 그제야 처음으로 깨달았어요. 이런 패턴에 휘둘릴 필요가 없다는 것을요. 새로운 패턴을 만들기로 했어요." 압둘이 말했습니다.

부부는 '아무것도 아닌 일'로 벌어진 싸움이 격화되는 패턴이 반복된다는 것을 깨닫자, 싸움을 하다 중간에 멈추고 다음과 같은 의문에 답하는 시간을 가졌습니다. 싸움이 왜 이렇게 격화되는 걸까? 우리가 싸우는 진짜 이유가 뭘까? 그 이면에 숨겨진 게 뭘까? 서로에게 말하는 방식을 어떻게 바꾸는 게 좋을까?

이제는 쓸데없는 싸움이 걷잡을 수 없이 소용돌이치기 시작할 때마다 그 싸움을 일종의 창이나 현미경처럼 활용해, 싸움의 본질이 뭔지 알아내기 위해 고고학자처럼 표층 밑을 살펴보았습니다. 임대차 계약을 갱신하기 위한 서류의 우편 발송을 누가 하느냐를 놓고 벌어졌던 싸움의 밑바닥에는 압둘이 이 도시에서 느끼는 비참함과 예전의 커리어를 버린 것에 대해 느끼는 후회가 있었습니다. 지저분한 거실이 꼬투리가 되어 일어났던 싸움은 가사 책임에 대한 문화적 성별 기대가 촉발제였습니다.

방향 지시등 사용을 놓고 일어난 싸움은 사실은 그 문제와는 아무 상관이 없었습니다. 근래에 둘이 함께 보내는 시간이 충분하지 못하고, 아이들과 떨어져 지내고, 삶의 일상에 치이면서 유대감을 제대로 갖지 못한 탓이었을 뿐입니다. 이 싸움의 경우엔 싸움의 표면 아래에 잠재되어 있던 원인이 큰 문제가 아니었다는 것을 깨닫게 되어, 그 차 안에서 서로를 돌아보며 "우리에겐 데이트가 필요해"라고 말할 수 있었다는 점에서 좋았습니다.

이런 과정이 언제나 단계별로 순탄히 이어졌던 것은 아니었습니다. 싸움의 수습이 늘 부드러운 첫마디로 시작해서 꿈, 타협, 화해로 쭉쭉 이어지는 건 아닙니다. 경우에 따라 이 단계들을 여러 번 돌고 돌 수 있습니다. 앞으로 되돌아가기도 하고, 옆으로 새기도 합니다. 학교에 갔던 아이들이 집 안으로 뛰어 들어오거나 생활의 온갖 문제들이 끼어들면 중간에 멈출 수밖에 없습니다.

이 부부도 이루고 싶은 소망에 대해 대충 다뤘다는 걸 깨닫고 몇 번씩 거듭해서 꿈 얘기로 되돌아가야 했습니다. 심지어 어떤 때는 싸우던 중에도 첫마디를 부드럽게 시작해야 한다는 사실을 다시 상기하며 문제나 생각을 새로운 말로 다시 꺼내야 했습니다.

야구 게임장에서 연속으로 나오는 공처럼, 문제들이 부부에게 달려드는 현실은 여전했습니다. 이런 것이 인생입니다! 하지만 이제는 그 공들을 서로를 향해 던지는 게 아니라 함께 잘 처리하고 있다는 느낌이 다시 싹텄습니다.

저희가 연구를 통해 알아낸 바처럼 우리는 똑같은 문제로 끊임없이 싸우고 또 싸우게 되어 있으니, 싸움을 안 하고 살 수는 없다는 사실을 마음에 품고 있어야 합니다. 예를 들어 둘 중 한 사람은 항상 지저분하게 어질러놓는데 다른 한 사람은 결벽증 환자인 경우, 그 문제는 풀리지 않습니다.

한 사람은 이 지구별에서의 귀한 찰나적 시간을 즐기고픈 충동에 끌려 유유자적하고 자유로운 편인 반면, 다른 한 사람은 장래가 안정적으로 확실히 보장되길 바라며 안전 지향적 충동에 끌리는 편인 경우나, 한 사람은 파티 체질인데 다른 한 사람은 집순이나 집돌이인 경우도 마찬가지입니다.

아이들과 관련된 문제, 직장 문제, 시댁이나 처가 가족의 문제도 예외가 아닙니다. 금전적으로 힘들어진 상황, 설거지, 깜빡 잊고 미납한 공과금, 심한 감정적 반응과 부주의하게 내뱉은 말, 의심, 바라는 잠자리 횟수나 시간에서의 차이 등으로 싸우기도 합니다.

변화가 문제가 될 수도 있습니다. 변화 없이 정체되어 있는 사람은 없습니다. 누구나 성장하고 발전하며, 퇴보했다가 다시 성장하기도 합니다. 당신이 때때로 파트너가 말한 바람대로 해준다 해도 파트너는 그것으로 더 이상 바랄 것이 없어지는 게 아닙니다.

그래서…… 싸울 겁니다.

하지만 이제는 좋은 싸움을 할 것입니다.

지금까지 이 책에서 알려준 대로 5가지 중요한 변화를 일으킬 수 있다면, 옛 패턴에서 벗어나 좋은 싸움을 할 것입니다. 그러면 2부에서 배웠던 내용의 요점을 살펴보도록 합시다.

건강하게 싸우기 위한 비법

건강한 싸움은 간략히 말해 다음과 같습니다.

- **어떤 일로 화가 날 때는 당신 자신에 대해 이야기하세요.** 자신이 아닌 파트너에 대해 이야기하는 것은 커플들이 가장 많이 하는 실수이며, 우리를 거칠게 시작하기로 직행시키기도 합니다. 파트너의 인격적 결함이나 안 좋은 면들을 들먹이는 식으로 첫마디를 내뱉지요. 그 대신 당신 자신의 감정과, 화가 난 상황에 대해 설명하세요.
- **긍정적인 욕구를 밝히세요.** 당신이 원망을 느끼는 일보다는, 파트너가 당신을 위해 제대로 능력을 발휘할 수 있는 일을 얘기하라는 뜻입니다. 공격적으로 나오면 그에 따라 일어날 수 있는 반응은 방어뿐입니다. 그러니 공격하지 말고 협력으로 이끌 길을 열어주세요.
- **당신의 꿈과 파트너의 꿈에 대해 이야기해 보세요.** 마음을 느긋이 가라앉히세요. 이 문제에 얽힌 각자의 내력과 관련해서 서로에게 열린 질문을 해주세요. 파트너의 핵심 욕구, 핵심 신념, 핵심 꿈이 뭔지 알아내, 파트너가 자신에게 아주 중요해서 포기할 수 없는 문제에 대해 갖는 입장의 이런저런 면들을 살펴보세요. 이어서 당신에게 가장 중요한 것들이 뭔지도 알아보세요.

- 너무 많은 것을 포기하지 않는 타협을 이루세요. 좋은 싸움을 하려면 우리의 정체성에 핵심적이고 필수불가결한 요소, 우리가 절대 희생시킬 수 없는 것, 그 외의 것에 해당되어 우리가 유연성을 발휘할 수 있는 것을 따로 분리해야 합니다. 핵심 욕구나 꿈의 실현을 막지 않아 유연성을 발휘할 수 있는 구체적인 부분들은 언제나 있습니다.
- 마지막으로, 과거에 저지른 후회스러운 일을 수습하세요. 그런 뒤엔 그 일을 잊으세요. 주문한 음식을 테이블에 서빙해 주고 나면 앞으로의 싸움 중에 새어 나올 일이 없게 기억의 강철 올가미에서 풀어주세요. 수습되지 않은 과거의 일에 대해 쌓인 응어리와 감정이 없으면 다음번 싸움은 좋은 싸움이 될 수 있습니다.

누구나 유년기, 과거의 관계들, 그 외의 인격형성기 중에 겪는 경험들 속에서 갖게 된 갈등에 대한 신념과 감정을 지닌 채 관계를 맺습니다. 저마다의 갈등 스타일이 있습니다. 각각의 관계에는 저마다의 갈등 문화가 있습니다. 갈등에 꼼짝없이 갇혀 있는 커플과 교착상태에 빠져 불행한 커플을 도울 때, 저희는 그 사람들 자체를 바꾸려고 하지 않습니다.

관건은 당신이 완전히 다른 사람이 되는 것이 아닙니다. 심지어 당신의 갈등 스타일을 바꾸는 것도 아닙니다. 어느 정도 회피형인 사람은 항상 회피하려는 경향을 보일 테고, 발끈형에 가까운 사람은 쉽게 흥분해 감정이 고조되기 마련입니다. 하지만 바꿀 수 있는 것도 있습니다. 싸움의 패턴입니다. 이 싸움의 패턴을 바꾸면 똑같은 실수를 계속 반복하지 않아도 됩니다.

우리가 어떤 사람이든, 어떤 과거가 있든, 갈등 스타일이 어떻든, 파트너와 어떤 교착상태에 있든 누구나 싸움의 패턴을 바꿀 방법을 터득할 수 있습니다. 그리고 방법을 터득할수록 습관과 '기본값 설정'이 파트너와의 문제를 더 부드럽게 끄집어내도록 맞춰지지요. 그러면서 방어적이지 않은 태도로 반응해 그 문제의 밑에 숨겨진 것들을 파헤치고 매우 중요한 그 깊은 곳으로 파고들어 유연성을 발휘할 수 있는 부분을 알아내는 동시에 유연성을 발휘할 수 없는 각자의 영역을 인정하게 됩니다.

갈등의 달인이 되기 위해서는 서로의 지속적인 취약성에 연민을 가지는 일이 아주 중요합니다. 서로 의견이 다르더라도 파트너의 약점과 아픈 곳을 이해하고 받아들여 마음을 써줘야 합니다. 파트너 역시 마음 쓸 수 있도록 여지를 내줘야 합니다.

메간과 압둘은 지금도 여전히 싸울까요? 물론 여전히 싸우지만, 이제는 느낌이 완전히 다릅니다.

메간의 말로 직접 들어보죠. "저희는 잘못되어가고 있다는 느낌이 들면 싸움을 멈추고 찬찬히 이야기를 나눠요. 그게 좋은 토대가 되어줘요. 예전엔 벽에 부딪힐 때가 숱하게 많았지만, 이제는 화가 나거나 답답해지는 지경에 이르면 전과는 다른 선택을 해요. 싸움이 점점 더 격화되게 내버려두지 않아요."

이번엔 압둘의 말입니다. "항상 뜻대로 잘되기만 하는 건 아니에요. 하지만 일단 분한 마음을 극복하고 다시 유대되면 나머지도 원하는 대로 잘 풀려요."

메간과 압둘은 이제 서로 남남처럼 대립감에 빠져 있지 않고, 그 어느 때보다 가까워진 느낌입니다. 심지어 싸우는 중에도요.

"압둘과 얘기하면 힘이 나요. 처음 만난 그날도 그랬고 지금도 그래요."

"메간은 정말 똑똑해요. 서로를 위해 좋은, 번득이는 아이디어를 잘 생각해내죠."

"그리고 저는 남편의 엉덩이도 좋아해요."

"저희는 많이 웃어요. 항상 웃으며 지내요." 압둘이 소리 내어 웃으며 말합니다.

메간과 압둘이 수년간의 시행착오를 거치며 깨달은 것처럼, 좋은 싸움을 하려면 과정을 거쳐야 합니다. 한 번의 대화로 끝나는 게 아니라 지속적인 대화를 가져야 합니다.

그래서 당신이 좋은 싸움을 하는 데 도움을 주기 위해 저희의 가장 성공적인 갈등 개입법들을 이 책의 뒷부분에 짧게 정리해 두었습니다. 이 지침은 5가지 싸움의 전략을 전부 다 모아둔 것으로, 싸움의 상황을 처음부터 끝까지 잘 헤쳐나가기 위해 따라갈 만한 지도나 다름없습니다. 뜨겁게 과열된 순간에 이 책을 꺼내 '건강한 갈등 관리를 위한 속성 가이드' 부분으로 바로 넘겨도 문제될 건 없습니다!

그래도 괜찮으니 행동을 멈추고 '욕구 밝히기' 표현 목록이나 '화해 시도 체크리스트'를 펼쳐서 미안하다고 사과하며 바른 궤도로 돌아올 방법이 많다는 것을 떠올리세요. 갈등 중에 실수했다면 주저 말고 인정하며 이 가이드를 참고해 보세요. 다시 해보게 해달라고 말하는 것은 부끄러운 일이 아닙니다. '말이 잘못 나왔어. 다시 말해 봐도 될까?' 그런 다음 '부드럽게 시작하기'를 위한 대본으로 넘겨보세요.

40년간이나 사랑과 갈등을 주제로 연구한 사람들 중에도 여전히 자주 이 자료를 찾아보며 단계별 지침을 따르는 사람들이 있습니다. 쉿! 그게 누구인지는 비밀입니다.

건강한 갈등 관리를 위한 속성 가이드

갈등적 대화에 들어갈 때 기억할 점

■ 갈등은 기분이 안 좋고 불편할 수 있다

갈등적 대화에서는 분노, 슬픔, 두려움같이 우리가 대체로 피하려고 하는 부정적 감정들과 씨름해야 합니다. 하지만 갈등이 있는 상황은 파트너를 더 잘 사랑할 방법을 배울 기회입니다.

사실, 발전을 이어가며 계속해서 서로를 친밀히 알기 위해서는 갈등이 필요합니다. 어떤 싸움이든 그 목표는 이기는 게 아닙니다. 파트너를 더 깊이 이해하는 것입니다.

1 ☕

부드럽게 시작하기

> 문제점을 끄집어낼 필요가 있다면……
>
> 피해야 할 실수 : 비난을 내뱉으며 거칠게 시작하기
>
> 잘 싸우는 방법 : 화가 나 있더라도 부드럽게 말을 꺼내기

■ 이렇게 하는 것이 중요한 이유

- 97퍼센트의 경우, 갈등이 시작되는 방식은 곧 끝내는 방식이 되기도 합니다. 싸움이 시작된 첫 3분에 따라 그 이후에 이어지는 대화의 어조가 결정됩니다.

- 거칠게 시작하기는 공격처럼 느껴져 반응 방식의 측면에서 파트너에게 단 하나의 선택안만 제시하는 셈입니다. 다시 말해, 파트너를 방어적으로 나오게 할 뿐입니다.

- 말을 더 부드럽게 시작하면 서로를 알 수 있고, 창의적인 해결책이 나오고, 협력적으로 문제를 해결하며, 유대가 이어지는 등으로 갈등적 대화에도 온갖 가능성이 열립니다.

■ 해야 할 일 : 부드럽게 시작하기

"나는 [어떤 상황/문제]에 대해 [어떤 감정]이 느껴져서 [어떠어떠한 긍정적 욕구]가 필요해."

- [상황/문제] 그 일에 대해 파트너를 비난하거나 탓하지 말고 문제점을 말하세요. 대화의 초점은 파트너가 아니라 상황입니다.

- [감정] 이 상황에 대한 당신 자신과 당신의 감정에 대해 말하세요.

- [긍정적 욕구] 당신의 긍정적 욕구를 밝히세요. 이 상황이 더 좋아지도록 돕기 위해 파트너가 할 수 있는 일을 알려주세요. 부정적인 점들을 붙잡고 늘어지거나 파트너가 잘못했던 것들을 늘어놓지 마세요. 파트너가 당신을 위해 제대로 능력을 발휘할 수 있는 방법을 구체적으로 말하세요.

■ 잘 싸우기 위한 주의점

'설거지감 몰아넣기'는 금물입니다. 다른 문제들을 끌어다 쌓지 마세요. 이 상황에만 집중하세요. 이 문제가 반복적으로 되풀이되는 패턴이더라도 그래야 합니다.

> 파트너가 문제를 끄집어낸다면……
>
> 피해야 할 실수 : 방어하기, 변명하기, 반박하기
>
> 잘 싸우는 방법 : 이 문제에 대한 당신의 관점을 꺼내는 일은 나중으로 미루고 그냥 들으세요.

■ 이렇게 하는 것이 중요한 이유

- 여러 연구에서 밝혀진 바에 따르면 사랑의 달인은 파트너가 걱정을 말할 때 대뜸 자신의 관점을 들이대지 않으면서 진심으로 귀 기울여 들을 수 있는 사람입니다.

- 대다수 사람이 성급하게 갈등의 '설득' 단계로 넘어가, 그 문제와 관련된 정보를 수집하기 위한 중요한 단계를 건너뜁니다.

- 성공적인 커플은 어떤 문제를 파트너의 관점에서 충분히 이해한 후에야 다음 단계로 넘어갑니다.

■ 해야 할 일 : 잘 들어주기

- 당신의 관점을 들이밀지 않으면서 주의 깊게 들어주세요. 파트너가 당신에게 어떤 문제를 끄집어낼 때 당신이 가장 먼저 할 일은 파트너의 불만이나 욕구를 충분히 이해하는 일입니다. 파트너의 세계에 주파수를 맞추세요. 그 이야기에 동의하지 않더라도 파트너의 고통을 들어주세요.

- 그 문제를 더 잘 이해하기 위해 분명히 확인하기 위한 질문이나 열린 질문을 해주세요. "그러니까 문제는 내가 집에 늦게 들어왔다는 게 아니라, 전화를 안 해주다가 마지막 순간에 했다는 것 같은데?" "혹시 이 문제에 대해 더 하고 싶은 얘기는 없어?"

- 들었던 얘기를 짧게 되짚어 말해 주세요. 당신이 잘 이해했고 파트너가 이해받고 있다고 느끼는지를 확인하세요. "그러니까 애들 챙기는 일들이 전부 당신에게 떠맡겨진 것 같다는 얘기네. 맞아?"

- 타당화를 해주세요. 파트너의 입장이 되어보세요. 당신이 이해하고 공감한다는 걸 파트너가 알게 해주세요. 파트너의 관점에서 보니 잘 알겠다는 마음을 보여주세요. "그럴 만하네." "당신이 왜 그렇게 느꼈는지 이해돼." "이해해."

타당화와 동의는 다릅니다. 타당화는 단지 파트너의 경험을 어느 정도 공감하면 되는 일입니다.

필요할 경우, 4장 마지막의 표를 참고하세요.

2 ☕

협력적인 태도 지키기

> 홍수에 빠지면……
>
> 피해야 할 실수 : 계속 싸우기
>
> 잘 싸우는 방법 : 신체적·인지적·감정적 홍수에 빠진 상태일 때는 싸우지 마세요! 잠시 휴식을 가지세요.

■ 이렇게 하는 것이 중요한 이유

- 홍수에 빠져 있을 때는 싸우거나 도망치는 모드가 됨으로써 갈등 해소, 감정 통제, 정보 처리의 과정을 거치는 건강한 싸움이 불가능합니다. 또 싸움이 격화되어 후회할 만한 일을 저지르기 쉬워, 나중에 그 일로 일어난 타격을 수습해야 합니다.

- 홍수에 빠졌을 때의 느낌 : 빨라진 심장박동, 짧아진 호흡, 긴장된 몸, 핑 도는 머리, 몸 어딘가가 후끈 달아오름.

- 홍수에 빠졌을 때의 모습 : 외면적 모습—마구 몰아세우기, 공격하기, 비난하기 | 내면적 모습—마음닫기, 담쌓기.

432

■ 해야 할 일 : 잠깐 휴식 시간 갖기

• 파트너에게 알려주세요. 그냥 자리를 뜨지 말고, 감정이 주체가 안 되고 화가 나서 잠깐 쉬어야겠다고 알려주세요. 파트너가 홍수에 빠진 것 같다면 "당신 지금 홍수에 빠진 것 같아"라고 말하지 말고, "우리 잠깐 쉬었다가 다시 와서 마저 이야기하자"고 말하세요(돌아올 시간을 정하세요).

• 최소한 20분의 시간을 가지세요. 이 20분은 몸이 혈관에서 스트레스 호르몬인 노르에피네프린을 처리하기 위해 필요한 최소한의 시간입니다.

• 24시간을 넘기면 안 됩니다. 필요하다면 20분을 넘겨도 괜찮습니다. 여전히 홍수 상태라면 갈등적 대화를 다시 이어가선 안 됩니다. 하지만 일단 진정이 되었다면 다시 와서 대화를 마저 하세요. 그냥 덮고 넘어가지 마세요('싸움 수습하기'도 참고하세요).

• 파트너가 보이지 않는 곳으로 가세요. 홍수에 빠져 있을 때는 파트너의 기운이 느껴지지 않는 곳으로 떨어져 있어야 합니다. 이렇게 쉬는 동안에는 아무도 없이 혼자만 있으세요.

• 그 싸움에서 마음을 돌려 진정시켜 줄 만한 일을 하세요. '어떻게 나한테 그런 말을 할 수가 있어!'나 '내가 꼭 갚아주고 말겠어'같이 감정적인 생각에 빠져 있으면 그것은 쉬어도 쉬는 게 아닙니다. 그 싸움이 아닌 다른 것으로 마음을 돌리세요. 생리적 각성을 가라앉혀줄 만한 활동을 하세요.

다음과 같이 해보세요.

  • 음악이나 팟캐스트를 듣거나 감각의 느낌(새소리, 바람 소리

등 자연의 소리)에 주의를 기울이면서 길게 산책하기.

- 누워서 심호흡하기(미주신경을 활성화시켜, 각성되어 있는 신경계를 가라앉혀주기).
- 명상하기(마음을 상하게 하는, 싸움에 대한 생각에서 벗어나기).
- 책이나 잡지 읽기.
- 집안일, 정원 손질, 집 안 정리, 이메일에 답하기 등 잡다한 일이나 할 일 목록에 있는 일들을 하기.
- 집중하며 마음을 느긋이 가라앉힐 만한 또 다른 일은 없을까요? 나중에 떠올려야 할 경우를 대비해 생각나는 아이디어를 적어보세요.

- 정해둔 시간이 되면 돌아오세요. 여전히 홍수에 빠져 있는 것 같다면 파트너를 다시 만나서 시간이 더 필요하다고 알려주세요.

■ 잘 싸우기 위한 주의점

휴식 시간을 갖게 해달라고 부탁하는 것은 부끄러운 일이 아닙니다. 싸움을 멈췄다가 나중에 둘 다 더 진정되면 그때 다시 이야기해도 됩니다. 그 문제가 해결되지 않았더라도 그대로 잠자리에 들어도 괜찮습니다. 당신에게 뭐가 필요한지를 확실하게 알려주세요. 아무래도 나가서 산책을 하거나 다른 일을 해야겠다면 파트너에게 그런 마음을 알려주며 언제 돌아올지 이야기해 주세요. 휴식은 좋은 일입니다.

■ 이렇게 하는 것이 중요한 이유

- 우리의 갈등 대부분은 영속적이고 풀리지 않습니다. 이런 문제들이 관계를 맺는 내내 우리를 따라다니게 마련입니다.

- 갈등 상황에서는 대체로 목표를 다시 잡아야 합니다. 갈등 중의 목표는 이기는 게 아닙니다. 파트너에게 뭔가를 설득하는 것도 아닙니다. 심지어 해결책에 이르는 것도 아닙니다.

- 목표는 단 하나, 이 문제에 대한 이번 대화를 긍정적인 대화로 만드는 것입니다.

■ 해야 할 일 : 지금 이 순간을 해결하기

- 당신 자신과 당신의 욕구에 대해 말하기 : 부드럽게 시작하기의 경우처럼, 파트너의 행동이나 잘못을 얘기하기보다 당신 자신과 그 상황에 대해 이야기하세요.

- 홍수인 상태에서 싸우지 마세요. 스스로를 진정시키며 휴식을 가지세요. 서로 차분함을 지키게 도우세요.

- 화해 시도를 하세요. 사랑의 달인들은 갈등 중에도 화해 시도를 합니다. 마법의 비율을 맞추세요! 갈등 중에 대화가 궤도를 탈선하지 않기 위해선 부정적 교류 1개당 긍정적 교류 5개가 필요합니다. 그렇다고 일일이 수를 셀 필요는 없습니다. 다만 부

정성이 강펀치를 날린다는 점을 기억하세요. 갈등적 대화를 소소한 화해와 그 외의 긍정성으로 채우세요.

- 애정
- 인정
- 타당화
- 다정한 손길
- 사과
- 미소
- 이해의 *끄덕임*
- 유머
- 공감
- 이 문제에 대한 파트너의 생각과 마음에 대해 더 많이 알아보기 위한 열린 질문

■ 잘 싸우기 위한 주의점

싸움 중에 파트너와 서로 극과 극으로 치닫는 것 같다면 '유사성의 가정(assumption of similarity)'을 해보세요. 간단히 설명해서, 당신이 당신 자신에게서 긍정적인 면('나는 이성적이야')을 짚어내면 파트너에게서도 그런 긍정적인 면을 보려고 해보세요. 또 당신이 파트너에게서 부정적인 면('저 사람은 너무 고지식해')을 짚어내면 당신에게서도 그런 부정적인 면을 찾아보세요.

필요할 경우, 5장 마지막의 '가트맨 화해 시도 체크리스트'를 다시 참고하세요.

3 ☕

이루고 싶은 꿈을 깊이 탐구하기

꽉 막히게 될 때……

피해야 할 실수 : 여전히 피상적으로만 다루기

잘 싸우는 방법 : 두 사람이 싸우는 진짜 이유를 알아내세요.

■ 이렇게 하는 것이 중요한 이유

• 때로는 해결 가능할 거라고 생각했던 문제가 알고 보니 영속적
인 문제라, 첫마디를 부드럽게 떼고 각자의 감정과 욕구에 대해
얘기를 나누고 화해 시도를 하는데도 진전되지 못해 이게 무
슨 헛수고인가 싶을 때가 있습니다.

• 이와 같은 영속적 싸움은 교착상태에 빠지기 쉽고, 이렇게 되
면 차츰 싸움이 버겁고 무겁게 느껴지면서 극심한 홍수가 일어
나 거부감, 배신감, 상처를 느낍니다.

• 교착상태에 빠진 문제가 있다면, 혹은 그러기 직전이더라도 이
갈등의 뿌리로 파고 내려가 그 사이클을 끊어내세요.

■ 해야 할 일 : 갈등 속의 꿈 알아보기

• 영속적 문제나 교착상태에 빠진 문제에 대해 서로 의견을 나누
세요. 서로에게 다음의 질문들을 해보세요. 이 문제에 대한 각
자의 입장 이면에 숨겨진 꿈이나 가치관, 신념이나 내력을 이해
해 보도록 서로 도와주세요. 서로 역할을 바꿔가며, 한 사람은

말을 하고 다른 사람은 들어주는 식으로 하면 됩니다.

- 말하는 사람이 해야 할 일 : 이 문제에 대한 자신의 감정과 신념에 대해 솔직히 말하세요. 이 입장이 당신에게 어떤 의미인지, 당신의 입장 이면에 어떤 이루고 싶은 꿈이 있을지 파헤쳐 보세요. 이 꿈이나 신념이 어떻게 생겨났고 어떤 상징을 갖고 있는지 알게 해주세요. 분명하고 솔직하게 말하세요. 당신이 정말로 원하는 게 뭔가요? 지금 당장은 파트너에게 뭔가를 설득하려 하지 마세요. 그냥 파트너가 이해할 수 있게 당신의 관점을 분명히 설명해 주세요.
- 들어주는 사람이 해야 할 일 : 파트너가 이 꿈이나 사연을 털어놓을 만큼 충분히 마음을 놓게 해주세요. 좋은 친구가 으레 그렇게 해주듯 귀 기울여 들어주면 됩니다. 판단은 미루세요. 파트너의 사연을 더 자세히 아는 일에 집중하세요. 뭔가를 해결하려 들지 마세요. 아직 그러기엔 너무 이릅니다. 지금은 그냥 파트너의 꿈을 이해해야 할 때입니다.

■ 잘 싸우기 위한 주의점

다음 마력의 질문들에 잘 대답을 못 하겠다면 이렇게 말하세요. "나도 거기에 대답할 수 있으면 좋겠지만 아직 시간이 더 필요해."

그런 다음 곰곰이 생각해 보세요. 이런 감정을 느꼈던 때가 또 언제였나요? 예전에 이런 상황에 놓였던 적이 있었나요? 이 문제가 당신에게 그렇게 중요한 이유는 뭔가요?

때로는 꿈이 표면으로 드러나는 데 시간이 필요하기도 합니다. 꿈이 표면으로 드러날 여지를 내주세요.

　명심하세요. 꿈에 대한 이야기에서는 문제를 해결하는 것이 목표가 아닙니다. 여기에서의 목표는 교착상태에서 대화로 넘어가는 것입니다. 서로를 더 깊이 알고 서로의 입장을 더 깊이 이해하는 것입니다. 뭔가를 알게 되는 것입니다.

　필요할 경우, 6장의 예시 질문 표를 다시 참고하세요.

'꿈을 들어주는 사람'이 묻는 마력의 질문

1. 이 문제와 관련해서 당신의 신념은 뭐야? 이 문제에 대한 당신의 입장과 관련해서, 어떤 가치관이나 윤리관 또는 신념이 있어?

2. 당신의 입장이 당신의 어릴 적 경험이나 환경과 관련되어 있어?

3. 이 문제에 대한 당신의 입장이 당신에게 중요한 이유가 뭐야?

4. 이 문제에 대해 어떤 느낌을 갖고 있어?

5. 이 문제에서 당신이 꿈꾸는 이상은 뭐야? 요술봉을 휘둘러 당신이 원하는 대로 이룰 수 있다면 그게 어떤 모습일 것 같아?

6. 당신에게 이와 관련된 좀 더 깊은 목표나 목적이 있어? 있다면 그게 뭐야?

4 ☕

양보와 타협의 유연성을 발휘할 수 있는 부분 찾기

타협을 위한 노력이 필요할 때……

피해야 할 실수 : 이기려 들기

잘 싸우는 방법 : 서로의 편이 되어주세요.

■ **이렇게 하는 것이 중요한 이유**

• 진실된 타협을 위해서는 편안함을 느껴야 합니다. 다시 말해 우리가 타협을 할 수 없는 부분을 먼저 알아내야 합니다. 이 문제 내의 핵심 욕구, 즉 우리에게 아주 중요해서 포기할 경우 너무 큰 포기가 되고 마는 욕구를 알아내야 한다는 얘깁니다.

• 그러려면 합기도의 원칙을 따라 이기기 위한 양보를 해야 합니다. 파트너의 요구 중, 우리의 핵심 욕구와 연관 지어서 따질 때 타당하거나 가능할 것 같은 부분들을 받아들이려 노력하면 됩니다. 우리가 '네'를 더 많이 말할 수 있을수록 파트너도 더 그렇게 해줄 수 있게 됩니다. 그 문제가 서로 대립하는 일이 아니라 함께 노력하는 일이 됩니다.

• 타협이 잘되기 위해서는 파트너의 가장 깊은 소망과 핵심 욕구를 존중해 줄 진전 방법을 찾아야 합니다.

■ **해야 할 일 : 베이글 방법**

• 베이글 모양의 도표를 그려 당신의 핵심 욕구와 당신이 유연성

을 발휘할 수 있는 부분을 적어보세요.

- 안쪽 원에는 당신이 이 문제에서 양보할 수 없는 것들을 적으세요. 이것들은 타협이 불가능한 부분들입니다. 이 문제와 관련해서 지켜내야 할 최소한의 핵심 욕구, 신념, 가치관입니다.

- 바깥쪽 원에는 유연성을 발휘할 수 있는 부분들을 적으세요. 이 문제에서, 안쪽 원에 있는 사항들을 지킬 수 있는 한 타협할 수 있을 만한 점들을 써넣으면 됩니다.

- 이번엔 그 부분들에 대해 이야기를 나누세요. 서로에게 다음을 물어보세요.

  - 이 안쪽 원에 적은 것들이 당신에게 그렇게 중요한 이유는 뭐야?

  - 이 문제에서 내가 어떤 식으로 당신의 핵심 욕구를 지지해 줄 수 있을까?

  - 유연성을 발휘할 수 있는 이 부분들에 대해 더 자세히 말해 줘. 이 문제에서 어떤 식으로 유연성을 발휘할 수 있을까?

  - 진전 방법을 찾기 위해 두 사람의 도표를 비교해 보세요.

  - 우리의 의견이 일치하는 것에는 뭐가 있을까?

  - 우리가 둘 다 똑같이 갖고 있는 감정은 뭘까?

  - 우리의 공통 목표는 뭘까?

  - 이 목표들을 어떻게 실현시키면 좋을까?

- 두 사람의 욕구와 꿈 모두를 존중하는 타협을 보세요(나중에 다시 평가하게 될, 임시적인 것이라도 좋습니다).

■ 잘 싸우기 위한 주의점

바위가 되면 안 됩니다! 뭐든지 '아니오'라고만 말하면 장애물이
되어버려, 파트너가 같이 협력하는 게 아니라 돌아서 피해가게 됩니
다. 그 관계에서 모든 힘을 잃고 맙니다. 가장 영향력이 센 파트너들
은 영향을 받을 수 있는 사람들입니다.

완벽하게 느껴지는 타협안이란 없습니다. 타협에서는 모두가 뭔가
를 얻고 뭔가를 잃습니다. 중요한 것은 자신의 꿈이 이해받고 존중받
고 있다는 느낌입니다.

양보나 타협의 여지가 없는 부분

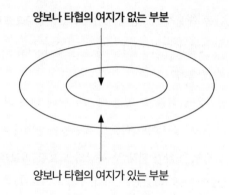

양보나 타협의 여지가 있는 부분

이 문제에서 내가 결코 양보나 타협을 할 수 없는 부분이나 핵심적 욕구

_____

이 문제에서 내가 비교적 유연성을 발휘할 수 있는 부분

_____

5 ☕

과거에 있었던 싸움 수습하기

> 싸움이 다뤄지지 않고 넘어갔을 때……
>
> 피해야 할 실수 : 덮어두기
>
> 잘 싸우는 방법 : 후회스러운 일의 수습 방법을 잘 알아야 합니다.

■ 이렇게 하는 것이 중요한 이유

- 누구나 말을 잘못해 결국 서로에게 상처를 주고 만 싸움의 경험을 갖고 있습니다. 이것은 피할 수 없는 일입니다.

- 우리가 큰 실수를 저지르는 순간은 그 일을 다루지 않고 그냥 넘어가려 할 때입니다. 수습되지 않은 싸움은 신발 속의 돌멩이처럼 변해, 멈춰 서서 빼내지 않으면 걸을 때 걸리적거리며 상처 나게 합니다.

- 과거의 일들을 다룰 때는 또 다시 싸움을 벌이지 말아야 합니다. 싸운 일로 또 싸우면 안 됩니다. 지난 일을 수습하는 목적은 똑같은 문제를 다음번에는 더 잘 따질 수 있게 하기 위해서입니다.

■ 해야 할 일 : 싸움 수습하기

시작하기 전 마음의 준비를 하세요.

2층 관람석에 앉으세요. 차분한 마음으로 그 일과 어느 정도 거리를 두도록 하세요. 2층 관람석에 앉아 무대에서 펼쳐지는 공연을 내려다보고 있는 것처럼 그 싸움을 돌아볼 수 있어야 합니다. 예전의 그 상황으로 되돌아가지 않으면서 그때 있었던 일을 짚어볼 수 있어야 합니다.

사실에 집착하지 마세요. 신의 카메라 같은 것은 없다는 점을 명심하세요. 일어났던 일에 대해 사실에 입각한 기록은 없습니다. 여기에서는 인식이 전부이기 때문에 두 사람의 현실은 모두 타당합니다.

이번에도 예외없이, 당신 자신에 대해 '나-전달법'으로 말해야 합니다. 꼭 당신 자신과 당신의 감정에 대해 이야기하세요.

"당신, 나한테 화나 있었잖아"라고 말하지 말고 "나는 당신이 화난 것처럼 보여서 나한테 화가 난 걸로 느꼈어"라고 말하세요. 이런 표현은 사소해 보여도 아주 중요한 구심점이 됩니다.

1단계 감정을 이야기하기

당신이 어떤 감정을 느꼈는지만 이야기하고 이유는 말하지 마세요. 다음을 보고 해당되는 만큼 여러 개를 골라보세요.

☐ 방어적
☐ 주체할 수 없는
☐ 이기고 싶은
☐ 내 말을 들어주지 않는
☐ 답답한
☐ 내 의견이 중요하게 여겨지지도 않는
☐ 상처받은
☐ 화나는 게 당연하다는

☐ 주고받는 거래의 느낌이라는

☐ 완전히 홍수에 휩싸인 듯한

☐ 도덕적으로 정당하다는

☐ 아무 느낌이 없는

☐ 화난

☐ 억울하게 비난받는

☐ 나도 그게 무슨 감정인지 모르겠는

☐ 슬픈

☐ 인정받지 못하는

☐ 외로운

☐ 사랑받지 못하는

☐ 미움받는

☐ 소외된

☐ 오해받는

☐ 못난 사람이 된

☐ 부끄러운

☐ 비난받는

☐ 바보 같은

☐ 당신이 나를 좋아하지도 않는 것 같은

☐ 죄책감이 드는

☐ 도덕적으로 모욕받는

☐ 불만을 감정적으로 받아들이는

☐ 관심받지 못하는

☐ 그 자리를 뜨고 싶은

☐ 그대로 있으면서 끝까지 이야기하고 싶은

☐ 걱정스러운

☐ 괘씸한

☐ 감정적으로 압도감이 드는

☐ 두려운

☐ 버림받은

☐ 신의를 저버리는

☐ 안전하지 않은

☐ 차분하지 못한

☐ 지친

☐ 긴장되는

☐ 고집이 센

☐ 바보 같다는

☐ 후회되는

☐ 무기력한

☐ 내가 맞았고 당신이 틀렸다는

☐ 충격받은

☐ 나에게 아무 영향력이 없는

☐ 우리 둘 다 어느 정도씩은 맞다는

2단계 현실을 인식하기

모든 현실이 타당합니다.

- 가장 먼저 할 일 : 서로 돌아가며 각자의 인식을 서술하세요. 싸우면서 일어났던 일에 대해 당신 자신이 겪은 현실을 말하세요. 단, 당신이 보고 듣고 느꼈던 것만 말하고 파트너의 말뜻이나 감정에 대한 당신의 생각은 말하지 마세요. 공격적인 말이나 탓하는 말도 하지 마세요. 파트너에게 서운했던 점을 말하세요. 어떻게 인식했는지를 기자처럼 일어난 순서에 따라 객관적으로 서술하세요.

- 그다음에 할 일 : 들었던 이야기를 짧게 되짚어 말한 후 파트너의 현실을 타당화해주세요. 이런 식으로 말하세요. "당신이 그 일을 그렇게 여겼을 만도 하네." "그 일로 당신이 화난 이유를 이제 알겠어." 타당화는 동의와는 다릅니다. 단지 파트너의 경험을 어느 정도라도 이해하는 것입니다.

- 마지막으로 할 일 : 파트너 양쪽 모두 이해받고 있다는 느낌이 드나요? 그런 느낌이 든다면 다음 단계로 넘어가세요. 아니라면 이렇게 물으며 다시 이야기를 나눠보세요. "내가 당신의 관점을 더 잘 이해하기 위해 알아야 할 게 없을까?" 그런 후 짧게 되짚어 말하며 타당화해주세요. 이렇게 물어보세요. "내가 잘 이해한 거야?" "다른 건 또 없어?"

> **해서는 안 될 말** : 탓하기, 나쁜 의도가 있었던 것으로 넘겨짚기, 파트너의 생각이나 감정에 대해 말하기
>
> **바람직한 말** : "내가 생각하기엔 ……였어" "나에겐 ……인 것 같았어" "내가 본 바로는 ……였어" "내 판단으론 ……인 것 같았어" 같은 표현을 사용하기

3단계 촉발제를 알아차리기

촉발제의 정의 : 억눌려져 있는 옛 상처. 비슷한 감정을 일으켰던, 이 관계 이전에 겪은 과거의 일.

- 가장 먼저 할 일 : 대화를 격화시키는 원인에 대해 털어놓으세요. 대화 중에 당신에게 심한 반응을 유발시키는 촉발제는 어떤 일인가요?
- 그다음에 할 일 : 기억의 영상을 되돌리다 과거에 비슷한 감정을 일으켰던 시점에 멈추세요. 이제 그 과거 순간의 이야기를 파트너에게 들려주며 파트너가 그 일이 당신에게 촉발제인 이유를 이해하게 해주세요.
- 계속 얘기하기 : 파트너가 당신을 더 잘 이해하도록 당신의 얘기를 계속 이어서 해주세요. 당신의 과거나 어린 시절의 내력, 유년기를 생각하다 보면, 당신 내면의 촉발제나 지속적인 취약성과 연관된 또 다른 이야기가 떠오르지 않나요? 파트너가 당신에 대해 잘 알고 당신에게 더 신경을 쓰기 위해서는 그 이야기를 알아야 합니다.

촉발제에 대해 다음과 같이 말해 보세요.

비난받는 느낌이 들었어. 나는 그런 일에 아주 예민해져.

따돌림당하는 느낌이었어. 나는 그런 일에 아주 예민해져.

지적당하는 느낌이었어. 나는 그런 말에 아주 예민해져.

감정의 홍수에 빠지는 기분이었어…….

무안해지는 기분이었어…….

외로움을 느꼈어…….

업신여김을 당하는 기분이었어…….

멸시당하는 것 같았어…….

힘이 없게 느껴졌어…….

주체가 안 되는 기분이었어…….

당신 자신의 촉발제에 대해 직접 써보세요.

_____

다음과 같이 타당화의 말을 해주세요.

- 파트너의 촉발제와 이야기 중 이해가 가는 부분이 있지 않나요?
  이해한다고 말해 주세요.
- 예시 : "예전 관계에서 그런 일을 겪었다니, 그 순간에 공격받는 느
  낌이 들었을 만하네."

이상적인 컨디션이었다면 당신은 이 문제에 대해 더 잘 이야기했을 겁니다. 그때 의사소통을 적절히 하지 못했던 요인이 뭘까요? 그때의 심리 상태가 어땠나요? 당신이 어쩌다 이런 갈등을 일으켰는지를 다음과 같이 이야기해 주세요.

내가 스트레스가 심해서 짜증이 나 있었어.

내가 요즘 당신에게 고마워하는 표현을 별로 하지 않았어.

내가 당신을 당연한 사람 취급하며 함부로 대했어.

내가 너무 예민하게 굴었어.

내가 잔소리가 너무 심했어.

내가 내 내면세계를 별로 털어놓지 않았네.

내가 감정적 여유가 없었어.

내가 요즘 들어 더 관심을 가져주지 않았네.

내가 요즘 쉽게 화가 나고 그러네.

내가 기분이 우울해서 그랬어.

내가 요즘 자꾸 시비를 걸게 되네.

내가 너무 애정 없이 굴었어.

내가 요즘 우리 둘이 오붓하게 지낼 시간을 내지 못했네.

내가 당신 말을 너무 들어주지 않았어.

내가 나에게 필요한 것을 요구하지 않았어.

내가 자꾸만 희생되는 기분이 들었어.

혼자 있을 시간이 필요했어.

아무한테도 신경 쓰고 싶지 않았어.

내가 딴 데 정신이 너무 팔려 있었어.

스스로에 대한 자신감이 너무 떨어져 있었어.

역부족을 느꼈어.

이 목록에서 당신에게 해당되는 심리 상태를 소리 내어 읽어주세요.

- 그다음에 할 일 : 구체적으로 어떤 대목이 후회되나요? 이 싸움
  이나 후회스러운 일이 부추겨진 대목이 구체적으로 뭔가요? 그
  부분에 대해 어떻게 사과하고 싶나요? 당신이 했던 말이나 행동
  에서 후회되는 부분에 대해 구체적으로 사과하세요. "……해서
  미안해."

내가 과잉 반응으로 ……라고 말해서(혹은 ……를 해서) 미안해.

내가 ……하면서 아주 심술을 부려서 미안해.

내가 ……하면서 방어적으로 굴어서 미안해.

내가 ……하면서 너무 부정적으로 나가서 미안해.

내가 ……하면서 당신한테 공격적으로 나가서 미안해.

내가 ……하면서 당신 말을 잘 들어주지 않아서 미안해.

내가 ……하면서 존중해 주지 않아서 미안해.

내가 ……하면서 억지 부려서 미안해.

당신이 직접 써보세요.

_____

파트너의 사과가 받아들여지면 말로 그 사과를 받아주세요. 아직 사과가 받아들여지지 않으면 뭐가 필요한지 말하세요.

5단계 건설적인 계획을 세우기

파트너가 이런 일이 또다시 일어나지 않게 하기 위해 다르게 할 수 있는 일 한 가지가 있다면 뭔가요? 이 문제에 대해 더 잘 따지기 위해 파트너가 할 수 있는 일 한 가지를 말해 주세요. 그런 다음엔 아직 당신 차례가 남아 있습니다. 다음번엔 더 잘하기 위해 당신이 할 수 있는 일에 대해서도 이야기하세요. 파트너가 제안한 계획을 가능한 한 동의해 주세요.

■ 잘 싸우기 위한 주의점

싸움이나 후회스러운 일을 수습하기에 늦은 때란 없습니다. 싸움은 하루가 지났든 수십 년이 지났든 언제든지 수습할 수 있습니다.

어떤 관계에서든 갈등의 순간과 불협화음의 순간은 궁극적으로 보면 일종의 기회입니다. 시간이 지나면서 파트너를 더 잘 알게 될 기회입니다.

'The Gottman Institute' 웹페이지에서 갈등을 유대로 반전시키는 데 유용한 자료를 더 찾아보세요.

| 감사의 글 |

수많은 친구와 동료에게 받아온 이루 말할 수 없이 귀한 도움이 없었다면, 이 책은 세상에 나오지 못했을 것입니다. 우선, 지금까지 10만 쌍에 가까운 커플이 자발적으로 나서준 덕분에 저희가 애정 관계에 대한 이 모든 것을 알게 되었다는 점을 밝히고 싶습니다. 저희의 과학적 검토를 위해 자신의 삶에서도 가장 내밀한 부분을 드러내준 여러분의 용기에 감사드립니다. 여러분이 없었다면 저희는 세상에 유익한 그 무엇도 내놓지 못했을 것입니다.

평생 좋은 친구로 지내온 캘리포니아대학교 버클리캠퍼스의 로버트 레벤슨 박사에게 다른 누구보다 먼저 감사의 마음을 전합니다. 밥(로버트의 애칭)이 없었다면 이 책에 실린 연구와 생각은 단 하나도 빛을 보지 못했을 것입니다. 존과 밥보다 더 연장자였던 동료들이 선의의 조언을 해주며 이 공동연구를 그만하라고, 관계를 맺고 있는 커플들을 연구하는 일은 어리석은 짓이니 그만 접으라고 말렸을 때도 밥은 무엇이 애정 관계의 성패를 결정짓는가에 대한 자신과 존의 억누를 수 없는 호기심을 따르기로 했습니다.

밥과 존은 공동연구를 시작할 당시에 아무런 가설도 세우지 않았는데, 이는 좋은 연구의 관행을 완전히 어기는 일이었습니다. 거의 50년이 흐른 지금 두 사람은 당당히 말할 수 있습니다. 정말 아무것도 모르는 채로 시작해 여기까지 왔다고요. 게다가 운이 좋게도, 둘 다 여전히 아무것도 모르는 채였던 시기에 평생의 사랑인 미셸 시오타 박사와 줄리 슈워츠 박사를 만나는 행운을 얻었다고요.

밥과 존이 생성한 그 방대한 시계열(時系列) 데이터를 활용해 커플 교류의 수학적 비선형 역학 모델을 만드는 데 도움을 주며 중대한 기여를 해준 제임스 머레이 박사와 그 제자들에게 감사드리고 싶습니다. 덕분에 여러 건의 논문과 『결혼의 수학(Mathematics of Marriage)』을 내놓을 수 있었습니다.

현재는 가트맨사(Gottman, Inc., GI)로 통합된 가트맨 연구소(The Gottman Institute, TGI), 관계조사 연구소(Relationships Research Institute, RRI), 정서소프트웨어사(Affective Software, Inc., ASI)에서 일한 수많은 동료들의 기여로, 지난 30년 동안 많은 도움을 받았습니다. TGI의 용감한 공동 설립자 에트나 쿠놉스키, 존경받는 전 CEO 앨런 쿠놉스키, 훌륭한 현 CEO 에드 사전트 등의 소중한 벗들에게 감사드립니다.

　우리의 비영리기구 관계조사 연구소를 수년간 성공적으로 이끌며 중대한 임상실험을 수행하여 크나큰 기여를 해준 레나이 브래들리 박사, 귀중한 기여를 해준 존의 워싱턴대 연구소 전 소장 시빌 카레라 박사, 존의 제자들인 린 카츠 박사, 짐 코앤 박사, 재니스 드라이버 박사, 하워드 마크먼 박사, 클리프 노타리우스 박사, 레지나 러시 박사, 앰버 타바레스 박사, 댄 요시모토 박사에게도 감사한 마음을 전하고 싶습니다. 작고한 동료 닐 제이콥슨 박사와 그 미망인 버지나 러터 박사에게도 특히 가정폭력 커플의 연구와 관련해서 귀한 도움을 베풀어주어 감사하다고 말씀드리고 싶습니다.

　저희가 100만 명이 넘는 사람들에게 더 좋은 관계를 이어가도록 도움을 주며 우리의 사명을 펼치는 동안 곁에서 힘을 실어준 다음의 전현직 TGI 직원분들에 대한 고마움도 빼놓을 수 없습니다. TGI의 전문성 개발 및 기술 지원 담당자 에린 콕스, 현 사랑실험실 연구소장 캐리 콜 박사, 임상연구소장 돈 콜 박사, TGI에서 초창기 커플 담당 부서 지원 업무를 맡아준 크리스탈 크레시, TGI의 소셜미디어 담당자 에밀리 크라이프, 초창기의 온라인 학습 담당자 젠 댈비, TGI의 마케팅 담당자 케이틀린 도나휴, TGI에서 멋진 그래픽 이미지를 제작해 주는 케이틀린 이웬, TGI의 마케팅 이사 마이클 폴와일러, 우리가 세계적으로 진행하고 있는 브링잉베이비홈(Bringing Baby Home, BBH) 프로그램의 마스터 트레이너 베스 고스, TGI의 초반기 상품개발 이사 벨린다 그레이, TGI의 전 고객서비스부문장 월터 귀티, TGI의 커플담당부문장 켄드라 한, 초반기에 임상개발·공인 가트맨 트레이너(Certified Gottman Trainer, CGT)·결혼생활을 지키는 7가지

원칙 프로그램을 맡아 이끌어준 로라 헥, 싱글들을 위한 7가지 원칙을 (데이브 페너와 공동으로) 개발해 준 스테이시 허바드, TGI의 사업부문장 케네디 제임스, TGI의 재고관리 담당자 숀 제프리스, TGI의 전문성개발부문장 에이미 로푸터스, TGI의 그래픽 디자인 담당자 제니퍼 루, TGI의 마케팅 담당자 비비안 루, 마케팅 이사 토스텐 오베르스트, TGI의 전문성 개발 및 사업부문 담당자 새디 피터슨, BBH의 개발 및 지도 담당자 조니 파서머, 뛰어난 임상 이사이자 12년간 마스터 트레이너로 활동한 데이브 페너 박사, TGI에서 BBH의 개발 및 지도, 정서 코칭 프로그램을 담당해 준 캐롤린 피락, TGI 및 가트맨사의 언론홍보 담당자 케이티 레이놀즈, TGI의 마케팅 담당자 베카 생윈, 상품개발 이사 아지자 세이코타, 커플담당 부문 지원 업무를 맡아준 테레즈 수단트, 재무회계부문장 자나니 수브라매니언, 웹사이트 개발 및 기술 지원담당자 웨스턴 트림스트라, TGI의 기술 및 사업 지원업무 담당자 킬리 트리그스타드, TGI 초반기 커플담당부문장 린다 라이트.

6년 전부터 우리와 절친한 친구로 지내고 있는 라파엘 리싯사는, 현재 GI의 리더이자 CEO로서 훌륭히 임무를 소화해 주고 있습니다. TGI의 전 CEO이자 GI의 현 학습부문 총책임자인 에드 사전트에게도 감사함을 전하고 싶습니다. 에드는 놀라운 실력, 팀 운영 능력, 우리의 사명에 대한 깊이 있는 이해를 통해 우리의 활동을 전 세계로 확산시키는 데 도움을 주었습니다.

원래는 ASI에서 기술부문 총책임자를 역임했다가 현재 GI에서 일하는 블라디미르 브레이먼 박사에게도 그 천재성과 근면함에 고개 숙여 감사 인사를 드리고 싶습니다. 브레이먼 박사는 그 유효성이 입증된 '신뢰 척도'를 비롯해서 저희의 모든 알고리즘 제작과 프로그래밍을 설계해 주었을 뿐만 아니라 소중한 친구가 되기도 했습니다. 저희의 모든 ML(머신러닝) 및 AI 기술 개발을 지도하며 실현 전례가 없던 AI 경로를 뚫어 정서적으로 똑똑한 AI 보조 시스템을 이끌어냈습니다.

라파엘과 함께 특허까지 획득한 새롭고 혁명적인 혁신을 일궈내 획기적 기술을 고안하기도 했습니다. 예를 들면 유효성이 입증된 온라인용 '가트맨 관계 체크' 질문표를 개발했고, 온라인 사랑실험실 개설에 AI 머신러닝을 활용하면서 그 자동화 수준이 놀라울 정도인 SPAFF와 비디오카메라 촬영 영상만을 활용해 피부색으로 자동으로 심장박동수를 감지하는 시스템을 갖추어주기도 했습니다. 또한 자신의 팀원들과 함께 37개의 측정기준과 평가체계 추천을 융합해 평가와 개입법을 미세하게 조정해 주기도 했습니다.

웹 기반의 플랫폼을 개설하면서 저희가 지향한 목표는 지리나 성적 성향, 성별, 사회경제적 지위를 막론하고 누구나 관계의 문제에서 과학적 기반을 갖춘 최상의 도움을 이용할 수 있도록 커플 지원을 모두에게 공평하게 알려주는 일이었습니다. 이제는 전 세계의 어느 커플이든 관계에서의 문제를 스마트폰이나 태블릿, 컴퓨터를 통해 자신의 집에서 편안하고 비밀스럽게 이용하고 다룰 수 있게 되었습니다. 라파엘과 블라디미르의 지도하에 이런 커플들을 도와줄 훌륭한 지원팀도 꾸려져 있습니다.

이와 관련해서 AI 개발에 도움을 준 코노 이튼, 가트맨 코칭 영상 및 현재도 진행 중인 영상 촬영 프로젝트에 도움을 준 스티븐 팬, 수학적 도움을 준 위싱턴대의 드미트리 드루스비아츠키, 콘텐츠 개발에서 뛰어난 리더십을 발휘해 준 알렉산더 엘구렌, 차분하고 인내심 있는 고객서비스 부문장 이나 브레이먼, 그 외에 존 팬텔, 수학적 도움을 준 럿거스대의 유리티 굴락 박사, 샘 헤이지, 켄드라 한, 숀 제프리스, 롤레이 키건, 프랜스 케일라드, 브리안 코세이즈, 알렉산더 미로폴스키, 토스텐 오버스트, 레서 펜헤일, 배딤 포포브, 필리프 포스트, 알렉산드라 스팽글러, 브래덴 스타머스, 야나니 수브라마니안, 리사 태시안에게도 감사드립니다.

현재 헌신적으로 일해 주는 직원분들 중 저희가 깜빡하고 언급을 못한 분이 있다면 저희의 실수를 너그러이 용서해 주길 부탁드립니다. 이는 전적으로 저희의 잘못입니다.

저희 집의 동거인, 멋진 친구, 마스터 트레이너, 임상 상담사 등을 비롯해 사람들의 존경을 받는 임상부문 이사 돈 콜 박사, 연구부문 이사이자 시애틀에 새로 문을 연 사회정신생리학적 사랑실험실의 수장인 캐리 콜 박사에게도 저마다 특별한 기여를 해준 점에 대해 무한한 감사의 마음을 전하고 싶습니다.

돈과 캐리는 가트맨 연구소의 임상 및 연구를 상징할 새로운 얼굴이 되어주기 위해 휴스턴에서 시애틀로 과감히 이주해 주었고 존과 줄리도 언젠가는 시애틀의 시워드 파크에서 2인용 카약을 타고 석양 빛 속으로 들어가볼 날을 머릿속에 그리고 있습니다. 캐리는 아주 많은 일을 한꺼번에 익혀야 해서, 박사학위 취득에 힘쓰던 와중에 정신생리학과 복잡한 체계의 실험실 운영 방법 등을 공부하기까지 했습니다. 돈과 캐리에게 입이 닳도록 고맙다는 말을 해주고 싶은 마음입니다.

함께 세상에 좋은 일을 하며 티쿤 올람('세상을 고친다'라는 의미의 히브리어—옮긴이)을 실천하는 저희의 파트너들과 이데아아키텍츠사(社)의 분들 중에서, 뛰어난 재능에 통찰력을 겸비한 소중한 벗이자 저작권 대리인인 더그 아브람스, 이번 프로젝트에 자신의 연륜과 예리한 통찰력을 발휘해 준 우리의 대리인이자 대담한 리더 레이첼 뉴먼, 아주 탁월한 재능을 지닌 집필 보조 알리사 니커보커에게 감사를 드립니다.

기획과 일정 편성에 도움을 준 보조 편집자 벨라 로버츠, 후주 작업을 도와준 비서 멜리사 킴에게도 감사드립니다. 브록만사(社), 특히 공저자 낸 실버와 함께 쓴 《뉴욕 타임스》 베스트셀러 『행복한 결혼을 위한 7원칙』을 비롯해 그 후속 저서들을 쓸 때 누구보다 먼저 나서서 이끌어준 우리의 대리인 카틴카 매트슨에게도 감사 인사를 보내고 싶습니다.

이번 프로젝트의 잠재성을 알아보고 커플들이 갈등을 통해 유대를 맺도록 돕는 이 일에 통찰력을 나눠준 편집자 섀넌 웰치에게도 크게 감사드립니다. 하모니 출판사의 모든 분들이 감초처럼 없어서는 안 될 역할을 해주기도 했습니다.

리더십을 발휘해 준 사장 테레사 조로, 발행자 다이애나 바로니, 부발행자 게일 곤잘레스를 위시해, 탄탄한 문제해결력을 발휘하며 힘이 되어준 편집 보조 미아 풀리도, 창의력 넘치는 마케팅과 홍보를 펼쳐준 오데트 플레밍과 타미 블레이크, 훌륭한 디자인 작업으로 이 책을 보기 좋게 꾸며준 안나 바우어, 이 책이 결승선을 넘도록 이

끌어준 이레네 엔지, 안드레아 라우, 제작 편집자 조이스 웡, 제작 관리 더스틴 아믹에게 감사의 말씀을 전합니다.

저희의 열성 지지자이자 인생 집사이며 여행 동반자가 되어준 다음의 분들이 없었다면 이 책은 나오지 못했을 것입니다. 정신적 지도와 지혜를 베풀어준 카라와 필립 콘, 수십 년이 지나도록 변함없이 애정과 지지를 보내준 앨리슨 쇼(기막힌 요리를 선사해 주었죠)와 더크 재거, 동료 연구가이자 크리에이터이자 지혜로운 평생의 동행자로서나 줄리의 온갖 모험을 함께하는 단짝으로서나 꺾이지 않는 우정을 보여주는 마비스 차이에게 고마운 마음을 전합니다.

마지막이지만 앞에서 이야기한 그 누구 못지않게 소중한 이들이 있습니다. 언제나 우리가 사랑하는, 의사 과정 막바지에 열심히 일하는 사람들을 챙겨주는 우리 딸, 딸의 소중한 남편이자 우리가 오래도록 꿈꾸던 아들인 사위, 그리고 감사하게도 두 사람이 우리의 삶에 데려와준 더없이 감동스러운 존재인 우리 손주입니다. 조부모와 같이 살며 손주를 키워주길 원해 주었던 딸 부부의 마음에 말로 다 할 수 없을 만큼 고맙습니다. 너희와 한 가족이 된 것을 진심으로 영광스럽게 생각한다. 정말로 많이 사랑한다.

이 모든 분들이 없었다면 저희는 아무것도 하지 못했을 것입니다. 그 점을 생각하면 저희의 평생의 모험에 함께해 준 이 모든 파트너들에게 깊이 고개 숙여 진심으로 감사드립니다.

| 주 |

들어가는 글

1. Roi Estlein, Ateret Gewirtz-Meydan, and Eugenia Opuda, "Love in the Time of COVID-19: A Systematic Mapping Review of Empirical Research on Romantic Relationships One Year into the COVID-19 Pandemic," 《Family Process》 61, no. 3 (September 2022): 1208~28. https://doi.org/10.1111/famp.12775

2. Lynn Gigy and Joan B. Kelly, "Reasons for Divorce: Perspectives of Divorcing Men and Women," 《Journal of Divorce & Remarriage》 18, no. 1-2 (October 18, 2008): 169~88. https://doi.org/10.1300/J087v18n01_08

3. J. M. Gottman, "The Roles of Conflict Engagement, Escalation, and Avoidance in Marital Interaction: A Longitudinal View of Five Types of Couples," 《Journal of Consulting and Clinical Psychology》 61, no. 1 (February 1993): 6~15.

4. John Mordechai Gottman and Robert Wayne Levenson, "The Timing of Divorce: Predicting When a Couple Will Divorce over a 14-Year Period," 《Journal of Marriage and Family》 62, no. 3 (August 2000): 737~45. https://doi.org/10.1111/j.1741-3737.2000.00737.x

5. John M. Gottman, Janice Driver, and Amber Tabares, "Repair During Marital Conflict in Newlyweds: How Couples Move from Attack-Defend to Collaboration," 《Journal of Family Psychotherapy》 26, no. 2 (June 2015): 85~108. https://doi.org/10.1080/08975353.2015.1038962

6. John Gottman and Julie Gottman, "The Natural Principles of Love," 《Journal of Family Theory & Review》 9, no. 1 (March 2, 2017): 7~26. https://doi.org/10.1111/jftr.12182

7. Gottman and Levenson, "The Timing of Divorce," 737~45. https://doi.org/10.1111/j.1741-3737.2000.00737.x

8. Gottman, Driver, and Tabares, "Repair During Marital Conflict in Newlyweds," 85~108. https://doi.org/10.1080/08975353.2015.1038962

9. John M. Gottman et al., "Gay, Lesbian, and Heterosexual Couples About

to Begin Couples Therapy: An Online Relationship Assessment of 40,681 Couples," 《Journal of Marital and Family Therapy》 46, no. 2 (April 2020): 218~39. https://doi.org/10.1111/jmft.12395

1장 갈등 없는 커플이 더 위험하다

1. James Coan and John M. Gottman, "The Specific Affect Coding System (SPAFF)," in 『Handbook of Emotion Elicitation and Assessment』, ed. James A. Coan and John J. B. Allen (New York: Oxford University Press, 2007), 267~85.

2. John Mordechai Gottman, 『Marital Interactions: Experimental Investigations』 (New York: Academic Press, 1979).

3. John Mordechai Gottman and Robert Wayne Levenson, "A Two-Factor Model for Predicting When a Couple Will Divorce: Exploratory Analyses Using 14-Year Longitudinal Data," 《Family Process》 41, no. 1 (Spring 2002): 83~96. https://doi.org/10.1111/j.1545-5300.2002.40102000083.x

4. Claus Wedekind, Thomas Seebeck, Florence Bettens, and Alexander J. Paepke, "MHC-Dependent Mate Preferences in Humans," 《Proceedings: Biological Sciences》 260, no. 1359 (June 22, 1995): 245~49.

5. John Mordechai Gottman, 『What Predicts Divorce? The Relationship Between Marital Processes and Marital Outcomes』 (Mahwah, NJ: Lawrence Erlbaum Associates, 1994).

6. A. F. Shapiro, J. M. Gottman, and S. Carrere, "The Baby and the Marriage: Identifying Factors That Buffer Against Decline in Marital Satisfaction After the First Baby Arrives," 《Journal of Family Psychology》 14, no. 1 (March 2000): 59~70. https://doi.org/10.1037/0893-3200.14.1.59. PMID:10740682

7. Nicole A. Roberts and Robert W. Levenson, "The Remains of the Workday: Impact of Job Stress and Exhaustion on Marital Interaction in Police Couples," 《Journal of Marriage and Family》 63, no. 4 (November 2001): 1052~67. https://doi.org/10.1111/j.1741-3737.2001.01052.x

8. Lowell J. Krokoff, "The Correlates of Negative Affect in Marriage: An Exploratory Study of Gender Differences," 《Journal of Family Issues》 8,

no. 1 (March 1987): 111~35. https://doi.org/10.1177/019251387008001006

9. J. M. Gottman and L. J. Krokoff, "The Relationship Between Marital Interaction and Marital Satisfaction: A Longitudinal View," 《Journal of Consulting and Clinical Psychology》 57, no. 1 (February 1989): 47~52.

10. Richard J. Davidson et al., "Approach-Withdrawal and Cerebral Asymmetry: Emotional Expression and Brain Physiology," 《Journal of Personality and Social Psychology》 58, no. 2 (March 1990): 330~41. https://doi.org/10.1037/0022-3514.58.2.330

2장 왜 우리는 비슷한 패턴으로 싸울까?

1. J. M. Gottman, "The Roles of Conflict Engagement, Escalation, and Avoidance in Marital Interaction: A Longitudinal View of Five Types of Couples," 《Journal of Consulting and Clinical Psychology》 61, no. 1 (February 1993): 6~15.

2. P. G. Ashford et al.,eds., 《The Collected Papers of Lewis Fry Richardson》 vol. 1. (Cambridge, UK: Cambridge University Press, 2009).

3. Graham B. Spanier, review of Communication, Conflict, and Marriage, by Harold L. Rausch, William A. Barry, Richard K. Hertel, and Mary Ann Swain, 《Journal of Marriage and Family》 37, no. 1 (February 1975): 236~38. https://doi.org/10.2307/351050

4. Gottman, Marital Interactions.

5. John M. Gottman and Robert W. Levenson, "Marital Processes Predictive of Later Dissolution: Behavior, Physiology, and Health," 《Journal of Personality and Social Psychology》 63, no. 2 (1992): 221~33. https://doi.org/10.1037/0022-3514.63.2.221

6. Rachel Ebling and Robert W. Levenson, "Who Are the Marital Experts?," 《Journal of Marriage and Family》 65, no. 1 (February 2003): 130~42. https://doi.org/10.1111/j.1741-3737.2003.00130.x

7. John Mordechai Gottman and Robert Wayne Levenson, "What Predicts Change in Marital Interactions over Time? A Study of Alternative Models," 《Family Process》 38, no. 2 (June 1999): 143~58. https://onlinelibrary.wiley.com/doi/10.1111/j.1545-5300.1999.00143.x

8. Rand Conger et al., eds., 『Families in Troubled Times: Adapting to Change in Rural America』 (New York: Aldine de Gruyter, 1994).

9. Gottman et al., "Gay, Lesbian, and Heterosexual Couples About to Begin Couples Therapy: An Online Relationship Assessment of 40,681 Couples," 218~39.

10. John Mordechai Gottman, 『Principia Amoris: The New Science of Love』 (New York: Routledge, 2014).

11. Gottman, 『What Predicts Divorce?』.

3장 도대체 무슨 일로 싸우는 걸까?

1. Gottman, 『What Predicts Divorce?』.

2. John M. Gottman, 『The Science of Trust』 (New York: Norton, 2011).

3. Belinda Campos et al., "Opportunity for Interaction? A Naturalistic Observation Study of Dual-Earner Families After Work and School," 《Journal of Family Psychology》 23, no. 6 (December 2009): 798~807. https://doi.org/10.1037/a0015824

4. Gottman, 『What Predicts Divorce?』.

5. Gottman and Gottman, "The Natural Principles of Love," 7~26. https://doi.org/10.1111/jftr.12182

6. N. S. Jacobson et al., "Psychological Factors in the Longitudinal Course of Battering: When Do Couples Split Up? When Does the Abuse Decrease?," 《Violence and Victims》 11, no. 4 (Winter 1996): 371~92.

7. Renay P. Cleary Bradley and John M. Gottman, "Reducing Situational Violence in Low-Income Couples by Fostering Healthy Relationships," 《Journal of Marital Family Therapy》 38, no. 1 (June 2012): 187~98. https://doi.org/10.1111/j.1752-0606.2012.00288.x

8. Neil Jacobson and John Gottman, 『When Men Batter Women: New Insights into Ending Abusive Relationships』 (New York: Simon & Schuster, 1998).

9. U.S. Department of Health & Human Services, Center for Behavioral Health Statistics and Quality, 2020 National Survey on Drug Use and Health (NSDUH): Methodological Summary and Definitions. Rockville,

MD: Substance Abuse and Mental Health Services Administration. 다음의 주소에서 검색함. https://www.samhsa.gov/data/

10. U.S. Department of Health & Human Services, *2020 National Survey on Drug Use and Health (NSDUH)*.

11. Julia C. Babcock et al., "A Component Analysis of a Brief Psycho-Educational Couples' Workshop: One-Year Follow-Up Results," 《*Journal of Family Therapy*》 35, no. 3 (August 2013): 252~280. https://doi.org/10.1111/1467-6427.12017

12. Debra Trampe, Jordi Quoidbach, and Maxime Taquet, "Emotions in Everyday Life," *Plos One* 10, no. 12 (December 23, 2015): e0145450. https://doi.org/10.1371/journal.pone.0145450

13. Jennifer S. Lerner et al., "Emotion and Decision Making," 《*Annual Review of Psychology*》 66 (2015): 799~823. https://doi.org/10.1146/annurev-psych-010213-115043

4장 폭탄 던지기 갑자기 거칠게 시작하기

1. John M. Gottman, "The Mathematics of Marital Conflict: Qualitative Dynamic Mathematical Modeling of Marital Interaction," 《*Journal of Family Psychology*》 9, no. 2 (1995): 110~30.

2. S. Carrere and J. M. Gottman, "Predicting Divorce Among Newlyweds from the First Three Minutes of a Marital Conflict Discussion," 《*Family Process*》 38, no. 3 (Fall 1999): 293~301.

3. Gottman et al., "Gay, Lesbian, and Heterosexual Couples About to Begin Couples Therapy: An Online Relationship Assessment of 40,681 Couples," 218~39. https://doi.org/10.1111/jmft.12395

4. Anatol Rapoport, 『*Fights, Games, and Debates*』 (Ann Arbor: University of Michigan Press, 1970).

5. Gottman, 『*What Predicts Divorce?*』.

5장 공격과 방어 급발진하다가 확 마음 닫기

1. Gottman, 『*What Predicts Divorce?*』.

2. Gottman, 『*What Predicts Divorce?*』.

3. Gottman et al., "Gay, Lesbian, and Heterosexual Couples About to Begin Couples Therapy," 218~239. https://doi.org/10.1111/jmft.12395

4. Eugene T. Gendlin, 『*Focusing: A Step-by-Step Technique That Takes You Past Getting in Touch with Your Feeling—To Change Them and Solve Your Personal Problems*』 2nd rev. ed (New York: Bantam, 1982) (한국어판: 유진 T. 젠들린, 『상처받은 내 마음의 소리를 듣는 심리 치유: 포커싱』, 팬덤북스, 2017)

5. Gottman, Driver, and Tabares, "Repair During Marital Conflict in Newlyweds," 85~108. https://doi.org/10.1080/08975353.2015.1038962

6. Gottman, Driver, and Tabares, "Repair During Marital Conflict in Newlyweds," 85~108. https://doi.org/10.1080/08975353.2015.1038962

6장 수박 겉핥기 피상적인 문제를 반복하기

1. 워크숍 후에 커플들에게 설문조사를 해서 얻은 통계치임.

2. Kim T. Buehlman, John M. Gottman, and Lynn F. Katz, "How a Couple Views Their Past Predicts Their Future: Predicting Divorce from an Oral History Interview," 《*Journal of Family Psychology*》 5, nos. 3—4 (March 1992): 295~318.

7장 제로섬 서로 이기려고 벼랑 끝까지 가기

1. Daniel V. Meegan, "Zero-Sum Bias: Perceived Competition Despite Unlimited Resources," 《*Frontiers in Psychology*》 1, no. 191 (November 2010): 191.

2. Claudia M. Haase et al., "Interpersonal Emotional Behaviors and Physical Health: A 20-Year Longitudinal Study of Long-Term Married Couples," 《*Emotion*》 16, no. 7 (October 2016): 965~977. https://doi.org/10.1037/a0040239

3. Gottman, 『*The Science of Trust*』.

4. Gottman et al., "Gay, Lesbian, and Heterosexual Couples About to Begin Couples Therapy: An Online Relationship Assessment of 40,681 Couples," 218~239. https://doi.org/10.1111/jmft.12395

5. J. M. Gottman et al., "Predicting Marital Happiness and Stability from

Newlywed Interactions," 《Journal of Marriage and Family》 60, no. 1 (1998): 5~22.

6. J. M. Gottman et al., "Predicting Marital Happiness and Stability from Newlywed Interactions," 222.

7. John Mordechai Gottman et al., "Correlates of Gay and Lesbian Couples' Relationship Satisfaction and Relationship Dissolution," 《Journal of Homosexuality》 45, no. 1(2003): 23~43.

8. 갤럽, "미국에서 레즈비언, 게이, 양성애자, 트랜스젠더 등의 비이성애자들이 느끼는 자아정체성, 2012~2022." 갤럽의 2022년도 전화 설문조사.

9. David Graeber and David Wengrow, 『The Dawn of Everything: A New History of Humanity』 (New York: Farrar, Straus, and Giroux, 2021).

10. John Nash, "Two-Person Cooperative Games," 《Econometrica》 21, no. 1 (January 1953): 128~40. https://doi.org/10.2307/1906951

8장 과거의 덫 예전 일을 끊임없이 들춰내기

1. J. M. Gottman et al., "Gay, Lesbian, and Heterosexual Couples About to Begin Couples Therapy: An Online Relationship Assessment of 40,681 Couples," 218~39. https://doi.org/10.1111/jmft.12395

2. B. Zeigarnik, "On Finished and Unfinished Tasks," in 『A Source Book of Gestalt Psychology』 ed. W. E. Ellis (London: Kegan Paul, Trench, Trubner, 1938), 300~314.

3. G. H. Bower, "A Brief History of Memory Research," in 『The Oxford Handbook of Memory』 E. Tulving and F. I. M. Craik, eds. (New York: Oxford University Press, 2000), 3~32.

행복한 커플은 어떻게 싸우는가

초판 1쇄 2024년 12월 20일

지은이 | 존 가트맨 · 줄리 슈워츠 가트맨
옮긴이 | 정미나
감수 | 최성애
펴낸이 | 송영석

주간 | 이혜진
편집장 | 박신애 **기획편집** | 최예은 · 조아혜
디자인 | 박윤정 · 유보람
마케팅 | 김유종 · 한승민
관리 | 송우석 · 전지연 · 채경민

펴낸곳 | (株)해냄출판사
등록번호 | 제10-229호
등록일자 | 1988년 5월 11일(설립일자 | 1983년 6월 24일)

04042 서울시 마포구 잔다리로 30 해냄빌딩 5 · 6층
대표전화 | 326-1600 **팩스** | 326-1624
홈페이지 | www.hainaim.com

ISBN 979-11-6714-103-3